믿음의 깊은 샘 히브리서 6

영원토록 동일하신 그리스도

아더 W. 핑크

An Exposition of Hebrews

믿음의 깊은 샘 히브리서

6

영원토록 동일하신 그리스도

: 히브리서 13장 강해

서문 강 옮김

청교도신앙사

차례

Arthur W. Pink

먼저 우리 주 예수 그리스도의 아버지, 우리의 하나님 아버지께 영광과 존귀를 돌리나이다. 만물이 다 주의 것이고, 특별하게 당신의 구원의 은혜와 상관된 모든 것은 더욱 주의 것이기 때문입니다.

특히 이렇게 「믿음으로 깊은 샘 히브리서 6권」을 새로운 모습으로 출간하게 하신 하나님 아버지께 다시 한 번 머리 숙여 감사를 드립니다. 그리고 그 동안 이 책이 간행되는 동안 기도와 성원으로 힘을 주신 독자 여러분들에게 심심한 감사를 표하는 바입니다. 정말 이런 책들의 출판은 그런 독자들의 토양이 있으매 가능하기 때문입니다. 주님, 당신의 이름과 나라와 뜻을 위해서 이런 책을 사모하는 독자들이 더 많게 하옵시고, 그런 독자들의 목마름을 채워주는 거룩한 소임을 주신 청교도신앙사에 필요한 은혜를 때마다 일마다 허락하옵소서.

히브리서 13장은 표면적으로는 삶의 여러 국면들 속에서 우리 그리스도인들이 어떻게 처신할지를 가르치는 실천적 지침을 준다는 인상을 줄 수 있습니다. 그렇게 여긴다 할지라도 무리는 아닙니다. 왜냐하면 13장 처음 몇 구절 속에서 사랑의 실천 몇 가지를 지적하고 있기 때문입니다. 그리고 모든 하나님의 말씀은 우리의 삶의 실제에 대하여 무관심하지 않기 때문입니다. 사람은 본질과 원리만 알면 실천의 문제는 저절로 알아서 할 정도로 영민하지 않기 때문입니다. 사람은 항상 강조하고 가르쳐도 방심하기 쉬워 금방 아무 것도 배운 적이 없는 것 같이 원점으로 돌이키기를 잘합니다. 그것이 죄가 가져온 사람의 본질적 허물과 연약의 실상입니다. 그래서 성령께서는 성경을 통해서 '무엇을 믿어야 할지'에 대해서 원리와 본질에 대해서 말씀하시고 나서, 반드시 '무엇을 행할 것인지'에 대해서도 가르치십니다. 하나님의 말씀인 성경은 정말 우리에게 실천의 본(本)에 대한 진술로 가득 차 있습니다. 그런 점에서 이 히브리서가 특히 지극히 신학적인 책이라서 믿음의 본질과 원리에만 집중하고 실천적인 삶에 대해서는 들을 것이 없다고 하면 안 됩니다. 도리어 믿음의 실제에 대해서 이 책만큼 실제적인 책도 없다 해도 과언이 아닙니다.

그런데 히브리서 13장을 히브리서의 중심에 덧붙인 부록 정도로 생각하지 말아야 합니다. 왜냐하면 여전히 13장은 히브리서의 주제에 대한 강조가 두드러지기 때문입니다. 다른 말로 해서, 히브리서 전체의 중심 주제를 더욱 돋보기에 하고 있습니다. 히브리서 13:8에서 "예수 그리스도는 어제나 오늘이나 영원토록 동일하시니라." 한 것은 그 점을 여실하게 보여주고 있습니다.

신약성경의 모든 책들이 그러하지만, 히브리서는 구약의 모든 제도를 통해서 예표하고 모형과 그림자와 상징으로 미리 보여주셨던 실체가 바로 그리스도이심을 구속사적인 안목으로 논증하고 있습니다. 그래서 히브리서는 읽는 모든 하나님의 사람들로 하여금 예수 그리스도께 온통 시선을 집중하게 하고 있습니다. 성령께서 히브리서 기자인 사도를 통해서 그리하게 하신 것입니다.

그러므로 히브리서 기자는 독자들에게 이 13장의 삶의 실제와 실천에 대한 권면과 지침을 주면서도 여전히 중심은 항상 예수 그리스도이심을 주지시키고 있습니다. 본서의 저자는 그 점을 놓치지 않습니다. 손님을 대접하고, 고난당하는 자들을 돌아보고, 결혼을 귀하게 여기고, 재물에 대한 바른 관점을 가지라 가르칩니다. 그러나 그 가르침이 다른 일반 도덕과 윤리와는 사뭇 다르다는 것을 상기시킵니다. 그리스도인의 도덕과 윤리는 바로 예수 그리스도를 믿는 믿음의 귀추로 나온 것이어야 함을 지적하고 있다는 말입니다. "하나님의 말씀을 너희에게 일러주고 너희를 인도하던 자들을 생각하며 그들의 행실의 결말을 주의하여 보고 그들의 믿음을 본받으라."(히 13:7) 그들의 행실의 결말은 믿음의 열매입니다.

그리스도인이라 할지라도 지상에 살 때에 외적인 인생조건에서는 불신자와 동일합니다. 조건들을 구비하지 못하면 지상 생애의 행로가 고됩니다. 그런데 이런 조건들을 구비하는 과정에서도 그리스도인들은 불신자들과 다른 가치관과 믿음을 가져야 합니다. 이런 조건들을 위해서 들이는 정직한 수고 외에 그리스도 안에 있는 믿음을 항상 견지해야 합니다. 삶의 전 영역에서 그리스도를 믿는 믿음으로 행해야 합니다. 그런 의미에서 사도는 "예수 그리스도는 어제나 오늘이나 영원토록 동일하시니라 여러 가지 다른 교훈에 끌리지 말라 마음은 은혜로써 굳게 함이 아름답고."라고 말하고 있습니다. 그러면서 그리스도 예수님 안에 있는 "은혜로 마음을 굳게 하는 것"이 무엇인지를 재차 강론하고 있습니다. 그러면서 히브리서 중심 부분에서 강론하였던 것을 삶에 적용하는 측면에서 '제단과 그 제단에서의 섬김'을 설명하고 있습니다. 그래서 히브리서 독자는 실천적인 삶을 위해서 '그리스도를 믿는 믿음의 본질'의 중심으로 다시 나아가게 됩니다.

그러므로 그리스도인의 삶의 문제는 믿음의 원리와 본질에서 분리된 다른 영역이 아니라 '믿음의 적용'의 문제입니다. 히브리서 13장은 우리에게 그 점을 아주 여실히 보여주고 있습니다. 특히 히브리서 기자는 우리 그리스도인의 삶의 실제를 위한 롤 모델로 바로 그리스도를 가리키고 있습니다. "그러므로 예수도 자기 피로써 백성을 거룩하게 하려고 성문 밖에서 고난을 받으셨느니라 그런즉 우리도 그의 치욕을 짊어지고 영문 밖으로 그에게 나아가

자.”(히 13:12,13) 그러면서 기자는 여기 지상 생애가 가진 ‘나그네’ 속성을 지적하면서 “여기에는 영구한 도성이 없다”고 지적합니다. 그러나 그 ‘나그네’의 속성이 지상에 있는 우리 신자들을 낙담하게 하지 않을 이유로 “장차 올 도성”을 제시합니다(히 13:14). 그러면서 지상 생애를 사는 우리 모든 그리스도인들에게 “예수로 말미암아 찬송의 제사를 하나님께 드리자 이는 그 이름을 증언하는 입술의 열매니라.”고 권면합니다. 참으로 이 비밀이 크다 아니 할 수 없습니다. 그리스도인이 아니면 오를 수 없는 경지입니다. 그러니 그리스도인의 삶이란 실제 모든 국면에서 믿음으로 말미암아 하나님의 뜻을 복종하며 교제하는 실제인 것입니다. 그런 삶을 통해서 하나님의 임재와 그 영광을 맛보게 되는 것입니다. 그래서 사도 바울은 로마서에서 우리 믿는 이들을 가리켜 “성령의 처음 익은 열매를 받은 자들”이라 칭하였습니다(롬 8:23).

본 강해서 저자인 아더 핑크는 이 히브리서 13장 강해를 통해서 그런 그리스도인의 영성과 실제 삶의 국면을 생생하게 다루고 있습니다. 그가 이해하는 그리스도인의 삶이란 그리스도인이 믿는 교리의 적용입니다. 만일 그 교리의 적용이 전혀 없는 믿음이라면 그게 죽은 믿음이요, 배도는 교리를 실제 삶 속에서 부인하는 것을 통해서 맺는 악한 열매임을 강조합니다. 그래서 그는 히브리서 강해를 마치는 마지막 장에서 다음과 같은 질문을 우리 자신에게 던져야 함을 말하고 있습니다.

“이 어려우나 복된 서신의 내용을 우리가 지금 더 낫게 이해하는가? 유대교를 훨씬 상회하는 저 장엄한 새로운 체계를 더 깊게 이해하였는가? 그리스도께서 우리 영혼에 정말 진실하고 보배로운 분이신가? 우리는 이 서신이 되풀이해서 가르치는 교리가 거룩하게 하는 효과들을 가지고 있음을 더 깊이 인식하는가? 우리는 지금 히브리서의 무게 있는 권면들에 더욱 부지런히 주목하며 지켜나가고 있는가? 우리의 영혼은 배도(背道)에 대한 히브리서의 엄

숙한 경고로 보다 더 깊은 인상을 받았는가?'

실로 히브리서에 비추어 보면, 우리는 배도(背道)가 너무 일반화되어 있는 현재의 영적 환경에 대해서 깊은 각성을 해야 합니다. 오늘날 하나님의 교회가 성경이 말하는 교리에 철저합니까? 그리고 그 교리들을 실제 생활 속에서 적용하여 갑니까? 오늘날 '교리 없는 기독교'를 꿈꾸는 경향이 인기 있습니다. 성경을 곧이곧대로 강해하지 않으면서도 '하나님과 예수님'에 대한 자기들의 신앙에는 전혀 문제가 없다는 식의 분위기가 득세하고 있습니다. 도리어 성경을 곧이곧대로 강해하면 지루하고 구차해 보이는 분위기입니다. 성경은 하나님께서 사람들로 하여금 당신 자신을 알리시기 위해서 주신 계시의 말씀입니다. 그러니 성경을 바르게 배우고 확신하려는 데서 벗어나면 하나님과 그리스도와 교통이 될 수 없습니다. 하나님께서는 성경으로 자신을 계시하시고 그런 믿음을 가진 자와 교통하실 것을 약속하셨습니다. 성경은 하나님의 아들 예수 그리스도를 통해서 우리를 위해서 일하시는 창조주 하나님의 영광을 말합니다. 그리고 그 '하나님의 일'은 그리스도를 통한 백성들의 구원(救援)과, 구원받은 자들로 백성 삼는 '하나님의 나라'입니다. 성경이 말하는 예수 그리스도는 누구입니까? 동정녀 마리아에게서 성령으로 잉태되시어 태어나시고 때가 되매 공중에 나타나시어 당신의 메시야되심을 드러내시고, 갈보리 언덕의 십자가상에서 백성들의 죄와 허물을 대신 지시고 피 흘려 죽으시 분입니다. 그 피로써 하나님의 의로우신 공의의 요구를 지불하시어 백성들을 구속하시고 사흘 만에 다시 사신 분이십니다. "그는 근본 하나님의 본체시나 하나님과 동등 됨을 취할 것으로 여기지 아니하시고 오히려 자기를 비워 종의 형체를 가지사 사람들과 같이 되셨고 사람의 모양으로 나타나사 자기를 낮추시고 죽기까지 복종하셨으니 곧 십자가에 죽으심이라 이러므로 하나님이 그를 지극히 높여 모든 이름 위에 뛰어난 이름을 주사

하늘에 있는 자들과 땅에 있는 자들과 땅 아래 있는 자들로 모든 무릎을 예수의 이름에 꿇게 하시고 모든 입으로 예수 그리스도를 주라 시인하여 하나님 아버지께 영광을 돌리게 하셨느니라."(빌 2:6-8) 그분은 그냥 사람들이 꿈꾸고 소원하는 '나라와 조건'을 가져다주는 '(사람들이 생각하는 식으로) 좋으신 예수님'이 아니란 말입니다. 그런 '예수'는 사람들이 만들어낸 가짜 예수입니다.

사람들은 성경이 말하는 예수님은 배우기 싫어하고, 자기들이 꿈꾸는 '예수상(像)'을 마음에 그리며 부르고 있습니다. 그런 악한 배도의 세력이 난무한 환경 속에서 살아있는 믿음을 견지하는 자는 바로 바로 이런 성경 강해서를 사모합니다. 또 그런 주님의 사람들 이런 유의 책이 나오기를 기대하고 사모하고 위하여 기도하고 성원하는 사람입니다. 주님, 이런 이들을 많이 주옵소서.

"그러므로 예수도 자기 피로써 백성을 거룩하게 하려고 성문 밖에서 고난을 받으셨느니라 그런즉 우리도 그의 치욕을 짊어지고 영문 밖으로 그에게 나아가자."(히 13:12,13)

이런 책들을 위해서 오래 전부터 헌신하여 오신 전수빈 장로님과, 은밀한 기도와 성원으로 큰 힘을 주신 분들과, 부족한 종을 주님 안에서 존중하며 늘 사랑하시는 중심교회 장로님들과 성도님들을 주님께서 복되게 하실 것을 믿습니다. 주님께서는 당신의 이름과 나라를 위해서 수고하는 이들의 헌신을 크게 보시기 때문입니다. "누구든지 제자의 이름으로 이 작은 자 중 하나에게 냉수 한 그릇이라도 주는 자는 내가 진실로 너희에게 이르노니 그 사람이 결단코 상을 잃지 아니하리라 하시니라."(마 10:42)

주후 2015년 9월 초순 가을의 전령,
여름의 습한 기운을 몰아내어 맑고 부신 햇살이 참 아름다운 날에
역자 아룀.

106강

형제 사랑 I

13:1 형제 사랑하기를 계속하고

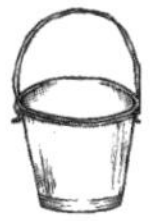

주석가들 거의 대부분은 히브리서 13장을 부록이나 추신으로 취급하고 있습니다. 이 서신 전체의 흐름과 직접적인 연관이 없는 여러 가지 권면을 하는 대목으로 여기고 있다는 말입니다. 우리는 개인적으로 그러한 해석이 심각한 실수라고 생각합니다. 총명이 모자라면, 사도가 이 서선에서 다루는 중심적인 주제와 그가 여기서 열거하고 있는 여러 의무 조항들 사이의 유기적(有機的) 연관성을 몰라보는 잘못을 범합니다.

그러나 우리는 존 오웬(John Owen)의 의견을 받아들입니다. 그는 말하였습니다.

"이 마지막 대목에는 '히브리서를 쓰는 중에 내내 사도를 붙잡아주었던 하나님의 '지혜'의 실증이 나타나 있다. 사도 베드로는 베드로후서 3:15에서 그 점을 언급한다."

기름부음을 받은 지성이 믿음과 경건함으로 이 사실을 성경이 요구하는 대로 묵상하면 할수록, 이 대목에 대한 신적 영감이 더 많이 나타날 것입니다. 그렇게 많은 저술가들이 한 서신의 마지막 장에 이르게 되면 그 내용들이 그 앞에 나온 내용들보다 덜 중요하고 덜 가치 있다고 상상하는 것 같다는 느낌을 받으니 참 안되었습니다. 사도가 성령님의 감동을 받아 이 서신에서 문제를 다루어 나가는 '순서'를 주의 깊게 명심하지 않으면, 사람들의 영혼 앞에 하나님의 진리를 마땅하고 바른 방식으로 제시하는 것에 관한 가장 중요하고 가치 있는 교훈 몇을 배우지 못하고 말 것입니다. 하나님의 말씀을 가르치는 교사는 그 말씀 속에 내포되어 있는 교리적인 체계를 붙잡고(자기 자신의 어떤 사변적인 생각을 도입하지 말고), 마땅히 진리의 균형을 유지해야 합니다(어떤 것을 더 선호하는 개인적인 취향이 전혀 들어오지 못하게 하면서). 뿐만 아니라, 자기의 사역이 하나님께 가장 잘 가납되고, 자기의 말을 듣는 사람들이나 읽는 사람들이 유익을 얻도록 '성경의 순서'를 엄격하게 고수해야 합니다. 왜냐하면 어떤 한 대목의 문맥이나 연관을 무시하면, 그 대목을 왜곡하는 큰 위험에 빠지기 때문입니다. 적당한 강조를 잃어버리게 되면, 진리의 사슬이 깨어지고 맙니다. 특별히 설교자들은 다음과 같은 사항들을 면밀하게 주목해야 합니다.

앉은 자리에서 히브리서 전체를 한 번에 주의 깊게 읽어 보면, 1장에서 12장까지는 도덕적이거나 교회론에 속한 의무를 전혀 말하고 있지 않음을 발견할 것입니다. 사도는 이 서신 여기저기에서 자기가 다루는 주제를 질서 있게 전개하여 나가되, 하나님께 대한 순종과 믿음의 보전을 강력하게 권면하기도하고, 배도의 무서운 결과들을 상기시키며 엄숙한 경고를 발하는 방식을 쓰고 있음은 사실입니다. 그럼에도 불구하고 그는 한번도 히브리 그리스도인들에게 율법의 둘째 돌판에 기록된 계명에 속한 의무를 공식적으로 강조한 적이 없습니다. 그 요점들은 바로 이 마지막 대목에서 말하려고 남겨둔 것입니다. 사도가 취하는 경로를 살펴보면, 처음에는 그리스도의 영광스러운 인격과 직무와 사역을 나타냅니다. 그 다음에는 믿음과 순종을 위한 견고한 기초를 놓습니다. 그런 다음에 복음적이고 도덕적인 도리들을 권면 형식으로 말합니다.

우리가 이 점을 가장 진수가 되는 중요한 것으로 생각하니, 주석의 명수인 존 오웬(John Owen)의 글에서 한 문단을 뽑아서 그 관점의 정당성을 강화합시다.

"사도는 자기의 다른 거의 모든 서신에서처럼 복음을 설교하는 참된 순서와 방식을 미리 정해 놓는다. 처음에는 하나님의 은혜인 복음의 신비들을 선포하고, 그 다음에는 그 복음을 적용하여 순종의 실천적인 의무들을 제시한다. 이런 일에 있어서 다른 방식을 제기하는 사람들은 실수를 범할 것이다. 사도의 이런 방식의 두 부분 중 어느 한 부분이라도 불필요한 것으로 여기는 사람들도 다 실수할 것이다. 신령한 진리를 선포하되, 그 진리가 사활을 좌우하는 각성된 순종의 형식을 취하는 방식을 보여주지 못하거나, 그 진리를 순종에 적용하지 못하면, 교만케 하는 지식만을 갖게 되어 덕을 세우지 못하게 만든다. 그렇듯이 그리스도 예수 안에 있는 하나님의 은혜의 정당한 선포 없이 도덕적인 의무들을 강조하면, 영혼을 속이는 것 밖에는 되지 않는다. 그리스도 예수 안에 있는 하나님의 은혜만이 우리로 하여금 도덕적 의무들을 행하게 할 수 있다. 그리고 그런 식으로 의무를 이행할 때 하나님께서 기쁘게 받으시는 것이다. 그리스도 예수 안에 있는 하나님의 은혜를 정당하게 선포하지 않는 도덕적인 의무의 이행은 복음을 벗어나 멀리 떠나게 만든다."

성경에 나타나 있는 하나님의 비밀들과 위대한 교리들은 가치 있는 열매들이나 효력이 없이 그저 단순하게 지성인들에게 추상적으로 말한 것에 불과합니까? 결코 아닙니다. 그 진리들을 영혼 속으로 진실로 받아들여 믿음으로 화합하게 될 때, 그 진리들은 마음속에서 무엇보다 먼저 영적 성향을 일으켜서 하나님을 향하도록 합니다. 그 다음으로는 사람을 향하여도 마땅한 도리의 실천이라는 결과를 가져옵니다. 만일 복음이 그리스도 안에 있는 하나님의 무한하신 사랑과 기이한 은혜를 알게 한다면, 복음은 또한 영적이고 도덕적인 의무들을 능히 이행하게 합니다. 복음이 신자들로 하여금 율법이 요구하는 의무들을 벗어나게 하기는커녕, 더 부가적인 당위성을 갖게 하여 그 율법의 요구들을 바르게 수행하라 지시합니다. 그리고 그런 것들을 감당하는데 새롭고 강력한 동기들을 제공합니다.

히브리서 13장의 내용과 그 이전의 내용 사이의 '일반적' 관계는 그러합니다. 이제 보다 더 '특수한' 관계를 생각해 보기로 합니다. 히브리서 12장과 13장 사이에는 어떤 근본적인 단절이 생긴 것이 아닙니다. 도리어 12장의 마지막 몇 구절과 13장의 처음 몇 구절이 긴밀하게 연결되어 있습니다. 12장 마지막 부분에서 사도는 믿는 자들이 하나님을 향하여 이행해야 하는 마땅한 의무들을 언급했습니다. 다시 말하면, "너희는 삼가 말씀하신 자를 거역하지 말라."(25절)고 하였으며, 28절에서는 "하나님을 기쁘시게 섬기라"고 하였습니다. 여기 13장에서 사도는 사람을 향한 마땅한 의무들을 열거합니다. 그는 모든 것의 총체요 본질이 되는 것에서 시작합니다. 곧, 형제 사랑을 말합니다. 그 권면을 할 때 가장 우선적으로 마음을 다하여 하나님을 사랑하는 것을 말하고, 그 다음으로는 이웃을 우리 자신처럼 사랑해야 함을 권고합니다. 사피어(A. Saphir)는 언뜻 보기에 그렇게 명확하게 드러나 보이지 않는 또 다른 연결고리를 지적했습니다. "사도는 히브리 사람들에게 '만든 것들'이 흔들려지고 요동될 것을 상기시켰고(12:27), 그런 다음에 이제는 하나님께 속하고 영원한 것, 곧 사랑이 계속 '거하게 하라'고 권면하고 있다."

히브리서 13:1
"형제 사랑하기를 계속하고."

히브리인들의 경우에 이 말씀이 가장 우선하여 적용되는 뜻이 있었을 것입니다. "너희가 그리스도인이 되었다고 하는 것은 육체를 따라 너희 형제된 유대인들에게 덜 친절하게 대하게 하려 함이 아님을 명심하라. 진실로 그들은 적대감과 핍박을 통해서 히브리 그리스도인들에게 마음의 격분을 갖게 하였다. 그러나 너희 그리스도인들은 그들과 같은 정신으로 그들을 똑같이 대하지 말아야 한다. 오히려 하나님의 은혜의 행사를 나타낼 수 있는 기회를 얻었다고 생각하라. 너희의 구주께서 남기신 본을 기억하라. 유대인들은 그분을 가장 비열하게 대접하였지만, 그분은 인내하시면서 그들의 모반(謀叛)을 겪어 내셨다. 아니 그들의 유익을 끝까지 추구하셨다. 그러니 너희도 그의 자취를 따르라."

이 서신의 기자인 바울은 그런 면에서 가장 복되게 구주를 본받았고, 자기가 여기서 열거한 것을 실행에 옮겼습니다(롬 9:1-3 ; 10:1 참조). 우리가 다루는 이 본문을 가장 낮은 위치에서 적용하더라도, 히브리 그리스도인들이 처한 경우와 유사하다 생각되는 우리 중 어느 누구에게도 유익을 줍니다. 우리 자신을 주 예수님의 요구에 부응하여 순종하였는데도 우리 친척들이나 친구들이 이를 대적하여 돌아설 경우도 있을 것입니다. 또한 사탄의 충동을 받은 그들이 지금도 우리를 괴롭히고 아주 악하게 대접하고 있는 경우도 있습니다. 그러한 경우에 이 말씀은 우리에게 "형제 사랑하기를 계속하라."는 방식으로 다가옵니다. "내 사랑하는 자들아 너희가 친히 원수를 갚지 말고 하나님의 진노하심에 맡기라 기록되었으되 원수 갚는 것이 내게 있으니 내가 갚으리라고 주께서 말씀하시니라 네 원수가 주리거든 먹이고 목마르거든 마시게 하라 그리함으로 네가 숯불을 그 머리에 쌓아 놓으리라 악에게 지지 말고 선으로 악을 이기라."(롬 12:18-21)

"형제 사랑하기를 계속하고." 물론 여기서 말하는 것을 더 높은 차원으로 적용한다면, 하나님의 자녀들 사이에서 조성되는 특별하고 영적인 애정을 가리키고 있습니다. 이에 대하여 존 칼빈(John Calvin)은 이렇게 주석하고 있습니다.

"히브리서 기자는 '형제애'라는 말로 사랑을 나타내고 있다. 단순히 우리가 특이하고 내면적인 사랑의 감정으로 서로 연합되어야 한다고만 말하지 않는다. 도리어 '우리가 형제를 사랑함이 없이 그리스도인일 수 없다.'는 것을 상기하도록 '형제 사랑'을 말하고 있는 것이다. 왜냐하면 주께서 양자됨으로 서로 연결된 사람들끼리 친밀하게 만드셨으니, 믿음의 가족들이 서로를 향해서 사랑을 계발해야 마땅하다고 말하고 있기 때문이다."

매튜 헨리(Matthew Henry)도 "기독교의 정신은 사랑이다."라고 잘 말하였습니다. 성령님의 열매는 사랑입니다(갈 5:22). 믿음은 사랑으로 역사합니다(갈 5:6). "또한 내신 이를 사랑하는 자마다 그에게서 난 자를 사랑하느니라."(요일 5:1) 형제를 사랑하는 것이 그리스도인의 삶의 첫 번째 표증과 열매입니다(행 16:33). 또한 형제 사랑은 하나님의 은혜의 궁극적인 목적이요 결과입니다(벧후 1:7).

주목해야 할 것은 이 히브리 신자들이 '우리가 형제애를 갖자.'는 식의 권면을 받지 않고 "형제 사랑을 계속하자."는 권면을 받고 있다는 점입니다. 그래서 사도가 쓴 말은 분명히 그들이 이미 서로 간에 사랑하고 있음을 전제합니다. 그래서 사도는 같은 것을 지목하면서 계속 그 사랑을 행하라고 촉구하고 있는 것입니다. 바울은 주께서 하신 것처럼 권면에다가 격려를 덧붙여 말합니다. 주님의 종들은 가능하다면 어느 곳에서나 그렇게 해야 합니다. 바울은 이미 주님의 모든 종들에게 상기시켜 준바 있습니다. "하나님은 불의하지 아니하사 너희 행위와 그의 이름을 위하여 나타낸 사랑으로 이미 성도를 섬긴 것과 이제도 섬기고 있는 것을 잊어버리지 아니하시느니라."(히 6:10) "전날에 너희가 빛을 받은 후에 고난의 큰 싸움을 견디어 낸 것을 생각하라 혹은 비방과 환난으로써 사람에게 구경거리가 되고 혹은 이런 형편에 있는 자들과 '사귀는 자'가 되었으니."(히 10:32,33) 그러나 사도는 형제 사랑이 잦아드는 위험을 감지한 것입니다. 모세의 율법에서 말하는 의식(儀式)들에 관해서 형제들 간에 논란이 일고 있었고, 종교적인 문제에 대한 의견 차이로 서로 다투고 있었는데, 그것은 건전한 영적 사랑에 좋지 않은 기류를 형성하기 때문입니다. 그러므로 그는 그들에게 경계하여 '형제들'답게 살고 서로 사랑하라고 명하고 있는 것입니다.

존 오웬(John Owen)은 이에 대하여 이렇게 지적하였습니다.

"하나의 사랑이란 관계성에 기초하고 있다. 관계가 있는 곳에 사랑이 있고, 또 마땅하게 그래야 한다. 관계가 없으면 진정으로 사랑이라 불리는 것이 존재할 수 없는 것이다. 그래서 여기서 형제애(兄弟愛)를 말하면서 사랑을 언급하고 있는 것이다… 여기서 말하는 형제애는 종교적인 것이다. 모든 신자들은 한 아버지를 모시고 있다(마 23:8,9). 또한 그리스도를 맏형으로 모시고 있다(롬 8:29). 그 맏형은 그들을 형제로 부르기를 부끄러워하지 않으신다

(히 2:11). 또한 한 성령님을 모시고 있으며, 한 부르심의 소망 안에서 부르심을 입었다(엡 4:4). 그 성령님은 그들 모두를 같은 가족 안으로 받아들이는 양자의 영(靈)이시다(엡 3:14,15)."

우리는 형제 사랑이 하나님의 자녀들의 마음을 결속시키는 은혜로운 끈이라 정의합니다. 분명히 말하여 '형제 사랑'은 그리스도인들이 서로를 향해서 가지는 신령하고 애정 어린 위로이며, 상호 가장 높은 유익을 도모하려고 애쓰고 바라는 데서 드러납니다. 이 의무를 우리 주님께서 제자들에게 명하셨습니다. "새 계명을 너희에게 주노니 서로 사랑하라 내가 너희를 사랑한 것 같이 너희도 서로 사랑하라."(요 13:34) "사랑하는 자들아 내가 새 계명을 너희에게 쓰는 것이 아니라 너희가 처음부터 가진 옛 계명이니 이 옛 계명은 너희의 들은바 말씀이거니와 다시 내가 너희에게 새 계명을 쓰노니 저에게와 너희에게도 참된 것이라 이는 어두움이 지나가고 참 빛이 벌써 비췸이니라."(요일 2:7,8) "우리는 서로 사랑할지니 이는 너희가 처음부터 들은 소식이라."(요일 3:11)

사도 요한은 바로 그리스도께서 요한복음 13:34에서 하신 말씀을 가리키며 그 말을 하고 있는 것입니다. 어떤 이들은 "내가 새 계명을 너희에게 쓰는 것이 아니라… 다시 내가 너희에게 새 계명 쓰노니."라고 말한 사도 요한의 의도를 몰라서 당황합니다. 그러나 언뜻 보기에 모호해 보이는 요점은 아주 쉽게 풀립니다. 어떤 규례가 다른 정부의 통제 밑에서 '새롭게' 부과되면 그 규례를 '새 규례'로 인정하게 됩니다. 이 경우에서도 역시 마찬가지입니다. 율법을 통해서 요구된 것(레 19:18)이 복음에 의해서 반복적으로 강조되었으니(요 15:12), 절대적으로 말해서는 새 것이 아니라 옛 계명입니다. 그러나 상대적으로 말해서 그것은 '새 계명'입니다. 왜냐하면 새로운 동기들로 강화되었기 때문입니다(요일 3:16). 그리고 새로운 양식으로 강화되었습니다. "사랑은 여기 있으니 우리가 하나님을 사랑한 것이 아니요 하나님이 우리를 사랑하사 우리 죄를 속하기 위하여 화목 제물로 그 아들을 보내셨음이라 사랑하는 자들아 하나님이 이같이 우리를 사랑하셨은즉 우리도 서로 사랑하는 것이 마땅하도다."(요일 4:10,11) 그래서 "그러므로 우리는 기회 있는 대로 모든 이에게 착한 일을 하되 더욱 믿음의 가정들에게 할지니라."(갈 6:10)라고 말합니다. 믿음의 가정들은 우리의 특별한 애정의 대상들입니다. 왜냐하면 믿음의 가정은 같은 형상으로 창조를 받았으며, 동일한 믿음을 고백하고 있으며, 동일한 언약을 갖고 있기 때문입니다.

형제 사랑하기를 계속 지속하면, 여러 방면에서 교회의 영적 복락과 복음의 명예에 큰 도움이 됩니다. 그리고 신자들에게는 큰 위안이 되는 것입니다. 형제 사랑을 지속적으로 행사하는 것은 세상을 향해서 우리의 신앙의 진정성을 보여주는 가장 좋은 방식입니다. 하나님의 백성들이 상호 그리스도의 사랑을 계발하고 나타내는 것은 어떠한 변증(辨證)보다도 불신자들에게 더 강력한 논증이 됩니다. 신자들은 서로 그런 방식으로 처신함으로 말미암아 자기들이 그리스도 안에서 한 형제들임을 드러내는 것입니다. 자기들이 그리스도 안에서 한 형제들임을 나타내기 위하여 어떤 작은 단추나 꼬리표 하나라도 달 필요가 없습니다. "너희가 서로 사랑하면 이로써 모든 사람이 너희가 내 제자인 줄 알리라."(요 13:35) 그들의 마음이 보다 친밀하고 신령하여 단순한 육신의 본성이 보여주는 그 어느 것보다 더 견고한 끈으로 묶여 있음을 명백하게 드러내야 합니다.

그리스도인들이 서로에게 가지는 태도는, 그들이 같은 제자들임을 나타내는 표입니다. 아울러 그리스도께서 '내 제자'로 지목한 자들임을 그것을 통하여 드러내는 것입니다. 그리스도의 제자들은 그리스도의 사랑을 비추어 내야 하는 이들입니다.

그와 같이 '형제 사랑'이 세상을 향해 자기들이 누구인지 드러내는 표시가 될 뿐 아니라, 그리스도인 자신들에 대하여도 자기들이 중생(重生) 하였음을 보여주는 증거가 되는 셈입니다. "우리가 형제를 사랑하므로 사망에서 옮겨 생명으로 들어간 줄을 알거니와 사랑하지 아니하는 자는 사망에 머물러 있느니라."(요일 3:14) 영혼이 넘어져 있는 불쌍한 성도들을 위안하는 말씀이 여기에 있습니다. 현재로선 그들은 다음과 같은 태도를 가지고 있습니다. "내가 정말 하늘에 있는 하나님께서 예비하신 집에 들어갈 분명한 자격을 갖추었는지 알지 못한다. 그래서 '아바 아버지'라 부르짖기 두렵다. 혹시 그렇게 함으로 주제넘게 구는 죄를 짓지 않을까 염려된다." 그러나 그리스도의 '소자(小子)들'에게 열려진 소망의 문이 여기에 있습니다. 사랑하는 독자들이여, 그대들이 하나님을 사랑한다는 것을 확언하기는 두려워하십시오. 그러나 그대들이 하나님의 백성들을 사랑하고 있지 않은가요? 만일 하나님의 백성들을 사랑한다면, 여러분은 거듭난 사람들임에 틀림없습니다. 하나님의 백성들이 가지고 있는 동일한 영적인 본성(spiritual nature)이 여러분 안에도 있으니 말입니다. 그러나 내가 그들을 정말 사랑하는가? 하나님의 백성들이 우리에게 힘을 주기 원하고, 그들에게서 발견되는 그리스도인의 영적 충만함에 놀라워하며 그들이 잘되기를 바라고 그들의 선을 도모하며 위하여 기도하는가? 여러분이 그런 사람들이라면, 분명 여러분은 그 하나님의 백성들을 사랑하고 있는 것입니다.

이같이 그리스도인의 사랑은 우리가 그리스도의 제자임을 세상에 드러낼 뿐 아니라, 우리가 진실로 거듭났음을 보여주는 확실한 증거도 됩니다. 또한 그것은 하나님 자신을 기뻐하는 표징이 됩니다. 정말 그러합니다! 그리스도인이 그리스도인다운 사랑을 나타내는 것은 그리스도의 은혜의 산물입니다. 성령 하나님의 즉각적인 열매가 형제 사랑입니다. "형제가 연합하여 동거함이 어찌 그리 선하고 아름다운고."(시 133:1) 주께서 친히 그 말씀을 선포하셨습니다. 요한계시록 3장에서도 그것이 매우 아름다운 모습으로 드러나 있습니다. 거기에 아시아에 있는 일곱 교회 중 빌라델비아(Philadelphia) 교회에 보낸 편지가 기록되어 있습니다. 빌라델비아란 말은 '형제 사랑'이란 뜻입니다. 그래서 교회가 '형제 사랑 교회'입니다. '빌라델비아'란 말의 의미가 바로 그것입니다. 바로 그 편지에는 어떤 책망이나 질책이 '전혀' 없습니다. 그 교회는 주님의 마음을 시원케 하는 교회였습니다.

"형제 사랑하기를 계속하고." 우리가 다루는 본문은, 형제 사랑의 존재나 그 행사를 가리키기보다는 형제 사랑을 '지속적으로 계속하라.'고 지시합니다. 이 본문을 어떤 번역본에서 '형제 사랑이 부단하게 거하게 하라(Let brotherly love abide)'고 번역하기도 하였습니다. 그 말은 여러 어려움과 시험 앞에서도 끝까지 참아 견뎌낸다는 사상을 내포하고 있기 때문입니다. 이 본문을 통해서 명하는 바가 무엇입니까? 동료 그리스도인들을 향하여 순전하고 비이기적인 애정을 계속 견지하고 있으라는 것입니다. 형제 사랑은 많은 관심을 요구하는 가냘픈 식물(植物)입니다. 만일 그것을 계속 돌보거나 물을 주지 않으면 금방 말라 버립니다. 그것은 본래의 토양에서 자라나온 식물이 아니라 '외국에서 들여온' 품종입니다. 왜냐하면 그 형제 사랑은 타락한 인간 본성의 토양에서 나온 것이 아니기 때문입니다. "가증스러운 자요 피차 미워하는 자"(딛 3:3)는 거듭나지 않았을 때의 우리의 초상(肖像)을 엄숙하게 대변합니다. 그렇습니다. 형제 사랑은 매우 섬세한 식물이라 '불친절'의 찬 공기를 만나면 금방 영향을 받고, '거친 말'의 찬 서리에 쉽게 오그라듭니다. 이 식물이 잘 자라게 하려면 잘 돌보아 주고 부지런히 가꾸어야 합니다.

"형제 사랑하기를 계속하고." 이 말씀은 얼마나 필요한 말씀입니까! 이 말씀은 처음에도 그러했습니다. 그래서 주 하나님께서는 사람이 마땅히 행할 도리에 이 형제 사랑을 근본적인 것으로 지정해 놓으셨습니다. "네 이웃을 네 몸 같이 사랑하라." 계명을 어떤 경우에서도 지키려 하였다면 투쟁과 피흘림과 고통을 주는 것과 슬픔 같은 일을 얼마나 잘 피할 수 있었을까요! 그러나 안타깝게도 죄가 지배하고 장악하였습니다. 죄가 군림하는 곳에는 사랑이 잠들어 버립니다. '죄가 무엇인가?' 그 개념을 바르게 갖기 위해서는 죄와 정반대되는 것을 서로 대조하여 보면 됩니다. 곧 죄를 하나님과 대조시켜 보세요. 자, 하나님은 영이십니다(요 4:24). 또 빛이시요(요일 1:5), 사랑이십니다(요일 4:8). 반면에 죄는 육체적이며 어두움이요 미워하는 것입니다. 그러나 만일 우리가 그리스도의 지체로 모였다면 '죄와 싸우라.'는 부르심을 받고 있는 것입니다. 육체적인 것과 미워하는 것과 싸우기 위해서 우리는 부르심을 받았습니다. 그러니 "형제 사랑하기를 계속하고." 그렇습니다. 이 권면은 가장 긴요한 권면입니다. 미워하는 것이 세계를 그처럼 광범위하게 사로잡고 있습니다. 그것이 기독교회의 상태 때문에도 그러합니다.

350여 년 전에 존 오웬(John Owen)은 이렇게 썼습니다.

"형제 사랑의 광채와 그 찬란함을 보려면 하늘에 가야한다. 지상에서는 그 능력과 효력과 작용이 어떤 한 구석에서만 나타난다. 시기와 분노와 이기심과 세상을 사랑하는 것, 그리고 종교의 모든 방면에 드러나 있는 상호 냉대가 지상의 영역 거의를 장악하고 있다. 다른 사람들을 설득함으로써 종교의 영역에 진보를 꾀한다는 구실 아래서 예배와 믿음의 차이에 대하여 논쟁하고 다투는 일이 허사이다. 다시 말하면 이 거룩한 사랑이 그리스도의 이름을 고백하는 사람들 중에서 드러나지 않는 한, 종교의 모든 방면은 갈수록 더 파멸 속으로 빠져들게 될 것이다. 그리스도인들 사이에서조차 '형제 사랑'이라는 단어 자체가 조소거리가 된 상황이다. 그것과 관련된 모든 것들이 멸시를 당하고 있다."

오늘날에도 그보다 더 나을 바가 없습니다. 보편적으로 말해서 스스로 그리스도인들로 자처하는 이들 속에서 형제 사랑의 증거가 얼마나 작게 나타나는가요! 그리스도의 비극적인 말씀이 예언대로 성취된 것을 보고 있지 않습니까! "불법이 성하므로 많은 사람의 사랑이 식어지리라."(마 24:12) 그러나 이 책을 읽는 독자 여러분, 그리스도의 사랑은 변하지 않았습니다. 그리고 우리의 사랑도 변해서는 안 됩니다. "예수께서 자기가 세상을 떠나 아버지께로 돌아가실 때가 이른 줄 아시고 세상에 있는 자기 사람들을 사랑하시되 '끝까지' 사랑하시니라."(요 13:1) 안타깝게도 우리 모두가 부끄러워 머리를 숙일 이유가 있지 않습니까! 사랑보다도 깨달음을 높이 여겨주며, 서로를 향하여 사랑하는 것보다 믿음의 비밀들을 이해하는 것을 더 높이 평가하는 경향이 확산되어 있는 오늘날에는 이와 같은 권면이 얼마나 긴요한지요! 우리 모두 정직하게 대면할 탐사적인 질문이 여기에 있습니다. 형제를 향한 내 사랑이 진리를 아는 내 (지성적) 지식의 성장과 보조를 맞추고 있는가?

"형제 사랑하기를 계속하고." 이 말씀은 우리를 얼마나 '겸비하게 하는 (humbling)' 말씀입니까! 사도는 그렇게 생각하였습니다. '누구나 참으로 친밀한 결속에 의해서 하나가 되어 그리스도의 몸을 이루게 된 지체들은 응당 자발적으로 서로 사랑하며 서로의 유익을 촉진시켜 주어야 한다. 그것을 자기들의 부단한 목표로 삼아야 한다.' 아, 사랑하는 독자 여러분, 성령께서는 이 의무를 이행하라고 우리에게 '촉구'하실 필요가 있음을 아셨습니다. 우리는 그러한 권면을 여전히 받아야 하는 종류의 피조물이 아닙니까! 이 권면은 우리에게서 교만을 빼앗아 가기에 얼마나 합당한 권면입니까. '서로 사랑하라.'는 '명령'을 들을 필요가 있을 때 자만에 빠질 이유가 거의 없어집니다. "가증스러운 자요 피차 미워하는 자이었으나"(딛 3:3) 우리가 거듭나지 못했을 때는 그러하였습니다. 그럼에도 불구하고 그 '미움'의 '뿌리'가 여전히 신자 속에 남아있습니다. 그러므로 그것을 분별하여 죽이지 않으면, 그것이 그리스도의 사랑을 계속 나타내는 것을 크게 방해할 것입니다.

"형제 사랑하기를 계속하고." 이 말씀은 얼마나 '엄숙한(solemn)' 말씀입니까! 독자는 본 강해자가 '엄숙한'이라는 형용사를 쓴 것을 보고 놀랐겠지요. 이 권면이 긴요하고 우리로 겸비하게 하는 권면임을 아는 이는 많아도 이 권면이 '엄숙한' 권면임을 아는 이는 드뭅니다. 아, 우리는 문맥을 잊었습니까? 바로 앞에 나오는 구절을 살펴보세요. 이 서신은 본래 장(章) 구분이 없었음을 기억하세요. 12:29와 13:1의 말씀은 분리시켜 읽지 말고 붙여 읽어야 합니다. "우리 하나님은 소멸하는 불이심이라 형제 사랑하기를 계속하라." 이 두 구절이 간격이 없이 하나로 나란히 놓인 것을 감안하면 엄숙한 요점이 금방 드러납니다. 이 땅에서 살았던 형제지간이던 사람들을 생각해 보세요. 그들에게 "형제 사랑하기를 계속하는" 그런 일이 있었습니까? 그것과 정 반대입니다. 가인은 그 동생을 미워하였고 죽였습니다. 그가 우리 하나님이 '소멸하시는 불이심'을 몰랐습니까? 그 자신의 말이 증명하는 대로 그는 분명히 그 점을 알았습니다. "내 죄벌이 너무 중하여 견딜 수 없나이다."(창 4:13 개역한글). 하나님의 진노가 그의 양심 속에서 불타고 있었습니다. 그가 지옥에 가기 전에 지옥의 무서운 맛을 미리 보았던 것입니다.

그러나 이제 방금 말한 것에 반론을 제기할 이도 있을 것입니다. "가인과 아벨의 경우는 보기 드물게 적절하고 합당한 경우가 아니었다. 왜냐하면 그들은 단순히 '육신적' 형제들이었다. 본문에서는 일차적으로 '영적으로' 형제된 자들을 가리킨다." 그러한 반론에 일리가 없지는 않습니다. 그러나 흔히 성경에는 육신적인 것을 통하여 영적인 것을 비추어 내는 일이 있습니다. 창세기 4장에는 그리스도인이 유념할 요점들이 많습니다. 어쨌든 우리는 인간 역사(歷史)의 흐름을 따라 그로부터 수 세기가 지난 때를 살펴봅시다. 아브라함과 롯은 영적으로 형제가 아니었습니까? 그들은 영적으로 형제였습니다. 그런데 그들 사이에 형제 사랑이 계속 되었습니까? 그렇지 않습니다. 그들의 목자들 사이에 다툼이 일어 그 일로 나뉘게 되었습니다(창 13장). 롯은 믿음 있는 자들의 조상인 아브라함과 교제하기를 원하는 것보다 물이 넉넉한 평원과 소돔에 있는 집을 더 좋아하였습니다. 그 결과는 무엇이었습니까? "우리 하나님은 소멸하는 불이시라."는 사실을 알았습니까? 하나님께서 하늘로부터 불과 우박을 내렸을 때, 그 소돔성에 있는 그의 모든 전 재산이 다 훼멸되는 것을 롯은 보았습니다. 그것이 우리를 향한 또 다른 엄숙한 경고입니다.

"형제 사랑하기를 계속하고." 그러나 이 말씀은 얼마나 '은혜로운' 말씀입니까! 이 말씀이 함축하는 요점들을 상고해 보십시오. 이 말씀이 함축하는 것들은, "너희가 부르심을 입은 부름에 합당하게 행하여 모든 겸손과 온유로 하고 '오래 참음으로 사랑 가운데서 서로 용납하고.'"(엡 4:1,2)라는 말씀과 유사하지 않습니까? "형제 사랑하기를 계속하라."는 말씀은 우리가 육신의 본성에 따라서 처신하지 말고 '은혜'의 요청에 따라 처신해야 함을 가리킵니다. 만일 은혜가 나에게 부어졌다면 나는 마땅히 다른 사람들에게 은혜로워야 합니다. 그러나 그것은 항상 쉬운 것은 아닙니다. '미워함'의 뿌리가 내 속에도 여전히 남아있을 뿐만 아니라, 내 형제 속에도 '육체'가 여전히 남아 있기 때문입니다. 형제들 속에도 나의 사랑을 시험하고 무너뜨리는 것들이 많을 것입니다. 그렇지 않다면 무엇 때문에 '오래 참음으로 사랑 가운데서 서로 용납하라.'는 권면을 했겠습니까? 하나님께서는 이 권면을 지혜롭게 하심으로써 우리의 사랑이 단순한 '본성의 호감' 이상을 넘어가야 함을 가르치신 것입니다.

우리는 자신의 기질을 다스리고, 서로에 대하여 정중하고 유쾌한 자세를 견지해야 합니다. 그러나 그 뿐만 아니라 '우리 자신의 연약들'을 서로 참아내야 하며 허물을 용서할 용기를 가져야 합니다. "사랑은 오래참고 사랑은 온유하며."(고전 13:4)

"형제 사랑하기를 계속하고." 이 말씀은 얼마나 '포괄적인' 말씀입니까! 우리가 이 말씀을 온전히 파헤칠 능력을 가지고 있고, 말씀에 내포된 것을 다 밝힐 지면(紙面)이 허락된다면, 성경의 교훈들 중 많은 부분을 인용할 필요가 있을 것입니다. 만일 형제 사랑을 계속하려면, 우리는 매일 서로 권면해야 합니다. 그리고 서로 선행을 격려하며 많은 다른 방식으로 서로를 섬겨야 합니다. 이 권면의 말씀은 평화롭고 조화롭게 서로 거하는 것 이상을 내포하고 있습니다. 물론 그런 것이 없으면 그 다음의 것이 따라오지 않을 것이지만 말입니다. 이 권면은 서로를 향하여 거룩한 관심을 가질 것을 촉구합니다(레 19:17 ; 요일 5:2 참조). 이 권면은 또한 우리가 서로를 위해서 기도할 것을 분명하게 요청하고 있습니다. 형제 사랑의 실제를 보여주는 또 다른 형식은, 우리로부터 멀리 떨어져 있는 사람들에게 도움을 주는 신령한 편지들을 보내는 것입니다. 그 전에 함께 만나서 아름다운 대화를 나누었으나, 하나님의 섭리로 인해서 멀리 떨어져 서로 갈 수 없는 경우에 그렇게 해야 합니다. 우편을 통해서 계속 그 사람과 접촉해야 합니다.

"형제 사랑하기를 계속하고." 이 말씀은 얼마나 '힘 있는' 말씀입니까? 우리는 이 말씀에 우리 모두가 무릎을 꿇어야함을 요청한다고 생각하기 때문입니다. 우리는 사랑을 행동에 옮기기 위해서 성령님을 의지해야 하되, 우리의 믿음을 행사하기 위해서 성령을 의지하는 것과 똑같이 해야 합니다. 하나님을 향해서 뿐만 아니라 서로 사랑하는 일에도 성령님을 의존해야 합니다. "주께서 너희 마음을 인도하여 하나님의 사랑과 그리스도의 인내에 들어가게 하시기를 원하노라."(살후 3:5) 그리스도께서 최후의 만찬석에서 하신 강화의 말씀 속에서 이 교훈을 얼마나 힘 있게 강조하셨는지를 주목하십시오. "새 계명을 너희에게 주노니 서로 사랑하라 내가 너희를 사랑한 것 같이 너희도 서로 사랑하라."(요 13:34) 아, 그러나 구주께서 그렇게 말씀하신 것만으로 충분하지 못하다고 생각하셨습니다. "내 계명은 곧 내가 너희를 사랑한 것 같이 너희도 서로 사랑하는 이것이니라."(요 15:12) 주님께서는 어째서 그 교훈을 반복하셨는가요? 아니 그렇게 말씀하시는 것만으로도 충분치 못하셨습니다. "내가 이것을 너희에게 명함은 너희로 서로 사랑하게 함이로라."(요 15:17) 앞 문단에서 우리는 빌라델비아 교회가 '형제 사랑'의 교회임을 독자들에게 인식시켜 준 바 있습니다. 그 교회에 보낸 편지의 중심적인 권면이 무엇인지를 관찰하였습니까? "내가 속히 임하리니 네가 가진 것을 굳게 잡아 아무나 네 면류관을 빼앗지 못하게 하라."(계 3:11)

"형제 사랑하기를 계속하고." 이 말씀은 얼마나 놀라운 '신적(神的)인' 말씀입니까! 이 말씀을 통해서 명령되는 그 사랑은 거룩하고 신령한 사랑입니다. "소망이 우리를 부끄럽게 하지 아니함은 우리에게 주신 성령으로 말미암아 하나님의 사랑이 우리 마음에 부은바 됨이니."(롬 5:5) 형제 사랑이 가능하기까지는 미움 밖에는 없습니다. 형제를 사랑하는 것은 형제들의 영혼 속에 새겨진 하나님의 형상을 사랑하는 것입니다. "또한 내신 이를 사랑하는 자마다 그에게서 난 자를 사랑하느니라."(요일 5:1) 그 어느 누구도 자신의 마음에 은혜가 없으면 사랑할 수 없습니다. 우리에게 친절하고 관대한 사람들을 사랑하는 것은 '자연적인' 사랑입니다. 우리를 신실하고 거룩하게 대하는 사람들을 사랑하는 것은 '초자연적인' 사랑입니다.

"그러므로 너희는 하나님이 택하사 거룩하고 사랑 받는 자처럼 긍휼과 자비와 겸손과 온유와 오래 참음을 옷 입고 누가 누구에게 불만이 있거든 서로 용납하여 피차 용서하되 주께서 너희를 용서하신 것 같이 너희도 그리하고 이 모든 것 위에 사랑을 더하라 이는 온전하게 매는 띠니라."(골 3:12-14)

107강

형제사랑 II

13:1 형제 사랑하기를 계속하고 13:2 손님 대접하기를 잊지 말라 이로써 부지중에 천사들을 대
접한 이들이 있었느니라 13:3 너희도 함께 갇힌 것 같이 갇힌 자를 생각하고 너희도 몸을 가졌
은즉 학대 받는 자를 생각하라

형제 사랑은 그리스도인이 서로를 향해서 가져야 하는 신령한 자비와 애정이 있는 위로입니다. 아울러 서로가 최고로 잘되기를 바라며 그 유익을 추구하는 것입니다. 형제 사랑의 여러 특징들이 고린도전서 13장에서 아름답게 열거되어 있습니다. 히브리서 13장 1절에서 사도는 "형제 사랑하기를 계속하라."고 당부합니다. 소극적인 측면에서 말한다면, 이 말씀은 '형제 사랑의 흐름을 방해하기 쉬운 것들을 항상 조심하라.'는 말씀입니다. 적극적으로 말하여 '형제 사랑을 건실하게 지켜주는 방편들을 늘 부지런히 활용하라.'는 권면입니다. 바로 우리가 행할 마땅한 도리가 이 두 노선을 따라서 부과되어 있습니다. 그 점을 유념하는 것은 무엇보다 중요한 일입니다.

그러므로 형제 사랑이 계속되는 것을 방해하고 저해하는 주요한 거침돌 몇을 지적해 보기로 합니다. 그런 다음에 형제 사랑을 촉진시키는데 도움을 주는 것들을 언급해 보기로 합니다. 복되신 성령께서 필자의 생각을 인도하시고 독자로 하여금 주님께 합당한 마음을 갖게 하시기를 바라옵니다.

형제 사랑을 막는 근본적인 방해는 '자기 사랑'입니다. 자기를 사랑하는 일에 너무 사로잡히면 다른 사람의 이익을 전혀 염두에 두지 않게 됩니다. 잠 30:15에서 "거머리에게는 두 딸이 있어 다오 다오 하느니라."고 하였습니다. 이 끈질긴 존재는 혀에 있는 두 빨대를 사용합니다. 영적으로 '그 빨판'은 자기 사랑을 나타내며, 그 거머리의 두 딸은 '자기 의'와 '자기 연민'입니다. 거머리는 결코 만족하지 않는데, 계속 빨아대다가 결국 자기 몸이 터지는 경우가 있습니다. 그처럼 자기 사랑도 만족할 줄 모르며 '다오 다오' 부르짖는 것입니다. 하나님의 모든 복락들과 긍휼들은 '자기만' 섬기는데 사용하면 부패합니다. 이 악한 정신을 해독하는 것은 그리스도께서 우리에게 남기신 본에 마음을 기울이는 것입니다. 그리스도께서는 섬김을 받기 위해 오신 것이 아니라 '다른 사람들을' 섬기기 위해 오셨습니다. 그는 자신을 기쁘게 하시지 않고 '선행을 위해' 항상 돌아 다니셨습니다. 곤고한 사람을 살리시고 접촉하는 모든 이들의 복락을 구하는 일에 지치지 않으셨습니다. "너희 안에 이 마음을 품으라 곧 그리스도 예수의 마음이니."(빌 2:5)

만일 형제 사랑을 계속하려면 자신을 부인해야 합니다. 자기 사랑과 불가피하게 연관되어 있는 것이 '교만'입니다. 교만을 기르는 것은 형제 사랑을 계발하는 것에 치명적인 타격입니다. 다는 아니라도 그리스도인들 중에서 가련한 실수를 하는 경우 대부분을 따져보면 바로 이 악한 뿌리에서 나온 것임을 알게 됩니다. "사랑은 오래참고." 그러나 교만은 참지 못합니다. "사랑은 시기하지 아니하며." 그러나 교만은 강하게 투기합니다. "사랑은 자기의 유익을 구치 아니하며." 그러나 교만은 항상 자기의 만족을 추구합니다. "사랑은 자기의 유익을 구치 아니하며." 그러나 교만은 부단히 다른 이들로부터 자기가 관심의 대상이 되기를 요구합니다. "사랑은 모든 것을 참으며." 그러나 교만은 아주 작은 손해라도 참지 못하고 분개합니다. "사랑은 모든 것을 견디며." 만일 형제가 길거리에서 자기에게 인사하지 않아도 교만한 사람은 금방 마음이 상합니다. 형제 사랑을 잘 자라게 하려면 교만을 '죽여야' 합니다. 쉬기 위해서 그리스도께 나오는 자들에게 그리스도의 첫 번째 요청은 "나는 '마음이 온유하고 겸손하니' 나의 멍에를 메고 내게 배우라."는 말씀이었습니다.

형제 사랑에 있어서 또 다른 큰 원수는 '종파주의 정신'입니다. 이 악은 많은 사람들이 생각하는 것보다 훨씬 더 넓게 확산되어 있습니다. 독자들이 다음과 같은 사실, 곧 신앙에 있어서 대단한 사람들로 명성을 갖고 있으며 영적인 일들에 의욕을 갖고 있는 것으로 보이는 사람들이 이런 류의 강해서를 얼마나 자주 멸시하는지 알면 깜짝 놀랄 것입니다. 다시 말하면 이러한 류의 책이 '자기들의' 교단이나 '단체'에서 출판되지 않았다는 사실 때문에 이러한 류의 책을 즉각적으로 쓰레기통에 버리는 잘못을 범하는 것입니다. 안타깝게도 그러한 '편당 정신'이 형제 사랑에 얼마나 큰 해를 자주 끼치는지요! 어떤 사람이 말합니다. "누구든지 '우리의' 교리들을 믿고 '우리 교회'에 가입하기를 원하면 팔 벌려 환영할 것이다." 반면에 믿음에 있어서 그 사람이 아무리 건전하고, 그의 행실이 아무리 경건하다 해도 그리스도의 어느 그룹과도 친밀한 관계를 유지하기 싫어하면, 의심의 눈초리와 냉대를 받게 됩니다. 그렇게 해서는 안됩니다. 그것은 자기들의 저급한 영성을 드러내는 것뿐입니다.

그렇다고 강해자가 그리스도인이라 자처하는 모든 사람들과 친밀한 교제를 나누어야 한다는 변증적 역설을 하고 있는 것은 아닙니다. 성경은 우리에게 경고하기를 "아무에게도 경솔히 안수하지 말라."(딤전 5:22)고 말합니다. 왜냐하면 번쩍이는 것이 다 금(金)은 아니기 때문입니다. 아마 지금처럼 거짓된 신앙고백자들이 넘쳐나는 때는 없었을 것입니다. 그러나 따라오는 사기꾼에게 휘둘리는 것과, 어떤 참된 성도가 아직도 땅에 있다는 사실을 믿지 않는 것 사이에 복된 중간 통로가 있습니다. 나무는 그 열매로 알아 볼 수 있습니다. 그리스도의 형상이 보이는 사람들과 만나면, 그 사람이 편에 들어 있든지 아니든지 간에 '그 사람에게' 우리의 마음을 주어야 합니다. "이러므로 그리스도께서 우리를 받아 하나님께 영광을 돌리심과 같이 너희도 서로 받으라."(롬 15:7) 그리스도께서 사랑하는 자들을 다 사랑하는 것이 우리에게 주어진 임무입니다. 우리 믿음의 길에서 만나는 그리스도의 몸의 지체들 중 가장 연약한 지체들에게라도 형제 사랑을 보이지 못한다면, 우리가 정통이라든지 '빛'을 가졌다고 떠벌려 자랑하는 것은 전혀 쓸모가 없는 일입니다.

형제 사랑을 계속하는 일을 심각하게 방해하는 것들이 또 많이 있습니다. 그러나 그러한 것들을 단순하게 열거하는 것 이상은 더 이상 말할 만큼의 지면이 없습니다. 그것을 열거해보면 세상사랑, 우리 영혼 속에 있는 육체의 정욕을 죽이는데 실패한 것, 우리 자신의 가족들 속에 신중치 못하게 불법적으로 얽매이는 것 등입니다. 그래서 그리스도의 피로써 우리와 관계하고 있는 사람들이 마땅히 우리의 생각 속에 자리를 잡지 못하게 됩니다. 또한 형제 사랑을 실천하기 위해서 필요한 인내와 또한 그 형제 사랑이 내포하고 있는 합당한 의무들을 가리키는 것을 무시하는 것, 그 형제 사랑의 기초를 망각하는 것 등입니다. 형제 사랑의 기초를 망각한다는 말은 우리가 하나님의 은혜 안에서 같은 기업을 얻게 되어 우리가 하나님의 믿음의 권속이라는 사실을 망각하는 것입니다. 또한 쓸데없는 잡담에 귀를 기울이는 것도 형제 사랑을 막습니다. 그것은 거의 모든 경우에 있어서 '마귀에게 자리'를 내어주는 일입니다. 마귀는 밤낮으로 형제를 송사합니다. 그러나 형제 사랑을 계속하지 못하게 하는 또 다른 심각한 장애가 있으니 '참지 못하는' 마음입니다. 그 점에 대하여 좀 더 자세하게 알아보기로 합니다.

'참지 못한다.' 함은 '오래 견디는 것이 부족하다.'는 뜻입니다. '참된 형제 사랑은 하나님께서 우리를 향하신 사랑의 한 반향입니다. 하나님께서는 당신의 백성들을 사랑하시되, 그들 자신들이 본래 가지고 있는 매력 때문에 사랑한 것이 아닙니다. '그리스도 때문에' 사랑하신 것입니다. 그러므로 그는 백성들의 추함과 비열함에도 불구하고 그들을 사랑하셨습니다. 하나님께서 "우리에게 대하여 오래" 참으십니다(벧후 3:9). 우리의 비뚤어짐에 대하여 오래 참으시며, 우리의 불의를 용서하시며, 우리의 질병을 치료하십니다. 그리고 우리에게 말씀하십니다. "그러므로 사랑을 입은 자녀 같이 너희는 하나님을 본 받는 자가 되고 그리스도께서 너희를 사랑하신 것 같이 너희도 사랑 가운데서 행하라."(엡 5:1,2)

우리는 성도들 속에서 '그리스도께 속한 것'을 볼 수 있는 것 때문에 성도들을 사랑해야 합니다. 그렇습니다. 그들을 사랑하되, 바로 그 이유 때문에 사랑해야 합니다. 그들의 모든 무지와 왜곡됨과 나쁜 성미와 고집과 조급함에도 불구하고 그들을 사랑해야 합니다. 거듭난 마음을 가진 사람들이 그들에게 매력을 느끼는 것은 그들 속에 하나님의 형상이 있기 때문입니다. 그들의 부요와 그들의 호감어린 모습과 사회적인 지위 때문에 그들을 사랑하는 것이 아닙니다.

"모든 겸손과 온유로 하고 오래 참음으로 사랑 가운데서 서로 용납하고."(엡 4:2) 거짓된 사랑은 느슨하고 불안하게 걸쳐 입은 복장을 벗어 던질 구실을 찾기를 좋아합니다. 아히도벨은 마음으로는 다윗을 미워했지만 다윗을 위하는 척 했습니다. 물론 그의 입으로는 많은 사랑을 나타내는 것처럼 보였습니다. "오래 참음으로 사랑 가운데서 서로 용납하고." 조금만 침묵을 지키거나 무시해도 금방 깨질 그런 사랑은 하나님께로부터 나온 것이 아닙니다. 새롭게 알게 된 어떤 사람의 입술에서 몇 마디 악담(惡談)이 나오는 것을 보고 거두어버린 그 사랑은 가치가 없습니다. 사랑하는 형제들이여, 하나님께서 우리가 서로 사랑하는지를 '시험(試驗) 하신다'는 사실을 기억해야 합니다. 우리의 믿음의 진정성을 시험하시는 것 같이 말입니다. 그렇지 않다면 무엇 때문에 "사랑 가운데서 서로 용납하라."고 권면하시겠습니까?

지상에서 아무리 신령한 그리스도인이라도 연약함으로 가득 차 있습니다. 그런 것들을 참아내는 가장 훌륭한 방식은 자신도 허물과 실수투성이임을 자주 정직하게 생각해 보는 것입니다.

형제 사랑을 방해하는 요소들

존 오웬(John Owen)은, "형제 사랑이 부패하고 상실되는 어떤 '기회들'이 있다."고 하였습니다. 우리가 위에서 언급한 '요인들'에 덧붙여 존 오웬이 지적한 사항들을 여기서 숙고해 봅시다.

"(1) 종교에 속한 일들에 대한 의견 차이와 실제에 관한 차이들(그런 차이들이 치명적인 것은 아니라면 그러한 차이들로 서로 사랑하는 것에 영향을 끼치게 해서는 안 된다. - 필자 주). (2) 천성적인 성미와 기질을 바르게 조절하지 못하는 것. (3) 격동시키는 느낌을 받을 때에 거기에 신속하게 반응하는 자세. (4) 세속적인 이해관계에 대한 다른 입장으로 일관성 없게 행하는 것. (5) 영적인 은사들을 남용함으로써 교만하여 다른 형제들에게 시기심을 불러일으키게 하는 것. (6) 형제애를 방해하는 지배권을 확립하려고 하는 시도들. - 이상과 같은 자세들과 행위들을 조심해야 한다."

형제 사랑을 촉진하는 방편들

본 강해자는 독자들이 히브리서 13:1에 대하여 이처럼 길게 강론하는 것에 대하여 결코 진력내지 않을 것이라고 신실하게 믿습니다. 우리가 다루는 이 주제는 정말 깊은 실천적 중요성을 가지고 있어서 또 다른 하나의 국면을 숙고할 필요가 있다고 느낄 정도입니다. 그러므로 존 오웬(John Oewn)이 형제 사랑을 지속하게 하는 '방편들'이라는 부제 아래 언급한 몇 가지 사항들을 인용하고 거기에 부연하여 말씀드리는 것이 좋습니다.

"첫째, '형제 사랑'의 원리를 자라고 번성하게 하려고 애를 써야 한다. 서로 용납하는 은혜의 능력을 계발하기를 애써야 한다."

그 '형제 사랑'의 원리를 자라게 하는 데 주도적인 세 가지 은혜는 믿음과 소망과 사랑입니다. 그 은혜는 건전한 영혼 속에서만 번성할 수 있습니다. 개인의 경건이 잦아드는 상황에서는 형제 사랑도 잦아들 것입니다. 만일 그리스도 안에서 인격적 친밀한 교제를 소홀히 한다면, 하나님의 백성들과의 진실한 영적 교제도 전혀 있을 수가 없습니다. 내 마음이 하나님의 사랑 가운데서 따뜻함을 유지하지 않으면, 형제들에 대한 애정도 역시 틀림없이 잦아들 것입니다.

"둘째, 그리스도의 특별한 가르침과 명령의 입장에서 볼 때 이 의무가 중요하다는 깊은 의식을 가져야 한다."

'형제 사랑'을 지속하는 것이 참으로 중요함을 인식할 때만 그것을 위하여 진지하고 부단한 노력을 기울이게 될 것입니다.

"셋째, 그 '형제 사랑'의 진실성을 시험하는 시금석, 또한 우리의 은혜의 진실성과 거룩함의 사실성을 가늠하는 시금석이 있다."

"우리가 형제를 사랑함으로 사망에서 옮겨 생명으로 들어간 줄을 알거니와."(요일 3:14) 이것은 참으로 심각하게 숙고해야 하는 요점입니다. 만일 그리스도인들이 자신들의 거듭남에 대한 '증거'를 얻기 위해서 더 많은 관심을 기울이고 있다면, 그럴수록 형제 사랑을 계발하는데도 더 집요한 관심을 기울이게 될 것입니다. 형제 사랑은 거듭남의 증거들 중에서 가장 우선하는 것들 중 하나입니다(요일 3:14). 내가 내 형제들에 대하여 아예 무관심하거나, 그들이 이 세상에 살 때 뿐 아니라 영원한 세계에서 잘되는 것에 아무 관심이 없다면, '내가 하나님의 자녀라.'고 스스로 간주할 권한이 전혀 없습니다.

"넷째, 하나님의 영광과 교회의 덕을 위하여 바로 이 '형제 사랑'의 의무가 필연적으로 요구된다."

우리가 이 세상에서 하나님의 영광이 나타나는 일에 '진실로' 관심을 가지는 정도가 높아지면 그에 따라서 우리 자신 속에서나 성도들 사이에서 형제 사랑이 더해집니다. 그런 일을 통하여 하나님의 영광을 더욱 크게 촉진하여 더 큰 열심을 가지게 될 것입니다. 하나님의 영광과 하나님의 백성의 복락 사이에는 도저히 끊을 수 없는 끈이 있습니다.

"다섯째, 연합에 금이 가거나 화평을 상하는 불화와 혼란이 일어나면 반드시 '형제 사랑'이 식어지는 심각한 결과를 초래한다."

'형제 사랑'이 잦아진 결과들은 참으로 심각합니다. 만일 그 질병을 퇴치하지 않으면 치명적인 결과를 가져올 것입니다. 그러므로 우리 각자가 정직하고 진지하게 자신에게 물어야 합니다. 형제를 사랑하는 일에 '내가 부족한 일'이 오늘날 기독교가 세력을 얻고 있는 나라에서 영적 하향세를 얼마나 크게 자극하는가?

"여섯째, '형제 사랑'을 깨뜨리기 쉬운 '자기 사랑과 세상을 사랑하는 마음'의 사악한 습관들을 부단하게 경계하여 막아야 한다."

만일 그런 일에 신실하다면, 이 '형제 사랑'의 은혜의 계발을 위한 가장 효과적인 방편이 될 것임에 분명합니다.

"일곱째, '형제 사랑'이 그 생명 있는 활동들, 곧 '인내와 오래 참음과 서로 허물을 용서할 마음과 악한 것을 믿지 않으려 하는 일들'이 지장을 받지 않도

록 매우 조심해야 한다. 그런 생명 있는 활동들이 없다면 '형제 사랑'에 속한 다른 의무들을 지속할 수 없을 것이다."

"여덟째, '형제 사랑'을 가능하게 하는 은혜를 공급하여 주시기를 위하여 열심히 기도해야 한다."

히브리서 13:2

"손님 대접하기를 잊지 말라

이로써 부지중에 천사들을 대접한 이들이 있었느니라."

사실 이 히브리서 13장 첫 권면은 모든 그리스도인 상호간의 의무들을 감당하는데 기본적인 것입니다. 이제 사도는 성령님의 인도하심을 받아 '형제 사랑'의 여러 방식들 몇을 지적해 나갑니다.

"손님 대접하기를 잊지 말라." 형제 사랑의 여러 경우들 중 가장 먼저 "손님 대접"을 언급합니다. 이 권면을 실행할 때 모든 그리스도인이 가진 은혜 중 가장 큰 것을 실증하여 보여주는 셈입니다. 여기에서 지적되는 의무는 '그리스도인의 후한 대접'의 의무입니다. '옛 언약' 아래서 명령되었던 것이 '새 언약' 아래서 되풀이 강조되고 있습니다. "너희와 함께 있는 거류민(stranger)을 너희 중에서 낳은 자 같이 여기며 자기 같이 사랑하라 너희도 애굽 땅에서 거류민이 되었었느니라 나는 너희의 하나님 여호와이니라."(레 19:34. 신 10:19는 참조) 여기 '대접하라(entertain)'는 말의 헬라어는 사도행전 10:18,23과 28:7에서 '유숙하다(lodge)'는 말로 번역되고 있습니다.

주의 백성들이 여러 곳에서 '박해'를 받고 있었습니다. 그래서 사도들은 이 의무를 특별하게 강조할 긴급한 필요를 느꼈습니다. 여러 곳에서 박해를 당하는 주의 백성들이 자기 집에서 쫓겨나 다른 데서 피난처를 찾아야 했습니다. "그 날에 예루살렘에 있는 교회에 큰 박해가 있어 사도 외에는 다 유대와 사마리아 모든 땅으로 흩어지니라."(행 8:1) 어떤 사람들은 "베니게와 구브로와 안디옥까지" 가야 했습니다(행 11:19). 그리스도께서 말씀하셨습니다. "이 동네에서 너희를 박해하거든 저 동네로 피하라 내가 진실로 너희에게 이르노니 이스라엘의 모든 동네를 다 다니지 못하여서 인자가 오리라."(마 10:23) 그 말씀에 순종하여 그들은 당분간 평안을 얻을 수 있는 여러 다른 곳으로 옮겨 다녔습니다. 하나님께서는 섭리로 여러 일들을 주장하셔서 모든 곳이 다 박해받지는 않게 하셨습니다. 그러므로 최소한 잠깐 동안은 조용히 물러가 머물 수 있는 어떤 곳이 보편적으로 마련됩니다. 그런 일은 그들 자신의 거처를 떠나 이방인들 가운데서 피난처를 찾게 만들었습니다. 그래서 바로 이 히브리서에서 그러한 권면을 한 것입니다.

존 오웬(John Owen)은 이에 대하여 다음과 같이 주석하였습니다.

"더구나 그 때 회심한 히브리 사람들 중에는 자기들에게 주어진 복음 전파의 소명을 감당하기 위하여 한 도시나 한 족속 안에서 여기 저기 옮겨 다녀야 할 자들이 여럿 있었다. 그들은 그리스도를 위해서 나아갔기 때문에 복음 전도의 대상이 되는 이방인들에게서 아무 것도 취하지 않았다(요삼 7). 이들은 그리스도 안에 있는 형제들이기는 하였지만, 어느 교회에 속한 직원들은 아니었다. 요한 사도는 사랑하는 장로 가이오를 크게 칭찬한다. 그들이 나그네로 그 지역에 가서 그 교회의 영접을 받고 유숙하며 도움을 받았다(요삼 5,6). 히브리서 기자가 바로 그런 나그네들을 그같이 영접하여 특별한 방식으로 사랑하고 대접하라고 히브리인들에게 명령하고 권하고 있다. 그래서 그러한 사람들을 영접하여 대접하려고 하지 아니하는 자들은 복음에도, 그리스도의 영광에도 별 관심이 없음을 자처하는 셈이다."

처지가 달라졌다 할지라도 이 명령의 효력은 유효하여 여전히 그리스도의 이름을 달고 다니는 모든 사람들에게 해당되는 것입니다. 원수들이 하나님의 백성들의 피를 흘리지 못하게 하시는 하나님의 제어하시는 손 때문에 달려들지 못합니다. 그러나 그 손이 물러나 다시 그 악한 자들의 소행으로 백성들이 피를 흘리는 일이 얼마나 빨리 일어날지 모두 장담할 수 없습니다. 지금 이 지구 위의 어느 지역에서인가 그러한 일이 벌어지고 있습니다. 우리 마음이나 우리 가정도 진실로 궁핍한 그 사람들에게 언제나 열려져 있어야 합니다.

"성도들의 쓸 것을 공급하여 손 대접하기를 힘쓰라."(롬 12:13) 탁월하고 영적인 어떤 학자는 지적합니다. "여기에 쓰인 원어는 그 의무 자체의 행동에 관심을 두기보다는 그 의무를 이행하는데 요구되는 마음의 자세와 품격을 더 크게 지시한다. 그래서 수리아 번역에서는 '외인들을 사랑하는 것'이라는 식으로 번역했다. 바른 번역이다. 그것은 바로 '효력 있는' 유의 사랑이다. 그런 사랑을 하는 사람의 합당한 행동 속에는 외인들을 대접하는 것이 들어있다. 그러한 자세는 외인들에 대한 사랑에 합당한 효력이다."

거의 맨발로 여행을 하는 동방의 나라들에서는 발을 씻어주는 것뿐 아니라(딤전 5:10), 식사를 배설해 주고 밤에 유숙할 자리를 주는 것도 내포되어 있습니다. '나그네'(손님)란 말은 헬라어에서는 발견되지 않습니다. 문자 그대로 한다면 '후한 대접을 잊지 말라.'는 것입니다. 이런 일을 감당하는 것을 잊거나 게을리 하지 말라는 것입니다. 한 감독이 갖추고자 하는 가장 필요한 자격 구비조건들 가운데 하나는 '대접하기를 좋아하는 것'임을 잊지 마십시오. "(감독은) 오직 나그네를 대접하며 선행을 좋아하며 신중하며 의로우며 거룩하며 절제하며."(딛 1:8) 세상 사람들이 자기 친척들이나 친구들을 대접하는 것을 즐거워하듯이, 주의 백성들은 집이 없거나 생활이 곤란한 그리스도인들을 대접하는 일에 열심내야 합니다. 베드로전서 4:9에서 "서로 대접하기를 원망 없이 하고."라고 말하는 것이 바로 그것을 가리킵니다. 물론 전도 여행을 하는 하나님의 종들을 자기 집으로 초대하여 대접하는 일에도 역시 같은 것이 해당됩니다. 그들을 경건치 아니한 사람들과 섞여 있게 어떤 호텔로 보내기보다는 우리 집에 하나님의 종들을 대접하는 것이 좋습니다.

"손님 대접하기를 잊지 말라 이로써 부지중에 천사들을 대접한 이들이 있었느니라." 두 번째 소절은 그리스도인이 이러한 대접의 의무를 감당할 때 가져야 하는 마음의 '동기'를 보여줍니다. 말할 필요도 없이 이 말을 덧붙인 것은 문자 그대로 '우리도 그와 똑같은 존귀함 받을 것을 기대하라.'는 뜻은 아닙니다. 다만 '용기와 격려'를 주기 위한 목적으로 언급된 것입니다. 사도는 여기서 우리에게 상기시켜 줍니다. 이전에 어떤 사람은 이런 의무를 부지런히 감당하더니 풍성하게 보상을 받았다는 것입니다. 그들은 사람들의 모양으로 나타난 천사들을 영접하는 거룩한 특권을 허락 받았습니다. 이런 것을 생각하면 그 권면이 우리에게 얼마나 큰 힘을 가지는지요. 마음으로 진정 대접하고 싶은 심정을 가지고 그런 일을 하지 못했다면, 하나님의 은혜로 크게 높임 받을 기회를 놓쳤을 것입니다. 자, 이제 우리는 '너그러운 대접의 덕을' 계발하기를 힘씁시다. "존귀한 자는 존귀한 일을 계획하나니 그는 항상 존귀한 일에 서리라."(사 32:8)

"이로써 부지중에 천사들을 대접한 이들이 있었느니라." 의심할 여지없이 여기서는 특별히 아브라함의 경우를 가리키는 것이 틀림없습니다(창 18:1-3). 그리고 롯의 경우가 그러합니다(창 19:1-3). 우리는 여기 '특별히'라는 표현을 썼습니다. 왜냐하면 '대접한 이들'이라는 복수 대명사 때문입니다. 이 본문의 경우 다른 사람들은 제외하고 바로 그 두 사람에게만 해당된다는 식으로 이해하지 못하게 하려고 일부러 그 부사를 쓴 것입니다. 하나님께서 성도들을 위해 섬기는 천사들을 많이 사용하셨던 고대 세계에는 다른 사람들도 동일한 거룩한 특권을 누리기가 아주 쉬웠습니다. 우리가 이것을 넌지시 가리키는 목적은 주 하나님께서는 그 어느 경우라도 사람에게 빚을 지지 않으심을 부각하기 위함입니다. 주께서는 당신을 영예롭게 하는 자를 높이십니다. 직접적으로든 당신의 백성들의 인격을 통해서 간접적으로든 주를 높이면 주께서는 그를 높이십니다. "하나님은 불의하지 아니하사 너희 행위와 그의 이름을 위하여 나타낸 사랑으로 이미 성도를 섬긴 것과 이제도 섬기고 있는 것을 잊어버리지 아니하시느니라."(히 6:10) 이것을 성경에 기록하여 놓으신 성령님의 의도는 우리가 용기를 가지게 하려 하심이었습니다. 우리가 그런 도리를 행한 일로(기회가 주어짐에 따라서 - 하나님께서는 그런 의향을 가진 자를 행실로 받아주시니 말입니다!) 곤궁해졌다면 우리는 하나님 앞에 그 사실을 아뢸 수 있습니다.

성령께서 의무와 특권, 순종과 상급을 서로 짝되게 하신 실례들이 성경에는 가득차 있습니다. 우리가 그러한 계명들에 순응할 때마다 하나님께서 당신의 백성들에게 친절했던 자들에게 보상하시는 것을 헤아릴 수 있습니다. 리브가의 경우(창 24:18,19,22), 보디발의 경우(창 39:5), 애굽 산파들의 경우(출 2:17,20), 라합의 경우(수 6:25), 사렙다 과부의 경우(왕상 17:15,23), 수넴 여인의 경우(왕하 24:9,13-16), 멜리데 섬 주민들의 경우(행 28:2,8,9) 등, 이 모든 것들이 바로 그점을 예증합니다. 결과적으로 얻은 것은 성도들을 대접할 때 드린 비용보다 훨씬 더 많을 것입니다. 칼빈은 아주 아름답게 지적하였습니다. "단순한 천사들 뿐 아니라 '그리스도께서 친히 우리에게 영접 받으신다.' 당신의 이름이 걸린 양떼들 가운데 궁핍한 자들을 영접할 때 영접 받으시는 것이다.” 마태복음 24:41-43의 경우는 엄숙하기 짝이 없는 말씀입니다. 그러나 마태복음 25:34-36은 말로 할 수 없이 복됩니다.

히브리서 13:3

“너희도 함께 갇힌 것 같이 갇힌 자를 생각하고

너희도 몸을 가졌은즉 학대 받는 자를 생각하라.”

“너희도 함께 갇힌 것 같이 갇힌 자를 생각하고.” ‘환난 당한 자들을 생각하라.’는 권면이 주어지고 있습니다. 형제를 사랑하는 것은 고난당하는 자들을 볼 때 불쌍히 여기는 마음을 통해서 드러나게 되어 있습니다. 가장 괘씸하고 그리스도를 가장 닮지 않은 모습은 ‘내 자신의 문제만으로도 고통스러운데 어찌 다른 사람의 문제까지 관심을 두랴.’는 식으로 말하는 이기적인 냉담성입니다. 그것은 아무리 낮추어 말한다 할지라도 그러한 식으로 마음을 쓰는 이들은 불쌍한 사람을 전혀 도울 수 없습니다. 우리 자신이 당하는 슬픔에서 벗어나는 가장 효과적인 방식은 고통당하는 자를 찾아내서 그 사람들에게 도움을 주는 것입니다. 그러나 우리가 여기서 받는 권면에 순응하는 것보다 우리 속에 내재하고 있는 이기심을 극복하여, 우리 형제 중 어떤 자들이 당하는 더 격렬한 고통에 참여하게 되면 우리가 겪는 더 가벼운 시련을 자유롭게 이겨낼 수 있을 것입니다.

“갇힌 자를 생각하고.” 여기서는 직접적으로 그리스도를 위하여 자기들의 자유를 박탈당하고 옥에 갇힌 자들을 가리켜 말하고 있습니다.

“생각하라”는 말은 그들에 대해서 단순히 “생각만”하는 것을 뜻하지 않습니다. 그들의 처지가 요구하는 ‘모든’ 마땅한 도리들을 생각하라는 것입니다. 먼저 그 말은 그들에 대해서 느낌을 가지고, 그들의 경우를 마음에 두고, 그들을 향한 불쌍히 여기는 마음을 가지라는 것입니다. 우리의 대제사장은 우리의 연약을 체휼(體恤)하시는 분이십니다(히 4:15). 우리도 그래야 합니다. 옥에 갇힌 자들은 아무래도 변변치 못하고, 그들의 잠자리도 고통스럽고, 그들의 가족들과 가진 관계도 끊어졌습니다. 자주 그들은 잔인하게 족쇄에 채워져 어둡고 습기 찬 동굴 속에 갇혀 있었습니다. 그들은 자기들의 상황을 느꼈습니다. 자기들이 갇혀있는 것과 아내나 자녀들로부터 떨어져 있는 것을 마음에 두고 아프게 생각합니다. 그러니 "너희도 그들과 같은 마음을 가지고, 그들이 당하는 고통의 감정을 함께 가지라."는 것입니다.

"생각하고." 그러나 또한 하나님의 주권과 하나님의 제어하시는 손길이 아니었다면 '너희도' 그들과 똑같은 처지에 있었음을 생각하라는 것입니다. 그러나 더 나아가서 너희의 기도에 그들을 "생각하라." '그들을 위해서 간구를 드리며 하나님께서 그들에게 은혜 베푸시기를 위하여 간구하라. 그들이 하나님의 섭리적인 처사에 온유하게 순응할 수 있게 하시는 은혜를 간구하라. 그들의 고난이 그들의 영혼에 거룩함이 됨을 아는 은혜를 구하라. 지존하신 하나님께서 당신의 성도들 몇을 사용하시어 사탄의 대적으로 하나님의 나라가 확장되게 하시는 결과를 가져오게 하시는 은혜를 베풀어 주십사고 기도하라. 종말에 너희가 그들 처지에 있으면 그들이 너희에게 무엇을 해주기를 바랄까 생각하고 너희도 그들에게 해주라. 만일 너희가 허락을 받을 수 있으면 면회를 가라(마 25:36). 그들의 고통을 실제로 덜어 줄 수 있는 한도 내에서 그들을 위로 하려고 애를 써라. 합법적으로 그들을 석방하기 위해서 있는 방도를 다 간구하라. 하나님의 섭리로 일이 되어 어떤 성도들이 감옥에 있는 동안 다른 성도들은 여전히 자유를 누린다. 그것이 하나의 원칙이다. 그래서 그리스도인의 긍휼을 실제로 행사할 기회를 그렇게 허락하시는 것이다.'

"자기도 함께 갇힌 것 같이 갇힌 자를 생각하고 너희도 몸을 가졌은즉 학

대 받는 자를 생각하라." 아마 여기서는 이중적인 지시를 내리고 있습니다. 첫째, 실제로 감옥에 있는 자들 뿐 아니라 혹독하게 징계를 받고 있거나, 아니면 무거운 벌금이 가해져 곤욕을 치르고 있는 자들도 가리킵니다. 둘째로, 옥에 갇힌 자들의 부인들과 자녀들과 부양할 능력이 있는 사람들이 없어서 큰 역경을 겪고 있는 자들을 가리켜 말하고 있습니다. 복음을 대적하는 원수들의 핍박을 피한 자들은 마땅히 그러한 자들에게 긍휼을 베풀어야 합니다. 그들을 위해서 많은 것을 해 줄만한 재정적인 입장에 있지 못하다면, 더 부한 형제들에게 그들의 사정을 알려서 그들의 궁핍을 도와줄 마음을 갖도록 부추기라는 것입니다.

"너희도 몸을 가졌은즉." 어려운 처지에 '너' 자신도 들어갈 수 있음을 상기하게 하는 말씀입니다. 참으로 어지러운 시대에 살았던 존 오웬(존 번연이 살았던 시대에 그도 살았다.)은 말했습니다.

"하나님께서는 복음 때문에 옥에 갇힌 자들에게 은혜를 베푸시고 용기를 주시기를 기뻐하시며, 그들에게 이러한 의무를 행하도록 다른 사람들을 촉구하시는 은혜주시기를 좋아하신다. 그러는 동안 교회가 결코 고통으로 손실 당하지 않을 것이다."

어떤 사람들은 옥에 갇혀서 그들이 끝까지 믿음을 지키는지에 대하여 시련을 받고 있을 때, 또 다른 사람들은 그들에게 요구되는 의무들을 감당하는데 신실한지의 여부를 보여주는 시험을 받습니다. 보통 자기들이 고통당한 것 때문에 실패하는 경우보다 고통당하는 자들을 향한 자기 의무를 게을리 하는데 더 실패하는 일이 더 잦습니다. 그리하여 자기들의 믿음이 합당하지 못하게 행한 일이 더 잦습니다. 사도 바울은 자기가 설교한대로 실행했음을 다음의 말씀 속에서 분명히 드러냅니다. 곧 "누가 약하면 내가 약하지 아니하며 누가 실족하게 되면 내가 애타지 아니하더냐."(고후 11:29) 이러한 의무들을 감당하는 실제 예들을 알아보려면 창세기 14:14, 느헤미야 1:4, 욥기 29:15,16, 예레미야 38:7의 말씀을 참조하십시오. 이런 의무들을 감당치 못하는데 대한 엄숙한 경고를 알아보려면 욥기 19:14-16, 잠언 21:13, 마태복음 25:43, 야고보서 2:13의 말씀을 참조하세요.

이 히브리서 13:3의 '원리들'이 모든 시대 모든 고난 받는 그리스도인의 경우에 다 '보편적으로' 적용된다는 것은 말할 필요가 거의 없습니다. 같은 것이 "너희가 짐을 서로 지라 그리하여 그리스도의 법을 성취하라."(갈 6:2)라는 말씀 속에 요약되어 있습니다. 이 구절의 감상이 그 거룩한 시구(詩句)로 보배롭게 표현된 찬송시 속에서 표현되어 있습니다.

"우리 마음을 그리스도의 사랑의 끈으로 매는 자의 복됨이여
친절한 마음들을 가진 자들의 교통은
위에 있는 자들의 교통과 같으니
우리 서로 염려를 나눠 가지고
우리의 짐을 서로 지세
우리 서로 불쌍히 여겨 우는 눈물을 자주 흘리세."

주께서는 이 강해서를 낸 필자와 독자들에게 더 많은 은혜를 허락하시어 우리도 "즐거워하는 자와 함께 즐거워하고 우는 자들과 함께 우는"(롬 12:15) 자들이 되게 하옵소서. 아멘.

108강

결혼

13:4 모든 사람은 결혼을 귀히 여기고 침소를 더럽히지 않게 하라 음행하는 자들과 간음하는
자들을 하나님이 심판하시리라

사도는 성도들이 마땅하게 다른 사람들에게 행할 마땅한 도리를 지시한 후에 이제 우리 각자 자신에 관한 문제를 다루며 가르칩니다. 다시 말하면 우리 자신의 인격과 행실에 관련된 문제입니다. 부패한 본성에서 나오는 가장 근본적이고 포괄적인 두 가지의 정욕을 금하라고 지시합니다. 다시 말하면 부정(不淨)과 탐욕(貪欲)입니다. 첫 번째의 경우는 특별한 방식으로 남자들에게 해당되는 것이고, 두 번째의 경우는 남자들의 대화나 행실에 관한 것입니다. 도덕적으로 부정한 행위는 외면적인 행동들 속에 투영되어 있는 다른 모든 죄악들과 구별됩니다. 그 도덕적 부정의 행위에는 즉각적으로 그 사람 자신의 인격을 거스릅니다. "음행을 피하라 사람이 범하는 죄마다 몸 밖에 있거니와 음행하는 자는 자기 몸에 죄를 범하느니라."(고전 6:18) 그래서 사도는 우리 자신을 지키기 위한 방편, 곧 결혼의 문제에서 순결할 것을 강조하고 있습니다. 또 다른 한 편으로는 탐심의 해독제인 자족(自足)의 정신을 강조하고 있습니다. 히브리서 13:4-6과 13:1-3의 관계

는 명백합니다. 부정과 탐심을 죽이지 못하면 형제를 향한 진정한 사랑을 행사하는 일이 전혀 불가능합니다.

하나님께서 우리 몸의 힘을 위해서 뼈와 근육을 잘 조합시켜 주시듯이, 하나님께서는 남자와 여자의 삶을 강화시키기 위해서 결혼을 통해서 남자와 여자가 결합되게 하셨습니다. 왜냐하면 "두 사람이 한 사람보다 낫기" 때문입니다(전 4:9). 그러므로 하나님께서 남자를 위해서 여자를 만드셨을 때에 "내가 그를 위하여 돕는 배필을 지으리라."(창 2:18) 말씀하셨습니다. 남자가 아내를 가짐으로 '유익하다'는 것을 보여주신 것입니다. 그런데도 실제로는 모든 경우에서 다 그런 것은 아님이 드러납니다. 그런 좋지 못한 모든 경우들은 적어도 결혼에 관한 하나님의 교훈을 떠남으로 말미암아 나타난 현상들입니다. 이 문제가 그처럼 사활을 좌우하는 중요한 주제이기 때문에 그 문제에 대한 성경의 가르침을 포괄적으로 공정하게 나타내는 것이 합당하다고 생각합니다. 특히 이 책을 읽는 젊은 독자들의 유익을 위해서 더욱 그러합니다. 물론 비록 나이 많은 사람들에게도 도움이 될 것을 우리는 확신하지만 말입니다.

한 사람이 '회심하여 구원 얻는 사건'을 제외하고는 사람이 지상에 살 때 만나는 사건들 중에서 결혼이란 가장 중요한 의미를 가진 사건입니다. 그 점은 아마 부연할 필요가 없을 정도로 지당한 논평일 것입니다. 그러나 그 논평처럼 자주 언급된 것이 없을 정도로 중요한 요점입니다. 남자와 여자를 죽을 때까지 묶는 연합의 끈을 형성하는 것이 결혼입니다. 결혼은 남자와 여자를 아주 친밀한 관계로 이끌어 들입니다. 그리하여 그 관계로 인하여 서로 달콤함을 주거나 쓴 고통을 주거나 간에 반드시 서로에게 영향을 미치게 되어 있습니다. 결혼은 영원한 세계까지 그 영향이 지속되는 어떤 처지들과 결과들을 초래합니다. 그러니 그처럼 엄숙하면서도 보배로운 일에 하늘의 축복이 있다는 것은 얼마나 중요하기 그지없습니까! 이를 위해서 그 결혼에 관한 하나님의 말씀에 복종하는 것은 절대로 필요합니다. 결혼에 하나님의 축복이 '없다면' 결혼 상태에 들어가는 것보다 우리의 날이 다하기까지 결혼하지 않고 혼자 사는 것이 훨씬 낫습니다. 역사의 기록이나 사실을 관찰하여 보면, 그 논평이 진실하다는 풍성한 증거를 얻게 됩니다.

심지어 개인의 지상적인 행복이나 현존하는 사회 속에서의 복지 이상을 결코 바라볼 수 없는 자들마저도 가족 관계의 큰 중요성에 대하여 예민한 감각을 가지고 있습니다. 가장 따사로운 본성적인 정서를 가진 사람들도 바로 그 관계의 중요성을 감지합니다. 사람의 본성의 가장 강력한 정서들이 가족 관계를 굳게 지키고, 우리의 연약과 부족이 그 가정 관계의 필요성을 더욱 증대시킵니다. '가정' 속에 기초를 두지 않는 인간 사회개념 자체나 사회적인 덕행, 행복에 대한 개념 등을 전혀 형성할 수 없습니다. 나라 헌법이나 법률이 아무리 훌륭하다 해도, 그 나라의 자원과 재산이 아무리 광대하다 해도, 그 나라의 가정들이 지혜롭게 규제되는 가운데서 선 것이 아니면 기초 없는 나라입니다. 그런 나라는 사회적인 질서의 기초나 개인적인 덕과 공공질서의 덕을 위한 견고한 기초가 전혀 없는 셈입니다. 결국 나라는 그 가정들의 집합체에 불과합니다. 그러니 좋고 훌륭한 남편들과 아내들과 아버지와 어머니들, 그리고 좋은 아들딸들이 없다면, 좋은 시민도 있을 수 없습니다. 그러므로 가정생활이 잘못되어 나가는 것은 오늘날 어떤 외적의 침입보다 나라의 견고함을 더욱 더 해롭게 위협합니다.

그러나 그리스도인 가정의 지체들이 서로를 향하여 마땅한 도리를 행사하는 문제에 대한 '성경적' 관점은 매우 경고적인 방식으로 편만해 있는 영향들을 그려줍니다. 다시 말하면, 하나님을 영예롭게 하지도 못하고 교회의 영적인 조건들에 큰 해를 끼치고, 더 나아가 복음의 진보에 가장 심각한 장애 요소로 떠오르고 있는 것을 지적하며 경고합니다. 그리스도인이라 자처하는 사람들이 결혼의 기준들을 낮추어 버리는데 큰 일익을 담당하고 있습니다. 그런 이들이 가족 관계를 그렇게 크게 중요하게 여기지 않고 있습니다. 가정 내의 징계를 불필요한 것으로 여기는 추세의 급속함에 대한 책임을 그리스도인들이라 자처하는 이들이 져야 함을 지적해야 하다니 서글픕니다. '결혼'은 가정이나 가족의 기초입니다. 본서의 강해자인 필자는 기도하는 심정으로 이 중차대한 주제에 대한 하나님의 계시의 뜻이 무엇인지 숙고하라고 독자들에게 촉구할 의무감을 느낍니다. 우리나라(영국)의 생명력 자체를 갉아먹고 이 무서운 질병을 퇴치할 가망은 거의 없다 할지라도 하나님께서 이 강론을 축복하사 몇몇 개인들에게라도 은혜주시기를 기뻐하신다면, 우리의 노고가 헛되지 않을 것입니다.

먼저 우리는 결혼의 '탁월성'을 지적하는 일부터 시작할 것입니다. "결혼은 존귀하다."고 본문은 말하고 있습니다. 가장 먼저 지적할 것은 이것입니다. 하나님께서 친히 결혼에 특별한 존귀를 부여하셨기 때문에 존귀하다는 것입니다. 다른 모든 규례들이나 제도들(안식일을 제외하고는)은 사람들이나 천사들을 매개체로 하여 하나님의 지시로 지켜졌습니다(행 7:35). 그러나 '결혼'은 주께서 친히 '직접' 제정하여 주셨습니다. 아담에게 아내 하와를 이끌어 온 것은 어떤 사람이나 천사가 아니었습니다. " 여호와 하나님이 아담에게서 취하신 그 갈빗대로 여자를 만드시고 그를 아담에게로 이끌어 오시니."(창 2:22) 그래서 '결혼'은 하나님께서 정하신 다른 모든 규례들보다 더 신적 조명을 입었습니다. 왜냐하면 하나님께서 친히 그것을 엄숙하게 제정하셨기 때문입니다. 결혼이야말로 하나님께서 제도화시키신 '최초'의 규례였습니다. 남자와 여자를 창조하시고 나서 하나님께서 맨 처음 그 일을 제정해 주셨습니다. 그들이 아직 타락하지 않은 상태에서 그 일을 하셨습니다. 더구나 그 결혼이 이루어진 '장소'를 생각하면, 그 제도의 존귀함을 더 크게 알게 됩니다. 그러나 다른 모든 제도들(안식일을 제외하고는)은 에덴동산 밖에서 제정되었습니다. 그러나 결혼만은 에덴동산 안에서 엄숙하게 제정되었습니다. 그것은 '주님 안에서 결혼하는' 자들이 얼마나 복된지를 제시합니다.

'가장 빛나는 하나님의 창조 행위'는 여자를 만드시는 일이었습니다. 창조의 매일의 끝에는 "하나님께서 만드신 것을 보시니 보시기에 좋았더라."는 공식적인 언표가 나와 있습니다. 그러나 아담을 지으셨을 때는 "사람(남자)의 독처하는 것이 좋지 못하다."라는 기록이 분명하게 주어져 있습니다. 남자를 만드시는 일에는 그를 돕는 배필이 있기까지 아직 완성된 것이 아니었습니다. 모든 동물이나 식물마저도 그 짝을 가지고 있습니다. 다시 말하면 아담이 그 동반자와 동료를 얻지 못할 때는 그를 지으시는 하나님의 창조 사역(事役)이 완성되지 못한 셈이었습니다. 이러한 부족함이 채워지기까지 마지막 창조의 날의 일이 역시 보시기에 좋지 않으셨던 것입니다.

피어슨(A. T. Pierson)이 한 말을 여기에 인용합니다.

"이것이 가정생활에 대한 성경의 위대한 첫 번째 교훈이다. 그러므로 그 교훈을 잘 배워야 한다. 하나님께서 결혼 제도를 세우신 것은, 남자와 여자의 '이상적인 상태'는 분리되어 있는 것이 아니라 연합되어 있는 것임을 시사한다. 그리고 남자와 여자는 서로 짝을 이루어야 함을 보여준다. 그리고 하나님의 이상은 인생을 살아가는 동안 순전하고 거룩한 사랑을 기초로 한 연합이어야 한다. 그 연합은 모든 경쟁이나 다른 동반의 관계를 배제시키고 주 안에 있는 연합이기 때문에, 서로 불화하거나 믿지 못하는 관계일 수 없는 그런 연합이어야 한다. 서로 불쌍히 여기고 서로 사랑하면서 영과 혼이 거룩하게 연합하는 것을 하나님께서는 원하신다."

하나님 아버지께서 결혼 제도를 그렇게 높이셨으니 아들께서도 역시 그러하셨습니다. 먼저 아들이 '여자에게서 나시어' 결혼 제도를 높이셨습니다(갈 4:4). 둘째로는 아들의 '이적'을 통해서 높이셨습니다. 갈릴리 가나의 결혼 잔치에서 행하신 초자연적인 첫 번째 이적이 바로 그것입니다(요 2:8). 거기서 주께서는 물을 포도주로 변하게 하셨습니다. 그러심으로써 결혼하는 자리에 그리스도께서 오늘날도 결혼 잔치에 함께 계시면, 곧 결혼하는 이들이 '주 안에서 결혼한다면' 그들의 삶이 기쁘고 복될 것임을 시사하신 것입니다. 주께서는 하나님의 나라를 결혼 잔치에 비유하셨습니다(마 22:2). 또한 거룩을 '결혼 예복'에 비유하기도 하셨습니다(마 22:11). 그의 가르침에 있어서도 그러하십니다. 바리새인 사람들이 올무를 놓아 그를 넘어뜨리려고 이혼의 문제를 가지고 나왔습니다. 그때 주께서는 원래의 결혼제도법에 도장을 치시면서 덧붙이셨습니다. "그러므로 하나님이 짝지어 주신 것을 사람이 나누지 못할지니라."(마 19:4-6)

성령께서도 결혼 제도를 더욱 높이셨습니다. 성령께서는 결혼 제도를 가지고 그리스도와 교회 사이의 연합의 본질을 상징적으로 나타내셨습니다. "이러므로 사람이 그 부모를 떠나 아내와 합하여 그 둘이 한 육체가 될지니 이 비밀이 크도다 나는 그리스도와 교회에 대하여 말하노라."(엡 5:31,32)

구속주와 구속 받은 백성들 사이의 관계는 거듭해서 결혼한 남자와 여자 사이의 관계에 비유됩니다. 그리스도께서는 '남편'이십니다(사 54:5). 그리고 교회는 '신부(아내)'입니다(계 21:9). "배역한 자식들아 돌아오라 나는 너희 남편임이니라."(렘 3:14) 그래서 성삼위의 각 위는 결혼 상태의 존귀함에 인을 치셨습니다.

의심할 여지없이 참된 결혼에 있어서 각 편은 상대방을 동등하게 돕습니다. 위에서 지적한 바에 따르면, 어떤 다른 교훈이나 철학을 가르치거나 주장하려고 덤비는 사람은 지존자와 다투는 사람입니다. 그렇다고 해서 이것은 '모든' 남자나 여자가 다 결혼 관계에 들어가는 것이 마땅한 의무라는 고정적인 법칙은 아닙니다. 결혼하지 않고 혼자 사는 선하고 지혜로운 이유들이 있을 수 있습니다. 혼자 살 합당한 동기들이 있습니다. 육체의 조건이나 도덕적인 조건, 또는 가내(家內) 사정이나 사회 조건 때문에 그렇게 할 수도 있습니다. 그러나 혼자 살아가는 것은 이상적인 삶의 형태라기보다는 비상적이고 예외적인 것으로 간주해야 합니다. 사람들로 하여금 결혼 관계를 속박이나 모든 독립성을 희생한 표준으로 생각하게 만들거나, 아내나 어머니로 섬기는 것을 여자의 더 높은 삶의 목적을 방해하거나 단조롭게 하는 일로 생각하도록 만드는 그 어떤 교훈도 하나님께서 제정하신 제도를 공격하여 파괴하는 행위입니다. 또는 독신주의를 보다 바람직하고 영예로운 것으로 추겨 세우는 어떤 대중적인 정서나 결혼이나 가정을 다른 어떤 것으로 대체하려는 여론의 분위기도 다 그런 잘못을 저지르고 있는 셈입니다. 그런 식의 교훈은 그런 악에 더하여 수를 헤아릴 수 없는 범죄에 문을 열어 놓는 격이며, 사회의 기초 자체들을 흔들어 버리는 위험을 초래하는 것입니다.

결혼 제도는 분명 그 제도를 '제정할 특별한 이유들'을 갖고 있습니다. 성경에서는 세 가지 국면에서 그 제도의 정당성을 보여줍니다.

첫째, '자손들의 번성'을 위해서입니다. 이것은 결혼이 가지는 분명하고 정상적인 목적입니다. "하나님이 자기 형상 곧 하나님의 형상대로 사람을 창조하시되 남자와 여자를 창조하시고."(창 1:27) 여기서 그냥 단순하게 '남자들과 여자들'을 창조하신 것이 아닙니다. '한 남자'와 '한 여자'를 창조하셨습니다.

하나님께서 그렇게 하신 의도를 아주 명백하게 보여주시기 위하여 어떻게 하셨습니까? "하나님이 그들에게 복을 주시며 하나님이 그들에게 이르시되 생육하고 번성하여 땅에 충만하라, 땅을 정복하라."(창 1:28) "생육하고 번성하라." 바로 이 이유 때문에 결혼을 가리켜 'matrimony'라고 부르는데 그 말은 '어머니 되기' 라는 뜻입니다. 왜냐하면 결혼은 처녀로 어머니 되게 하기 때문입니다. 그러므로 인생의 절정기가 지나기 전에 이른 나이에 결혼하는 것이 바람직합니다. 성경에서는 두 번이나 "네가 젊어서 취한 아내를 즐거워하라."고 말씀하셨습니다(잠 5:18 ; 말 2:15). 우리는 자녀를 많이 출산하는 것이 결혼의 '정상적' 목적임을 지적한 바 있습니다. 그러나 고린도전서 7:29의 말씀이 응할 참으로 '고통스러운' 특별한 시기가 있습니다.

둘째, 결혼은 '부도덕을 방지하기' 위하여 계획되었습니다. "음행의 연고로 남자마다 자기 아내를 두고 여자마다 자기 남편을 두라."(고전 7:2) 어떤 예외가 있다면 '왕들'의 경우일 것이라고 생각될 수 있습니다. 다시 말하면 왕비가 아기를 낳지 못하여 보좌를 이을 자가 없을 경우에는 예외가 될 것이라 생각할 것이란 말입니다. 그러나 왕은 아내를 여럿 두지 말라고 분명히 명하고 있습니다. "그에게 아내를 많이 두어 그의 마음이 미혹되게 하지 말 것이며 자기를 위하여 은금을 많이 쌓지 말 것이니라."(신 17:17) 그 말씀은 왕국을 위험에서 건진다는 구실 아래 음행의 죄를 지어도 된다는 구실을 댈 수 없음을 보여줍니다. 이러한 이유에서 창기(娼妓)를 가리켜 '이방 여인'이라고 부르고 있습니다(잠 2:16). 그 말은 그러한 여자가 우리에게는 '낯선 사람'이어야 함을 보여 줍니다. 혼외(婚外) 관계를 통해서 태어난 자녀를 가리켜 '사생아(私生兒)'라고 하는데, 구약시대에는 그 사생아를 여호와의 회중에 들이지 못하게 하였습니다(신 23:2).

셋째, 결혼의 다른 목적은 '홀로 사는 것의 불편'을 피하기 위함입니다. "남자가 독처하는 것이 좋지 못하다."(창 2:18)는 말씀을 통해서 그 점이 드러납니다. 그 말씀으로 주 하나님께서 이렇게 말씀하시는 셈입니다. '만일 남자에게 동반자인 아내가 없다면 그 남자에게는 이생의 삶이 지루하고 비참한 삶이 될 것이다.' "혹시 그들이 넘어지면 하나가 그 동무를 붙들어 일으키려니와 홀로 있어 넘어지고 붙들어 일으킬 자가 없는 자에게는 화가 있으리라."(전 4:10) 어떤 사람은 이렇게 말했습니다. '남자에게 여자가 주어지지 않았으면, 남자는 마치 자기 짝을 잃어버린 거북이와 같고, 한 짝 다리만 있는 것과 같으며, 한쪽 날개만 작용하는 것과 같았을 것이다.' 그러므로 서로 교제하며 위로하게 하시려고 하나님께서는 남자와 여자를 하나되게 하셨습니다. 이 인생의 염려와 두려움들이 서로의 격려와 도움을 통해서 가벼워질 수 있게 하셨습니다.

이제 우리는 '우리의 반려자(伴侶者)를 선택하는' 문제를 생각해봅시다.

첫째로, 하나님의 율법은 가까운 친척 내에서는 인생의 반려자를 선택하는 일을 금하고 있습니다. "각 사람은 자기의 살붙이를 가까이 하여 그의 하체를 범하지 말라 나는 여호와이니라 네 어머니의 하체는 곧 네 아버지의 하체이니 너는 범하지 말라 그는 네 어머니인즉 너는 그의 하체를 범하지 말지니라."(레 18:6,7).

둘째로, 그리스도인은 같은 믿음을 가진 그리스도인과 결혼해야 합니다. 하나님께서는 옛적부터 그 일에 대한 뜻을 밝히셨습니다. "내가 바위 위에서 그들을 보며 작은 산에서 그들을 바라보니 이 백성은 홀로 살 것이라 그를 여러 민족 중의 하나로 여기지 않으리로다."(민 23:9) 가나안 사람들에 대한 이스라엘의 자세를 가르치는 하나님의 율법은 말합니다. "또 그들과 결혼하지 말지니 네 딸을 그 아들에게 주지 말 것이요 그들의 딸도 네 며느리로 삼지 말 것은."(신 7:3. 수 23:12는 참조). 하나님께서 육체적이고 지상적인 의미에서만 하나님과 관계하던 이스라엘 자손들에게 그렇게 명하셨다면, 신령하고 하늘에 속한 관계로 당신의 백성들된 그리스도인들에게는 얼마나 더 구별된 삶을 구하시겠습니까! "너희는 믿지 않는 자와 멍에를 같이 하지 말라."(고후 6:14) 이 말씀은 이 세대의 성도들에게 그런 하나님의 뜻을 준행하라는 분명한 명령입니다. 여기서는 거듭난 사람은 거듭나지 않은 상태에 있는 사람과 '반려'가 되는 것을 여기서 금하고 있습니다. "너희는 믿지 않는 자와 멍에를 함께 메지 말라 의와 불법이 어찌 함께 하며 빛과 어둠이 어찌 사귀며 그리스도와 벨리알이 어찌 조화되며 믿는 자와 믿지 않는 자가 어찌 상관하며 하나님의 성전과 우상이 어찌 일치가 되리요."(고후 6:14-16) 이 구절들에서 나오는 어휘들, 곧 '함께 하며, 사귀며, 조화되며, 상관하며, 일치가 되며'라는 등에서 그 점을 분명하게 보여주고 있습니다.

이 세상에는 크게 두 종류의 가족이 존재합니다. 하나님의 자녀들과 마귀의 자녀들입니다(요일 3:10). 만일 하나님의 딸이 악한 자의 아들과 결혼한다면, 그 하나님의 딸은 사탄의 며느리가 되는 셈입니다. 만일 하나님의 아들이 사탄의 딸과 결혼한다면, 그는 마귀의 사위가 되는 셈입니다. 그러한 파렴치한 연합을 통해서 지존자께 속한 자와 지존자의 가장 큰 원수에게 속한 자 사이에 타협하는 일이 일어나게 됩니다. '너무 강하게 말한다고!' 그렇습니다. 그러나 너무 지나친 것이 아닙니다. 그러한 연합을 통해서 그리스도께 불명예를 끼치고, 그런 식으로 심어 쓴 열매를 거두는데 어찌 그렇게 말해야 하지 않겠습니까.

그런 모든 경우에 고통을 당하는 사람은 그 가련한 신자입니다. 삼손과 솔로몬과 아합에 대한 영감된 역사 기록들을 읽어보십시오. '그들이' 결혼에 있어서 거룩하지 못한 결합을 한 후에 어떤 결과가 따라 왔는지 살펴보세요. 그런 경우 모두 경주자가 무거운 짐을 지고 경주에서 이기기를 기대하는 거와 같습니다. 아니면 세상적인 사람과 결혼한 후에 영적으로 진보를 이룩하려는 것이나 똑같은 것입니다. 이 책을 읽는 그리스도인 독자(讀者) 중에 약혼할 단계에 있는 이는 주님 앞에 신중하게 던져야 할 질문이 이것입니다. '이 연합이 불신자와 함께 하는 것은 아닐까?' 그 이유는 다음과 같습니다. 여러분이 하나님께서 그 은혜로 여러분을 구원하시어 아직도 죄 가운데 있는 사람들(아무리 그들이 육체적으로 매력이 있다 할지라도)과 엄청 '차이나는 다른 사람'으로 세우신 일을 진정으로 인식하여 영혼으로 기뻐하고 있습니까? 그러하다면 상식적으로 호소해 오는 어떤 제안이나 어떤 암시도 쉽게 물리쳐야 합니다. 여러분은 그리스도 안에서 '하나님의 의(義)'가 되었습니다. 그러나 불신자들은 '불의(不義)'입니다. 여러분은 '주 안에서 빛'이나 그들은 '어둠'이요, 여러분은 하나님의 사랑하시는 '아들의 나라'로 옮겨졌지만 불신자들은 아직도 벨리알의 권세아래 있습니다. 여러분은 평강의 아들인 반면에 모든 불신자들은 '진노의 자녀'입니다(엡 2:3). 그러므로 "너희는 그들 중에서 나와서 따로 있고 부정한 것을 만지지 말라 내가 너희를 영접하여 너희에게 아버지가 되고 너희는 내게 자녀가 되리라."(고후 6:17).

불신자와 멍에를 같이 하는 위험이 결혼보다 '앞서' 존재하는 것입니다. 또한 약혼하기 이전에도 그 위험이 존재합니다. 주님과의 사귐의 아름다운 맛을 잃어버리지 않는 한, 어떤 그리스도인도 진지한 생각을 가지고 그러한 결혼이나 약혼을 좋아할 수 없습니다. 하나님으로부터 멀리 떨어져 있는 자들과 사회적인 친분을 가지기를 기뻐하려면 먼저 그리스도에 대한 우리 마음의 정의(情誼)가 잦아지는 일이 있기 마련입니다. 하나님으로부터 멀리 떨어져 있는 자들의 관심은 오직 이 세상에만 국한되어 있습니다. '근신하여 자기 마음을 지키는' 하나님의 자녀는 거듭나지 않은 자들과 친밀하게 지내는 것을 즐거워하지도 않을 것이고 그렇게 할 수도 없습니다. 그런데 안타깝게도 그리스도를 떠나려는 자세의 첫 단계는 불신자들과 친밀한 우정을 가지기 위해서 애쓰거나, 그들과의 우정을 받아들이는 일로 나타나는 경우가 얼마나 흔한지요. 하나님께서 그리스도인이 밟도록 정해 주신 길은 실로 '좁은 길'입니다. 그러나 만일 그 길을 '넓히려고' 애를 쓰거나, '넓은 길'로 가기 위해서 그 '좁은 길'을 버리게 되면 하나님의 말씀을 어기지 않을 수 없게 됩니다. 그리고 정말 다시 복원할 수 없을 정도의 손해와 해를 입을 수 밖에 없는 것입니다.

셋째로, "시집 갈 것이나 주 안에서만 할 것이라."(고전 7:39)는 말씀은 불신자를 반려자로 삼는 일을 금하는 것보다 훨씬 더 많은 것을 내포하고 있습니다. 심지어 하나님의 자녀들 중에도 그러한 결혼의 끈으로 서로 연합되기에 합당치 못한 자들이 많습니다. 얼굴이 예쁘면 매력적입니다. 그러나 그런 하찮은 것에 의해서 허영에 빠져 심각한 문제를 너무 쉽게 처리하는 일이 얼마나 흔합니까! 세상의 물건들과 사회적인 지위가 이 땅에서는 나름의 가치를 가집니다. 그러나 그러한 엄숙한 문제를 조정하는데 있어서 그러한 것들이 얼마나 저급하고 낮은 것들입니까! 그러므로 우리의 정서를 규제하기 위해서 얼마나 깨어 기도할 필요가 있습니까! 누가 자신에게 걸 맞는 기질이 어떤 것인가를 충분히 이해하겠습니까?

"어진 여인은 그 지아비의 면류관이나 욕을 끼치는 여인은 그 지아비의 뼈가 썩음 같게 하느니라."(잠 12:4) 경건하고 유능한 아내는 이 세상에서 필요하여 하나님께서 주시는 모든 복락들 가운데서 가장 가치 있습니다. 그녀는 하나님의 은혜의 특별 선물입니다. "슬기로운 아내는 여호께로서 말미암느니라."(잠 19:14) 하나님께서는 그런 여인을 부지런히 '찾아 구하라'고 말씀 하십니다. "어진 여인은 그 지아비의 면류관이나 욕을 끼치는 여인은 그 지아비의 뼈가 썩음 같게 하느니라."(잠 12:4) 보편적으로 말해서 신실한 친구들과 부모들의 인정을 받는 것이 우리의 행복을 위해서 필요하고 가치 있는 일입니다. 그러나 그것만으로는 충분치 못합니다. 물론 그러한 것들이 우리의 복락을 위해서 깊은 관계를 갖고 있기는 하지만, 그들의 지혜는 충분히 멀리 미치지 못합니다. 만일 하나님께서 세우신 결혼 제도에 충실하여 '하나님'의 복을 받기 원하면, 반드시 그 제도를 세우신 분에게 제일 좋은 자리를 내어 드려야 합니다. 우리에게 주어진 책임은 마땅하게 감당하지 않고 기도만 한다면 그 무책임이 면제되는 것이 아닙니다. 우리가 항상 조심하고 성급하거나 거칠게 행동하지 말아야 합니다. 우리의 더 나은 판단력을 통해 우리의 정서를 규제해야 합니다. 몸에 있어서 머리가 가슴보다 위에 위치해 있지 가슴이 머리보다 위에 있는 것이 아닙니다.

"(진실한) 아내를 얻는 자는 복을 얻고 여호와께 은총을 받는 자니라."(잠 18:22) 여기서 '받는다'는 말은 분명하게 '요구하는 것'을 함축합니다. 성령께서 그 점에 대하여 우리를 지도하기 위해서 두 가지 법칙, 또는 두 가지 조건을 제시하셨습니다. 첫째로 '경건함'입니다. 우리의 반려가 그리스도의 신부(新婦)와 같아야 하니 거룩하고 순전해야 합니다. 둘째로 '적합'해야 합니다. "그를 위하여 돕는 배필을 지으리라."(창 2:18) 하신 말씀은 아내가 '적합하지' 못하면 '돕는' 배필일 수 없음을 보여줍니다. 그 때문에 아내는 그 남편과 공통점이 많아야 합니다. 남편이 근면한 남자라도 게으른 여자를 택하면 미친 짓입니다. 만일 그 남편이 학식 있는 사람이라도 지식을 전혀 사랑하지 않는 여자는 전혀 적합하지 않습니다. 결혼을 '멍에'라고 부릅니다. 만일 모든 짐이 한 사람에게만 떨어진다면 선택한 반려가 약하고 병들어 있어 둘이 함께 짐을 질 수 없는 경우와 같습니다.

젊은 독자들의 유익을 위해서 우리는 경건하고 합당한 반려자를 '규정하는' 몇 가지 표지들을 지적해 보기로 합니다. 첫째, '평판'입니다. 좋은 남자는 보통 명예로운 이름을 가집니다(잠 22:1). 어떤 나타난 죄악 때문에 그런 사람을 아무도 송사할 수 없습니다. 둘째, '용모'입니다. 우리의 모습은 우리의 성격을 드러냅니다. 그러므로 성경은 '거만한 모습'이나 '방탕한 모습'에 대해서 말합니다. "그들의 안색이 불리하게 증거하며 그들의 죄를 말해 주고 숨기지 못함이 소돔과 같으니."(사 3:9) 셋째, '말씨'입니다. "그 쌓은 악에서 악을 내나니 이는 마음에 가득한 것을 입으로 말함이니라."(눅 6:45) "지혜로운 자의 마음은 그 입을 슬기롭게 하고 또 그 입술에 지식을 더하느니라."(잠 16:23) 현숙한 여인에 대한 말씀을 들어 보십시오. 그녀는 "입을 열어 지혜를 베풀며 그 혀로 인내의 법을 말한다."(잠 31:26) 하였습니다. 넷째, '복장'입니다. 안온(安穩)한 여인은 그 복장의 안온함을 통해 자신을 나타냅니다. 만일 복장이 야비하고 허영스러우면 그 마음도 허영스럽습니다. 다섯째, '그 사람의 친구'입니다. 유유상종(類類相從)입니다. 그 사람이 친하게 사귀는 사람들이 누구인가를 통하여 자신을 드러내기 마련입니다.

아마도 경고의 말이 아주 필요 없지 않습니다. 기도하면서 신중하게 자기의 반려자를 잘 선택했다 할지라도 결혼이 완전한 것은 아님을 발견할 것입니다. 그렇다고 하나님께서 그 결혼 제도를 불완전하게 만들었다는 말이 아닙니다. 사람이 타락하여 모든 것이 다 훼손되었습니다. 사과가 아직도 여전히 달기는 합니다. 그러나 그 사과 속에는 벌레가 있습니다. 장미가 그 향기를 상실하지는 않았지만 그 장미에 가시가 붙어 있습니다. 원하든 원치 않든 어느 곳에서나 죄가 가져온 파멸에 대해서 읽어야 합니다. 그러니 공상가들이나 소설가들이 그리는 허물없는 '완전한 사람'에 대한 부질없는 꿈을 버려야 합니다. 아무리 경건한 사람들이라도 허물을 갖고 있기 마련입니다. 물론 참된 사랑이 있을 때는 그 허물을 참기 쉽습니다. 그러나 아무리 경건한 남자와 여자라도 허물을 갖고 있으니 '서로 참아 주어야' 합니다.

결혼한 부부를 위하여 '가정생활'에 대해 간단하게 몇 마디만 합시다. 결혼이 그리스도와 교회 사이의 관계를 나타낸다는 것을 마음에 두면 빛과 도움을 얻게 될 것입니다. 그러니 그 관계에 비추어 세 가지 요점을 지적하려 합니다.

첫째로 남편과 아내의 태도와 행동은 '사랑'의 통제를 받아야 합니다. 왜냐하면 바로 그것이 주 예수 그리스도와 그의 신부인 교회 사이를 견고하게 붙이는 것이기 때문입니다. 거룩한 사랑, 특별한 사랑, 아무 것도 끊지 못하는 영원한 사랑이 바로 그것입니다. 가정생활의 바퀴가 부드럽게 돌아가게 만드는데 사랑과 같은 것이 없습니다. 남편은 자기 반려자에 대해서 구속주께서 구속 받은 백성들에게 대해서 가지는 그런 관계를 지속합니다. 그래서 "남편들아 자기 아내 사랑하기를 그리스도께서 교회를 사랑하시고 위하여 자신을 주심같이 하라."(엡 5:25)라는 권면이 나온 것입니다. 마음 깊이에서 우러나는 일관성 있는 사랑으로 남편은 아내의 유익을 구해야 합니다. 그리고 아내의 필요를 위해서 봉사해야 하며, 아내를 보호하고 필요한 것을 공급하여야 합니다. "남편 된 자들아 이와 같이 지식을 따라 너희 아내와 동거하고 저는 더 연약한 그릇이요 또 생명의 은혜를 함께 이어받을 자로 알아 귀히 여기라 이는 너희 기도가 막히지 아니하게 하려 함이라."(벧전 3:7)

둘째로 남편이 '머리 된다'는 사실입니다. "여자의 머리는 남자요."(고전

11:3) "이는 남편이 아내의 머리됨이 그리스도께서 교회의 머리됨과 같음이니."(엡 5:23) 이 하나님께서 정하신 규례를 신중하게 지키지 않는 한 혼란이 야기될 수밖에 없습니다. 가정은 지도자가 있어야 합니다. 하나님께서 그 가정의 통치권을 남편에게 맡기시어 그 가정의 질서에 대한 책임을 지게 하셨습니다. 만일 그가 이 의무를 소홀히 하거나 그 통치권을 자기 아내에게 넘겨버린다면 그 손해는 심각할 것입니다. 그러나 그렇다고 해서 성경이 남편에게 가정 내에서 폭군이 되어 아내를 종처럼 다스려도 된다는 뜻은 아닙니다. 남편의 지배권은 자기의 반려자에 대한 사랑과 함께 행사되어야 합니다. "남편들아 이와 같이 지식을 따라 너희 아내와 동거하고."(벧전 3:7) 하루의 일이 끝나면 남편과 아내가 서로 교제하기를 힘써야 합니다. 그 하나님의 명령은, 아내를 국내에 두고 '하나님께 받은 소명을 감당하러 해외로 간다.'는 식으로 나가는 남자들을 분명하게 정죄합니다.

셋째로 아내의 '복종'입니다. "아내들이여 자기 남편에게 복종하기를 주께 하듯 하라."(엡 5:22) 이 원칙을 적용하는데 있어서 단 한 가지의 예외만이 있습니다. 다시 말하면 하나님께서 금하신 것을 남편이 하라 하든지, 아니면 하나님께서 하라고 하신 것을 남편이 금할 때에는 남편에게 복종하지 않아도 됩니다. "전에 하나님께 소망을 두었던 거룩한 부녀들도 이와 같이 자기 남편에게 순종함으로 자기를 단장하였나니."(벧전 3:5) 이 영적인 '단장'이 오늘날 얼마나 적게 나타나는지요. "사라가 아브라함을 주라 칭하여 순종한 것 같이 너희는 선을 행하고 아무 두려운 일에도 놀라지 아니하면 그의 딸이 된 것이니라."(벧전 3:6) 하나님의 권위를 존중하는 의미에서 남편에게 자원하는 심정으로 사랑의 복종을 하는 것이 사라의 딸들의 특징입니다. 아내가 남편에게 복종하기를 거부하면 자녀들도 분명 그들의 부모들을 멸시할 것입니다. 그것이 바로 바람을 심고 회리바람으로 거두는 격입니다.

젊은 남편들이 아주 중요하게 주목해야 하는 한 가지 다른 문제만을 취급할 지면 밖에 남지 않았습니다. "네 일을 밖에서 다스리며 밭에서 준비하고 그 후에 네 집을 세울지니라."(잠 24:27) 여기서 주목해야 할 요점은 남편이 그 가정에 필요한 것을 공급할 수 있기 전에는 자기가 가장(家長)이라고 생각하지 말라는 것입니다. 매튜 헨리(Matthew Henry)는 이렇게 말합니다.

"이것이 바로 가정사를 경영하는 섭리의 원칙이다. 우리는 사치하는 것보다 필요한 일용할 것을 더 좋아해야 한다. 가족을 부양하기 위해서 써야 하는 것을 외모를 위해서 쓰지 않아야 한다."

안타깝게도 이 영적으로 퇴보한 시대 속에서 아주 많은 젊은 부부들이 자기 부모들이 이룩해 놓은 바로 그 지점에서 출발하고 싶어합니다. 그래서 자기들의 불경건한 이웃들의 여러 사치스러운 모습을 보면서 그들을 닮아가야 한다고 느낍니다. '신용카드 시스템'을 이용해서 빚을 지거나 물건을 구매하지 마십시오. "아무에게도 아무 빚도 지지 말라."(롬 13:8)

"모든 사람은 결혼을 귀히 여기고 침소를 더럽히지 않게 하라." 이제 우리가 다루는 본문의 마지막 말을 하렵니다. **"모든 사람은 결혼을 귀히 여기고."** 결혼하게 된 모든 사람들이 다 그래야 합니다. 여기서 제외되는 계층의 사람들은 존재하지 않습니다. 디모데전서 3:2와 같은 말씀이 보여주는 것처럼, 이는 분명히 사제가 독신으로 지내야 한다는 로마 교회의 악한 가르침을 거짓으로 드러냅니다.

"침상을 더럽히지 않게 하라." 이 말씀은 결혼서약에 충실하라는 뜻일 뿐만 아니라(살전 4:4), 부부간의 성행위가 더러운 것이 아님을 뜻합니다. 아담과 하와는 타락하지 아니한 상태에서 '번성하라'는 명령을 받았습니다. 그러나 모든 일에서와 같이 여기에서도 '적당함'과 '절제'가 요구됩니다. 우리는

'산아제한(產兒制限)'이라는 말을 믿지 않습니다. 그러나 우리는 '자기 절제'를 간절히 권합니다. 특별히 남편에게 말입니다.

"음행하는 자들과 간음하는 자들을 하나님이 심판하시리라." 이는 신실하지 못한 것에 대한 가장 엄숙한 경고입니다. 이런 죄악 가운데서 살다가 회개하지 않고 죽는 자들은 영원히 멸망할 것입니다. "너희도 정녕 이것을 알거니와 음행하는 자나 더러운 자나 탐하는 자 곧 우상 숭배자는 다 그리스도와 하나님의 나라에서 기업을 얻지 못하리니."(엡 5:5)

109강

탐심

13:5 돈을 사랑하지 말고 있는 바를 족한 줄로 알라 그가 친히 말씀하시기를 내가 결코 너희를
버리지 아니하고 너희를 떠나지 아니하리라 하셨느니라

이 히브리서 13장에서 사도는 이 서신의 주제를 실제적으로 적용시켜 나가고 있습니다. 사도는 언약의 중보자와 보증을 통해서 하나님의 백성들을 향하신 하나님의 기이한 은혜를 길게 살펴본바 있습니다. 또한 이 하나님의 믿는 백성들은 율법 중 의식법(儀式法)을 통해 그림자로 예표되었던 모든 것의 실체를 그리스도 안에서 얻게 되었음을 사도는 보여주었습니다. 다시 말하면, 성막(聖幕)과 이스라엘의 제사제도를 통해서 예표되었던 것의 실체가 그리스도 안에서 실현되었음을 보여 주었다는 말입니다. 이제 우리는 본문을 따라서 그러한 신령한 복을 받은 은혜의 사람들에게 마땅히 주어진 책임과 의무 조항들을 강조해 나가고 있습니다.

첫째로, 모든 그리스도인이 이 의무를 감당하는데 기본적인 것을 지금까지 권면한 바 있습니다. 다시 말하면 '형제 사랑하기를 계속하라' 권면을 하였습니다(1절).

둘째로, 이 제일되는 신령한 은혜가 실천의 본을 통해서 나타난 열매를 여러 실례들을 지적하여 주었습니다. 그리스도인의 '손님 대접'의 실천의 실례들이 그것입니다(2절). 또한 '환난 당한 자를 불쌍히 여기는 것'을 통해서 그 신령한 은혜가 실증적으로 드러납니다(3절).

셋째로, 타락한 본성에서 나오는 가장 근본적인 두 가지 탐욕을 경계시켜 금하고 있습니다. 그것은 도덕적인 부정(不淨)(4절)과 탐심에 대한 경고입니다(5절). 이러한 일들에 잠식되면 형제 사랑을 행사하는데 치명적인 상처를 입습니다.

우리는 지난 강론에서 도덕적인 부정을 피하도록 하나님께서 마련하여 주신 긍휼어린 제도에 대해서 상세하게 생각해 보았습니다. 그것은 다름 아닌 '결혼 제도'입니다. 우리는 이제 이 본문에서 강력하게 경계시키고 있는 두 번째 커다란 죄악으로 눈을 돌려봅니다. 그것은 바로 '탐심'의 죄악입니다.

"돈을 사랑치 말고 있는 바를 족한 줄로 알라." 여기에 '탐심'의 악을 소개해 놓고 바로 옆에 탐심의 악을 치료할 수 있는 '처방책'을 놓아두었습니다. 앞 절의 경우에서와 마찬가지입니다. 4절에서는 악을 말하기보다 먼저 처방책을 제시한바 있습니다. 우리는 본문의 순서를 따라서 먼저 여기서 경계하는 악을 먼저 생각합니다. 그런 다음에 여기서 명하는 적극적인 덕행을 숙고하기로 하겠습니다. 그러나 두 가지를 다 마음에 두는 것이 도움이 될 것입니다. 왜냐하면 후자는 전자에 대해서 빛을 던져주어 우리로 하여금 그 악의 정확한 성질을 분별하도록 해주기 때문입니다. 다른 것은 그 어느 것이라도 그러한 분별력을 주지 못할 것입니다.

"돈을 사랑치 말고 있는 바를 족한 줄로 알라."[1] 여기서 '탐심'이라는 말로

---

1) KJV(또는 A. V)에서는 이 대목을 Let be your conversation without covetousness(네 탐심없는 삶의 자세를 가지라)로 번역하고 있다. conversation 은 삶의 보편적인 자세나 행실을 나타낼 때 쓰는 단어이다. - 역자 주

번역된 헬라어는 문자 그대로 말해서 '은을 사랑하는 자'입니다. 영어 개정역(R. V)은 이 본문을 'Be ye free from the love of money(돈을 사랑하는 데서 자유로우라)'로 번역하고 있습니다. 돈을 사랑하는 것이나 세상 소유를 사랑하는 것이 탐심의 가장 주도적인 형태 중 하나임에 틀림없습니다. 그러나 흠정역(A. V)의 번역이 여기서는 더 낫다고 생각합니다. 헬라어 동사의 범주는 물질적인 부요를 향하여 욕심을 내는 것보다 더 광범한 의미를 가지고 있습니다. 그 동사가 신약성경에서는 여기 말고 다른 한 구절 속에서만 나타납니다. 디모데전서 3:3에 그 말이 딱 한번 나타납니다. 그 대목은 감독의 자격 조건들을 묘사하는 대목입니다. "술을 즐기지 아니하며 구타하지 아니하며 오직 관용하며 다투지 아니하며 돈을 사랑하지 아니하며." 앞 소절이 '더러운 이(利)를 취하지 아니한다.'는 특별한 의미를 가지고 있습니다. 그 사실은 '탐하지 말라'는 말이 '돈을 사랑하지 말라'보다 더한 것을 내포하고 있음을 분명히 보여줍니다. 흠정역에서 '행실(conversation)'이라 번역한 것에 대하여 한두 마디 논평하는 것이 좋을 듯합니다. 이 말은 오늘날에는 서로 간에 대화(對話)하는 것을 나타내는 단어로 쓰입니다. 그러나 삼백년 전의 흠정역(KJV) 성경을 출간할 때는 그보다는 훨씬 더 포괄적인 의미를 나타내는 단어였습니다. 성경에서 그 말의 헬라어 단어가 어떻게 채용되는지를 알아보면 그 말이 나타내는 범주를 짐작할 수 있습니다. 예를 들어 베드로전서 3:2에서 "너희의 두려워하며 정결한 행위를 봄이라."라 하였는데, '들음이라' 하지 않고 '봄이라' 하였음을 주목하십시오. 그러니 그 용어는 '행위나 품격'을 가리키는 말입니다. "오직 너희를 부르신 거룩한 이처럼 너희도 모든 행실에 거룩한 자가 되라."(벧전 1:15) 이것을 외면적인 것에만 국한시키지 말고 성품과 행위 모두를 포함하는 것으로 여겨야 합니다. 수리아역(Syriac)에서 이 말을 '생각(mind)'으로 번역하고 있습니다. 아마 탐심과 만족이 다 정신적인 상태임을 유념하여 그리한 것 같습니다. "오직 너희는 그리스도 복음에 합당하게 생활하라."(빌 1:27) 분명히 말하여, 이는 '너희 생각들과 행동들이 너희가 받은 하나님의 은혜의 나타남에 부합하게 하라.'는 말입니다. '너희 주위 사람들이 너희를 지배하는 원리들과 동기들과 감성들에 깊은 인상을 받도록 처신하라.'는 식입니다.

여기 우리가 다루는 본문에서도 그러합니다. '탐심이 마음을 주장하게 하거나 삶을 결정하지 못하게 하라.'는 것입니다. 그러나 정확히 '탐심'이란 무엇입니까? 그것은 '만족'의 정반대입니다. 현재 우리에게 주어진 몫에 불만을 가지는 것을 가리킵니다. 그리되면 이 세상에 속한 것들을 지나치게 열심히 소원하게 됩니다. 그것은 또한 하나님께서 금하시거나 우리에게서 거두어 가신 것을 추구하며 욕심 부리는 것입니다. 왜냐하면 그런 경우 그 자체로는 악하거나 해롭지 않은 것을 추구해도 나쁠 수 있기 때문입니다. 모든 비정상적이고 불균형적인 소욕들, 모든 거룩하지 못하고 무절제한 생각들과 정서들은 바로 이 용어를 통해서 표현됩니다. '탐하다'는 것은 내가 어떤 것을 가지려고 생각하고 갈망함으로 말미암아 내 이웃이 손해를 보는 결과를 가져 오는 것을 이름입니다. 여기서 토마스 스코트(Thomas Scott)의 말을 인용합니다.

"만일 어떤 사람이 자기의 소유의 일부를 팔 마음이 있어 공평한 차원에서 그것을 소유할 뜻을 가지면 바람직할 수 있다. 그러나 그 사람이 그 소유를 그냥 가지고 있기로 마음을 고쳐먹었다면 그것을 탐해서는 안 된다. 가난한 사람이 부자로부터 합당한 구조를 바랄 수도 있다. 그러나 그렇게 풍부한 부자가 자기에게 구조를 해주지 않는다 하여 불평하지는 말아야 한다."

어떤 죄들은 다른 죄들보다 더 쉽게 발견되고, 거의 대부분의 신앙고백자들에게 정죄를 받습니다. 그러나 탐심은 본 모습을 감추는 적이 너무나도 잦습니다. 그래서 탐심어린 사람들이 매우 존경할 만하다 여겨지는 경우도 있습니다. 그리스도인이라 고백하는 많은 사람들이 탐심을 아주 사소한 것으로 여깁니다. 반면에 세상 사람들은 그 탐심이 '합법적인 야심'이라고 갈채를 보냅니다. 마치 사업상의 기민함이나 사업상의 신중함 정도로 여기고들 있습니다. 이 죄악을 위해서 모든 종류의 구실이 주어지며, 이 죄악을 편들어 그럴듯한 위선적인 주장들이 쏟아집니다. 이 죄악은 눈치 채는 사람이 아주 소수에 불과한 매우 간교한 죄입니다. 스펄전(C. H. Spurgeon) 목사는 자기 설교에서 수많은 사람들을 회개하게 한 어떤 탁월한 사람을 소개하였습니다. 그 사람은 관찰하였습니다. '외면적으로 드러난 모든 종류의 포악한 범죄들은 다들 인정하면서도 탐심을 고백하는 사람은 한 번도 만나지 못했다.' 이 죄악이 자기들의 마음을 주장하는 불의(不義) 가운데 하나임을 의심하는 사람이 거의 없습니다. 오히려 이 죄악을 하나의 덕행으로 여기려는 성향을 보이기까지 합니다.

그러나 성경은 이 문제에 대해서 매우 노골적입니다. 하나님의 율법은 분명하게 선언합니다. "네 이웃의 집을 탐내지 말라 네 이웃의 아내나 그의 남종이나 그의 여종이나 그의 소나 그의 나귀나 무릇 네 이웃의 소유를 탐내지 말라."(출 20:17). "악인은 그의 마음의 욕심을 자랑하며 탐욕을 부리는 자는 여호와를 배반하여 멸시하나이다."(시 10:3) 그리스도께서 그 제자들에게 말씀하셨습니다. "저희에게 이르시되 삼가 모든 탐심을 물리치라 사람의 생명이 그 소유의 넉넉한데 있지 아니하니라."(눅 12:15) 돈을 숭배하는 사람은 "술 취한 자들과 음행하는 자들"과 연결되어 있습니다. 그러한 사람들은 하나님의 나라에 들어가지 못합니다(고전 6:10). 탐심을 가진 사람들은 가장 혐오할 만한 우상 숭배자의 성품을 특징적으로 가지고 있습니다(골 3:5). 의심할 여지없이 이러한 욕심에 사로잡혀 다스림을 받는 자들은 '금을 숭배하고 신뢰하며 그것으로 신을 삼기' 때문입니다. "내 마음을 주의 증거로 향하게 하시고 탐욕으로 향치 말게 하소서."(시 119:36) 하나님의 말씀은 탐심어린 영혼들에게 떨어질 심판의 엄숙한 표본들을 두렵게 제시합니다. 우리의 첫 조상들의 타락은 탐심을 파생시켰고, 하나님께서 금하신 것을 따라 욕심을 부리게 하였습니다. 그래서 성경의 첫 부분에서부터 이 죄악의 곤경이 나타납니다. 발람이 탐심을 가져 어떻게 되었는지 보십시오. "그는 불의의 삯을 사랑하다가 자기의 불법으로 말미암아 책망을 받되 말하지 못하는 나귀가 사람의 소리로 말하여 이 선지자의 미친 행동을 저지하였느니라."(벧후 2:15,16) 그는 "불의의 삯을" 사랑하였습니다. 발락이 약속한 영예와 부요가 너무나 매력적이라서 그는 그것을 거부하지 못했습니다. 탐심을 가진 아간의 경우는 어떠했습니까? 그는 손대지 말아야 할 은과 금을 향하여 욕심을 부렸습니다. 그와 자기 온 가족이 다 돌에 맞아 죽었습니다(수 7장). 게하시를 보십시오. 그는 자기 상전 엘리사가 거절한 돈을 향하여 욕심을 부렸습니다. 결과적으로 그와 그 후손이 나병으로 치심을 받았습니다(왕하 5장) 가룟 유다의 무서운 경우를 생각해 보세요. 유다는 은 삼십에 영광의 주님을 팔았습니다. 아나니아와 삽비라의 경우를 기억하세요(행 5장).

이런 경우들에 비추어 보아 불의(不義) 가운데서 가장 악한 이 '탐심'을 '작은 죄'로 여길 수 있겠습니까? 분명히 그 죄는 참으로 두려워 떨어야 하는 죄입니다. 탐심은 마음이 피조물을 향해서 적당치 못하게 욕심내는 죄입니다. 그 탐심은 주님을 떠나 배도한 사람의 열매입니다. 그 사람은 더 이상 하나님 안에서 자기 영혼의 기쁨과 확신의 최고의 목적을 찾지 않습니다. 타락한 사람은 피조물(단순한 '물건들')을 창조주보다 더 신뢰하고 사랑합니다. 이러한 죄악은 여러 많은 형태를 띱니다. 어떤 사람들은 명예를, 어떤 이들은 부자 되기를, 어떤 이들은 쾌락이나 지식을 추구합니다. 성경은 그 죄악을 가리켜 "육체와 마음의 원하는 것들"이라고 말합니다(엡 2:3). 그리고 육체와 영의 더러움에 대해서도 말합니다(고후 7:1). 하나님께서 금하신 것을 간절히 추구하는 것이 부패한 마음의 본질입니다. 그 본질에서 악한 것을 따라 탐하는 것이 나옵니다. 물론 탐심이 다른 이들보다 더 강하게 작용하는 이들이 있습니다. 어쨌든 그러한 욕심을 제어하는 은혜가 다른 이들보다 더 많이 주어지는 이들도 있습니다. 이 비정상적인 소욕이나 무절제한 생각들이 우리 부패한 본성의 첫 열매요, 내주하는 죄의 첫 소산이요, 우리가 저지른 모든 범죄들의 시작입니다.

"네 이웃의 집을 탐내지 말라."(출 20:17) 이에 대한 토마스 스코트(Thomas Scott)의 주석을 들어 보십시오.

"그 계명은 모든 세상적인 물건에 대하여 절제하고 하나님께 복종하고 하나님의 뜻에 순응하라는 것이다. 그 계명을 사랑하면 보시기에 좋을 대로 우리의 부족을 매일 채우시는 하나님을 의뢰할 것을 요구한다. 이것은 바르고 합당한 일이다. 하나님께서 명령하사 사람으로 복종하게 하신 것이니 유익을 얻게 하는 일이다. 그것이 바로 하늘 자체의 본질이요 더 없는 행복의 모습이다. 그러나 그것은 '본질상' 우리 마음의 소원과 정반대라서 지상에 있는 가장 훌륭한 그리스도인들도 실제 도달하기 어려운 계명이다. 그래서 하나님께서 그러한 완전함을 요구하신다는 점을 그들에게 확신시키기가 매우 어렵다. 또한 그들로 하여금 이성적인 피조물들의 행복을 위하여 탐심을 버리라는 계명을 순종하는 일은 필요 불가결하다는 것을 알게 하고 지족하는 마음을 갖게 하는 일은 더욱 어렵다. 그리고 이 계명의 정신과 일치되지 않거나 미치지 못하는 모든 일이 다 죄라고 확신시키기가 정말 더 어렵다. 그리고 조금이라도 거기에 모자라면 하나님의 진노를 받을만 하고, 그리스도의 속죄로 말미암은 하나님의 긍휼을 통하지 않고는 그러한 하나님의 진노를 막아낼 수 없음을 확신케 하는 것은 가장 어려운 일이다."

물론 이 죄악의 가장 보편적인 형태는 돈을 사랑하는 것입니다. 물질적인 부요를 더욱 더 바라 욕심을 내는 것으로 이 죄가 작용합니다. 이것은 그 돈을 벌고 그 돈을 보전하고 소비하는 것을 통해서 나타납니다. 가장 우선적으로 '돈을 버는' 일을 통해서 그 죄가 나타납니다. 부(富)를 얻는 것이 영혼의 주도적인 욕심이 됩니다. 만족할 수 없는 욕심이 그 마음을 사로잡습니다. 이는 사람의 경우에 따라 여러 가지 다양한 모습과 방식으로 나타납니다.

실제적이기 위해서 우리는 한두 가지 일을 언급하기로 합니다. 흔히 그 죄는 '부정한 이익'을 추구하기 위해서 온갖 노력을 기울이는 것으로 나타납니다. 또는 피고용인들에게 '부당하게 적은 임금'을 지불함을 통해서도 나타납니다. 이러한 죄악을 범하는 자들의 가장 주요한 목적은 재산을 축적하여 자기 후손에게 물려주려는 것으로 모습을 드러냅니다. 그러나 흔히 이런 이들이 교회 안에서 탁월한 지위를 차지하고 '길게' 기도합니다. 과부들의 집을 탐내고 가난한 자들의 얼굴을 괴롭히면서도 그런 경건의 모양을 떱니다. 복음은 신앙심 있는 척하면서 그런 비열한 짓을 하는 이들을 통하여 모독 받고, 성소는 그런 이들로 인하여 더럽혀지는 것입니다.

저는 최근에 충실한 논설 한편을 읽은 적이 있습니다. 그 논설의 필자는 많은 상점 주인들과 그들을 도와서 일하는 사람들이 품질과 가격표를 조작하는 악한 행위를 고발하였습니다. 그런 여러 형태의 거짓과 기만을 상업행위 속에서 저지르고 있음을 지적한 것입니다. 그 논설인은 "모든 거짓말 하는 자들은 불과 유황으로 타는 못에 참여하리라."(계 21:8)는 엄숙한 경고를 발하였습니다. 저는 그 논설을 읽고 나서 자신에게 이런 질문을 던졌습니다. 욕심 많고 탐욕적인 사회를 비난하기가 얼마나 어려운가? 이 상업적인 부정직에 대한 책임을 주로 누가 져야 하는가? 자기들의 가격표에 '염가 판매(great bargains)'라거나 '대폭 할인(prices much reduced)'이라는 표시를 하게 '상인들'을 유혹한 것이 누구인가? 그것은 탐심어린 구매자들이 아닌가? 오늘날 얼마나 많은 사람들이 그저 '염가(廉價)'만을 추구하고, 물품의 가치를 크게 고려하지 않고 '싼 물건'이면 산다는 식의 탐심을 얼마나 많이 가지고 있는가? 그런 정신이 그런 많은 협잡을 길러 낸 셈입니다. 그리스도인은 자기가 필요한 것만을 사도록 합시다. 또 필요할 때만 삽시다. 가능한 한 정직한 상인들에게서만 물건을 삽시다. 그 물건의 가치에 따라서 더 많은 값을 지불할 의향도 가져야 합니다.

탐심은 '돈을 보전하는 데'서도 그 모습을 명백히 드러냅니다. 물에 빠진 사람이 통나무에 매달리는 것처럼 돈에 매달리는 비참함이 있습니다. 정말 비난을 받을 만하게 자신을 위하여 축적하는 방식이 있습니다. "내가 또 돌이켜 헤아려서 헛된 것을 보았도다 어떤 사람은 아들도 없고 형제도 없이 홀로 있으나 그의 모든 수고에는 끝이 없도다 또 비록 그의 눈은 족하게 여기지 아니하면서 이르기를 내가 누구를 위하여는 이같이 수고하고 나를 위하여는 행복을 누리지 못하게 하는가 하여도 이것도 헛되어 불행한 노고로다."(전 4:8) 그렇습니다. 자기들의 영원한 문제에 관하여는 전혀 무관심합니다. 해마다 매일 일을 합니다. 이미 쌓아 놓은 것에 더 많은 것을 쌓기 위하여 일하는 이들이 있습니다. 자기에게 필요한 생활필수품을 사기를 아까워하는 사람들도 있습니다. 그들은 계속해서 이 땅에서 그리스도의 영광을 위해서 일하는 것에는 전혀 관심 없이 돈만 쌓으며 일만 합니다. 자기들 중에서 가난하거나 궁핍한 자들을 전혀 생각지 않고 그런 일을 계속합니다. 그들의 행동하는 것을 보면 마치 이러합니다. "또 이르되 내가 이렇게 하리라 내 곳간을 헐고 더 크게 짓고 내 모든 곡식과 물건을 거기 쌓아 두리라 또 내가 내 영혼에게 이르되 영혼아 여러 해 쓸 물건을 많이 쌓아 두었으니 평안히 쉬고 먹고 마시고 즐거워하자 하리라."(눅 12:18,19)

'돈을 쓰는 일'에서도 탐심이 모습을 드러냅니다. 인색한 자들이 있는가 하면 낭비하는 자들도 있습니다. 인색하다고 해서 구두쇠를 정죄하는 이들이 있습니다. 그런 이들이 흔히 분별없이 방탕합니다. 어려운 때를 위해서 저축해 두어야 할 것을 어떤 불필요한 목적을 탐하는 욕심을 채우려고 사용합니다. 그러나 우리는 이러한 점들에 대해서 오해하지는 맙시다. 부(富)를 소유하는 것이나 보전하는 것 자체가 잘못된 것은 아닙니다. 그 부를 정직하게 소유하였고, 마땅한 동기로 그 부를 보존한다면 잘못이 없습니다. 하나님께서는 "재물 얻을 능력을 주시는" 분이십니다(신 8:18). 그러므로 하나님께서 우리로 번성하게 하시려고 우리의 광주리나 우리의 창고에 복을 부어 주실 때에는 그 선하심을 찬미해야 합니다. 그러나 그런 경우라도 우리는 "재물이 늘어도 거기에 마음을 두지 말라."(시 62:10)는 권면을 주목할 필요가 있습니다.

"부지런하여 게으르지 말고."(롬 12:11)라는 하나님의 권면도 들어야 합니다. 그러므로 다음의 말씀에서 분명히 드러나듯이 그 권면은 합당한 근신과 절제를 지시합니다. "흩어 구제하여도 더욱 부하게 되는 일이 있나니 과도히 아껴도 가난하게 될 뿐이니라."(잠 11:24). 그렇듯이 우리가 굶는 자들에게 먹을 것을 제공하는 것은 우리에게 맡겨진 마땅한 의무입니다. "누구든지 자기 친족 특히 자기 가족을 돌보지 아니하면 믿음을 배반한 자요 불신자보다 더 악한 자니라."(딤전 5:8) 또 지나친 정반대의 극단으로 치우쳐서 환상적이 되기 쉽습니다. 하나님을 의뢰한다는 구실 아래 하나님을 '시험하는' 경우도 있습니다. 어려운 날을 위해서 쌓아 놓는 것은 아주 합당한 일입니다(잠 6:6-8 참조). 게으름이나 무절제는 다 같이 용납하지 말아야 할 것들입니다. 탐닉에 빠지든지 방탕에 빠져 자기 재산을 낭비하고 사업에 실패하는 자들은 아무리 비난 받아도 지나칠 수 없습니다. 그들은 자기 자신들 뿐 아니라 다른 사람에게 해를 주며 사회의 염병거리요 공적으로 큰 짐이 되는 것입니다.

그러나 좌로나 우로나 치우치지 않고 복된 중간을 따라가기란 얼마나 어려운가요! 방탕하지 않으면서도 검소하고, '게으르지 않으면서도' 자신을 너무 몰입시켜 바쁘지 않고, 검소하면서도 비굴해지지 않고, 이 세상 물건을 쓰면서도 남용하지 않는다는 것이 얼마나 어려운 일입니까! "곧 헛된 것과 거짓말을 내게서 멀리 하옵시며 나로 가난하게도 마옵시고 부하게도 마옵시고 오직 필요한 양식으로 내게 먹이시옵소서 혹 내가 배불러서 하나님을 모른다 여호와가 누구냐 할까 하오며 혹 내가 가난하여 도적질하고 내 하나님의 이름을 욕되게 할까 두려워함이니이다."(잠 30:8,9) 그 기도가 얼마나 합당한 기도인지요! 로마서 7:7이 보여주는 바와 같습니다. 탐심의 악을 깨닫고 그 위험을 알게 되는 것은 성령께서 능력으로 그 율법을 양심에 적용하실 때 뿐입니다. 아울러 그 율법이 우리의 사악한 성향을 제어하고 피조물을 좋아하는 무절제한 성향을 구부러지게 하는데 기여할 때만이 우리가 그 탐심의 악을 깨닫고 그 위험을 느끼게 되는 것입니다. 우리 내면적 이기심을 효과적으로 복종시키는 것은 우리 마음에 부은바 된 하나님의 사랑입니다. 관용어린 마음과 너그러운 손이 항상 그리스도인을 특징짓게 해야 합니다.

이제 우리는 탐심의 '사특(邪慝)함'에 대해서 몇 마디 하고자 합니다. 이 악한 욕심은 총명을 어둡게 하고 판단력을 부패시켜 어둠을 빛으로 여기게 만듭니다. 그리고 빛을 어두움으로 여기게 합니다. “내가 언제 금으로 내 소망을 삼고 정금더러 너는 내 의뢰하는 바라 하였던가 언제 재물의 풍부함과 손으로 얻은 것이 많음으로 기뻐하였던가 … 이 역시 재판장에게 벌 받을 죄악이니 내가 그리하였으면 위에 계신 하나님을 배반한 것이니라.”(욥 31:24, 25, 28. 개역한글) 죄를 범한 자는 바로 이점을 얼마나 적게 깨닫습니까! 탐심이 마음을 다스릴 때 마음은 결코 만족하게 될 수가 없는데, 바로 그것이 ‘욕심 사나운’ 정욕입니다. “은을 사랑하는 자는 은으로 만족하지 못하고 풍요를 사랑하는 자는 소득으로 만족하지 아니하나니 이것도 헛되도다.”(전 5:10)

이 죄악은 ‘게걸스럽게 욕심을 부리는’ 죄악입니다. “세상의 염려와 재물의 유혹에 말씀이 막혀 결실하지 못하는 자요.”(마 13:22) 이 죄는 너무나 무섭고 그 세력이 너무나 커서 이 죄의 지배를 받는 사람은 공의의 요구를 묵살해 버릴 것입니다. 아합이 나봇의 포도원을 빼앗을 때 그러하였습니다(왕상 21장). 다윗이 우리아의 아내를 취할 때 그랬던 것처럼 아합이 사랑의 요구를 무시했습니다(삼하 11장). 이 죄에 사로잡힌 사람은 아나니아와 삽비라가 했던 것처럼 가장 무서운 거짓말을 할 것입니다. 아간이 그랬던 것처럼 그 사람은 하나님의 분명한 계명을 무시할 것입니다. 가룟 유다처럼 그는 그리스도를 팔 것입니다. 이 죄는 죄의 ‘어머니’ 역할을 합니다.

“부하려 하는 자들은 시험과 올무와 여러 가지 어리석고 해로운 욕심에 떨어지나니 곧 사람으로 파멸과 멸망에 빠지게 하는 것이라 돈을 사랑함이 일만 악의 뿌리가 되나니 이것을 탐내는 자들은 미혹을 받아 믿음에서 떠나 많은 근심으로써 자기를 찔렀도다.”(딤전 6:9,10)

주일을 아무렇게도 생각하지 않는 풍조가 만연되어 있습니다. 주일을 어기는 무서운 모든 형태의 죄에는 바로 이 악한 정욕이 역사하고 있습니다.

주일에 철도로 하여금 특별한 운행을 하도록 하는 것은 금을 탐하는 욕심입니다. 그래서 사람들을 미혹하여 도시를 떠나 시골이나 바닷가로 가게 만드는 것입니다. 바로 그 미끼 때문에 일주일의 7일 동안 계속해서 수천의 상점들이 문을 여는 것입니다. 일요판 신문 뒤에는 돈을 사랑하는 정신이 배어 있습니다. 기독교 국가들이 얼마나 많이들 임박한 진노의 날에 자신들의 머리 위에 부어질 진노의 숯불을 '쌓아 놓고' 있는가요! 하나님은 비난으로 조롱 받지 않을 것입니다. 성경을 믿는 자들은 말해야 합니다. 현재 주일을 모독하는 자들에게 지난 전쟁보다 더 무서운 전쟁이 하늘로부터 내리는 채찍으로 떨어질 것이라고 말해 주어야 합니다.

옛 이스라엘 사람들로 하여금 제 4계명을 무시하게 만들었던 것도 그 탐심의 정신이었습니다. "그 때에 내가 본즉 유다에서 어떤 사람이 안식일에 술틀을 밟고 곡식단을 나귀에 실어 운반하며 포도주와 포도와 무화과와 여러 가지 짐을 지고 안식일에 예루살렘에 들어와서 음식물을 팔기로 그 날에 내가 경계하였고 또 두로 사람이 예루살렘에 살며 물고기와 각양 물건을 가져다가 안식일에 예루살렘에서도 유다 자손에게 팔기로"(느 13:15,16) 그들이 그처럼 안식일을 모독하였기 때문에 하나님의 심판이 그 나라에 임했던 것입니다. "내가 유다의 모든 귀인들을 꾸짖어 그들에게 이르기를 너희가 어찌 이 악을 행하여 안식일을 범하느냐 너희 조상들이 이같이 행하지 아니하였느냐 그래서 우리 하나님이 이 모든 재앙을 우리와 이 성읍에 내리신 것이 아니냐 그럼에도 불구하고 너희가 안식일을 범하여 진노가 이스라엘에게 더욱 심하게 임하도록 하는도다."(느 13:17,18) "또 나의 안식일을 거룩하게 할지어다 이것이 나와 너희 사이에 표징이 되어 내가 여호와 너희 하나님인 줄을 너희가 알게 하리라 하였노라 그러나 그들의 자손이 내게 반역하여 사람이 지켜 행하면 그로 말미암아 삶을 얻을 나의 율례를 따르지 아니하며 나의 규례를 지켜 행하지 아니하였고 나의 안식일을 더럽힌지라 이에 내가 이르기를 내가 광야에서 그들에게 내 분노를 쏟으며 그들에게 내 진노를 이루리라 하였으나."(겔 20:20,21)

그처럼 탐심은 그 자체가 무서운 죄악일 뿐 아니라 다른 악들을 많이 생산하는 죄악의 어머니입니다. 가난한 자들 속에서 그 탐심은 시기심과 불만을 일으키고 부정한 방법을 생각하게 합니다. 부자 속에서는 그 탐심은 거만한 사치와 방종으로 이끕니다. 이 비열한 욕심은 거룩한 의무를 수행하기에 합당하지 못하게 만들며, 필요한 은혜들을 행사하지 못하게 합니다. 그 탐심은 여러 많은 시험을 받게 합니다. 영적인 원수들이 그것을 미끼로 우리를 시험합니다. 우리가 이 악한 정신에 복종하면 복종할수록 마치 이 세상에 우리의 분깃이 있는 것 같이 처신하게 되며, 이 세상에서 주어지는 것 외에 더 이상을 바라보지 못하게 됩니다. "우리의 주목하는 것은 보이는 것이 아니요 보이지 않는 것이니 보이는 것은 잠깐이요 보이지 않는 것은 영원함이라."(고후 4:18) 탐심은 이 말씀의 정반대 입장에 서게 합니다. 그 탐심은 우리가 받은 긍휼을 경멸하게 만들며, 감사함의 정신을 잦아지게 합니다. 그리고 그 탐심은 하나님에게서 마음을 떼게 만듭니다. "예수께서 둘러보시고 제자들에게 이르시되 재물이 있는 자는 하나님의 나라에 들어가기가 심히 어렵도다."(막 10:23)

이제 우리는 우리의 마음을 탐사(探査)하는 하나님의 율법의 포괄적인 의미를 더 깊게 더 엄숙하게 관찰해 봅시다. "네 이웃의 집을 탐내지 말라."(출 20:17) "율법이 탐내지 말라 아니하였더라면 내가 탐심을 알지 못하였으리라."(롬 7:7) 이 말씀을 들으면 그 출애굽기의 말씀을 이해하는 빛을 얻게 됩니다. '탐심'이라는 것은 악한 소원이요 무절제한 애정이요 어떤 것을 은밀하게 욕심내는 것입니다. 사도가 의미하는 바는 이러합니다. "성령께서 내 총명을 밝히시어 내 양심을 깨우치시고 내 마음의 부패를 느끼게 하시기 전에는 '내 내면적인 부패'를 전혀 알지 못했노라." 사람은 외모만 살펴봅니다. 그 전에는 바리새인 중의 바리새인인 바울의 '행동'은 전적으로 율법에 일치하는 것처럼 보였습니다. 그러나 성령께서 영혼을 깨우치시니 하나님께서 '내면적인 진실'을 요구하신다는 것을 깨닫게 되었습니다. "보소서 주께서는 중심이 진실함을 원하시오니 내게 지혜를 은밀히 가르치시리이다."(시 51:6) 그래서 "하나님이시여 내 속에 정한 마음을 창조하시고 내 안에 정직한 영을 새롭게 하소서."(시 51:10)라고 울부짖게 되었습니다.

"네 이웃의 집을 탐내지 말라."(출 20:17) 하나님께서 이 말씀으로 금하고 계신 것은 의지(意志)의 찬동을 받기보다 앞서 나오는 '악한 욕망(concupiscence),' 상상들, 생각들과 소욕들입니다. 우리는 여기서 모든 인간의 규례를 훨씬 초월하는 하나님의 율법의 뛰어난 거룩성을 깨달을 수 있습니다. 그 거룩성은 '내면적인 순결'을 요구합니다. 여기서 우리는 로마 가톨릭 사람들의 근본적인 오류 한 가지를 깨달을 수 있습니다. 그들은 펠라기우스파(Pelagian)의 입장을 따르면서 그 욕심에 복종하기 전에는 죄악적인 것은 아니라고 주장합니다. 그들은 악한 상상이 일어나도 거기에 마음을 온전히 드리지 않았으면 죄가 아니라고 주장한다는 말입니다. 그러나 하나님의 거룩한 율법은 금한 것을 '하도록 부추기는 것'을 정죄합니다. 또한 거룩하지 못한 것을 '향하여 마음이 기울어지게 하는 것'도 정죄하고, 탐욕으로 마음을 부풀리는 것도 하나님의 거룩한 율법은 비난합니다. 비정상적인 소욕을 금하고 있습니다. 부패한 상상과 합당치 못한 성향들이 의지의 승인보다 더 앞질러 나가는데 그것들이 악하여 다른 모든 죄악의 씨가 되는 것입니다.

다시 우리는 말합니다. 하나님의 율법은 사람의 법과 다르며 사람의 법보다 측량할 수 없을 정도로 탁월합니다. 왜냐하면 하나님의 율법은 모든 마음속에 숨어있는 욕심과 마음의 은밀한 정욕들을 주목하고 금지하기 때문입니다. 다른 무엇보다도 우리 부패를 지적해주며 율법이 요구하는 완전에 이르기에 우리가 얼마나 부족한지를 드러내 주는 계명은 바로 이 제 10계명입니다. 마음속에서 우리로 하여금 우리의 것이 아닌 것을 생각나게 하는 첫 번째 악한 생각이 있습니다. 그 생각 뒤에 그것을 탐하고 갖고 싶은 소원이 잇따라 일어납니다. 그런 다음에 그것이 우리에게 가져다 줄 즐거움을 마음속에 그려보면서 내면적인 기쁨을 가지게 됩니다. 그때 제어하는 은혜가 끼어 간섭하지 않으면, 외면적인 죄행이 이루어집니다. "오직 각 사람이 시험을 받는 것은 자기 욕심에 끌려 미혹됨이니 욕심이 잉태한즉 죄를 낳고 죄가 장성한즉 사망을 낳느니라."(약 1:14,15 참조) 첫 번째 악한 사상이 무심결에 일어나되, 마음의 생각이 선(善)에서 악(惡)으로 돌아감으로 생긴 것입니다. 마치 불필요하나 새 모자에 마음이 끌리어 그 모자를 갖고 싶은 욕심내는 정도의 악에 불과하여도 마음의 생각이 그리로 돌아가서 나온 사상입니다. 그리고 그것을 가지게 될 때의 즐거움을 그려봄으로 그것을 갈망하는 욕구가 일어납니다. 그래서 의지(意志)의 동의(同意)를 얻어 어떻게 하면 그 탐하는 대상을 얻을 수 있을까 궁리합니다.

이러한 육체적인 정욕이나 마음의 악한 욕심을 일컬어 "네 지체 속에 있는 죄의 법"이라고 합니다(롬 7:23). 더 오래전 신학자들이 '원죄(原罪)'라 부른 것이 바로 그것입니다. 그것이 우리 속에 있는 악의 샘이요, 우리의 모든 인격적 요소들을 부패케 합니다. 우리에게 주어진 몫에 불만을 가지고 우리의 이웃들을 시기하는 것, 바로 그 어리석은 생각이 죄입니다. "미련한 자의 생각은 죄요 거만한 자는 사람에게 미움을 받느니라(잠 24:9). 우리 앞에 세워진 기준은 얼마나 높습니까! "심중에 서로 해하기를 도모하지 말며 거짓 맹세를 좋아하지 말라 이 모든 일은 나의 미워하는 것임이니라 나 여호와의 말이니라."(슥 8:17) 제 3계명은 입술로 하는 어떠한 하나님을 모독하는 맹세도 금지하지요? 그렇다면 제 10계명은 하나님을 대적하는 마음의 어떠한 자세도 금하는 것입니다. 제 4계명이 주일에 모든 불필요한 일을 하는 것을 금하고 있습니까? 제 10계명은 우리가 '주일은 정말 지겹네'라고 말하는 것마저도 못하게 합니다. 제 8계명이 모든 종류의 도둑질을 금하고 있습니까? 그렇다면 제 10계명은 우리 이웃의 소유가 되는 그 어느 것도 갖기를 소원하지 말라 합니다.

그러나 죄의 '내면적' 활동을 주목하고 자기 '마음'의 상태가 어떠함을 인식하는 것이 거듭나기 전에는 불가능합니다. 사탄은 '무의식적으로 일어나는 생각들(저절로 일어나는)에 대해서는 네게 책임이 없다.'고 설득하려 들 것입니다. '악한 소욕들은 너희의 통제 밖에 있다.'라고 설득하려 애를 쓸 것입니다. 또 '그런 연약들을 어찌 할 수 없는 것이라.'고 핑계대라 할 것입니다. 그러나 하나님께서는 사람에게 말씀하십니다. "무릇 지킬만한 것 중에 '네 마음을 지키라' 생명의 근원이 이에서 남이니라."(잠 4:23) 그리고 하나님께서 금하셨거나 거두신 것을 가지려고 욕심 부리는 그 어느 것도 다 자기 의지의 소산임을 인식하게 하십니다. 그러므로 악을 향한 첫 번째 조짐을 '판별하여' 바로 그 초기 단계의 유혹들을 '방지할 책임'을 우리가 지고 있습니다. 하나님의 거룩한 요구들을 반대하는 것이 우리 속에 그렇게 많다는 사실을 보고 우리는 크게 겸손해야 마땅합니다. 그만큼 더욱더 자신을 의뢰하지 말고 그리스도를 의뢰해야 이치에 합당합니다.

110강

지족함

13:5 돈을 사랑하지 말고 있는 바를 족한 줄로 알라 그가 친히 말씀하시기를 내가 결코 너희를
버리지 아니하고 너희를 떠나지 아니하리라 하셨느니라 13:6 그러므로 우리가 담대히 말하되
주는 나를 돕는 이시니 내가 무서워하지 아니하겠노라 사람이 내게 어찌하리요 하노라

비록 깨닫는 사람이 적기는 하지만 불만족은 죄악적이며, 지존하신 하나님을 거스르는 심각한 범죄입니다. 그것은 하나님의 지혜를 무시하는 처사요, 하나님의 선하심을 부인하고 하나님의 뜻을 거스르고 자기 뜻을 추켜 세우는 일입니다. 우리의 몫에 대해서 불만을 가지는 것은 하나님의 주권에 이의를 달며 하나님의 섭리와 다투는 행위입니다. 그러므로 그것은 온 우주의 임금이신 하나님을 거스르고 모반을 자행하는 행동입니다. 하나님께서 인생의 모든 처지들을 다 주관하시니 모든 사람은 누구나 다 자기가 처해 있는 상태와 상황을 전적으로 만족해야 합니다. 자기가 다른 사람보다 덜 가졌다고 불평할 만한 어떠한 이유도 없습니다. 바울은 디모데가 다른 사람들을 강조하여 가르치라고 이 진리를 디모데에게 먼저 가르쳤던 것입니다. "무릇 멍에 아래에 있는 종들은 자기 상전들을 범사에 마땅히 공경할 자로 알지니 이는 하나님의 이름과 교훈으로 비방을 받지 않게 하려 함이라."(딤전 6:1)

"그러나 악인은 평온함을 얻지 못하고 그 물이 진흙과 더러운 것을 늘 솟구쳐 내는 요동하는 바다와 같으니라 내 하나님의 말씀에 악인에게는 평강이 없다 하셨느니라 오직 악인은 능히 안정치 못하고 그 물이 진흙과 더러운 것을 늘 솟쳐 내는 요동하는 바다와 같으니라 내 하나님의 말씀에 악인에게는 평강이 없다 하셨느니라."(사 57:20,21). 경건치 않은 사람들은 참으로 지족하는 것에 대해서는 전혀 낯선 자들입니다. 그들이 아무리 많은 것을 가졌다 할지라도 더 많은 것을 소유하기 위해서 항상 욕심을 부립니다. 그러나 하나님께서는 당신의 백성들에게 권면하십니다.

히브리서 3:5

"돈을 사랑하지 말고 있는 바를 족한 줄로 알라
그가 친히 말씀하시기를
내가 결코 너희를 버리지 아니하고 너희를 떠나지 아니하리라 하셨느니라."

"돈을 사랑하지 말고 있는 바를 족한 줄로 알라." 탐심의 악을 피하는 것이 그들에게 주어진 의무임과 같이 지족함의 덕행을 계발하는 것도 그들에게 주어진 책임입니다. 그 두 방면 중 어느 것에 실패한다 할지라도 비난받을 만합니다. 여기서 사도가 권면하는 지족함은 숙명론적인 냉담과는 전혀 다른 것입니다. 여기서 말하는 지족함은 주를 의뢰하는 마음의 거룩한 성품으로써 주님을 기쁘시게 하는 무엇이든지 기뻐한다는 마음의 자세입니다. 주께서 내 몫으로 떼어 주신 분깃을 만족하게 여기는 것을 의미합니다. 여기서 조금만 모자라도 악한 것입니다. 불만은 '우리의 기도와 정반대'가 됩니다. 그러므로 불만은 가장 비난 받을 만한 일입니다. 우리가 진정으로 기도한다면 하나님의 뜻대로 되기를 소원해야 합니다. 당신의 영광과 우리의 최고의 선을 위하여 필요할 경우에는 우리에게 주시기도 하시고 거두어 가시기도 하시고, 부여하셨다가 취하여 가기도 하심을 인정해야 합니다. 우리는 무엇이 최선의 것인지를 하나님께 일임하는 지혜를 가집시다. 그리고 우리의 뜻을 하나님의 선하신 뜻에 기쁨으로 복종시킵시다. 그러나 우리의 몫에 불만을 느끼고 불평하는 것은 하나님의 뜻대로 하는 것과는 정반대의 정신입니다. 그리고 하나님의 뜻대로 하고 싶지 않음을 드러내는 것입니다. 우리의 현재와 우리의 장래가 어떻게 해야 가장 좋을지를 하나님보다 우리가 더 잘 안다는 듯이 자신의 이해에 기울어지는 자세를 가지면 불평이 나옵니다. 이것은 하나님을 시험하고 성령을 근심케 해드리는 것이며, 하나님께서 우리와 다투시게 격동시키는 강한 성질을 가진 것입니다(신 6:16).

하나님께서 바로 이 죄 때문에 우리를 거스르실 때, 흔히 우리가 부족하다고 불평하는 바로 그것을 주시나 그것과 함께 고통도 수반하게 하십니다. 예를 들어서 라헬이 야곱에게 "나로 자식을 낳게 하라 그렇지 아니하면 내가 죽겠노라."고 말하면서 아주 불만스러운 심기를 드러내었습니다(창 30:1). 그 귀추는 매우 엄숙한 것이었습니다. 그녀는 자식들을 가졌지만 둘째 아들 베냐민을 낳다가 죽었습니다(창 35:16-18). 다시 이스라엘이 하나님을 향하여 불평한 것을 우리는 성경에서 읽습니다. "광야에서 욕심을 크게 내며 사막에서 하나님을 시험하였도다 그러므로 여호와께서 그들이 요구한 것을 주셨을지라도 그들의 영혼은 쇠약하게 하셨도다."(시 106:14,15) 우리는 이러한 경우들을 마음에 새겨둘 필요가 있습니다. 왜냐하면 우리가 배워 경계 삼게 하시려고 성경에 기록되게 하신 분이 성령님이시기 때문입니다. 하나님께서는 우리의 입술의 불만 뿐만 아니라 마음의 불만도 주목하십니다. "범사에 우리 주 예수 그리스도의 이름으로 항상 아버지 하나님께 감사하며."(엡 5:20) 이 말씀이 하나님께서 우리 앞에 놓으신 표준입니다. 불만은 하나님을 거스르고 심각한 죄를 짓는 행동일 뿐만 아니라, 거룩한 의무를 감당하는 그리스도인에게 '부당한' 일입니다. 그것은 그 거룩한 의무를 감당하기 위해서 필요한 은혜들의 역사를 훼방합니다. 그러한 불만은 간구하는 입술을 침묵하게 합니다. 불평을 발하는 자가 어떻게 '기도할 수' 있습니까? 그 불만의 심정은 복종의 정신을 파괴해버립니다. 왜냐하면 불만은 '하나님을 대적하여 안달하는 자세'이기 때문입니다. 또한 그 정신은 믿음과 소망과 사랑을 소멸시킵니다. 불만은 은혜를 모르고 배은망덕(背恩忘德)하는 행위의 진수 자체입니다. 그러므로 그 불만의 정신은 감사의 소리를 잦아들게 합니다. 우리의 인격들과 우리에게 주어진 몫의 문제가 하나님의 선하신 기쁨에 따라서 정해졌음을 고요하게 인정하고 맡겨버리기 까지는 영혼의 어떤 안식도 있을 수 없습니다. 불만족은 마음을 붙들고 있는 끈들을 부식시킵니다. 그러므로 불만은 모든 복된 노력을 저지하는 것입니다.

불만은 보통 세상에서 필요한 문제들에 대해서 일어납니다. 물질적인 것들을 영적인 것들보다 더 간절히 추구하는 것은 서글픈 조짐입니다. 그것은 우리에게 필요한 것을 공급하시는 하늘 아버지의 돌보심에 대한 신뢰가 약하다는 증거합니다.

스위녹(G. Swinnok, 1650)은 이에 대하여 다음과 같이 설명합니다.

"그리스도인이여, 나는 그대에게 이러한 질문을 던져보겠다. 그대는 현세적인 것을 위해서 그리스도에게 자신을 드리는가, 아니면 영원한 위안을 위해서 드리는가? 그대의 재산을 아끼기 위해서 종교에 의존하는가? 아니면 내 영혼을 위해서 종교에 의존하는가? 그대의 영원한 행복이 그처럼 안전한데 어째서 그처럼 슬퍼하고 있는가? 부끄러운 일 대신 하나님의 자녀답게 살

라. 하늘의 기업을 물려받은 자답게 살라. 그리하여 세상으로 하여금 그대들의 소망과 행복이 '더 나은' 세상에 속해 있음을 알게 하라. 그리고 그대의 아버지가 돼지들에게 주는 쥐엄열매를 주시지 않고 대신 자녀들의 떡을 그대에게 준다는 사실을 세상으로 알게 하라 그리고 그대가 영원세계에 가게 될 때에 받게 될 그 기업을 고대하라."

우리 모두 불평하며 투덜거리던 일을 생각하고 얼마나 겸비해야 마땅한 지요? 부끄러움을 버리고 대신 머리를 숙이며 하나님께 회개하는 심정으로 그 잘못을 아뢰어야 할 이유가 얼마나 많습니까! 그러나 불만족이 죄악적이고 해로움에도 불구하고 많은 사람들은 불만족이 죄가 아니라며 그에 대한 여러 구실을 대며 반론을 제기하는 이들이 있습니다. 어떤 사람들은 자기의 개인적인 기질을 가지고 변명의 구실로 삼으려 할 것입니다. 자기들이 천성적으로 물려받은 성미 탓에 불안해하고 염려를 잘하므로 하나님의 적절한 섭리에 복종하기가 매우 어렵다는 주장을 펼치기도 합니다. 그러나 나의 사랑하는 독자들이여, 우리 본성의 부패와 죄를 짓기 쉬운 성향이 그러한 불만족에 대한 구실이 전혀 될 수 없습니다. 도리어 그러한 억측은 불만족스러워 하는 우리의 성향을 더욱 더 악화시킬 뿐입니다. 그러면서 우리의 마음이 하나님께 얼마나 정반대 방향으로 자리를 잡고 있는지를 보여주는 것입니다. 우리가 본성적인 성향에 더 잘 순응하면 순응할수록 그 성향은 우리에게서 더욱 강력한 지배력을 갖게 됩니다. 앞에서 말한 경우같이 우리가 우리의 성향의 무절제함을 제어할 수 있는 은혜를 주십사고 더욱 하나님께 간청해야 할 것입니다. 그리하여 우리의 염려가 잦아들고 우리 속에서 하나님의 주권에 기꺼이 순응하게 하는 자원하는 심정을 일으켜 주십사고 간구해야 합니다.

어떤 사람들은 자기들의 불만과 불안해하는 자기 심령의 구조를 정당화하려고 다음과 같은 주장을 펴기도 합니다. 다른 사람들이 자기들에게 끼친 해악들 때문에 분개하지 않을 수 없으며, 그러한 경우에 분개하지 않으면 그런 사람들이 더욱 더 모독적으로 자기들을 성가시게 하도록 용기를 북돋아 주는 것이 될 것이라는 식으로 말합니다. 그런 주장에 대하여 우리는 다음과 같은 답변을 할 수 있습니다. 다른 사람들에게서 받는 손해를 불평하고 그 손해를 앙갚음하려는 생각은 쉽게 하면서도, 정작 하나님께 저지른 큰 신성모독적인 자기의 행사들은 전혀 생각하지 않습니다. 우리 자신이 하나님을 얼마나 격동하고 있는지에 대하여는 생각들을 하지 않고 있습니다. 성경에는 "너희가 사람의 잘못을 용서하지 아니하면 너희 아버지께서도 너희 잘못을 용서하지 아니하시리라."(마 6:15)고 기록되어 있습니다. 또한 성경에 기록된 다음의 말씀을 기억하십시오. "죄가 있어 매를 맞고 참으면 무슨 칭찬이 있으리요 그러나 선을 행함으로 고난을 받고 참으면 이는 하나님 앞에 아름다우니라 이를 위하여 너희가 부르심을 받았으니 그리스도도 너희를 위하여 고난을 받으사 너희에게 본을 끼쳐 그 자취를 따라오게 하려 하셨느니라 그는 죄를 범하지 아니하시고 그 입에 거짓도 없으시며 욕을 당하시되 맞대어 욕하지 아니하시고 고난을 당하시되 위협하지 아니하시고 오직 공의로 심판하시는 이에게 부탁하시며."(벧전 2:20-23)

어떤 사람들은 자기들이 당한 시련이 '거대하다'는 것을 들어 불만을 가지는 태도가 정당하다고 말하려 합니다. '나에게 주어진 짐을 위해 필요한 지원이 전혀 주어지지 않아서 도저히 그 무게를 견딜 수 없고 힘에 부치다.'고 말합니다. 그런다 할지라도 우리가 당한 고난 중 그 어느 것도 우리의 죄만큼 큰 것은 없습니다. 우리가 불평하면 할수록 우리의 짐은 더 무거워지는 것입니다. 어떤 이들은 '나는 그런 고통을 당하리라 전혀 예측하지 않았었다. 그래서 그렇게 만족할 준비가 되지 않은 상태에서 고통을 겪었다. 그래서 나의 혈육이 도저히 그것을 참아내기가 힘들다.'는 핑계를 댑니다. 그러나 그리스도인은 매일 이 세상에서 환난 받을 것을 기대하고 있어야 합니다. 적어도 그것을 각오하고 있든지, 아니면 환난 당하는 것을 이상하게 여기지 말아야 합니다. "사랑하는 자들아 너희를 연단하려고 오는 불 시험을 이상한 일 당하는 것 같이 이상히 여기지 말고."(벧전 4:12) 어떤 사람들은 '내가 풍성한 가운데 있다가 궁핍한 가운데로 급하게 떨어지는 변화를 너무 크게 겪어서 그것을 감내해 내기가 불가능하다.'고 주장합니다. 그러나 하나님께서는 "내 은혜가 네게 족하다."(고후 12:9)고 말씀하지 않으십니까?

"있는 바를 족한 줄로 알라." 이 신적 교훈을 배제시키거나 제한할 그 어떤 핑계도 정당하지 못합니다. 그러나 더 나아가기 전에 지적해야 할 것이 있습니다. 이 땅에서 우리 자신과 우리가 부양해야 할 사람들에게 필요한 일용할 것들을 더 늘리려고 정직한 노력을 기울이는 것을 여기서 정죄하지는 않습니다. 왜냐하면 하나님께서는 우리에게 이레 중에서 엿새 동안을 주시어 생업에 종사하게 하셨기 때문입니다. 이 은혜를 구실로 삼아 나태해지는 것을 용인해서는 안 됩니다. 만족해하는 것과 탐닉하게 하는 것은 전혀 다른 것입니다. 존 브라운(John Brown)이 이에 대하여 주석한 것을 인용하겠습니다.

"'돈을 사랑하지 말고 있는 바를 족한 줄로 알라.'는 것은 생업을 태만히 여기고 게을리 하라는 뜻이 아니다. 또한 세상적인 이해관계에 대하여 전혀 초연한척 하라는 것도 아니다. 그것은 본질적으로 하나님께서 우리의 몫으로 떼어주시고 지정해 주신 것을 만족하게 여기는 것을 의미한다. 이 본문은 비정상적인 방법으로 부(富)를 소유하려고 욕심을 부리며 탐하는 것과는 정반대이다. 그리고 불신앙적인 걱정과도 반대가 된다. 현재 있는 것을 불만스럽게 생각하고 미래에 존재할 것에 대해서는 믿지 않는 정신과는 반대가 되는 것을 지시한다. 그러한 정신과는 정반대의 방향의 정신을 이 본문은 가리키고 있다."

만족은 영혼을 평정케 하는 것인데, 하나님께서 몫으로 떼어 주신 것에 만족하게 생각하는 것을 의미합니다. 그 심령은 불만스런 염려와 불평스러운 언사를 보이면서 결코 잦아지지 않는 욕심과는 정반대의 정신입니다. "만족함은 은혜로운 마음의 정서인데, 하나님만 신뢰하고 하나님으로만 만족하는 것으로써, 악은 그 모양이라도 반대하는 정서이다."(John Owen) 하나님께서 우리를 위해 행하시는 그 모든 것에 대하여 우리 마음의 균형을 잡아야 합니다. 부요할 때도 교만하지 않고 역경에 처해서도 침잠(沈潛)되지 않는 것이 우리의 마땅한 바입니다. 나무가 바람이 불면 이리저리 흔들리지만 그 자리를 지키고 있듯이, 우리가 하나님의 섭리의 움직임에 따라서 순응해야 합니다. 어떤 경우에도 우리의 경건을 견고하고 다부지게 지키고 있어야 합니다. 우리 마음이 침착함을 유지하면 할수록 우리는 한편으로 '떨며 두려워하는' 일에 있어서 더 바르게 될 것입니다(시 2:11). 한편으로는 하나님의 징계의 매가 우리에게 떨어질 때에도 '낙담하지 않을 것'입니다.

이처럼 우리에게 주신 몫에 만족하게 여기게 하는 신령한 은혜는 하나님을 영화롭게 하고 우리 자신에게 유익을 줍니다. 그러므로 우리는 그 신령한 은혜를 위한 주요한 몇 가지 '보조 방안'을 언급할 것입니다.

첫째로, '하나님의 선하심을 인식하는 것'입니다. 하나님의 자비하심에 대한 깊고 확고한 의식은 외적인 처지가 우리를 시험하려 할 때에도 우리 마음을 고요하게 붙잡아줍니다. 내가 매일 하나님의 부성애적인 돌봄에 대해서 묵상하는 습관을 형성하였다면, 하나님의 부성애를 보여주는 여러 증거들과 증표들에 항상 둘러싸여 있음에 틀림없습니다. 그렇다면 하나님의 섭리가 내 의지와 정면으로 충돌하여 내 의지를 꺾으려 할 때, 성을 내거나 마음에 안달하는 쪽으로 기울어지기가 더 어려울 것입니다. 하나님께서 나에게 로마서 8:28의 말씀이 참임을 보여주지 않으셨습니까? "하나님을 사랑하는 자 곧 그 뜻대로 부르심을 입은 자들에게는 모든 것이 합력하여 선을 이루느니라."(롬 8:28) 그러니 무엇을 더 물을 필요가 있겠습니까? 오, 그 하나님의 사랑 안에서 거주하는 것의 영광이여! 분명히 말하여 하나님께서는 부성애적인 위로로 나를 위로하고 계시다는 신뢰를 나로부터 받으실 충분한 자격을 갖고 계십니다. 불평할 때마다 항상 그 사랑과 은혜에 감사치 않는 내 마음의 악을 내포하고 있음을 기억하십시오. 불만을 나타내는 것은 가장 비열한 배은망덕의 죄입니다. 주님께서 흉악한 악인들을 위해서도 필요한 것을 공급하신다면, 당신의 자녀들의 필요를 어찌 그냥 간과하시겠습니까? 오, 적은 믿음이여!

둘째로, '하나님의 전지전능하심에 대한 확고한 인식'을 가지는 것입니다. 하나님의 측량할 수 없는 지혜에 대한 깊고 견고한 의식은, 모든 것이 우리의 처지와는 정반대 방향으로 진행되어 나가는 것을 볼 때에 우리 속에 일어나는 두려움을 잦아들게 하고 마음의 평정을 찾게 하는데 좋습니다. 그 의식을 여러분의 생각 속에 온전히 고정시켜 두십시오. 다시 말하면 '지존하시고 고상하신 하나님'은 결코 실수를 범하지 않으신다는 의식을 마음에 확고하게 심어두라는 말입니다. 하나님의 총명은 무한하십니다. 하나님의 차원도 측량할 수 없습니다. 하나님께서는 우리의 복락을 위해서 우리가 아는 것보다 더 잘 아시며, 우리의 '궁극적' 유익을 가장 크게 도모하실 일이 무엇인지 더 잘 아시는 분입니다. 그러니 항상 지혜로우신 여호와 하나님의 방식을 거슬러 내 못난 이성(理性)을 내세우지 않도록 조심하십시오. 자기에 대한 하나님의 처사에 불만을 가지는 것은 거만이나 자기 의지에 불과합니다. 어떤 사람은 이렇게 말했습니다. '자 만일 어떤 피조물이 자기보다 더 지혜로운 다른 피조물에게 다스림 받는다고 하자. 아니 마땅히 그래야 한다고 하자. 부하가 많이 배운 그의 상사에게 인도를 받아야 하고, 환자가 노련한 의사의 지도를 받아 치료해야 하듯이 말이다. 실수가 없으신 하나님의 조처에 우리는 얼마나 더 만족해야 할 것인가.' 불평한다고 해서 염려거리의 한 가닥도 해소시켜주지 못하고, 단 하나의 짐도 가볍게 하지 못함을 기억하십시오. 그러므로 불평하는 것은 정말 이치에 합당하지 못합니다.

셋째로, '하나님이 최고이시라는 확고한 인식'을 항상 가지고 있어야 합니다. 하나님께서 당신의 원하시는 우리의 모든 일을 주관하시는 절대 주권의 정당성 여부를 논박할 수 없다는 의식을 항상 견지하십시오. 그러면 모반의 정신을 다스리고 우리의 어리석고 악한 불만을 잠잠케 하는 것이 쉬울 것입니다. 전능하신 분이 모든 각 사람들마다 동일한 분량을 정해주시거나, 동일한 방식으로 다루지 않으십니다. 오히려 어떤 사람들은 더 많이 갖게 하시고, 다른 사람들은 그렇지 못하게 하시기도 합니다. "여호와는 가난하게도 하시고 부하게도 하시며 낮추기도 하시고 높이기도 하시는도다 가난한 자를 진토에서 일으키시며 빈궁한 자를 거름더미에서 올리사 귀족들과 함께 앉게 하시며 영광의 자리를 차지하게 하시는도다 땅의 기둥들은 여호와의 것이라 여호와께서 세계를 그것들 위에 세우셨도다."(삼상 2:7,8) 그러니 하나님께서 우리에게 남과 같은 은사와 총애를 동등하게 주시지 않았다고 해서 그 지존하신 하나님과 다투지 마십시오. 오히려 하나님의 뜻에 자기를 복종시킬 은혜를 구하십시오. "주께서 심지가 견고한 자를 평강하고 평강하도록 지키시리니 이는 그가 주를 신뢰함이니이다."(사 26:3) 여러분이 누리는 좋은 것들을 누리지 못하는 사람들이 아주 많다는 사실을 생각하십시오. "질그릇 조각 중 한 조각 같은 자가 자기를 지으신 이와 더불어 다툴진대 화 있을진저 진흙이 토기장이에게 너는 무엇을 만드느냐 또는 네가 만든 것이 그는 손이 없다 말할 수 있겠느냐."(사 45:9)

넷째로, '우리의 악덕이 어떠한지를 굳게 의식'하는 것이 좋습니다. 우리 자신 자체로 보면 하나님 앞에서 전혀 무익한 존재라는 깊고 견고한 의식이 있으면, 우리가 탐하는 어떠한 것이 없다고 불만을 토하고 싶은 시험을 받을 때 우리의 불평을 많이 잦아들게 할 수 있습니다. 만일 우리가 스스로는 무가치하다는 의식을 항상 갖고 있으면, 그 의식이 우리의 박탈감을 많이 상쇄시켜 줄 것입니다. 만일 자신이 행한 것을 생각하면 우리 보기에 좋다 하는 모든 것을 다 몰수당하고 하나님 손에서 진노의 잔을 받을 만하다는 것을 상기한다면, 우리는 기꺼이 다음과 같은 사실을 인정하게 될 것입니다. "여호와의 인자와 긍휼이 무궁하시므로 우리가 진멸되지 아니함이니다."(애 3:22) 우리가 역경에 처해 있을 때, "나는 주께서 주의 종에게 베푸신 모든 은총과 모든 진실하심을 조금도 감당할 수 없사옵니다."(창 32:10)라고 정직하게 아뢸 수 있는 마음의 자세를 가지는 것보다 더 빨리 마음의 평온을 찾게 하는 것이 없습니다. 또 풍성할 때에도 그러한 마음의 자세 같이 교만을 방지해 주는 것이 없습니다. 우리가 악한 대접을 받아 마땅함을 진실로 인정한다면, 하나님의 섭리로 우리에게 주어진 몫에 대하여 온유하게 복종할 수 있습니다. 모든 그리스도인은 공식적으로, "하나님께서 우리의 죄를 따라 우리를 처벌하지는 아니하시며 우리의 죄악을 따라 우리에게 그대로 갚지는 아니하셨도다."(시 103:10)는 진리에 찬동합니다. 그런데 어찌 하나님께서 다른 사람에게 허락하신 것을 왜 우리에게는 허락하지 않으시냐고 불평할 이유가 어디에 있습니까?

다섯째로, '세상을 단념하는 것'이 좋습니다. 우리가 이 시간세계와 감각세계에 속한 것에 대하여 초연해지면 초연해질수록 우리의 마음은 그런 것들에 덜 끌리게 될 것입니다. 또한 그런 것들을 갖지 못할 때 우리의 낙담도 더 적어지게 될 것입니다. 이 세상은 '하늘에 속한 생명'에 있어서 큰 장애거리입니다. 세상은 육체의 올무와 사탄의 덫으로 사용됩니다. 그래서 사탄은 그것을 통해서 영혼을 하나님에게서 떼어내려 합니다. 세상의 매력에 덜 끌리면 끌릴수록 궁핍이나 부요함에 대하여 더 초연한 자세를 가지게 될 것이고, 나아가서 우리의 만족은 더 커지게 될 것입니다. 하나님께서 우리의 모든 필요를 공급해 주시겠다고 약속해 주셨습니다. 그러므로 "우리가 먹을 것과 입을 것이 있은즉 족한 줄로 알 것이니라."(딤전 6:8) 남아돌아가는 것은 장애가 되는 것이지 도움은 되지 않습니다. "가산이 적어도 여호와를 경외하는 것이 크게 부하고 번뇌하는 것보다 나으니라."(잠 15:16) 자기가 가진 것을 '향유하며 즐거워하는' 사람만이 지족한 사람임을 기억하세요. "위의 것을 생각하고 땅의 것을 생각지 말라."(골 3:2)

여섯째로, '하나님과 교제하는 것'이 좋습니다. 우리가 하나님과의 교제를 계발하면 할수록, 그래서 하나님의 완전하심에 사로잡히면 사로잡힐수록, 경건치 않은 악인들을 그렇게 사로잡고 있는 사소한 것들에 욕심내는 일이 그 만큼 적어질 것입니다. 하나님과 동행하는 것은 이 가련한 세상이 결코 주거나 빼앗지 못할 평강과 기쁨을 산출합니다. "여러 사람의 말이 우리에게 선을 보일 자 누구뇨 하오니 여호와여 주의 얼굴을 들어 우리에게 비추소서 주께서 내 마음에 두신 기쁨은 그들의 곡식과 새 포도주가 풍성할 때보다 더 하니이다."(시 4:6,7) 하나님께서 명하신 길로 행하는 것이야말로 불만을 해소하는 진정한 해결책입니다. "주의 법을 사랑하는 자에게는 큰 평안이 있으니 그들에게 장애물이 없으리이다."(시 119:165)

일곱째로, '그리스도의 받은 고난을 기억하는 것'이 좋습니다. "너희가 피곤하여 낙심하지 않기 위하여 죄인들의 이같이 자기에게 거역한 일을 참으신 이를 생각하라."(히 12:3) 자신의 몫에 불만하고 싶은 유혹을 받을 때, 여기 지상에 계실 때 자신을 가리키며 "인자는 머리 둘 곳이 없도다."(눅 9:58)고 하셨던 그분을 묵상하세요. 그분은 친구들로부터 부단한 오해를 받으셨고, 수를 헤아릴 수 없이 많은 대적들로부터 미움을 받으셨습니다. 그리스도의 십자가를 묵상하는 일이야말로 격동된 마음을 가라앉히고 흐트러진 심령을 바로잡는 놀라운 화해자(和解者)입니다.

"있는 바를 족한 줄로 알라 그가 친히 말씀하시기를 내가 과연 너희를 버리지 아니하고 과연 너희를 떠나지 아니하리라 하셨느니라." 여기 앞에서 생각한 것들을 강화시키는 내용이 있습니다. 또한 앞에서 명한 여러 의무들에 대한 마땅한 이유와, 그러한 의무들을 수행하기 위해서 필요한 동기를 제공하고 있습니다. 사도는 하나님의 약속의 말씀 하나를 인용하고 있는데, 그것을 우리가 신중하게 자신에게 적용한다면 탐심을 포기하고 만족하게 여기는 데 힘을 얻을 것입니다. 이에 하나님의 확약을 의뢰하면 우리의 욕심이 잦아들고, 우리의 두려움이 사그라질 것입니다. **"내가 과연 너희를 버리지 아니하고 과연 너희를 떠나지 아니하리라."**는 말씀은 하나님께서 필요한 것을 계속 공급해 주시고 보호해 주신다는 보증입니다. 아울러 이 말씀은 모든 부당한 욕심을 책망하고, 염려에서 나는 모든 두려움을 정죄하는 말씀이기도 합니다. 그리스도인에게 일어나는 악들은 서로 긴밀하게 연결되어 있습니다. 왜냐하면 거의 모든 경우 탐심은 부족함에 대한 두려움에 뿌리를 박고 있기 때문입니다. 불만은 보편적으로 우리의 현재의 몫이 우리의 필요에 부족하게 되리라는 의심에서 야기되는 것입니다. 마음을 안정하지 못하고 불만을 품는 경우마다 이치에 합당하지 못하고, 하나님을 모독하는 일입니다.

탐심과 불만족은 다 불신앙에서 나는 것입니다. 만일 내가 진정으로 하나님을 믿는다면 장래에 대한 어떤 불안감을 가지거나 앞으로 먹을 것이 없어서 굶게 되리라는 생각을 하면서 두려워 떨겠습니까? 분명히 그렇지 않습니다. 참된 믿음과 염려의 두려움은 서로 일치 될 수 없으며 반대됩니다. "보라 하나님은 나의 구원이시라 내가 신뢰하고 두려움이 없으리니."(사 12:2) 그래서 사도의 논증은 분명하고 우리에게 확신을 줍니다.

"돈을 사랑치 말고 있는 바를 족한 줄로 알라[1]그가 친히 말씀하시기를 내가 과연 너희를 버리지 아니하고 과연 너희를 떠나지 아니하리라 하셨느니라." 여기서 "그가 친히 …(말씀)하셨느니라."라 표현한 것은 '하나님께서 말씀하셨느니라.'라고 표현했을 때보다 더 강한 표현입니다. 우리가 여기서 주목하고 있는 것은 우리와 상관하시는 분의 '성품(性品)'입니다. '누가' 말씀하셨습니까? 전능하시고 그 지혜가 무한하시며 미쁘심이 완전하시고 변함없는 사랑을 가지고 계신 분이 말씀하셨습니다. "하나님의 약속의 모든 효력과 능력과 위안은 하나님의 성품의 탁월성들로부터 우러나는 것이고 그 속에 용해되어 있는 것이다. 진리이신 분이 말씀하셨으니 속일 수 없으시다."(John Owen)

이 요점을 믿음으로 참되게 붙잡는다면 우리의 탐심을 제어하고 자족함을 얻게 될 것입니다. 그럼 그분이 '무엇'을 약속하셨습니까? **"내가 과연 너희를 버리지 아니하고 과연 너희를 떠나지 아니하리라."** 하나님의 임재와 섭리와 보호하심이 여기서 우리를 안심시키고 있습니다. 만일 다 측량하기 힘든 이런 복된 요점들을 마땅히 주목한다면 우리의 마음은 평강 속에 있게 될 것입

---

1) KJV 역문은 Let your conversation be without covetousness; and be content with such things as ye have〈그대의 행실이 탐심이 없게하고, 너희의 가진 것으로 족하게 여기라〉 - 역자 주

니다. 우리가 이러한 요점들을 정말 바르게 인식하지 못하면, 우리가 무엇을 더 가져야 할까요? 하나님의 임재에 대한 깊은 의식, 영혼에 하나님의 임재를 은혜롭게 나타나심에 대한 영광이여! 만일 하나님께서 끝내 전적으로 우리를 버리신다면, 모든 부요와 명예와 세상 즐거움이 무엇이겠습니까? 우리의 영혼의 위안은 우리가 외적으로 받은 것에 달려있지 않습니다. 오히려 하나님의 약속이 내포되어 있는 것을 바르게 적용하고 즐거워하는데 있는 것입니다. 만일 우리가 그러한 것들을 더 의뢰한다면 우리는 이 세상의 좋은 것들을 덜 탐하게 될 것입니다. 하나님께서 당신이 항상 우리와 함께 계시고 우리를 도우신다는 약속을 맹세로 하셨는데, 무슨 이유와 무슨 근거로 더 두려움을 가져야겠습니까?

"내가 과연 너희를 버리지 아니하고 과연 너희를 떠나지 아니하리라." 영어로 원어의 강조점을 드러내는 것은 거의 불가능합니다. 원어에는 '부정(否定)의 강세'를 증가시키려고 부정적인 표현이 다섯 차례나 나옵니다. 헬라어의 관용구(慣用句) 어법에 따라서 그러하다는 말입니다. 아마 그 어법에 가장 가깝게 번역하면 이렇게 될 것입니다. "I will never, no, never leave thee, nor ever forsake thee〈내가 결단코, 정말 결단코 너를 떠나지 않고 너를 절대 버리지 않으리라.〉" 그러한 보장에 비추어서 우리는 우리의 쓸 것이 모자랄까 보아 두려워할 필요가 없습니다. 우리의 재난에 대해서 무서워할 필요도 없고, 우리의 장래에 대한 어떠한 걱정도 가질 필요가 없습니다. 어떤 경우에나, 아니면 어떤 가능한 생각이 들 수 있거나 그렇지 못한 어떤 처지에서도 하나님께서 당신의 백성 중 그 어느 누구도 끝까지 버리지 않으실 것입니다. 그러니 하나님의 백성은 얼마나 안전합니까! 그 백성들 중 한 사람이라도 영원토록 멸망당하는 것이 얼마나 불가능한 일인지요! 하나님께서는 여기서 역경과 시련 속에 있는 신자들의 믿음을 위하여 가장 완전한 보장을 하시려고 당신 자신을 낮추신 것입니다. 하나님께서 항상 우리와 함께 계시다는 사실은 우리에게 필요한 모든 것들을 끊임없이 공급해 주실 것이라는 보증의 약속입니다.

"그가 친히 말씀하시기를 내가 과연 너희를 버리지 아니하고 과연 너희를 떠나지 아니하리라." 이 말씀은 여호와께서 모세의 후계자에게 처음으로 하신 말씀입니다. "네 평생에 너를 능히 대적할 자가 없으리니 내가 모세와 함께 있었던 것 같이 너와 함께 있을 것임이니라 내가 너를 떠나지 아니하며 버리지 아니하리니."(수 1:5) 그 모세의 후계자 여호수아는 당시 그 땅에 거주하는 모든 이방 민족들을 가나안에서 쫓아내는 임무를 받았습니다. 성령께서 사도를 감동하사 여호수아에게 하셨던 이 약속을 그리스도인에게 적용하게 하셨습니다. 이 사실은 현대의 세대주의자들이 진리의 말씀을 '그릇되게 쪼개어 나눈다.'는 사실을 명백하게 보여줍니다. 성경을 구분하는 그들의 실제대로 하면, 하나님께서 어떤 세대에서 하신 말씀을 다른 세대의 사람들에게는 하지 않으시는 것으로 이해되어야 합니다. 그러한 주장은 하나님의 백성들이 마땅히 소유하여 활용할 필요가 있는 몫의 일부를 빼앗아 가려는 사탄의 계교임이 여기서 드러납니다. 이 보배로운 하나님의 약속은 옛날 여호수아에게와 똑같이 저나 여러분 모두에게 진실로 해당됩니다. 이 원리를 우리는 집요하게 붙잡아야 합니다. 어떤 특별한 개인들이나 어떤 특별한 기회에 주어진 하나님의 약속들은 믿음의 권속들 '모두'가 보편적으로 적용할 것들입니다.

방금 확증한 바로 그 진리는 너무나도 명백하여 다른 어떤 증거나 예증이 전혀 필요가 없습니다. 그러나 오늘날 어떤 영향력 있는 집단에서 그 진리가 논박 당하고 있기 때문에 좀 더 지적해 보기로 합니다. 신자들의 일용할 양식은 어느 세대에나 다 같지 않습니까? 하나님께서는 당신의 자녀들 모두에게 똑같은 애정을 품고 계시지 않습니까? 하나님께서 같은 사랑을 자녀들 모두에게 베풀고 계시지 않습니까? 만일 하나님께서 여호수아를 버리지 아니하셨다면, 우리 중 그 어느 누구도 버리지 않으실 것입니다. 지금 그리스도인은 옛 구약의 성도들과 똑같이 영원한 은혜언약 아래 있지 않습니까? 그러니 오늘날 그리스도인들은 구약의 성도들과 '공동의 헌장(憲章)(Common Chater)'을 소유하고 있는 셈입니다. "이 약속은 너희와 너희 자녀와 모든 먼데 사람 곧 주 우리 하나님이 얼마든지 부르시는 자들에게 하신 것이라."(행 2:39) "무엇이든지 전에 기록한 바는 우리의 교훈을 위하여 기록된 것이니 우리로 하여금 인내로 또 성경의 위로로 소망을 가지게 함이니라."(롬 15:4) 그 요점을 잊지 말아야 합니다.

히브리서 13:6

"그러므로 우리가 담대히 말하되
주는 나를 돕는 이시니 내가 무서워하지 아니하겠노라
사람이 내게 어찌하리요 하노라."

여기서는 방금 인용한 약속에서 유추하여 끌어낸 결론입니다. 그래서 사도는 이중적인 결론에 도달한 셈입니다. 곧, 하나님께 대한 확신과, 사람을 두려워하지 않고 용기를 가지는 일에 관한 것입니다. 이는 우리가 하나님의 약속을 다중적인 용도로 활용해야 함을 지시합니다. 이 이중적인 결론은 '약속하신 자의 성품'에 기초한 것입니다. 그 하나님께서 무한하게 선하시며 지혜로우시며 미쁘시며 능력이 한이 없으십니다. 또한 변치 않으시는 분입니다. 그러니 우리는 아브라함처럼 "하나님께서 친히 준비하시리라."(창 22:8)고 담대하게, 또는 확신 있게 선언할 수 있습니다. 요나단과 같이 "여호와의 구원은 사람의 많고 적음에 달리지 아니하였느니라."(삼상 14:6)고 말할 수 있는 것입니다. 또한 여호사밧과 같이 "주의 손에 권세와 능력이 있사오니 능히 주와 맞설 사람이 없나이다."(대하 20:6)고 말할 수 있으며, 바울처럼 "하나님이 우리를 위하시면 누가 우리를 대적하리요."(롬 8:31)라고 말할 수 있습니다.

"주는 나를 돕는 이시니 내가 무서워 아니하겠노라 사람이 내게 어찌하리요." 다시 한 번 사도는 하나님의 증거를 통해서 자기 논증을 확증합니다. 그는 시편 118:6의 말씀에서 인용하고 있습니다. "여호와는 내 편이시라 내가 두려워하지 아니하리니 사람이 내게 어찌할까." 다윗의 말을 여기서 이렇게 인용하는 사도의 방식을 통해서 우리 그리스도인들도 다시 배우게 됩니다. 구약의 말씀이 자신의 경우에 적합하여 그 구약의 말씀을 자신들에게도 똑같이 적용할 수 있음을 말입니다. 시편 기자가 말했던 것처럼 우리도 담대히 말할 수 있습니다. 다윗은 주님께 대한 이러한 확신을 표현한 것이 지독한 곤고함을 당할 때였습니다. 자기 원수들이 자기를 삼키려는 모습을 보일 때에 그런 말을 하였습니다. 그러나 힘없는 피조물과 여호와의 전능하심을 비추어 생각해 보면서 그의 마음은 담대함을 얻었던 것입니다. 신자의 마음도 자기 혼자라면 약하고 요동합니다. 그래서 부단한 도움을 필요로 하는 것입니다. 그러나 주께서는 언제나 그 편에 계셔서 모든 필요한 도움을 주려고 준비하고 계십니다.

가우지 (William Gouge)가 지적한 바와 같습니다.

"'주는 나를 돕는 자시니'라는 말씀은 우리에게 모든 필요로 하는 원조를 주실 의향을 항상 하고 계심을 함축한다."

주님께서는 내면적으로나 외면적으로나 버리지 않으실 이들을 도우십니다. 여기서 "그러므로 우리가 담대히 말하되."란 말씀에서 "주는 나를 돕는 이시니."라는 말씀으로 진술이 전개되어 나가는 어법의 순서를 유심히 주목해 보세요. 보편적인 맹세의 말씀들을 특별하게 우리 자신들에게 활용시켜야 함을 보여주지 않습니까?

토마스 맨튼(Thomas Manton)이 이에 대하여 한 말을 인용합니다.

"사람은 많은 것을 할 수 있다. 사람은 우리를 옥에도 가두고 추방도 하며 먹을 것을 다 빼앗을 수 있고, 아니 고문도 할 수 있고 죽일 수도 있다. 그러나 하나님께서 우리와 함께 계시고 우리를 위하시는 한 우리는 담대히 말할 수 있다. '내가 무서워 아니하겠노라 사람이 내게 어찌 하리요.' 어째서 그렇게 말할 수 있는가? 하나님께서는 그대를 전적으로 멸망하게 내버려 두시지 않으실 것이기 때문이다. 하나님께서는 슬픔 중에도 기쁨을 주시고, 죽음 가운데서도 생명을 주실 수 있는 분이시기 때문이다."

주께서 이 책의 저자와 이 책을 읽는 독자 모두에게 주님 자신을 더욱 신실하게 의뢰하는 믿음을 굳세게 하시고, 하나님의 약속을 더욱 의뢰하며, 하나님이 함께 계심을 더욱 알게 하시며, 하나님께서 도우시는 것을 더 확신하게 하시옵소서. 아울러 탐심에서 벗어나 불만과 사람을 두려워하는 데서 더욱 건짐 받아 구원을 즐거워하게 하시기를 바라나이다. 아멘.

111강

그리스도께 충성할 여러 동기들

13:7 하나님의 말씀을 너희에게 일러 주고 너희를 인도하던 자들을 생각하며 그들의 행실의
결말을 주의하여 보고 그들의 믿음을 본받으라 13:8 예수 그리스도는 어제나 오늘이나 영원토
록 동일하시니라

우리가 이제 살펴보려는 구절들의 의미와 범주를 확인하기 위해서 그 배경을 주목해 보아야 합니다. 바꾸어 말해서 서신 전체에 비추어서 이 본문을 다뤄보아야 한다는 말입니다. 바로 이 문맥 속에서 사도는 탐심과 불만족의 잘못에서 떠날 것을 권고하면서 "내가 과연 너희를 버리지 아니할 것이라."는 하나님의 말씀을 독자들에게 상기시켜 주고 있습니다. 그는 하나님의 약속을 근거로 믿음으로 내려야 할 두 가지 결론을 지적합니다.

첫째로 "주는 나를 돕는 이시라."는 사실입니다. 하나님의 자녀는 모든 전능하신 능력으로 도우시는 분을 긴급하게 필요로 하고 있습니다. 왜냐하면 하나님의 자녀는 광포하기 그지없는 강한 원수와 싸워야 하기 때문입니다. 우리 자신이 무능하다는 것을 의식하게 되고, 하나님의 도움이 없이는 반드시 실패한다는 것을 인식하지 않으면 안 될 때에 긍휼을 크게 필요한 때입니다. 주께서는 징계하실 때에도 고통에서 건져주시는 때와 똑같이 '돕는 이시라.'는 것을 능히 인식하게 되면, 신자는 마음으로 말로 할 수 없는 평안과 위로를 받게 됩니다.

하나님의 약속을 통해서 믿음이 내려야 하는 두 번째 추론은, "내가 무서워 아니하겠노라 사람이 내게 어찌하리요."라는 것입니다. 만일 주께서 나를 버리지 아니하신다면, 주께서는 반드시 "환난 중에 만날 큰 도움"이심에 틀림없습니다(시 46:1). 지독한 시련을 받는 영혼이 하나님께서 자신으로부터 멀리 계시지 않고 '가까이 계신' 사실을 인식할 때(빌 4:5), 그렇지 못할 때와 얼마나 큰 차이를 체험합니까! 그렇습니다. 만일 사망의 음침한 골짜기를 통과하지 않으면 안 될 때에, 주님께서 '나와 함께' 하실 것이며, "그러므로 주의 막대기와 지팡이가 나를 안위하실" 것임을 신자는 믿습니다(시 23:4). 신자를 도우시는 분은 다름 아닌 전능하신 분이십니다. 그러므로 어떠한 해나 악을 그에게 끼칠 수가 없습니다. 그런데 어째서 피조물을 두려워해야겠습니까? 시련 받는 영혼이 아무리 약하다 해도 주님의 허락이 없이는 그에게 어떤 해도 끼칠 수 없습니다. 주께서 항상 함께 계시다는 사실은 모든 필요한 것을 공급하여 주실 것을 보증하는 것입니다. 그러므로 마음은 만족으로 충만하게 될 것입니다. 주께서 항상 함께 계시다는 사실을 필요 충분한 도움의 보증으로 삼으면, 사람이 대적하는 것을 무서워하지 않게 됩니다.

히브리서 13장의 보편적인 권면들 속에서도 히브리 그리스도인들의 특별한 상황에 대한 인식이 나타나 있습니다. 그리고 6절의 어투에서 바로 이 점이보다 분명하게 드러납니다. 유대 그리스도인들은 자기들의 불신 형제들로부터 대적과 박해를 받고 있었습니다. 그리고 믿음을 떠나 배도(背道)하라는 시험의 유혹이 매우 예리하고 거세게 다가왔습니다. "사람을 두려워하면 올무에 걸리게 되거니와 여호와를 의지하는 자는 안전하니라."(잠 29:25) 아브라함이 애굽에 내려가 후에 그랄에 갔을 때에 사라가 자기 아내라는 사실을 숨겨야겠다는 생각이 든 것도 사람을 두려워하였기 때문입니다. 이스라엘 나라 전체가 열 정탐꾼의 보고를 듣고 낙담했는데, 그것도 역시 사람을 두려워하였기 때문입니다. 베드로도 사람을 두려워한 나머지 자기 주님을 부인하기까지 했습니다. 빌라도가 유대인들로부터 "이 사람을 놓으면 가이사의 충신이 아니니이다."(요 19:12)라는 사람들의 위협적인 말을 들었을 때에도 사람을 두려워하였기 때문입니다. 그가 그런 두려움 속에서 하는 수 없이 그리스도를 십자가에 못 박도록 허락하였습니다. "누구든지 사람 앞에서 나를 부인하면 나도 하늘에 계신 내 아버지 앞에서 그를 부인하리라."(마 10:33) 이 말씀이야말로 정말 무섭기 그지없는 엄숙한 말씀입니다.

우리가 본문의 대목을 숙고할 때 히브리 성도들이 처해있던 시련에 비추어 보아야 합니다. 사도의 의도는 그들로 하여금 배도하게 하는 여러 시험과 유혹들을 이겨내고 믿음에 견고히 서게 격려하려는 것이었습니다. 그들이 심지어 잔인한 죽음을 당한다 해도 끝까지 그리스도께 충성하도록 세워주려고 사도는 그들을 다루고 있습니다. 더구나 그들의 원수들은 노골적인 압박으로 괴롭히고 더욱 잔인한 박해로 위협하고 있었습니다. 그 뿐만 아니라 거짓 교사들이 그리스도의 교사들을 가장하여 거짓된 교훈으로 그들의 마음을 혼미케 하여 복음적 신앙의 기초를 흔들려고 기를 쓰고 있었습니다. 바울은 그 일을 유념하여 9절을 말한 것입니다. "여러 가지 다른 교훈에 끌리지 말라 마음은 은혜로써 굳게 함이 아름답고 음식으로써 할 것이 아니니 음식으로 말미암아 행한 자는 유익을 얻지 못하였느니라." 7절과 8절에서 사도는 역시 히브리인들로 하여금 이러한 거짓된 유대교도들의 거짓말에 속아 넘어가지 말고 진리를 끝까지 신종(信從)하라고 촉구합니다.

히브리서 13:7

"하나님의 말씀을 너희에게 일러주고 너희를 인도하던 자들을 생각하며

그들의 행실의 결말을 주의하여 보고 그들의 믿음을 본받으라."

이 대목의 어휘들로 말미암아 여러 질문들이 제기됩니다. 여기에 언급된 "너희를 인도하던 자들"은 누구인가? 어떤 의미에서 그들의 결말을 '주의하여야' 하는가? 그들의 믿음을 '따른다'는 것이 무엇을 의미하는가? "그들의 행실의 결말"이 무엇을 뜻하는가? 이런 권면들이 끝까지 그리스도를 향한 충성된 믿음을 위하여 어떤 동기들을 주는가? 어째서 사도는 여기서 '구주의 불변성'을 강조하고 있는가?

무엇보다 먼저 첫 소절의 흠정역(KJV) 번역이 잘못되었음을 지적해야 할 것입니다. 흠정역에서 '너희를 다스리는 자들(those who have the rule over you)'[1]로 번역하고 있는데, 그런 식으로 번역하면 그 구절의 나머지 부분과 조화를 전혀 이루지 못합니다. 그렇게 번역한 헬라어는 단 하나의 단어입니다. 그것도 현재시제의 분사형입니다. 그 분사형은 여기에서와 분명하게 드러나는 바와 같이 흔히 명사(名詞)의 의미로 사용되는 문법 형식입니다. 곧 '너희의 다스리는 자들(your rulers)'입니다. 사도가 이 서신을 쓰던 당시에 그들 히브리 그리스도인들을 다스리는 자들을 가리켜 말하는 것이 아님은 여러 정황들을 숙고하면 금방 드러납니다. 첫째로, 사도는 히브리인들더러 '그들에게 복종하라.'고 말하지 않고 도리어 '그들을 생각하라.'고 촉구하고 있습니다. 둘째로, "하나님의 말씀을 너희에게 일러주고 너희를 (과거에) 인도하던 자들"을 생각하라고 말하고 있습니다. 셋째로, 그들은 이 세상에서 이미 "그들의 행실의 결말을 본" 사람들입니다. 끝으로, 현재 그들을 인도하는 자들에 대하여 마땅히 어떤 태도를 보여야 할지에 대하여는 17절에 언급하

---

1) 우리말 개정개역이나 개역한글에서는 '너희를 인도하던 자들'로 번역하고 있다. - 역자 주

고 있습니다. 그러니 이 본문의 "너희를 인도하던 자들"은 지금 현재 그들 히브리 그리스도인들을 주장하는 이들을 가리키지 않습니다.

물론 여기서는 '(과거) 그들에게 하나님의 말씀을 가르치며 사역하였던 자들'을 가리키고 있습니다. 그러니 그들은 교회의 직임을 가지고 있었던 자들입니다. 곧 교회의 일에서 그들을 안내하고 다스리던 자들이었습니다. 여기서 그들을 '감독들(overseer)' 또는 '인도자들(guides)'이라는 식으로 번역하여도 원어의 강한 표현을 충분하게 나타내기가 어렵습니다. 왜냐하면 그 말이 사람들을 앞에서 이끌거나 앞서가는 자라는 뜻이기 때문입니다. 아니면 다른 이들을 주장하는 이를 가리키는 말이기도 합니다. 마태복음 2:6과 사도행전 7:10에 나오는 '다스리는 자(governor, 통치자)'로 이해될 단어입니다. 그래서 이 부분을 '너희의 지도자들(your leaders)'로 번역하였으면 더 나을 뻔하였습니다. 물론 흠정역에서 실제로 의도하던 말, 곧 '너희의 다스리는 자들(your rulers)'이라고 하면 그보다 더 낫겠지만 말입니다.

여기 사도가 지적하고 있는 이들은 사도들과 선지자들과 장로들과 목회자들입니다. 그들이 히브리 성도들을 가르쳤고 교회들의 치리를 주장하였던 자들입니다. 의심할 여지없이 사도는 보다 특별하게 스데반과 헤롯에게 참수당한 야고보를 가리키고 있음에 틀림없습니다(행 12:2). 또한 진리를 위해서 자기들의 목숨을 내놓아 자기들이 선포했던 진리에 인(印)을 친 사람들을 두고 그 말을 한 것입니다.

"하나님의 말씀을 너희에게 일러주고." 기독교 지도자들의 정체성을 알리는 표지가 바로 그것입니다. 하나님께서 교회를 치리하도록 부르신 자들은 성경을 강해하고 힘 있게 풀어주는 은사를 하나님께 받은 사람들입니다. 그들의 직무의 기능은 입법적이라기보다는 행정적입니다. 기독교 지도자들은 제멋대로 권세를 부릴 자들은 아니지만 여전히 다스리는 법칙을 가지고 있어야 합니다. 다시 말하면 성경에 따른 법칙을 가지고 있어야 합니다. 기독교 지도자들은 새로운 법을 만들라는 소명을 받은 사람이 아닙니다. 오직 단순히 시온의 왕의 뜻을 선포하고 그 규례들을 적용하라고 부르심을 받은 자들입니다. '훈련'이 적당히 주어지지 않으면 질서 있는 가정이 유지되기가 어렵습니다. 안타까운 것은 그리스도의 사역자라고 고백하는 자들 중에 그리스도의 특별한 권위를 찬탈하고 교회를 독재로 주장하여 자신들을 높인다면, 그런 사람은 분명히 그리스도의 집의 영예를 지키지 못하고 비참하게 실패한 자들입니다. 그런 이들이 그리스도 교회의 법의 수준을 낮추어서 무법하게 치리하는 길을 열어 놓는 격이 되니 참으로 안타까운 일입니다.

"하나님의 말씀을 너희에게 일러주고 너희를 인도하던 자들을 생각하며." 이 기준에 따라서 우리는 이 시대의 겉으로는 '인도자들'로 행세하는 자들이나 교회 지도자들을 '시험해' 보아야 합니다. "사랑하는 자들아 영을 다 믿지 말고 오직 영들이 하나님께 속하였나 분별하라 많은 거짓 선지자가 세상에 나왔음이라."(요일 4:1) 이 기준에 따라서 사람들을 재어 볼 긴박한 필요성이 이렇게 절실할 때가 없었습니다. "형제들아 내가 너희를 권하노니 너희 교훈을 거슬러 분쟁을 일으키거나 거치게 하는 자들을 살피고 그들에게서 떠나라."(롬 16:17) "누구든지 '이 교훈'을 가지지 않고 너희에게 나아가거든 그를 집에 들이지도 말고 인사도 말라."(요이 10) 그 사람이 아무리 호감어린 개성을 갖고 있더라도, 아니면 그의 메시지가 너무나 재미있어 그를 따르는 자들이 아무리 많다 할지라도 그런 이를 집에 들이지 말라는 것입니다. "하나님의 보내신 이는 하나님의 말씀을 하나니 이는 하나님이 성령을 한량없이 주심이니라."(요 3:34) 이 말씀은 그리스도께 완전하게 적용되었습니다. 또한 그 말씀이 교회를 섬기는 거룩한 직무를 감당하도록 그리스도께서 부르신 모든 자들을 특징짓게 해야 합니다. 하나님의 말씀을 말한다는 것은 기독교회 교사의 장엄한 책무입니다. 자기의 철학이나 신학적인 사변(思辨)에 도취되거나, 그 시대의 선정적인 토픽들로 사람들의 귀를 즐겁게 하는 그런 것이 교회 교사의 의무가 아닙니다.

"그들의 행실의 결말을 주의하여 보고 그들의 믿음을 본받으라." 하나님의 말씀을 전파했던 영적인 지도자들과 관련하여 언급되어야 할 또 다른 요점은 그들의 '믿음'이었습니다. 히브리 그리스도인들에게 "그들의 믿음을 본받으라."고 요구합니다. 주석가들 사이에는 여기서 무엇을 가리키는지에 대하여 약간의 의견 차이가 있습니다. '믿음'이란 말이 신약에서 다양하게 쓰입니다. 물론 다른 여러 의미들이 서로 긴밀하게 연관되어 있기는 합니다. 그래서 어떤 의미로 그 말이 쓰였는지 알기 위하여 문맥을 살펴야 합니다.

첫째로, '믿음'이란 말은 하나님께로 마음을 돌려 그 말씀을 의뢰하는 '신뢰'의 원리입니다. 그 믿음을 방편으로 해서 우리는 구원을 받습니다. "네 믿음이 너를 구원하였다."(마 9:22) "너희가 그 은혜를 인하여 믿음으로 말미암아 구원을 얻었나니."(엡 2:8)

둘째로, '믿음'은 '믿어야 할 것'을 가리킵니다. 다시 말하면 하나님의 말씀, 그리스도인의 신조(信條) 등입니다. "제자들의 마음을 굳게 하여 이 믿음에 머물라 권하고."(행 14:22) 여기서 사도는 "우리가 전파하는 믿음의 말씀"(롬 10:8)을 의미합니다. "믿음을 위해 싸우라."(유 3)

셋째로, '믿음'이란 말이 그 믿음에서 나오는 '열매나 행위'를 가리키기 위해 사용되기도 합니다. 왜냐하면 그 믿음이 그 열매들이나 행실들의 뿌리이기 때문입니다. "너희 믿음과 사랑의 기쁜 소식"(살전 3:6)이 바로 그것입니다. "네 믿음을 내게 보이라."(약 2:18)는 믿음의 열매를 보이라는 것입니다. 다시 말하면 '믿음'이란 믿음의 효력들을 나타내기 위해서 사용되기도 한다는 말입니다. '믿음'이란 어휘가 또 다른 의미에서 사용됩니다.

넷째로, 그 '믿음'이란 말이 다음의 말씀들 속에서 드러나듯이 '충성,' 또는 '신실성'을 가리키기 위해 사용되기도 합니다. "율법의 더 중한 바 정의와 긍휼과 믿음은 버렸도다."(마 23:23) "하나님의 미쁘심"(롬 3:3), "성령의 열매는 사랑과 희락과 화평과…충성과…"(갈 5:22) 등에서 그런 식으로 사용됩니다. 영어 개정역(RV)에서는 '믿음'을 '신실함'(faithfulness)으로 번역하고 있습니다. 개인적으로 우리는 바로 이 '신실함'을 가장 먼저 생각합니다. 물론 그것만 생각하는 것은 아니지만, 히브리서 13:7의 "그들의 믿음"이라는 표현은 바로 그들의 '믿음의 신실함'을 의미합니다. 그러니 여기서는 그 당시의 '믿음'만 아니라 그들이 겪었던 그 모든 '믿음의 행사'를 가리킵니다. 그들을 가르치던 지도자들이 낙담할 여러 상황과 비통한 대적에도 불구하고 연약해지지 않고 끝까지 그들의 길을 갔던 것입니다.

'배도'의 여러 유혹에도 불구하고 그들은 신앙고백을 지켰으며, 그리스도에 대한 충성을 다하고 그리스도의 백성들을 계속 섬겼습니다. 그리고 복음을 위해서 자기들의 목숨을 내놓아 하나님을 영화롭게 하였습니다. 그들은 자기들의 상전이신 주님께 충성을 다하여 자기들의 삶의 순례길을 다 끝내기까지 믿음으로 주님을 섬겼던 것입니다.

"그들의 행실의 결말을 주의하여 보고." 이들 영적인 지도자들에 대해 마지막으로 언급한 요점은 "그들의 행실의 결말"입니다. 여기서 그것으로 사도가 정확히 무엇을 말하는지 규정하기는 매우 어렵습니다. 여기서 '결말'의 헬라어는 일의 끝이나 결론을 의미하는 '테로스'가 아니라 문자 그대로 '~의 결말'을 의미하는 '에크바시스'입니다. 그 말은 신약에서 고린도전서 10:13에서만 다시 나타납니다. 고린도전서 10:13을 다음과 같이 번역하고 있습니다.

"오직 하나님은 미쁘사 너희가 감당하지 못할 시험 당함을 허락하지 아니하시고 시험당할 즈음에 또한 '피할 길을 내사' 너희로 능히 감당하게 하시느니라." 존 오웬(John Owen)은 이에 대하여 이렇게 주석하였습니다.

"그러므로 여기서는 단순히 '끝'을 말하거나, 보통의 '종말'을 의미하거나 어떤 사건의 '끝'을 뜻하지 않는다. '구원을 수반한 결말'을 의미한다. 그러한 난관과 위험들을 극복하고 승리한 것을 뜻하는 것이다. 이 사람들은 그들의 행실의 전 과정을 통해서 많은 어려움과 위험과 고난을 겪었다. 그런 모든 것들이 그들의 가던 길을 멈추게 하려고 많은 장애를 놓았고 그 길을 떠나도록 부추겼다. 그러나 그런 모든 것들이 그들의 행실에 대하여 어떤 '결말'을 가져 왔는가? 그 '결말'은 그 모든 고통에서 복되게 건짐 받고 그런 모든 고통들을 이겨낸 것이었다."

"그들의 행실의 결말을 주의하여 보고." 그러니 그들의 이 세상의 죄와 질고로부터 벗어나 구출되었음을 뜻합니다. 그들의 모든 시련에서 건짐 받았고, 모든 난관과 위험에서 명예롭게 피하였으며, 그들의 원수의 땅에서 탈출하였습니다. 그러나 우리가 볼 때, 성령께서 이 현재의 장막 너머로 우리의 생각을 옮겨 주시려고 여기서 그 특별한 용어를 사용하신 것입니다. 사도 바울이 '내가 떠날 때가 가까이 왔다.' 할 때 가장 먼저 생각한 것이 무엇이었겠습니까? 첫째로, 그는 "내가 선한 싸움을 싸우고 내가 달려갈 길을 마치고 믿음을 지켰으니 이제 후로는 나를 위하여 의의 면류관이 예비 되었다."(딤후 4:7,8)고 선언하였습니다. 우리가 말한 것 같이, '에크바시스'는 '어디로부터 올라온다.'는 뜻을 가지고 있습니다. 그래서 "그들의 행실의 결말"은 주님과 영원히 함께 있기 위하여 취하여 감을 뜻하였습니다. 그들은 확실한 장래의 부활의 소망과 사라지지 않는 영광의 찬란함 속에 거하게 되었다는 말입니다.

"생각하며…주의하여 보고…본받으라." 히브리 그리스도인들을 지도했던 사람들에 대하여 세 가지 것을 말한 것과 균형 잡히게 그들에게 세 가지 권면을 하고 있습니다. 첫째로, 자기들에게 하나님의 말씀을 가르치고 일러 주던 자들을 '생각하라' 요구합니다. 두 번째로, 그들의 믿음을 '본받으라'고 요구하고 있습니다. 그런 다음에 저희 행실의 종말을 '주의하여 보라'고 요구하고 있습니다. '생각하라'는 말은 성경의 용법에서 포괄적인 의미와 범주를 가지고 있는 또 다른 말입니다. 그 말은 최고 주권자께 합당한 '경외심과 복종심'의 표현입니다. "너는 청년의 때 곧 곤고한 날이 이르기 전에 너희 창조자를 기억하라."(전 12:1). 그 말은 가르침이나 약속이나 경고든지 받은 것을 '확실히 붙잡으라.'는 뜻입니다. "너는 광야에서 네 하나님 여호와를 격노하게 하던 일을 잊지 말고 기억하라."(신 9:7) 그 말은 잊은 것을 '회상하라'는 뜻도 가지고 있습니다. "죽은 자 가운데서 살아나신 후에야 제자들이 이 말씀하신 것을 기억하고 성경과 및 예수의 하신 말씀을 믿었더라."(요 2:22) 또 그 말은 '묵상하다'는 것을 지시합니다. "네 하나님 여호와께서 이 사십년 동안에 너로 광야의 길을 걷게 하신 것을 기억하라."(신 8:2)

여기 본문에서 '생각하라'(기억하라)는 말은 존경과 사랑과 복종의 모든 의무들을 다 함축하는 말로 쓰이고 있습니다. 지금은 세상을 떠난 교사들이 그런 의무를 다하였다면, 이제는 마땅하게 그러한 존중심과 복종심을 가져와야 한다는 말입니다. 그러한 권면이 불필요한 것은 결코 아니었습니다. 인간의 본성은 매우 변덕스럽습니다. 사람들은 얼마나 많은 신실한 목회자들을 금방 잊는지요! 그것을 주목하는 것은 얼마나 비참한지요. 그런 망각이 일종의 배은망덕이며 죄악입니다. "그 성읍 가운데에 가난한 지혜자가 있어서 그의 지혜로 그 성읍을 건진 그것이라 그러나 그 가난한 자를 기억하는 사람이 없었도다."(전 9:15) 하나님께서는 그들의 망각을 책망하십니다!

"너희를 인도하던 자들을 생각하라." 이 말은 그들로 인하여 하나님께 감사하라는 것입니다. 또 그들에 대하여 좋게 말하며, 그들의 가르침을 실천하라는 것입니다. 또 그 말은 보다 특별하게 이러한 뜻을 가지고 있습니다. '마음에 그들이 가르쳐 준 교훈을 쌓아 놓으며 그들이 지도하던 것을 상기하라. 그들이 경고하고 권면하던 것을 늘 회상하라. 너희를 믿음 안에 세워주려고 지치지 않고 애쓰던 그들의 모습을 감사한 마음으로 묵상하라.'

"너희를 인도하던 자들을 생각하며." 그런데 이 교훈이 얼마나 무섭게 왜곡되었습니까! 이와 관련해서 얼마나 무서운 미신(迷信)이 들어와 자리잡고 있는가요! 지도자들의 죽음을 기념하기 위해서 종교적인 의식을 가지거나 '제단'이나 그들의 이름이 걸린 '교회당'을 헌증하는 일로 그들을 기억하라는 말은 아닙니다. 그리고 그들의 뼈를 숭배하거나 그 뼈들을 통해서 이적적인 치유가 주어지는 것 같이 생각하는 것들은 다 정말 악한 것입니다. 또한 그들을 위해서 기도하거나 그들에게 기도하는 것도 얼마나 어리석은 일입니까! 진실로, 그들은 자기들이 한 일로 인하여 매우 높이 평가받는 일은 마땅합니다(살전 5:13). 주님께서 우리에게서 그들을 취하여 가신 후에도 역시 그들을 높이 존중해야 합니다. 그러나 하나님의 종들을 우상 섬기듯이 '기억'해서는 안 됩니다. 또한 그리스도께만 돌려져야 할 영예를 그들이 나누어 가져서도 안 되는 것입니다. 그들을 육신적인 차원에서가 아니라 영적인 차원에서 기억해야 합니다. 그들이 행하고 가르치던 것을 기억하라는 말입니다. 그래서 우리가 그들을 통해서 신중하게 감화 받도록 해야 합니다.

방금 언급한 요점에서 우리는 사도의 의도대로 이 교훈을 다루고 적절하게 인식할 수 있습니다. 사도의 직접적인 목적은 그들이 믿음을 떠나지 못하게 붙잡아 주는데 있었습니다. 그래서 그는 그들에게 **"너희를 인도하던 자들을 생각하라."**고 하였던 것입니다. 만일 너희가 '그들의' 가르침을 근실한 마음으로 기억하면, 너희는 즉시 '여러 가지 다른 교훈'의 잘못됨을 깨달을 것입니다. 사도는 그 다른 교훈에 대한 경고를 9절에서 하고 있습니다. "양들이 그의 음성을 아는 고로 따라오되 타인의 음성은 알지 못하는고로 타인을 따르지 아니하고 도리어 도망하느니라."(요 10:4,5) 바로 그것이 질서입니다. 만일 우리가 그리스도의 참된 종들의 교훈을 주목하면, 사탄의 유혹에 매력을 느끼거나 기만당하지 않을 것입니다. 다시 우리를 가르치는 자들을 사랑하는 심정으로 높여주고, 진리 안에서 우리를 견고케 하려던 그들의 헌신적인 수고를 감사하는 마음으로 기억하게 되면, 그들의 교훈에 등을 돌리기가 부끄러워질 것입니다. 끝으로 그들이 믿음의 길을 일관성 있게 나아갔던 모습을 회상하면, 여러 반대에 직면했을 때 큰 용기를 얻게 될 것입니다. 그들은 극단적인 위험을 만나서도 배도하지 않았습니다. 그런데 우리가 그들이 우리에게 남겨준 본을 어떻게 모욕할 수 있단 말입니까.

이 교훈이 오늘날 설교자들에게 어떻게 적용되어야 할까요? 여기에 마음과 양심을 탐사하는 말씀이 없습니까? 여러분의 목회가 듣는 자들의 마음에 기억될 만한 가치가 있습니까? 여러분의 설교가 기억할만한 가치가 있습니까? 겸손한 마음을 가진 사람들은 '아니라'고 대답할 준비가 되어 있을 것입니다. '내 유치하고 세련되지 않은 강론 속에 마음에 쌓아 둘만한 게 거의 없다.'고 대답할 마음을 가질 것입니다. 형제 설교자들이여, 여러분의 설교에 지속될 만한 가치가 있습니까? 여러분이 예리한 지성적인 능력으로 어려운 대목을 명석하게 분석해 내는 수사학적인 능력을 나타내는 고상한 어법을 쓰는 데 그 가치가 있는 것이 아닙니다. 오히려 죄를 더 미워하게 만들었고,

하나님을 더 두려워하게 만들고, 그리스도를 더 높이고, 우리가 목표할 마땅한 의무의 길이 어떠한 지를 보다 더 명백하게 규정하는 것이야말로 오래 지속 될 가치가 있습니다.

"그들의 믿음을 본받으라." 이것이 바로 영적인 지도자들에게 우리가 마땅히 취할 마음의 도리입니다. 이것은 앞에서 말한 것과 긴밀하게 연관되어 있습니다. 우리 자신의 행실에서 효과적인 영향을 받기 위해서 그들을 '기억'해야 합니다. "본받으라"는 것은 '닮아 가라'는 것입니다. 그 말이 데살로니가후서 3:7에서 다시 강조됩니다. "어떻게 우리를 본받아야 할지를 너희가 스스로 아나니 우리가 너희 가운데서 무질서하게 행하지 아니하며."

존 오웬(John Owen)은 이 점에 대하여 다음과 같이 주석하였습니다.

"우리더러 '그들의 믿음을 본받으라.' 한 것은 그 본(本)을 온전히 순응하며 삶 속에서 그 본을 나타내라는 것이다. 학자가 모든 수고를 기울여 예지와 학문의 경지에 도달하게 되었을 때, 흔히 그 학자는 그 선생이 하던 방식대로 하여 그렇게 되었다는 말을 들을 수 있는 것과 같다. 우리도 우리를 인도하던 자들의 믿음을 따라야 한다."

이것이야말로 우리가 그들에게 줄 수 있는 최대의 영예입니다. 이것이 바로 그들을 기억하기 위해서 어떤 기념비를 세우거나, 어떤 '교회'를 그들의 이름으로 칭하도록 하는 것보다 훨씬 더 하나님을 기쁘시게 하는 일입니다.

"그들의 믿음을 본받으라." 하나님의 종들의 목회 사역 아래 정규적으로 앉아서 듣는 사람들이 많습니다. 그들은 그 목회자들의 교훈을 인정하고, 그들의 용기를 부러워하고 그들에 대해서 좋은 말을 합니다. 그러나 그들의 원리를 이행하거나 그들의 믿음의 본을 따르지 않습니다. 이 두 번째 권면의 진정한 의도는 무엇입니까? 우리가 '우리를 인도하던 자들을 기억하되 거룩한 삶을 사는데 영향을 받도록 기억하라.'는 말입니다. '그들의 믿음을 본받는다.'는 것은 그들이 하나님을 신뢰하는 것을 깊이 생각하고 자신도 하나님을 더욱 신뢰하기 위하여 기도한다는 뜻입니다. 그들의 교훈을 회상하고, 그들이 가르쳐 준 교리를 실행하면서 그들의 신앙고백 안에 진실로 머물러 있으라는 말입니다. 그들의 생활을 묵상하고, 그들의 말과 행실이 하나였음을 알아 그들의 행동을 본받으라는 것입니다. 그들의 덕행을 닮아가라는 말입니다. 물론 그들의 이상한 요점을 닮아가라는 말은 아닙니다. "아무리 훌륭하다 해도 모든 일에 있어서 절대로 우리의 표본이 될 만한 사람은 하나도 없다. 오직 모든 일에 있어서 우리의 절대 표본이 되는 영예는 오직 한 분 예수 그리스도께만 돌려져야 한다."(John Owen)

"저희 믿음을 본받으라." 히브리 그리스도인들이 처한 상황에 이 권면이 '적합함'이 명백하게 드러납니다. 그것이야말로 우리의 이전 지도자들을 '기억하도록' 영적으로 바르게 자극하는 권면입니다. 왜냐하면 이 권면은 어떤 의미에서 우리에게도 똑같이 적용되기 때문입니다. 과거를 기억하는 기능은 하나님께서 주신 선물일 뿐만 아니라 긍휼입니다. 또한 분명한 책임을 수반하는 일입니다. 우리가 목회자들의 수고와 증거를 상기하고, 그리스도께 충성한 그들의 믿음과 우리의 영적인 유익을 위해 그들이 드린 헌신을 기억해야 합니다. 그것을 통해서 우리가 감화를 받는 것이 마땅한 도리입니다. 우리가 대적을 만났을 때, 우리 앞서 간 다른 사람들이 겪었던 더 격렬한 핍박을 기억해야 합니다. 진리를 팔고 타협하고 싶은 유혹을 받을 때, 우리 믿음의 선진들의 요동치 않았던 충성심을 깊이 생각해야 합니다. 배도(背道)하도록 강한 압력을 받고 있다면, 우리 이전 지도자들의 믿음의 원리가 그들의 마음을 지탱하여 거룩한 자세로 죽음을 맞게 하였다는 사실을 잘 숙고해야 합니다. 그리고 "우리가 처음 확신했던 것을 끝까지 붙잡는" 은혜를 구해야 할 것입니다.

다시 한 번 멈춰 서서 복음의 사역자들인 우리에게 이 말씀이 어떤 엄숙한 요점을 지시하는지 살펴보아야 합니다. 우리는 주님을 기쁘시게 하는 일을 최고의 목적으로 삼음과 동시에, 우리 양떼들에게 믿음과 거룩의 본을 보이는 것을 제일의 목적으로 삼아야 합니다. 그래서 그들이 그것을 기억하고 따르도록 해야 합니다. 이것은 선택사양의 문제가 아니라 반드시 해야 하는 문제입니다. 하나님께서 모든 종들에게 명하셨습니다. "누구든지 네 연소함을 업신여기지 못하게 하고 오직 말과 행실과 사랑과 믿음과 정절에 있어서 믿는 자에게 본이 되어."(딤전 4:12) 다시 "범사에 네 자신이 선한 일의 본을 보이며 교훈에 부패하지 아니함과 단정함과 책망할 것이 없는 바른 말을 하게 하라 이는 대적하는 자로 하여금 부끄러워 우리를 악하다 할 것이 없게 하려 함이라."(딛 2:7,8) 안타깝게도 오늘날 많은 설교자들이 자기들의 설교를 듣는 이들에게 따라가면 반드시 멸망할 것이 뻔한 본을 보이고 있습니다. 오, 주여, "우리의 빛을 사람들 앞에 비취게 하여 그들로 우리의 착한 행실을 보고 하늘에 계신 우리 아버지께 영광을 돌리게 하는 은혜를 주옵소서."(마 5:16)

"그들의 행실의 결말을 주의하여 보고 그들의 믿음을 본받으라." 하나님께서 우리에게 영적인 권위를 행사하도록 세워놓으신 이들에게 마땅히 취해야 할 세 번째 도리를 지시합니다. 그것은 우리가 마음으로 감동을 받기 위해 부지런하고 철저하게 관찰해야 한다는 뜻입니다. "주의하여 보라."는 것은 사도행전 17:23에서만 다시 나타납니다. 바울은 아덴 사람들이 섬기는 신상(神像)들을 '보았습니다.' 그래서 바울이 어떻게 하였습니까? "온 성에 우상이 가득한 것을 보고 마음에 격분하여."(행 17:16) 문자 그대로 그 말은 위를 쳐다보라는 말입니다. 히브리 그리스도인들은 이미 세상을 떠난 그들의 선생들의 '행실'을 회상해야 했습니다. 곧 그들의 삶의 태도를 되돌아 보아야 한다는 말입니다. 그들의 삶의 태도는 그리스도를 증거하고 수고롭고 충성스럽게 그리스도를 사랑하였습니다. 그런 중에서 그리스도의 백성들의 영혼들을 사랑하였습니다. 그들을 낙담하게 하던 많은 대적들과 박해에도 불구하고 경건한 섬김의 '자세'로 살아계신 하나님께 대한 믿음을 지탱하여 나갔습니다. 히브리 그리스도인들은 바로 그들의 복된 종말과 결말을 숙고하고 용기와 위로를 얻어야 했습니다.

그래서 이 권면의 세 부분이 서로 친밀하게 연관되어 있습니다. 인도하는 자들을 '기억하되,' 그들이 남겨 놓은 본을 기억함으로 자기들의 마음이 감동받게 해야 했습니다. 또한 그들의 충성심이 하나님께 인정을 받아 승리에 찬 모습으로 이 세상을 떠난 것을 '본받아야' 했습니다. 마지막 소절에서 사도는 성도들의 마음을 격려하여 앞에서 제시된 의무를 이행하도록 강력한 동기를 제시합니다. 너희는 저희가 남긴 '결말'을 생각하고 그것을 도덕적으로 닮아야 한다. 승리자의 면류관을 얻으려면 그들의 교훈을 고수하고 그들의 실천하는 모습을 본받아야 한다. "그들의 결국이 어떠한 것을 숙고하라. 그들의 믿음은 실패하지 않았고 낙담하지 않았으며, 그들의 행로에 복된 결말을 얻었다."(John Owen) 하나님께서는 때로 오늘날 당신의 종들에게 복음의 원리들이 충분함을 증거하는 은혜를 허락하시어 죽음의 병상에 있는 사람들을 지원하고 위로하게 하십니다.

히브리서 13:8

"예수 그리스도는 어제나 오늘이나 영원토록 동일하시니라."

이번에는 이 유명하고 보배로운 구절에 입각해서 설교하려 하지는 않겠습니다. 다만 이 구절에 대한 간단한 강해로 만족하려 합니다. 여기서 숙고해야 할 첫 번째 요점은 이 선언이 주어지게 한 히브리서의 성격입니다. 왜냐하면 그 히브리서의 성격을 생각하면 이 구절의 의미와 범주에 대하여 빛을 얻기 때문입니다. 히브리서는 지상에 있는 교회를 다루시는 하나님의 방식에 위대한 변이(變移)가 이루어진 사실을 특별하고 길게 상술하고 있습니다. 또한 '옛 언약'이 '새 언약'에게 자리를 내어주어 일어난 혁명적 변화를 상술하고 있습니다. 이제 유대교 시대는 지나가고 이제 기독교가 새롭게 들어왔음도 기술합니다. 이점은 근본적인 성격에 많은 변화를 수반하였습니다. "낡아지고 쇠하는 것"(히 8:13)의 큰 '진동'과 '요동'을 수반하였습니다(히 12:27).

바로 이 히브리서 13:8의 말씀을 그런 관점에서만 해석되고 적용되어야 합니다. 이제 성전(聖殿)은 폐해졌고 의식법(儀式法)은 사라졌으며, 레위 제사장 제도도 더 이상 존재하지 않게 되었습니다. 다만 교회의 머리시요 하나님과 그 백성들 사이의 중보이신 예수 그리스도만이 변치 않으시고 영원히 거하십니다.

112강

마음을 은혜로 굳게 하라

13:8 예수 그리스도는 어제나 오늘이나 영원토록 동일하시니라 13:9 여러 가지 다른 교훈에 끌
리지 말라 마음은 은혜로써 굳게 함이 아름답고 음식으로써 할 것이 아니니 음식으로 말미암
아 행한 자는 유익을 얻지 못하였느니라

이 8절의 말씀이 구세주의 신성(神性)을 선언하는 것이라고 간주하면서 "동일하시니라"는 시편 102:27에서 따온 하나님을 가리키는 말이라고 생각하는 이들이 있습니다. 앤더슨 경(Sir Rob. Anderson)이 그 중 한 사람입니다. 그러나 사도가 어째서 여러 일련의 권면을 하면서 그리스도의 신성을 공식적으로 확증해야겠다고 여긴 것인지 그 이유를 말해야 마땅합니다. 그 이유를 말하지 않고 그냥 그런 식으로 해석하면 이 대목의 통일성을 저해하는 셈입니다. 더구나 그리스도의 신성을 이 대목에서 언급할 필요가 조금도 없는 상황임을 생각하면 더욱 더 그러합니다. 구속주의 신성은 이 서신의 첫 장에서 분명하고 완전하게 확증된 바입니다. 바울이 이 시점에서 그리스도의 본질적 '불변성'을 강조하게 된 나름의 특별한 이유가 있었던 것도 아닙니다. 또한 흠정역(KJV)의 번역자들이 바울의 의도를 그렇게 이해한 것이 전혀 아님을 보조동사를 첨가한 번역자들의 태도로부터 명백히 드러납니다. Jesus Christ is the same yesterday, and today.[1)]

히브리서 13:8

"예수 그리스도는 어제나 오늘이나 영원토록 동일하시니라."

바로 앞에서 지적한 것 같이 이 말씀은 절대적인 입장으로 취하지 말아야 합니다. 도리어 상대적인 표현으로 생각해야 한다는 말입니다. 다른 말로 해서, 이 말씀 자체만 놓고 생각하지 말고 문맥 속에서 비추어 생각하여야 합니다. 이 말씀이 정경으로서의 히브리서에서 정확히 어떤 위치에 주어졌는지를 감안해야 합니다. 성경의 모든 진술은 하나님의 지혜로 그 각각의 자리에 배치되어 있는 것입니다. 그런데 성경을 해석할 때 다루는 대목이 들어있는 특별한 위치를 무시하여 해석을 가능하게 하는 중요한 열쇠를 놓치는 때가 종종 있습니다. 우리가 다루는 이 히브리서 13:8은 히브리서 전체의 특별한 주제를 예증하는 역할을 합니다. 히브리서 주제는 '유대교에 비해 기독교가 측량할 수 없이 탁월하다.'는 것입니다. 여기 이 구절이 바로 그 사실을 부가적으로 입증하고 있습니다. 유대교 안에서 아론은 엘리에셀에게, 엘리에셀은 엘리에게 제사장직을 물려주었습니다. 그러나 우리의 대제사장은 영원토록 그 지위를 차지하고 계십시다. 이스라엘의 선지자들은 활동 영역의 무대에서 퇴임한 선지자들에게 그 직무를 이어주었습니다. 그러나 우리의 대선지자이신 예수 그리스도는 어떤 후계자도 없습니다. 길고 긴 왕들의 혈통이 이어졌습니다. 그러나 시온의 임금이신 그리스도는 영원하십니다.

이에 대하여 존 오웬(John Owen)이 이 부분에 대하여 주석한 내용을 축약(縮約)하여 인용해 보겠습니다.

---

1) 여기서 필자는 KJV에서 'Jesus Christ is the same' 이라 한 부분에서 원어에는 is 라는 동사가 없는데 번역할 때 그것을 집어넣었다고 본다. - 역자 주

"사도는 여기서 그리스도의 인격의 절대성을 말하고 있는 것이 아니다. 오히려 그 직무와 그 직무 수행하심에 관하여 말하고 있다. 그가 직무상 누구이시며 어떤 일을 하시는지에 대하여 선언하고 있다. 물론 그리스도께서는 그 신적 격위(格位)에 있어서 '동일하시고 영원하시고 불변하시고 부족함이 없으시다.' 친히 그런 분이시기에 '그 직무'에 있어서도 처음부터 영원까지 동일하시도다. 물론 하나님을 예배하는 제도에는 여러 차례 변화가 있었고, 신적 계시(啓示)도 그 정도와 단계가 여러 부분으로 나누어 주어졌다(히 1:1). 그러함에도 그 모든 것 안에서, 또 모든 것으로 말미암아 예수 그리스도는 언제나 동일하시다. 교회의 모든 상태나 신자들의 모든 조건에 대하여 그리스도께서는 언제나 동일하시다. 만물이 소멸되는 순간까지 그러하실 것이다. 그는 교회에 대해 과거나 지금이나 동일하신 분이시다. 그는 믿음의 대상이요, 믿음의 주요, 믿음의 완성자시다. 또한 믿는 모든 자들을 보존하시고 상주시는 분이시며, 모든 세대에 그 점은 여전히 동일하다."

"예수 그리스도는 어제나 오늘이나 영원토록 동일하시니라." 많은 사람들이 이 진술을 그저 분별없이 받아들이는 일이 얼마나 흔한지요! 이 구절을 가지고 설교하는 사람들 거의 모두가 이 구절의 배경에 대해서는 얼마나 무심한지요! 이 선언을 절대적인 차원에서 취급하려하면 근절하기 어려운 난제 속에 빠져들기 마련입니다. 잠시 동안 이 구절의 여러 어휘들을 생각해 보세요. 그리스도께서 성육신하실 때 근본적인 변화를 겪으셨지요? 부활하실 때 커다란 변화를 전혀 체험하지 않으셨습니까? 육신을 입고 지상에 계시는 동안 그는 '슬픔(질고)의 사람'이셨습니다. 그러나 지금 승천하여 계신 중에도 여전히 질고의 사람입니까? 누가 그런 질문을 던지면 무모한 질문을 던진다는 평을 받을 수밖에 없습니다. 그러니 이 진술은 어떤 특별한 제한을 두고 이해해야 합니다. 아니 이 진술의 배경에 비추어서 해석해야 하며, 바로 그 때문에 숙련된 강해자가 이 구절을 해석해야 합니다. 그러니 이 구절을 문맥에 비추어 숙고해 봅시다.

첫째, 이미 지적한 바와 같이 이 구절은 이 히브리서의 특별한 주제를 복되게 예증합니다. 유대교에 내재하고 있었던 변화하여 다른 것으로 전이될 수 있는 많은 제도와 대조할 때 기독교의 원조되시는 분은 모든 세대에 본질적으로 동일한 분으로 존재하십니다.

둘째로, 8절은 신앙심에 대한 부가적이고 가장 강력한 동기를 제공합니다. 그들을 영적으로 지도하던 어떤 사람들은 이미 세상을 떠났습니다. 여전히 아직도 남아있는 사람들은 시간이 지나감에 따라 신속하게 변화합니다. 그러나 교회의 위대한 머리되신 분은 여전히 존재하시어 영원히 살아계시는 분입니다. 예수 그리스도는 그들을 지도하다 죽은 자들을 지원하셨고, 그들이 시련에 처하여 있을 때에도 그들 중에 승리자로 순행하시던 분입니다. 그분을 신뢰한다면 여전히 '그들도' 지원할 것입니다. 왜냐하면 그분은 언제나 변함없이 양들의 은혜로운 강한 목자시기 때문입니다. 그분은 '여러분'을 위하여 존재하십니다. 우리 믿음의 '동일한' 대상이시며, '동일하게' 충분 완전하신 구주시며, 언제나 '동일한' 효과를 내시는 중보자십니다. 그분의 사랑스런 의도와 언약적인 신실성에 있어서 항상 '동일'하십니다. 그러니 흔들리지 않는 담대함을 가지고 그리스도께 밀착하십시오.

셋째, 8절의 복된 선언은 금방 뒤에 따라오는 권면을 받쳐주는 기초를 형성합니다. 존 칼빈(John Clain)은 이에 대하여 이렇게 주해합니다.

"우리가 바른 믿음 안에서 요동치 않고 서 있을 수 있는 오직 유일한 방식은 기초를 붙잡는 것이다. 기초에서 조금만 떨어져도 그런 일은 불가능하다. 왜냐하면 그리스도를 붙잡지 않는 자는 허망한 것 밖에는 알지 못할 것이기 때문이다. 비록 그가 하늘과 땅을 이해할 수 있다 할지라도 차이가 없다."

주 예수님은 항상 동일하십니다. 그러므로 "여러 가지 다른 교훈에 끌리지 말라." 그리스도께서는 동일한 교사이십니다. 그분의 교훈도 달라지지 않습니다. 그분의 뜻도 변개되지 않을 것이며, 그분의 목적도 바뀌지 않을 것입니다. 그러므로 바른 진리 안에 견고히 서서 믿음의 고결성을 견지하며 모든 혁신을 거절해야 합니다. 우리가 거짓된 교사에게 속아 넘어가지 않고 끝까지 믿음을 지키기 위해서는 "머리를 붙들어야" 합니다(골 2:19). 그리하여 그분의 뜻에 복종하고, 그 교훈을 받고 그 가르침에 순종해야 합니다.

그래서 히브리서 13:7-9의 말씀은 권고하고 충고하는 완전한 대목을 형성하기에 아주 긴밀하게 연관되어 있습니다. 우리가 그 점에 대한 빛을 가지면 그 구절들이 뜻하는 바를 이해합니다. '너희를 인도하던 자들의 증거를 견고히 잡으라. 그들은 자기들이 선포한 진리의 충분성을 입증했기 때문이다.' 기독교회는 시대를 따라서 달라지지 않습니다. 예수 그리스도가 언제나 동일하신 분이시기 때문입니다. 그리스도께 그런 '동일하시다'는 수식어가 사용된 것은, 사도가 여기서는 그분을 성삼위의 제 2격위로 표현하지 않고 중보자와 교회의 머리로 표현하고 있음을 지시합니다. 그분은 그 신분에 있어서 동일하십니다(계 5:6). 그분의 직무와 효력과 뜻에 있어서 동일하십니다. 그러므로 우리는 다른 것을 가르치는 어떤 자들에게 흔들려 끌려가지 말아야 합니다. 이 부분의 전체 대목은 '흔들리지 말라.'는 강력한 권고를 발하고 있습니다. 진리는 확증되어 있습니다. 복음은 영원합니다. 그러므로 우리는 "견고하며 흔들리지 말며 항상 주의 일에 더욱 힘쓰는 자들이 되어야" 합니다(고전 15:58).

히브리서 13:9

"여러 가지 다른 교훈에 끌리지 말라
마음은 은혜로써 굳게 함이 아름답고
음식으로써 할 것이 아니니
음식으로 말미암아 행한 자는 유익을 얻지 못하였느니라."

사도는 앞의 구절들에서 계속 바로 그 요점을 지적하고 있었습니다. 곧 '그리스도를 신뢰하라. 너희 믿음의 선조들로부터 받은 교훈대로 그를 따르라. 너희를 흔들며 속이는 자들에게 귀를 기울이지 말라.' '다른 교훈들'은 순전한 기독교와는 전혀 다릅니다. '이상한' 교리들은 복음을 반대하거나 복음에 대하여 낯선 교리들입니다. 그런 것들에 '요동되면' 마음이 그런 교훈들에 흔들려 결국은 견고하지 못한 행동을 파생시킵니다. 마음이 이러한 악에 넘어지지 않으려면 '은혜로 굳게 함'이 아름답습니다. 그것이 대단히 중요한 의미를 갖고 있기 때문에 그 점에 대해서 자세히 연구할 필요가 있습니다.

"음식으로써 할 것이 아니니." 또는 "고기로써 할 것이 아니니." 이 말은 유대교를 주장하는 자들이 복음에다 의식법(儀式法)을 첨가하려고 노력하는 것을 가리킵니다. 전혀 무익하고 쓸모없는 짓을 하는 그들의 태도를 가리킵니다.

"여러 가지 다른 교훈(들)에 끌리지 말라." 여기서 사용된 명사가 단수로 '교훈'이 아니라 복수명사로 '교훈들'임을 유념해야 합니다. 사도는 하나님의 계시와 다른 교훈들의 차이를 염두에 두고 그리 표현합니다. 진리는 완벽한 '하나의' 통일체입니다. 그러나 오류는 여러 다양한 형태를 띱니다. "주도 하나이요"(엡 4:5), "믿음도 하나"입니다(유 3). 곧, 그리스도와 사도들을 통해서 주신 계시로 말미암아(히 2:3,4) 하나님께서 성도들에게 단번에 주신 믿음도 하나라는 말입니다. 진리를 가리킬 때는 언제나 단수(單數) 명사로 '교훈(doctrine, 교리)'입니다(요 7:17). "그리스도의 교훈"(요이 9)으로 단수로 표현됩니다. "형제들아 내가 너희를 권하노니 너희가 배운 교훈을 거슬러 분쟁을 일으키거나 거치게 하는 자들을 살피고 그들에게서 떠나라."(롬 16:17)[2] "네가 네 자신과 가르침을 살펴 이 일을 계속하라."(딤전 4:16)[3]등을 참조하십시오. 반면에 오류를 지적할 때는 반드시 복수(複數)가 채용됩니다. "사람의 명령(들)과 가르침(들)(the commandments and doctrines of men)"(골 2:22), "귀신의 가르침(들)"(딤전 4:1)로 되어 있습니다. 하나님의 진리는 '통일된 하나의 체계요 교훈의 한 사슬'입니다. 하나님 안에서 시작되고 하나님 안에서 끝을 맺는 체계입니다. 그러나 오류는 일관성이 없고 다중적(多重的)입니다.

"여러 가지 다른 교훈(들)에 끌리지 말라." 이 권면은 사도들이 가르치던 당대의 그리스도인들에게 구두(口頭)로 전달하였을 뿐 아니라 기록된 하나님의 말씀으로 보존되었습니다. 그리하여 우리에게까지 온 것입니다. 바로 그 사실은 하나님의 백성은 언제나 끝까지 오류와 싸워야 함을 지시합니다. 그리스도께서 친히 선언하셨습니다. "예수께서 대답하여 이르시되 너희가 사람의 미혹을 받지 않도록 주의하라 많은 사람이 내 이름으로 와서 이르되 나는 그리스도라 하여 많은 사람을 미혹하리라."(마 24:4,5). 사도들 중에서 마지막까지 남아서 사역했던 요한은 이렇게 썼습니다. "사랑하는 자들아 영을 다 믿지 말고 오직 영들이 하나님께 속하였나 분별하라 많은 거짓 선지자가 세상에 나왔음이라."(요일 4:1) 모든 설교자나 교사를 측정할 수 있는 틀림없는 다림줄을 우리 손에 맡기신 것을 우리는 얼마나 감사해야 합니까. 그리

---

2) 필자가 이 강해의 기본 역본으로 삼고 있는 KJV의 역문은 우리말로 '너희가 배운 교훈'을 the doctrine which ye have learned 라고 읽는다. - 역자 주

3) 이 부분의 KJV의 역문은 이러하다. Take heed unto thyself, and unto the doctrine. - 역자 주

스도의 교훈은 변하지 않았습니다. 그리스도의 교훈에서 나오지 않은 것이나, 그리스도의 교훈과 일치하지 않는 것은 그 어느 것이든지 교회의 믿음과 상치되는 것으로 여겨 거절하고 배척해야 합니다.

"여러 가지 다른 교훈(들)에 끌리지 말라." 이 권면이 히브리 성도들에게 주어진 것이라서 분명 여기서는 모세를 통해 주어진 여러 제도들을 가리키고 있습니다. 이 구절의 나머지 부분이 바로 그 점을 시사하고 있습니다. "마음은 은혜로써 굳게 함이 아름답고 음식으로써 할 것이 아니니 음식으로 말미암아 행한 자는 유익을 얻지 못하였느니라." 레위법은 여러 가지 먹을 것을 구별하였고, 거짓 교사들은 대단한 열심을 가지고 바로 그것들을 시행하라고 히브리 성도들을 억압했던 것입니다. 로마서 14:13-23, 고린도전서 8장, 갈라디아서 4장 등에서 명백해지듯이, 원수 마귀는 복음에다가 유대교의 여러 의식(儀式)들을 첨가하여 그 복음의 순전성을 부패하게 하려 무진 애를 쓰고 있었습니다. 바울이 "음식으로 말미암아 행한 자는 유익을 얻지 못하였느니라."고 말할 때에, 모세의 교훈을 복종했던 구약의 성도들을 가리키는 것이 아닙니다. 도리어 바울 시대에 나타났던 거짓된 자들을 따라가는 이들을 가리켜 한 말입니다.

"여러 가지 다른 교훈(들)에 끌리지 말라." "끌리지 말라"는 권면 속에 표현된 원리는 그 당시 히브리 그리스도인들만이 아니라 뒤에 오는 여러 세대의 성도들도 똑같이 관심을 가지고 적용할 수 있는 것입니다. 사람이 종교 문제에 있어서도 '영적'인 것보다 '물질적'인 것을 더욱 더 좋아합니다. 그것은 타락의 여러 표지들 중 하나입니다.

"마음은 은혜로써 굳게 함이 아름답고." 역사가 보편적이고 서글프게 보여주며 증거하는 바와 같이, 사람은 '진수적인 것'보다 '사소한 것들'에 관심을 집중시키는 경향이 있습니다. 사람들은 "은혜로써 마음을 굳게 함" 보다 여러 상세한 규례들에 더 많은 관심을 가집니다. 믿음의 근본적인 교리들을 건전하게 강해하기보다는 신기해 보이는 '교훈들'에 귀를 기울이려 합니다. 자기 구원에 조금이라도 기여하거나 참된 거룩에 한 점이라도 보탬이 되지 않는 것들에 열심을 내기도 합니다. 이러한 악한 성향에서 벗어나고 거짓된 교훈들로부터 자신을 지키는 오직 유일한 확실한 방식은 무엇일까요? 진리를 '산 다음에는 결코 다시 팔지 않는 것이요,' "마음을 은혜로써 굳게 하는 것"입니다.

"마음은 은혜로써 굳게 함이 아름답고." 이 무거운 표현을 통해서 무엇을 지시합니까? 첫째로, 마음이 '굳게 된다'[4]는 것이 무엇이며, 마음이 '은혜로써' 굳게 되는 방식은 어떠합니까? 견고해진 마음은 "끌리는(끌려 다니는)" 마음과 정반대입니다. 여기의 "끌린다."는 말이 에베소서 4:14에서도 사용됩니다. "이는 우리가 이제부터 어린 아이가 되지 아니하여 사람의 속임수와 간사한 유혹에 빠져 모든 교훈의 풍조에 밀려 요동치 않게 하려 함이라." 그 말은 항해하는 배가 바람을 만나는 일을 연상하게 하는 시적(詩的) 표현입니다. 그 상징 어법은 '다른 이상한 교훈들'의 성질을 지시하며 나타냅니다. 그 표현은 다른 교훈들이 퍼져 나가는 방식과, 사람들의 마음에 미치는 효력을 잘 나타내고 있습니다. 그 교훈들 자체가 가볍고 허망합니다. "비 없는 구름"입니다(유 12). 영혼을 위해서 그 속에 어떤 건전하거나 실질적인 것이 하나도 없습니다. 다른 사람들에게 그런 교훈들을 부과하는 사람들은 보편적으로 허풍쟁이로 과장하기를 좋아합니다. 우리가 그러한 것들을 믿거나 실행하지 않으면 되레 우리보고 '이단들이나 구원 받지 못한 사람들'이라고 비난합니다(행 15:1). 배우지 못했거나 견고하지 못한 사람들은 그들에게 휘둘려 정

---

4) 이 대목의 KJV는 우리말 개정개역의 '굳게 함'이라는 식으로 능동형 명사형이 아니라 수동형 동사이다. For it is a good thing that the heart be established - 역자 주

로를 벗어나서 흔들리고 믿음에 있어서 파선하는 위험에 처하게 됩니다. 그래서 "은혜로 굳어진 마음"은 진리 속에 뿌리를 박고 견고히 선 마음이요, 그리스도 안에 안전하게 닻을 내린 마음이요, 하나님을 즐거워하고 있는 마음입니다.

"마음은 은혜로써 굳게 함이 아름답고." "은혜"라는 말은 광범하고 포괄적인 어휘로서 성경의 용법에서는 다양하게 쓰입니다. 그 말의 장엄하고 근원적이고 근본적인 의미는, '하나님께서 당신의 백성들을 향하여 값없이 베푸신 영원하고 주권적인 은혜'입니다. 왜냐하면 그 은혜는 하나님께서 우리에게 주시는 모든 은사와 재능과 복락의 샘과 원천이기 때문입니다. 이 '하나님의 은혜'라는 '무한의 샘'에서 택한 백성들을 향하신 하나님의 모든 은혜의 행사들이 나옵니다. 하나님께서 우리를 향하여 이유 없는 무조건적인 은총과 특별한 사랑을 베풀어 주십니다. 그 하나님의 뜻은 '영원토록 변하지 않는 기뻐하시는 하나님의 뜻'입니다. "하나님이 우리를 구원하사 거룩하신 소명으로 부르심은 우리의 행위대로 하심이 아니요 오직 자기의 뜻과 영원 전부터 그리스도 예수 안에서 우리에게 주신 은혜대로 하심이라."(딤후 1:9) 이 복된 '은혜의 대양'에서 신령한 모든 복락이 파생되어 나옵니다. 그리스도 안에서 우리가 무조건적으로 선택 받은 것, 그리스도와 연합한 것, 그리스도 안에 분깃을 가지고 그리스도께 대하여 친밀한 관계를 가지는 것 등 모든 신령한 복이 바로 그 '은혜의 대양'에서 분출하여 나옵니다. "찬송하리로다 하나님 곧 우리 주 예수 그리스도의 아버지께서 그리스도 안에서 하늘에 속한 모든 신령한 복을 우리에게 주시되 곧 창세전에 그리스도 안에서 우리를 택하사 우리로 사랑 안에서 그 앞에 거룩하고 흠이 없게 하시려고 그 기쁘신 뜻대로 우리를 예정하사 예수 그리스도로 말미암아 자기의 아들들이 되게 하셨으니 이는 그가 사랑하시는 자 안에서 우리에게 거저 주시는 바 그의 은혜의 영광을 찬송하게 하려는 것이라."(엡 1:3-6) 우리는 "하나님의 은혜와 은혜로 말미암은 선물"에 관해서 읽습니다(롬 5:15). 에베소서에서 말하는 하나님께서 마음으로 우리를 향하여 가지신 총애를 뜻합니다. 그것은 우리에게 베푸시는 모든 은총들과 구별되는 것이지요. 로마서에서 말하는 '은혜로 말미암은 선물'은 우리에게 '전가된 그리스도의 의(義)'를 뜻합니다. 그것은 하나님 마음 안에 있던 '원천적 은혜'로부터 흘러나온 것입니다.

우리를 살리시고 빛을 비추시어 그리스도를 나타내시고 적용하시는 하나님의 성령님의 역사와 감화와 감동은, 우리로 실제 그리스도와 그리스도의 구원을 누리게 하는 결과를 가져옵니다. 그것들은 '영원한 은혜 언약'의 작용들입니다. 그러므로 그것이 '다 은혜에' 속한 것입니다. 은혜의 어휘가 사용되는 그 다음으로 중요한 용법은 고유하고 내주하는 은혜를 가리킬 때 쓰는 방법입니다. 그것은 그리스도인이 거듭날 때 그 사람 속에서 일어나는 초자연적인 역사를 가리키려고 사용됩니다. 거듭날 때 그리스도인은 하나님을 향하여 살아나며 영적인 것들에 새로운 미각(味覺)을 가지게 됩니다. 야고보서 4:6의 "더욱 큰 은혜를 주시나니," 베드로후서 3:18의 "구주 예수 그리스도의 은혜와 그를 아는 지식에서 자라 가라."는 마음속에 있는 은혜를 가리켜 말한 것입니다. 그 다음 '복음'이 포괄하고 있는 '교훈(doctrine)의 전 체계'도 그리스도의 마음속에 있는 은혜의 작용을 위하여 계획된 것입니다. 그 이유는 이러합니다. 바울이 갈라디아 사람들에게 이렇게 말하였습니다. "율법 안에서 의롭다 함을 얻으려 하는 너희는 그리스도에게서 끊어지고 은혜에서 떨어진 자로다."(갈 5:4) 바울은 그 말을 통하여 그들이 '은혜의 진리를 버렸음'을 뜻하고 있었던 것입니다. '은혜'라는 말의 드문 용법 중에 '은혜의 변화시키는 효과'를 나타내는 경우가 있습니다. "그가 이르러 하나님의 은혜를 보고 기뻐하여 모든 사람에게 굳건한 마음으로 주와 함께 머물러 있으라 권하니."(행 11:23) 또는 설교하는 은사들에 '은혜'라는 칭호를 붙이기도 합니다. "우리가 하나님과 함께 일하는 자로서 너희를 권하노니 하나님의 은혜를 헛되이 받지 말라."(고후 6:1) 성령님으로 말미암아 우리 속에서 이루어지는 덕행들도 '은혜'로 표현하기도 합니다. "나에게 이르시기를 내 은혜가 네게 족하도다 이는 내 능력이 약한 데서 온전하여짐이라 하신지라 그러므로 도리어 크게 기뻐함으로 나의 여러 약한 것들에 대하여 자랑하리니 이는 그리스도의 능력이 내게 머물게 하려 함이라 그러므로 내가 그리스도를 위하여 약한 것들과 능욕과 궁핍과 박해와 곤고를 기뻐하노니 이는 내가 약한 그 때에 강함이라."(고후 12:9,10)

"마음은 은혜로써 굳게 함이 아름답고." 이 구절에서 '은혜'라는 말은 첫째로 '은혜의 교훈'을 가리키는 말로 이해해야 합니다. 다시 말하면 복음을 통해서 우리에게 알려진 것, 곧 하나님께서 친히 마음으로 우리를 향하시어 값을 요구하지 않으시고 베풀어 주시는 호의(好意)의 진리입니다. "내가 달려갈 길과 주 예수께 받은 사명 곧 하나님의 '은혜의 복음'을 증언하는 일을 마치려 함에는 나의 생명조차 조금도 귀한 것으로 여기지 아니하노라."(행 20:24) "모든 사람에게 구원을 주시는 하나님의 은혜가 나타나."(딛 2:11) 그것은 다름 아닌 '하나님의 복음' 속에 계시된 하나님의 은혜입니다. 은혜의 교훈(교리)을 다음과 같이 표현하기도 합니다. "누구든지 다른 교훈을 하며 바른 말 곧 우리 주 예수 그리스도의 말씀과 경건에 관한 교훈을 따르지 아니하면."(딤전 6:3) '은혜의 교훈'은 거룩한 신학의 모든 체계를 다 포함하며, 복되신 하나님이 영구한 복음의 모든 근본적인 요점들을 다 포괄하며, 하나님의 마음과 뜻의 장엄한 '비밀'을 다 내포합니다. 그 비밀은 영원하신 성삼위의 완전한 뜻과 언약을 우리에게 제시해 줍니다. 또한 '하나님의 아들'에 관한 하나님의 말씀이 그 '은혜의 교훈(교리)'라는 말 속에 포함되어 있습니다. 그 하나님의 아들에 관한 기록된 말씀을 통해서 하나님께서는 "믿는 자는 영생을 가졌다."고 선언하십니다.

사도들이 '복음 전체'를 전하되, 복음 안에 내포된 위대한 구원과 복락과 위로와 복음의 특권들과 약속들을 편벽됨이 없이 온전하고 거침없이 설교했습니다. 하늘로부터 보내심을 받은 성령께서 그 사도들의 설교를 듣는 많은 사람들의 마음과 생각 속에 작용하시어 구원 받기에 합당한 주님을 아는 지식을 얻게 하십니다. 그리하여 진리의 말씀을 방편으로 주님과 참되고 실제적인 긴밀한 관계로 들어서게 하시는 것입니다. 하나님께서 신임하시는 종들이 성령님의 권능으로 옷 입고 선포하는 은혜의 교훈은 흑암 중에 있는 택한 백성들에게 빛을 비추는 방편이 됩니다. 그래서 사탄의 세력 가운데서 하나님의 사랑하는 아들의 나라로 옮기시는 하나님의 지정하신 방편이 복음의 설교입니다. "그 눈을 뜨게 하여 어둠에서 빛으로, 사탄의 권세에서 하나님께로 돌아오게 하고 죄 사함과 나를 믿어 거룩하게 된 무리 가운데서 기업을 얻게 하리라 하더이다."(행 26:18) 총명이 비추임 받아 복음으로 제시되는 구속주(救贖主)를 믿음으로 말미암아 구원받는 것이 하나님의 뜻임을 그 택한 백성들이 알게 됩니다. 그리하여 그들 각자가 개별적으로 주 예수 그리스도께서 죄인들을 구원하시려 세상에 오셨음을 능히 인식하게 되는 것입니다.

둘째로, 자기 속에 내주하는 은혜로 마음이 '굳게 되는 것'은 참으로 중요하고 복된 일입니다. 다시 말하면 하나님께로 난 자마다 뭔가 알거나 느끼는 하나의 사실이 바로 그것입니다. 하나님의 성령께서 거주하시는 곳에 죄책과 그 죄의 권세를 알고 느끼게 됩니다. 아울러 타락이 영혼의 모든 기능에 미친 효과들을 체험합니다. 성령께서 구세주되신 그리스도의 모든 충만함과 충족성 등, 그리스도의 초월적인 탁월성을 계시하십니다. 그 때에 그들 택한 백성들이 그리스도를 향한 간절한 열망과 갈증과 그 안에 발견되려는 간절한 소원을 갖게 만들어집니다. 그리고 그리스도의 피와 의가 극히 높고 가치 있음을 인정하게 됩니다. 그러나 하나님께 살리심을 받고 부르심을 받았음에도 불구하고 아직 그리스도와 친밀한 관계에 있지 않아서 그리스도께서 '우리를 위해서' 죽으셨다고 말할 수 없거나, '우리의 죄'가 용서 받았음을 아직 알지 못하는 사람들이 많습니다. 성령께서 그들 속에 역사하시면, 그들은 자신들이 비열한 죄인이며 하나님의 진노를 받을 만한 자들임을 틀림없이 느끼게 됩니다. 그러나 아직은 그런 자리에 머물러 있어 자기들의 이름이 하늘에 기록된 것을 확증하지 못하고 있습니다. 그들은 마음을 비워 피조물들이 마땅히 하나님을 의존해야 하며 자기 자신으로는 충족하지 못함은 알게 되었습니다.

그들이 마음으로 자신들이 진실로 철저한 죄인들임을 의식하고는 겸비해져 있습니다. 그들은 그리스도에 대하여 들었고, 자신들과 같은 죄인들에 대하여 무한하신 자비와 긍휼과 사랑과 은혜를 베풀어 주시는 그리스도에 대한 말씀을 들었습니다. 주 성령께서 그들을 인도하사 복음 설교를 주의 깊게 듣게 하시고, 성경을 탐구하게 하셨습니다. 비록 그들이 '상한 갈대와 꺼져가는 심지' 같아서 자기들의 궁핍을 하나님께 아뢸 수도 없고, 자기들의 경우를 다른 사람들에게 묘사해 낼 능력은 없다 할지라도, 십자가에 못 박히신 그리스도를 설교하는 말씀 속에서 자기들의 궁핍을 채우는 것을 발견했습니다. 아직은 그들이 그리스도에 대하여 "나를 사랑하사 나를 위하여 자신을 주신 분"으로 확신 있게 말할 수는 없어도, 그분의 여러 '규례들' 속에서 치료하는 광선을 발하시는 의의 태양이신 그리스도께서 자기들 위에 떠오르기를 갈망합니다. 그러한 사람들을 가리켜 '구도 단계에 있는 자들(seekers only),' '그리스도를 찾아 구하는 자들(inquires after Christ)'이라고 말할 수 있다 할지라도, 그들은 복을 받은 자들입니다. "그를 기다리는 자마다 복이 있도다."(사 30:18) "여호와를 구하는 자마다 마음이 즐거울지로다."(대상 16:10)

그러한 사람들에 대해서 주님께서는 그 기뻐하시는 때에 은혜의 빛을 더욱 분명하게 비춰시며, 그들 속에서 광채를 발하시어 그들의 영적 기능들을 활성화시켜 '복음의 비밀'(엡 6:19)과 은혜의 교리에 대하여 더 활발하게 작용하게 하십니다. 그럼으로써 그들의 영적인 '지각들'(히 5:14)은 하나님의 진리의 단맛을 느끼게 되고, 진리로 말미암아 마음은 새롭게 되고, 그 진리로 인하여 마음의 자양분을 얻게 됩니다. 그리하여 그 진리의 영적인 탁월성을 지각하게 됩니다. 그리하여 그들이 진리를 받아들이고 소화함으로써 하나님께서 값없이 베풀어 주시는 은혜의 교리가 건전하여 영혼을 지탱해 준다는 것을 발견합니다. 이를 방편으로 하여 그들이 '양육을 받아'(딤전 4:6) 영생에 이르게 됩니다. 주께서 그런 식으로 당신의 백성들의 영혼 속에서 당신의 일을 수행해 나가시는 것입니다. 거듭날 때 그 백성들은 주님 안에 있는 기쁨의 충만함을 입습니다. 그러나 처음에는 죄를 아주 조금 밖에는 느끼지 못합니다. 그러나 은혜의 역사가 깊어지면 깊어질수록 그들은 자기들의 부패를 더 알고 느끼게 됩니다. 그리되면 자기들이 처음 가졌던 평강은 자기들의 비열함을 발견하는 정도가 높아짐에 따라 흐려지게 됩니다. 그것은 바로 은혜를 갈수록 더 깊이 맛보게 되는 길을 마련해 주는 셈입니다.

거듭날 때 성령께서는 새로운 본성, 또는 거룩한 원리를 그 심령 속에 심어주어 그 속에서 '고유하게 내주하는 은혜(inherent grace)'가 되게 하십니다. 그 '내주하는 은혜'는 은혜의 영적인 지각들과, 내면적인 여러 이해와, 영적인 정서로 구성됩니다. 요소들은 하나님께 난 자들의 영혼 속에 존재합니다. 그 은혜로 인하여 그들이 하나님과 하나님께 속한 일들에 적당하게 맞추어지게 되어 하나님 속에서 거룩한 기쁨을 느낄 수 있게 됩니다. 그리고 하나님을 향한 거룩한 호흡을 할 수 있게 되고, 의(義)를 위하여 주리고 목말라 하며 그리스도의 임재를 의식하기를 간절하게 바랄 수 있게 됩니다. 더 나아가 그리스도를 생명의 떡으로 알고 받아들이는 영적인 미각(味覺)을 갖게 되는 것입니다. 그러니 성도가 마음속에 내주하는 은혜로 마음을 굳게 하는 것은 가장 유익한 일입니다. 왜냐하면 성도는 개인적으로 그 은혜를 받은 자이기 때문입니다. 보편적으로 말해서 하나님의 백성들이 '체험적 설교(experimental preaching)'를 그렇게 좋아하는 것도 바로 그런 이유에서입니다. 다시 말하면 자기들 마음속에서 역사하시는 하나님의 성령님의 역사(役事)를 추적해 나가는 것을 좋아한다는 말입니다. 그런 설교는 그들로 하여금 하나님은 진리이시라는 확증된 인을 그 마음에 치게 합니다. 그리고 그런 설교를 통하여 하나님께서 지금까지 그렇게 하시어 자기들로 하여금 하나님의 은혜의 영광을 찬미하게 하셨음을 확증받게 되는 것입니다.

그런 일에 어떤 율법주의적인 정신이 전혀 들어있지 않습니다. 왜냐하면 성령께서 역사하시는 그 모든 국면은 그리스도의 역사와 같이 '은혜 언약' 안에서 값을 요구하지 않고 부어져 흘러나오기 때문입니다. 그렇습니다. 우리는 "중생의 씻음과 성령의 새롭게 하심으로" 구원을 받았다는 말씀을 듣습니다(딛 3:5). 사도가 그 진리를 그렇게 표현하는 것은 무엇 때문일까요? 구원이 영원하신 성삼위 각위께서 하나님의 택하신 백성들을 위하여 각각 맡으신 독특한 직무들에 동등하게 의존되어 있음을 보여주기 위함입니다. 체험적으로 하나님과 그 아들 예수 그리스도와 친밀한 교제를 하는 이들과 때때로 대화를 나누는 것이 도움이 됩니다. 그런 체험적으로 교제하는 이들은 성령님으로 말미암아 그리스도와 교제를 누립니다. 참된 그리스도인의 체험은 주도적으로 바로 다음과 같은 내용을 포함하고 있기 마련입니다. 성령께서는 성경을 우리에게 열어주시어 성경이 우리의 믿음의 초석이 되게 하시길 기뻐하시고, 그 성경의 능력을 우리가 느끼어 그 성경 속에 묘사된 체험이 우리 자신의 것이 되게 하시기를 원하십니다. 그리고 말씀에 예시된 대로 그리스도를 우리에게 계시해 주시며, 복음에 계시된 대로 하나님의 사랑으로 우리 마음을 채우시기를 기뻐하십니다.

하나님의 백성들은 가르침 받아서 자기들 '속에서' 일하시는 하나님의 참된 역사(役事)에 친숙할 필요가 있습니다. 아울러 그들을 강하게 하시고 위로하시는 하나님의 방식을 알 필요가 있습니다. 그렇게 함으로써 그들은 영적 확신의 근거를 배울 수 있습니다.

"마음은 은혜로 굳게 함이 아름답고." 다음과 같은 국면을 감안하면 그 점에 대한 필요성이 인식됩니다. 하나님의 백성들이 자기들 속에서 초자연적인 하나님의 역사가 실제로 일어나고 있음을 확신해야 합니다. 또 그리스도께서 자기들 속에서 영광의 소망이 되심을 확신해야 합니다. "참으로 하나님의 은혜를 깨닫고" 있음도 스스로 확인하여야 합니다(골 1:6). 그리고 그리스도께서 표현하신대로 자기들의 행위가 "하나님 안에서 행한 것임을" 알아야 합니다(요 3:21). 그런 국면들을 감안하면 "마음이 은혜로 굳게 할" 필요가 있습니다. 그러므로 우리는 부지런히 우리 속에 계신 성령님의 역사를 공부해야 합니다. 그리고 그 하나님의 성령님의 역사를 기록한 말씀인 성경과 비교하면서 우리의 본성적인 정서와 영적인 정서가 어떻게 다른지를 유심히 구별해야 합니다. 그러면서 도덕적으로 세련되는 것과 초자연적으로 거듭나는 것 사이의 차이가 어떠함을 주의 깊게 구분해야 합니다. 우리 안에 있는 하나님의 은혜가 우리에게 발견되는 때는 언제입니까? 오직 성령께서 빛을 비추시어 우리 영혼 속에서 당신의 일하심을 비추어 알게 하실 때뿐입니다.

그 점을 결코 잊지 맙시다.

"마음은 은혜로 굳게 함이 아름답고." '은혜의 교리'의 관점에서 볼 때도 "마음이 은혜로 굳게 함"이 좋습니다. 아버지의 영원하신 사랑과 아들의 완전하신 구원, 그 구원에 대한 성령님의 증거를 믿는 믿음을 위해서도 '마음이 은혜로 굳게 되어야' 합니다. 그럼으로써만 믿음이 강화되고 그리스도인의 소망이 확증됩니다. 하나님의 은혜를 기초하지 않는 다른 어떤 것으로도 하나님 앞에서 확신을 계속 유지할 수 없습니다. 신자의 마음이 고통으로 충만해 있을 때가 있습니다. 죄책감이 자기 양심을 짓누르고, 사탄이 신자를 넘어뜨리게 허락 받을 때가 있습니다. 그 때 신자는 "언약을 돌아보소서"라고 울부짖지 않으면 안되게 되어 있습니다(시 74:20). 말을 하지 못하고 그저 탄식만으로 기도하면서 영혼의 무거운 짐과 갈등을 쏟아 놓을 때가 있습니다. 그러나 그런 때는 오로지 자기 '마음이 은혜의 진리로 굳게 될 필요성'을 깊이 인식하는데 기여합니다.

그처럼 "마음이 은혜로 굳게 됨"은 첫째로 우리 '밖에' 있는 '하나님의 은혜의 교리'를 의미합니다. 다시 말하면 우리를 향하신 하나님 자신의 마음속에 있는 것을 뜻합니다. 둘째로, '우리 속에' 계신 성령의 복되신 작용을 뜻합니다. 값없이 베풀어주시는 은혜의 구원이 성령님으로 말미암아 깨달아질 때 그 구원이 "하나님의 능력"(롬 1:6)으로 다가옵니다. 그런 사람 속에 복된 열매와 귀추가 산출되는 것입니다. 그러므로 '은혜의 교리'를 분명하게 고백하는 것은 참으로 중요합니다. 또한 마음속에서 성령으로 말미암아 일어나는 참된 은혜의 역사를 우리가 고백하는 진리에 합당하게 선포할 수 있다면, 그것이야 말로 헤아릴 수 없을 정도로 큰 가치를 지닌 것입니다. '은혜의 교리'는 믿음을 낳고 성장하게 촉진하고 지탱하시는 성령님의 손에 들린 방편입니다. 그러므로 하나님의 영원한 사랑과 그리스도의 완전한 구속(救贖)을 설교할 필요가 항상 존재합니다. 그것이 이미 알려졌고 그 마음속에 그 능력을 느꼈다 할지라도 말입니다. 왜냐하면 우리가 하나님과 동행하고 하나님 안에 있는 담대함이 있으면 바로 그 하나님의 사랑과 그리스도의 완전한 구속으로부터 오는 모든 격려를 받겠기 때문입니다.

"마음은 은혜로써 굳게 함이 아름답고." 마음으로 진리의 덕과 효력을 체험하려면 먼저 머리가 진리를 아는 지식으로 조명(照明)을 받아야 함이 분명합니다. 그러나 우리 본문은 '마음'에 대해서 말하되, 영혼 속에서 포용되고 유지되는 하나님의 진리가 우리를 각성하여 작용하는 권능을 강조하기에 좋게 말하고 있습니다. "마음은 은혜로 굳게 됨이 아름답습니다." 왜냐하면 그 은혜는 신자의 영적 성장을 촉진하고, 신자의 복락을 보장하며, 그의 위로에 큰 기여를 하기 때문입니다. 또한 그 은혜는 오류를 막아 주고, 불신앙을 방지해 주며, 재난의 때에 영혼을 소생시켜 주기에 결정적인 촉매제이기 때문입니다.

(이 강론의 후반부의 많은 분량이 피어스(S. E. Pierce)의 훌륭한 설교에 크게 힘입었음을 지적해 두고자 한다.)

113강

그리스도인의 제단

13:10 우리에게 제단이 있는데 장막에서 섬기는 자들은 그 제단에서 먹을 권한이 없나니

'사람은 보통 자기가 찾고 있는 것을 발견한다.'는 말이 있습니다. 어떤 의미에서 그 원리가 성경을 연구하는 데도 적지 않게 작용합니다. 여러 종류의 사람들이 자기들의 상념과 맞아 들어가는 어떤 것을 성경에서 찾을 목적으로 성경을 접근해 나갑니다. 그들의 상념이 정말 어리석고 너무 빗나간 것임에도 불구하고, 그들은 어느 정도 자기들의 상념을 지원하는 듯해 보이는 데를 찾는 일에 보통 성공합니다. 그렇기 때문에 조소어린 사람들은 다른 이가 하나님의 말씀을 인용하는 것을 보고 흔히 이런 식으로 대꾸할 것입니다. '아, 당신은 성경에서 무엇이든지 입증해 낼 수 있군요.' 상도(常度)를 벗어난 기발한 자기들의 생각들을 '입증할 자료'를 확보하기로 마음먹은 '성경과 씨름한다.'는 것이 전혀 문제가 아닙니까? 성경의 문맥에서 한 문장을 떼어내거나, 그 성경의 배경과 전혀 상반되는 의미를 붙이거나, 아니면 상징적인 어법을 문자 그대로 해석해 버리거나, 문자적인 방식으로 해석되어야 하는 것을 상징적인 의미로 해석함으로써 '성경을 억지로 푸는 일'이 전혀 문

제가 되지 않는다니 말이 됩니까? "무식한 자들과 굳세지 못한 자들이 다른 성경과 같이 그것도 억지로 풀다가 스스로 멸망에 이르느니라."(벧후 3:16)

기독교 내의 모든 종파들은 자기들 나름의 독특한 신념과 실제를 지지해 주는 성경의 장절(章節)을 뽑아내려고 애를 씁니다. 그래서 '보편구원론자들(Univeralists),' 도덕폐기론자들(Anitimonianists)이나 '제칠일안식교도들(Seventh-day Adventists)'은 자기들의 잘못된 주장들을 입증하기 위해서 나름으로 일련의 성경 본문 목록을 만들었습니다. 그 뿐만 아니라 자기들이 '그리스도인'은 아니라 생각지 않는 이들 조차도 자기들의 허망한 생각을 뒷받침 하려고 성경에 호소합니다. 이 책을 읽는 독자들 중에 성령주의자들(Spiritists)의 행태를 알면 깜짝 놀랄 것입니다. 그들은 인위적으로(아니 악의적으로) 성경을 조작하며, '투시(透視)의 은사'나 초인적인 '청력(聽力) 은사'나 '황홀경 속에서 말하는 은사' 등을 내세우면서 성경을 적지 않게 깎아내렸습니다. 한편 하나님을 보았다고 주장하는 '견신론자들(Theosophists)'은 성경에서 예수님의 재성육신(再成肉身)을 분명하게 가르치고 있다는 오만 무례함을 범하였습니다.[1] 이런 악독은 모두 타락한 사람들이 하나님의 긍휼을 얼마나 무섭게 모독할 수 있으며, 얼마나 더럽게 신성한 것을 모독할 수 있는지를 드러내 보이고 있습니다.

로마 가톨릭도 예외는 아닙니다. 그들이 성경에 대하여 매우 적은 관심을 가지고 있음은 일반적으로 알려진 사실입니다. 전통(tradition)이나 고대의 습관에 호소함으로써 자기들의 미신(迷信)을 부추기고 있습니다. 교황주의자들은 일반인들에게서 성경을 빼앗고 '교회의 권위'에 만족하게 유도하고 있습니다. '교회의 권위'야말로 자기들이 믿고 행동할 모든 것을 위한 충분한

1) 이들은 '승천하신 예수님이 재림하시어 다시 육신을 입는다.'고 주장한다. - 역자 주

정당성을 지니고 있다고 그들은 생각합니다. 그러나 로마 교회의 직무자들이 자기들의 지위를 성경적으로 변증해 내지 못할 것이라고 생각하는 것은 큰 실수입니다. 본 강해서 저자 본인은 사반세기 이전에 처음 목회를 시작하면서 그 점을 발견하였습니다. 콜로라도의 한 탄광촌 캠프에서 목회를 할 때였습니다. 그 고장의 사역자는 나 말고 로마 가톨릭 사제(司祭) 한 사람뿐이었습니다. 우리는 그 사람과 친분을 갖게 되었습니다. 그는 '교황의 교의(敎義, dogma) 칙서와 실천 요강'의 조목조목을 지원하는 성경 구절을 자청하여 제시하였습니다. 우리가 그를 시험해 보고(우리는 여러 번 그 일을 했다.), 말씀을 접근하는 그의 교묘한 나쁜 방식에 크게 놀라고 두려워하게 되었습니다. 그때 우리는 하나님께 속한 일들에 관하여 '변론'하는 것이 쓸데 없음을 배우게 되었습니다. 우리가 다루려는 대목의 첫 부분의 말씀을 보니 그런 생각들이 났습니다.

"우리에게 제단이 있는데." 이 본문이 들어있는 대목에서 성령께서 의도하신 것과는 전혀 상반된 의미를 부여하거나 적용하는 자들이 이 본문의 소절을 얼마나 무섭게 왜곡시켰는지요! 그런 이들은 이 말씀을 읽어 소리 나는 대로 이해하여 기만을 당하였습니다. 구약시대의 이스라엘 사람들은 문자 그대로 물리적인 제단(祭壇)을 가지고 있었듯이, '우리' 그리스도인들도 하나님의 정하심에 따라서 '한 제단'을 가지고 있다고 대담하게 주장하는 자들이 있습니다. 많은 '프로테스탄트 교회들' 내에도 '높은 제단'이 있어야 한다는 것입니다. 그러면 제단이 '제물(祭物)'을 필요로 합니다. 그래서 로마 가톨릭의 사제들이 '미사'를 드리게 되었고, "그리스도의 살과 피 없는 제물"을 드리게 되었다는 것입니다. 모든 이들이 그렇게까지 나가지는 않지만, 어떤 이들은 성만탁(聖餐卓)을 '제단'으로 명명해야 한다고 주장하기도 합니다. 그들은 바로 이 본문이 자기들의 주장을 지원하고 있다고 상상합니다.

그런 주장이 전혀 근거 없고 그릇됨을 금방 입증할 수 있습니다. 첫째로, 본문의 '제단'이 무엇을 의미하든지 간에, 본문에서 말하는 '제단'이 유대교의 눈에 보이는 가시적이고 물리적 제단이 아님은 명백합니다. 유대교의 제단에서 제물을 드리는 자들은 여기 본문에서 언급하는 제단에서 먹고 마시는 것이 금지되어 있으니 말입니다. 둘째로, 성막에 있던 다른 모든 것들과 마찬가지로 유대교의 제단은 모형이나 그림자였습니다. 그러니 분명히 옛 구약 시대의 놋 제단이 지금 우리 '교회들'에서 사용되는 성찬탁의 한 상징에 불과하다고 생각하는 것이 전혀 '그릇 되다.'는 것은 아주 분명합니다. 셋째로, 우리가 주목할 사항은 사도가 앞의 여러 장에서 그리스도의 일을 충분하게 진술하였다는 점입니다. 곧 그리스도께서 친히 그 인격과 직무와 희생 제사의 일로 말미암아 자신이 모든 장막의 모형의 실체요 원형임을 명백하게 드러내신 사실을 충분하게 적시하였습니다. 넷째로, 성령께서 친히 우리의 '제단은 신령하다.'는 사실을 분명하게 말씀하셨습니다. 또한 우리가 그 제단에 드려야 하는 '제물'은 '신령한' 것임을 명백히 하셨습니다. "그러므로 우리는 예수로 말미암아 항상 찬송의 제사를 하나님께 드리자 이는 그 이름을 증언하는 입술의 열매니라."(히 13:15)

"우리에게 제단이 있는데 장막에서 섬기는 자들은 그 제단에서 먹을 권한이 없나니." 이 구절을 둘러싸고 유익하지 못한 많은 논란이 일어나 불필요하게 많은 이들을 당혹하게 했습니다. 그러니 이 구절의 의미를 확인하고 해석하려 할 때 다음과 같은 사실을 염두에 두면 쉬워질 것입니다. 다시 말하면 하나님의 성령께서 이 히브리서를 통해서 가장 우선하여 무엇을 목표하여 말씀하셨습니까? 과거에 하나님께서 백성들에게 말씀하시려고 쓰신 종들보다 그리스도께서 얼마나 초월적으로 탁월하신지를 보여주려 하셨습니다. 또한 그리스도께서는 그 의무와 사역에 있어서 구약시대에 종들에게 주신 여러 직무와 사역을 초월적으로 능가하심을 보여 주셨습니다. 구약의 종들에게 주어진 직무와 의무들은 그리스도의 그 영광을 예표하였습니다. 성육신하신 아들로서 모든 선지자들과 천사들보다 무한히 탁월하십니다(히 1장과 2장). "하나님의 집에서 충성된 종"이던 모세는 "집 맡은 아들이신"(3장) 그리스도께서 나타나실 때에 그 앞에서 물러갑니다. 모세가 하나님께 받아 세운 모든 제도들도 역시 마찬가지입니다. '그리스도'는 그 모든 제도들이 미리 예표로 보여주는 모든 것을 성취하셨습니다.

이 점은 매우 초보적인 진리입니다. 그러나 그것은 기본적인 중요성을 가지고 있습니다. 이 시점에서 오류를 범하면 매우 치명적이고 가장 해로운 귀추들을 만납니다. 여호와께서 이스라엘을 위해서 지정하신 예배의 모든 체계는 모형적인 성격을 가지고 있었습니다. 그것의 실체와 본질은 그리스도 안에서 발견됩니다. 그리스도께서 위대하신 대제사장이시니 아론도 예외가 없습니다. 모든 선지자들도 그분 앞에서 희미한 표징에 불과하였습니다. 그리스도의 몸 자체도 "손으로 짓지 아니한 곧 … 더 크고 온전한 장막"이십니다(히 9:11). 레위 제사제도는 구속(救贖)의 절대 필요성을 선포하였는데, 그리스도께서 '영 단번에' 그 구속을 성취하셨습니다. 레위 제사제도 아래서는 제사가 반복적으로 드려졌습니다. 그 말은 레위 제사로는 결코 온전한 효력을 내지 못하였음을 명백하게 드러내 줍니다. 같은 방식으로 그리스도께서는 장막의 모든 거룩한 기구들의 '장엄한 원형(原型)'이십니다. 그리스도께서는 참된 놋제단과 참된 놋대야와 참된 금향로시요, 참 떡상이시며 참된 속죄소(시은소)십니다. 또 참된 언약궤이십니다. 주 예수께서 친히 '번제단'의 원형이시라는 사실은 주께서 친히 선언하신 두 말씀을 비교해 보면 드러납니다. “맹인들이여 어느 것이 크냐 그 예물이냐 그 예물을 거룩하게 하는 제단이냐.”(마 23:19) “또 그들을 위하여 ‘내가 나를 거룩하게 하오니’ 이는 그들도 진리로 거룩함을 얻게 하려 함이니이다.”(요 17:19). 예물을 드리는 제단과 예물이 ‘그리스도 안에서’ 만납니다. 마치 제사 드리는 제사장과, 그가 드린 제물이 그 의미의 완성을 보듯이 말입니다. 어떤 유능한 작가들이 주 예수 안에서 그 의미가 온전하게 성취되고 실현된 문제를 다루면서 마태복음 23:19를 지적하지 않는 것이 이상해 보입니다. “맹인들이여 어느 것이 크냐 그 예물이냐 그 예물을 거룩하게 하는 제단이냐.” 그들은 주께서 못 박혀 죽으신 그 십자가 나무를 ‘제단’으로 만들었습니다. 그러한 실수는 보다 더 심각한 오류를 위한 기초를 형성해 놓은 셈입니다. 그렇게 하면 정말 안 됩니다. ‘예물’을 올려 놓는 ‘제단’은 그리스도의 영광스런 ‘격위(인격)’의 신적 존엄성을 가리킵니다. 그것이 바로 그리스도께서 드린 제사의 무한한 가치입니다. 바로 그 이유 때문에 성령께서 이 서신의 처음 몇 장들 속에서 그리스도의 인격의 독특한 영광을 상술(詳述)하신 다음에야 속죄 희생 사역을 풀어 주셨습니다.

방금 지적한 것은 구약의 많은 사랑스런 모형들을 이해하는 열쇠를 제공합니다. 예를 들어 창세기 8:20을 보십시오. “노아가 여호와께 ‘제단을 쌓고’ 모든 정결한 짐승과 모든 정결한 새 중에서 제물을 취하여 번제로 제단에 드렸더니.” 그 말씀은 정말 복됩니다. 노아가 방주에서 나와 정결하게 된 땅에 발을 내디디면서 행한 ‘첫 번째’ 행위는 자신의 집을 짓는 것이 아니었습니다. 오히려 그리스도의 인격을 예표하는 것을 세웠습니다. 왜냐하면 모든 일에 있어서 그리스도는 최고의 위치를 차지하셔야 하기 때문입니다. 그 단에 노아는 ‘번제로 제단에 드림으로’ 말미암아 감사의 마음을 표현하였습니다. 우리의 찬미의 제물을 하나님이 받으시기에 합당하게 드리려면 그리스도로 말미암아야 함을 가르치는 대목입니다. "그러므로 우리는 예수로 말미암아 항상 찬송의 제사를 하나님께 드리자 이는 그 이름을 증언하는 입술의 열매니라."(히 13:15) 노아가 드린 제물은 "여호와께 향기로운 냄새"였습니다. 그런 다음에 창세기 9:1의 말씀을 들어 보십시오. 거기서 "하나님이 노아와 그 아들들에게 복을 주시며."라는 표현이 있습니다. 왜냐하면 모든 복락은 그리스도로 말미암아 우리에게 오기 때문입니다.

"여호와께서 아브람에게 나타나 이르시되 내가 이 땅을 네 자손에게 주리라 하신지라 자기에게 나타나신 여호와께 그가 그 곳에서 제단을 쌓고."(창 12:7) 그것은 동일하게 복된 모습입니다. 아브라함이 갈대아를 떠나 '처음' 행한 행동이 '제단을 쌓는 일'이었습니다. 그가 하란에서 잠시 지체하였다가 이제 실제로 가나안 땅에 들어갔습니다. 주께서 여기 가나안 땅에서 그에게 나타나시되 우르 지방에서 나타나실 때와 같이 하셨습니다. 그리고 아브라함과 그 후손에게 가나안 땅을 약속하셨습니다. 그의 반응은 제단을 쌓는 일이었습니다. 다시 우리는 이런 말씀을 듣습니다. "거기서 벧엘 동쪽 산으로 옮겨 장막을 치니 서쪽은 벧엘이요 동쪽은 아이라 그가 그 곳에서 여호와께 제단을 쌓고 여호와의 이름을 부르더니."(창 12:8) 얼마나 의미심장합니까! 벧엘은 '하나님의 집'이라는 뜻이요, 아이는 '파멸의 더미'라는 뜻입니다. 아브라함은 '그 둘 사이'에 자기의 장막을 쳤습니다. 그 장막은 이 세상에 있는 동안 성도의 삶이 순례자적 성격을 가지고 있음을 예표합니다. 거기서 그가 장막을 친 다음에 제단을 쌓았는데, 그 제단은 그가 하나님께 예배하는 일을 철저하게 의존하였음을 상징적으로 보여줍니다. 애굽에 내려갔다가 실패한 후에 다시 그 제단으로 돌아왔던 것입니다(창 13:3,4).

우리는 이삭에 대하여는 이런 말씀을 읽습니다. "이삭이 그곳에 제단을 쌓고, 여호와의 이름을 부르며 거기 장막을 쳤더니 이삭의 종들이 거기서도 우물을 팠더라."(창 26:25) 그것은 우리의 모형의 또 다른 국면을 얼마나 아름답게 보여주는지요! 여기서 '제단'은 기도의 장소로 소개됩니다. 왜냐하면 우리가 하나님께 올리는 간구가 가납되는 일은 오직 그리스도의 이름으로 드리는 것이기 때문입니다. 물론 야곱에 대한 말씀이 또 있습니다. "거기에 제단을 쌓고 그 이름을 엘엘로헤이스라엘이라 불렀더라."(창 33:20) 하나님께서 에서와 그 사백 인의 군대로부터 자기를 구원하신 후에 즉각 그 일을 행했던 것입니다. 신자의 영원한 '안전'은 그리스도 안에 있고, 신자의 존재가 그리스도로 말미암아서만 가능함을 지시하는 모습입니다.

모세에 대하여는 이런 말씀을 듣습니다. "모세가 제단을 쌓고 그 이름을 여호와 닛시라 하고."(출 17:15) 이스라엘이 아말렉을 이긴 후에 바로 모세가 그렇게 단을 쌓은 것입니다. 이는 오직 그리스도로 말미암아서만 신자들이 그들의 영적인 원수들을 '이길 수 있다.'는 것을 지시합니다. "모세가 여호와의 모든 말씀을 기록하고 이른 아침에 일어나 산 아래에 제단을 쌓고 이스라엘 열두 지파대로 열두 기둥을 세우고."(출 24:4) 그리스도로 말미암아서만 율법이 영예롭게 되고 광대하게 여겨집니다.

그러나 우리의 관심을 보다 더 특별하게 기울여야 하는 것은 성막에 있는 놋으로 싼 제단(祭壇)입니다. 출애굽기 27:1-8에 그 제단에 대한 묘사가 있습니다. 물론 그 대목과 다른 대목들을 주의 깊게 비교해 보아야 합니다. 이 제단은 성막에 있는 일곱 가지의 성구(聖具)들 중에서 가장 중요한 위치를 차지합니다. 그 성구가 크기에 있어서도 모든 성구들 중에서 제일입니다. 다른 모든 성구들을 다 합해도 그 크기에 이르지 못합니다. 그 제단이 "회막의 성막문 앞에" 놓여 있었습니다(출 40:6). 바깥 뜰 바로 안쪽에 있었습니다(출 40:33). 그래서 예배하는 자가 성소로 들어갈 때 가장 먼저 눈에 띄었습니다.

그 제단은 나무로 만들고 놋으로 겉을 쌌습니다. 그래서 불의 힘을 견뎌낼 수 있었고, 그 제단 위에서 끊임없이 제물이 타도 그 제단은 타지 않았습니다. "제단 위의 불은 항상 피워 꺼지지 않게 할지니 제사장은 아침마다 나무를 그 위에서 태우고 번제물을 그 위에 벌여 놓고 화목제의 기름을 그 위에서 불사를지며."(레 6:13) 죄인은 하나님께서 지정하신 제물을 가지고 그리로 왔습니다. 바로 거기서 아무 죄 없는 짐승이 죄의 책임을 지고 살해되었습니다. 대속죄일(大贖罪日)에 대제사장이 이 제단에 제물을 드렸습니다(레 16).

그 놋 제단은 하나님께 나아가는 길이었습니다. 왜냐하면 여호와께서는 그곳에서 바로 백성들과 만나겠다 약속하셨기 때문입니다. "내가 거기서 이스라엘 자손을 만나리니 내 영광을 인하여 회막이 거룩하게 될지라."(출 29:43) 그 점은 우리 구주께서 선언하신 말씀을 얼마나 잘 생각나게 하는지 모릅니다. "내가 곧 길이요 진리요 생명이니 나로 말미암지 않고는 아버지께로 올 자가 없느니라."(요 14:6) 이 제단이 레위 제사제도 전 체계의 기초가 되었습니다. 왜냐하면 그 제단 위에서 번제물과 소제와 화목제와 속죄제가 하나님께 드려졌기 때문입니다. 피를 그 제단의 네 귀에 발랐고, 또 그 제단 위에 뿌렸으며, 그 주위에 뿌렸고, 그 놋 제단 아래에 피를 부었습니다. 그 제단이야말로 여호와 하나님과 백성들 사이를 연결하는 주요 고리였습니다. 백성들은 그 제단과 어찌나 긴밀한 관계를 가지고 있던지 거기에서 하나님께 드린 제물들 일부를 먹었습니다. 그래서 사도는 이렇게 말하였습니다. "육신을 따라 난 이스라엘을 보라 제물을 먹는 자들이 제단에 참여하는 자들이 아니냐."(고전 10:18)

이 제단은 모든 이스라엘 사람들을 위한 것이었습니다. 다른 사람들은 참여하지 못하였습니다. 만일 어떤 것이 그 제단에 참여하는 것을 방해하는 것처럼 보이면 그 이스라엘 사람들의 질투심이 금방 격발되었습니다. 여호수아 22장에 그에 대한 놀라운 실례 하나가 기록되어 있습니다. 르우벤 지파와 갓 지파와 므낫세 반 사람들이 한 제단을 세웠습니다. 요단을 건너기 전의 땅을 기업으로 얻은 자들이 바로 그 제단을 세운 것입니다. "르우벤 자손과 므낫세 반 지파가 가나안 땅 요단 언덕가에 이르자 거기서 요단 가에 제단을 쌓았는데 '보기에 큰 제단'이었더라."(수 22:10) 나머지 다른 지파들이 이 소식을 듣고 크게 놀래어 그들을 격렬하게 비난하였습니다. 그것은 마치 나라의 통일을 부인하는 것처럼 보였고, 모든 백성들을 위해 세운 제단과 경쟁을 벌이려고 세운 것 같이 보였기 때문입니다. 르우벤 지파 사람들이 다른 지파 사람들에게 제단을 세운 진의를 밝히고 나서야 문제가 진정되었습니다. 주님의 장막 앞에 있는 주 하나님의 제단 말고 새로 세운 그 제단에서 드리려 함이 아니라 오직 '증거가 되게 하려' 함이라고 밝힌 것입니다(수 22:27). 그런 다음에 이렇게 선언하였습니다. "우리가 번제나 소제나 다른 제사를 위하여 우리 하나님 여호와의 성막 앞에 있는 제단 외에 제단을 쌓음으로 여호와를 거역하고 오늘 여호와를 따르는 데에서 돌아서려는 것은 결단코 아니라 하리라."(수 22:29)

우리는 다시 에스라 시대에 이스라엘 사람들이 그 제단에 아주 탁월한 의미를 부여하였음을 발견합니다. 왜냐하면 그들이 포로잡힌 데서 돌아왔을 때 '가장 먼저' 세운 것이 바로 그 제단이었기 때문입니다. 그래서 다른 어떤 근거로는 하나님께 나아가거나 하나님과 어떤 연관을 맺을 수 없음을 뜻하였습니다. "요사닥의 아들 예수아와 그의 형제 제사장들과 스알디엘의 아들 스룹바벨과 그의 형제들이 다 일어나 이스라엘 하나님의 제단을 만들고 하나님의 사람 모세의 율법에 기록한 대로 번제를 그 위에서 드리려 할새."(스 3:2)

그 놋 제단의 의미와 중요성과 그와 관련된 여러 가지의 거룩한 요점들을 감안할 때, 회심한 유대인들이 유대교의 제단을 포기한 것이 무엇을 의미하였는지를 누구나 쉽게 상상할 수 있습니다. 믿지 않는 형제들이 볼 때는 그렇게 하는 것이 자기 조상들의 유전(遺傳)을 배반하는 것으로 보였을 것이 틀림없습니다. 그리고 그렇게 하는 것이 하나님을 배역하는 어리석은 짓으로 보였을 것입니다. 그들은 이런 식으로 비난했을 것입니다. "너희가 유대교에 등을 돌림으로써 모든 것을 상실해 버렸다. 너희는 '아무 제단'도 갖지 못하게 되었다!" 그들이 보기에는 '저 비열한 사마리아인들보다 더 나쁜 짓을 한 것'으로 보였을 것입니다. "우리는 축복의 산 그리심 산에서 하나님께 예배하는 장소와 체계를 가지고 있으나, 너희 그리스도인들은 '아무 것도' 가지고 있지 않다!"

"우리에게 제단이 있는데 장막에서 섬기는 자들은 그 제단에서 먹을 권한이 없나니." 그러나 사도는 여기서 그리스도인들을 그렇게 비난하는 사람들에게 반박합니다. "우리에게 제단이 있도다." 아직도 그 옛 성전과 그 성전의 여러 제도에 참여하는 자들은 바로 '이 우리에게 있는 제단에 참여할 권리가 전혀 없다.'고 확언합니다. 믿는 유대교에서 그리스도께로 돌아선 '우리는 그림자 대신 실체를 가지게 되었다.' 마음에 그려보는 것 대신 실상을 얻게 되었다는 것입니다. 그리스도를 배척하는 자들은 단지 "약하고 천한 초등학문"만을 가질 뿐입니다(갈 4:9).

서글프게도 사도가 복음을 선포할 때 유대교인들 대다수는 하늘 위엣 것들을 생각하는데 실패하였습니다. 거기 하늘에서 그리스도께서는 하늘 성소의 휘장 안으로 들어가셨습니다. 그런데 그들은 예루살렘에 있는 손으로 만질 수 있는 체계에 자신들을 고집스럽게 비끄러매고 있었습니다. 그런 실패의 사실의 원인은 그 유대 족속의 독특성보다 더한 무엇에서 찾아야 합니다. 그것은 종교에 있어서 '물질적'인 것을 더 좋아하는 사람들의 보편적인 성향을 실증적으로 보여주었습니다. 사람들은 '엄격하게 영적인 것'에 구미를 별로 느끼지 못합니다. 유대교 안에는 감각에 호소하는 것들이 많았습니다. 로마 가톨릭 교회가 성공하는데 기여한 비밀과 힘이 바로 거기에 있었습니다. 거듭나지 않은 이들에게 로마 가톨릭 교회가 강한 호소력을 가진 것은 그 교회가 감각에 호소하기 때문입니다. 그리스도인들이 예배할 때 하나님의 영광을 상징하는 땅에 있는 것들을 전혀 가지지 않는다 해도 하늘에 있는 은혜의 보좌 앞에 나아가는 데 아무 지장이 없어야 합니다. 그러나 그림자보다 실체를 더 좋아하는 사람들은 진정으로 거듭난 이들 뿐입니다.

"우리에게 제단이 있는데." 우리 그리스도인들의 제단은 유대교의 제단과는 달리 '휘장 안에' 있습니다. "그리로 앞서 가신 예수께서 멜기세덱의 반차를 따라 영원히 대제사장이 되어 우리를 위하여 들어 가셨느니라."(히 6:20) 그분은 그러신 다음에 자신이 속죄주로서 죄를 없이 하시기 위해서 이 땅에 나타나셨습니다. 그래서 그리스도인에게 다음과 같은 복된 권면의 말씀이 임하게 된 것입니다. "그러므로 형제들아 우리가 예수의 피를 힘입어 성소에 들어갈 담력을 얻었나니 그 길은 우리를 위하여 휘장 가운데로 열어 놓으신 새로운 살 길이요 휘장은 곧 그의 육체니라 또 하나님의 집 다스리는 큰 제사장이 계시매 우리가 마음에 뿌림을 받아 악한 양심으로부터 벗어나고 몸은 맑은 물로 씻음을 받았으니 참 마음과 온전한 믿음으로 하나님께 나아가자."(히 10:19-22) 타락한 죄인들이 그리스도의 피를 믿음으로 말미암아 두려움 없이 하나님께 나아갈 수 있다는 것이 얼마나 기이한 은혜요 얼마나 놀라운 긍휼인가요! 그리스도의 무한한 공로를 힘입어서 죄인들이 하나님 앞에서 '환영 받습니다.' '그리스도께서 하나님 우편에 높이 계시다.'는 사실은 우리의 죄가 다 씻어졌음을 증거합니다. 우리는 그 사실을 기쁨으로 의식하면서 예배자로서 하나님께 나아갈 수 있습니다.

"우리에게 제단이 있는데." 그러나 이 본문이 그리스도를 그리스도인들의 '제단'으로 소개한 특별한 국면은 무엇을 나타내기 위함입니까? 그리스도께서는 그리스도인들의 예배와 섬김을 위하여 필요한 자양분과 버팀목이 될 '영적인 음식(飮食)'을 제공하시는 분으로 나타내기 위함입니다. 사도는 바로 앞 9절에서 지적하였습니다. "여러 가지 다른 교훈에 끌리지 말라 마음은 은혜로써 굳게 함이 아름답고 음식으로써 할 것이 아니니 음식으로 말미암아 행한 자는 유익을 얻지 못하였느니라." 그렇게 말한 다음에 사도가 "우리에게 제단이 있다."고 부연한 의도가 무엇임을 아는 것은 어렵지 않습니다. 우리는 그리스도 안에서 '참 제단'을 가지고 있다는 것입니다. 그 제단은 우리에게 '은혜'를 공급해 주어 하나님 앞에서 마음을 진실로 견고케 한다는 것입니다. 그러니 그 친히 '제단'되시는 그리스도께서 장막보다 더 나은 음식(飮食)을 주신다는 것입니다. 다른 말로 해서, 성령께서는 그리스도께서 하신 말씀이 성취되었음을 설명하고 선언하고 계십니다. "내 살은 참된 양식이요 내 피는 참된 음료로다 내 살을 먹고 내 피를 마시는 자는 내 안에 거하고 나도 그의 안에 거하나니."(요 6:55,56).

이제 우리는 이 본문이 들어있는 문맥에 비추어서 좀 더 자세히 생각해 봅시다. 문맥과 이 본문 사이에 긴밀한 연관이 있음은 명백합니다. 9절에서 사도는 '음식(飮食, meats)'에 관해 말하였고 여기서는 '먹는 일(eating)'을 가리켜 말하고 있습니다. "음식으로써 … 유익을 얻지 못하였느니라." 그런데 "장막에서 섬기는 자들은" 우리의 제단에 참여하여 "먹을 권한이 없다."는 것입니다. 사도는 "유익을 얻지 못하게 하는 음식" 옆에 마음을 굳게 하는 '은혜'를 옆에 놓아 대조하고 있습니다. 이제 그는 현존하지 않는 유대교의 상징들과 '우리의 제단'을 대조합니다.

우리는 앞의 강론에서 "마음은 은혜로 굳게 함이 아름답다."는 뜻이 두 가지임을 알았습니다. 첫째는 마음이 자기 의에 빠지는 데서 건짐을 받는 것입니다. 이는 '구원은 처음부터 끝까지 무조건적이고 값없이 베풀어 주시는 하나님의 은총에 속한 것이라.'는 사실을 분명하게 이해할 정도로 자신을 하나님께 의존시키는 것을 의미합니다. 둘째로는 성령께서 하나님의 구원의 역사를 위해 내면에 빛을 비추어 주시는 일을 가리킵니다. 우리가 그 하나님의 구원의 역사와 성경에 묘사했던 성도들의 체험관을 면밀히 비교해 보고 부지런히 연구해 볼 때 우리가 하나님께로부터 난 것이 틀림없다는 확신을 가져야 합니다. 그 일은 오직 성령님만 의지해서만 가능합니다. 바로 "마음은 은혜로 굳게 함이 아름답다."는 말씀의 의미입니다.

사도는 '음식으로' 마음을 굳게 하려는 어리석음에 대하여 경계하면서 '은혜로 마음을 굳게 하는 것'이 그에 비추어 얼마나 광대하게 탁월한지를 확증하였습니다. 여기서 사도가 '음식'은 깨끗하고 부정하지 않은 '먹을 것'을 지정해 놓은 모세의 규례를 직접 언급하기는 합니다. 그러나 보다 더 광범위한 의미에서 모세의 '의식체계(儀式體系)' 전체의 일부로 그 말씀을 한 것입니다. 이제 사도는 그리스도인은 영혼을 위한 더 탁월한 '음식'을 제공받고 있음을 선언하고 있습니다. 이 선언의 두드러진 힘은 레위의 모형적인 여러 가지 예식을 자세히 연구하면 금방 드러납니다. 이 본문 다음에 연결되는 사도의 논증을 가까이 추적해 가면 그 점이 금방 드러납니다. 유대교의 제단은 자기 백성들의 죄를 위하여 하나님께 자신을 희생 제물로 드린 그리스도를 모형적으로 나타냈을 뿐만 아니라, 그리스도를 하나님을 참으로 예배하는 자들의 '생명 양식'으로 예표하였던 것입니다. 구약의 모형들은 얼마나 주목할 만한 것입니까! 우리가 신약만 읽고 구약의 모형들을 모른다면 얼마나 많은 손해를 보겠는지요! 히브리서 중 많은 분량이 이방인들에게 모호해 보이고 별 흥미가 없어 보이는 것은 전혀 이상한 일이 아닙니다.

성막의 제단에서 드렸던 많은 제물들 중에서 일부만을 불로 태워 하나님께 드렸고, 나머지는 제사장들의 '음식'으로 남겨 두었습니다. 아니면, 그 제물을 드린 사람들과 그 친구들이 먹도록 남겨두었습니다. 이 음식은 특별하게 거룩한 것으로 취급되었고, 그것을 먹는 것을 큰 종교적인 특권으로 여겼습니다. 레위기에서 그 예들을 찾아보세요. "소제의 규례는 이러하니라 아론의 자손은 그것을 제단 앞 여호와 앞에 드리되 그 소제의 고운 가루 한 움큼과 기름과 소제물 위의 유향을 다 가져다가 기념물로 제단 위에서 불살라 여호와 앞에 향기로운 냄새가 되게 하고 그 나머지는 아론과 그의 자손이 먹되 누룩을 넣지 말고 거룩한 곳 회막 뜰에서 먹을지니라."(레 6:14-16) "속건제의 규례는 이러하니라 이는 지극히 거룩하니 … 제사장인 남자는 모두 그것을 먹되 거룩한 곳에서 먹을지니라 … 감사함으로 드리는 화목제물의 고기는 드리는 그 날에 먹을 것이요 조금이라도 이튿날 아침까지 두지 말 것이니라."(레 7:1,6,15) "여호와께서 또 아론에게 이르시되 보라 내가 내 거제물 곧 이스라엘 자손이 거룩하게 한 모든 헌물을 네가 주관하게 하고 네가 기름 부음을 받았음으로 말미암아 그것을 너와 네 아들들에게 영구한 몫의 음식으로 주노라 지성물 중에 불사르지 아니한 것은 네 것이라 그들이 내게 드리는 모든 헌물의 모든 소제와 속죄제와 속건제물은 다 지극히 거룩한즉 너와 네 아들들에게 돌리리니 지극히 거룩하게 여김으로 먹으라 이는 네게 성물인즉 남자들이 다 먹을지니라."(민 18:8-10)

그러나 그리스도인들은 어떤 이스라엘 사람이 먹었던 것, 아니 대제사장에게 허락되어 맛보았던 어떤 것보다 더 거룩하고 특이한 '영적 음식'을 가지고 있습니다. '그리스도'는 우리의 '음식'이요, 우리의 영혼에 '생명의 떡'입니다. 그리스도는 우리의 '희생 제물'일 뿐만 아니라, 우리의 생명을 지탱시켜주는 '영적 양식'입니다. 그분은 하나님과 우리를 화목하게 하셨을 뿐 아니라, 당신의 백성들의 자양분도 되십니다. 어떤 지정된 방식대로 그리스도의 죽음을 기억할 때 우리는 믿음으로 그리스도를 먹는 것이 사실입니다.

그러나 이 본문에는 '주의 성찬'을 가리켜 말한다는 흔적이 하나도 발견되지 않습니다. 또한 성경에서 '제단'을 '주의 식탁'으로 칭한 적도 한 번도 없습니다. 그리스도께서는 '성찬의 계절'에만 국한되어 '먹을 음식'이 아닙니다. 우리가 부단하게 '그리스도를 먹는다.'는 것은 우리의 복된 특권입니다. 여기에 바로 유대교보다 기독교가 얼마나 측량할 수 없을 정도로 우월하다는 것이 드러납니다. 육체를 따라 난 이스라엘 사람들은 '상징'에만 참여하였지만 우리는 그 상징이 가리키는 '실체'를 소유하고 있습니다. 그들은 제물 중에 일부분만을 취하였습니다. 그것은 하나님의 식탁에서 나온 '적은 부분'이었습니다. 그러나 우리는 '그리스도와 함께 살진 송아지 전체'를 먹습니다. 그들은 희생 제물을 '때에 따라서만' 먹었지만, 우리는 그리스도를 '매일의 양식'으로 먹습니다.

"우리에게 제단이 있는데." 곧, '제단'되시는 그리스도께서 우리에게 계십니다. 그리스도는 하나님께서 '소유하신' 오직 유일한 제단이십니다. 우리는 그 오직 유일하신 분만을 우리의 제단으로 여겨야 합니다. 거의 19세기 동안 - 하나님께서 로마제국을 들어서 예루살렘을 무너뜨린 일로 인하여 - 유대인들은 제단 밖에 있었습니다. 오늘날까지 그러합니다. 로마 가톨릭교도들은

'제단을 만들었습니다.' 그리고 그것을 그들의 전체 우상숭배 체계의 기초와 중심으로 삼았습니다. 그야말로 주제넘기 짝이 없는 일입니다. 그리스도와 그리스도의 희생 제물의 충분성을 무섭게 모독한 처사입니다.

"장막에서 섬기는 자들은 그 제단에서 먹을 권한이 없나니." "장막에서 섬기는 자들" - 사도가 이 서신을 쓸 당시 예루살렘에서 계속 제사를 드리던 자들 - 이 그리스도의 제단에서 '먹을' 권이 하나도 없었습니다. 그리하여 그리스도의 인격과 그 희생으로부터 오는 은택을 전혀 누릴 권한이 전혀 없었습니다. 그렇다면, 그리스도의 지위와 그 최상의 우선권을 찬탈한 교황과 그의 추종자들은 그리스도의 은택을 누릴 권한을 얼마나 적게 가졌을까요!

주 예수 그리스도께서 친히 우리의 '제단'이 되시며, 우리를 위하여 간구하시는 대제사장이 되신다는 사실은 다음의 말씀을 통해서도 분명이 드러납니다. "또 다른 천사('언약의 천사'로서의 그리스도)가 와서 제단 곁에 서서 금향로를 가지고 많은 향을 받았으니 이는 모든 성도의 기도와 합하여 보좌 앞 금 제단에 드리고자 함이라."(계 8:3)

114강

우리의 속죄 제물이신 그리스도

13:11 이는 죄를 위한 짐승의 피는 대제사장이 가지고 성소에 들어가고 그 육체는 영문 밖에서
불사름이라 13:12 그러므로 예수도 자기 피로써 백성을 거룩하게 하려고 성문 밖에서 고난을
받으셨느니라

이제 우리가 살펴보려는 구절들에서 사도는 다시 한 번 구약의 그림자와 신약의 실체를 우리 앞에 대조시켜 제시하고 있습니다. 사도의 그 방식은 성경의 어떤 부분을 다른 부분과 '부지런히 비교해 보는 것'이 중요하고 필요함을 부각시킵니다. 특별히 하나님의 아들의 인격과 직무와 사역을 참으로 생생하고 복되고 충만하게 예표하고 있는 구약의 규례들을 유심히 살필 필요성을 강조해 줍니다. 그 규례들은 하나님께서 이스라엘에게 주시어 구약성경에 기록된 것들입니다. 우리가 모형들을 진지하고 경건한 심정으로 다루며 연구함으로써 풍성한 소득을 얻을 수 있습니다. 그 연구가 가져다주는 증거적인 가치는 대단한 것입니다. 왜냐하면 그것은 성경의 신적(神的) 권위를 틀림없이 드러내 주고 있기 때문입니다. 성경에 나와 있는 모형과 그 모형이 예표하는 원형이 서로 맞아 들어가는 모습이 '손과 장갑 사이'보다 더 완벽함을 성경의 원저자이신 성령님께서 나타내시기를 기뻐하실 때에, 말씀의 여러 다른 부분들이 서로 은밀하

게 조화를 이루고 있음이 우리에게 밝히 드러납니다. 작은 유추(類推)들, 수도 없이 많은 요점들 상호간에 조화를 이루고 있다는 것은, 주도하는 한 지성(知性, Mind)이 전체를 통제하였음을 분명하게 드러내 줍니다. 모형과 원형 사이를 비교하면 '성경의 놀라운 통일성'을 알게 됩니다. 겉으로 나타난 여러 다양성 밑에 하나님께서 당신의 백성을 다루시는 본질적인 일관성이 깔려 있습니다. 모형과 원형 사이의 조화에 대한 특별한 연구만큼 세대주의(dispensationalist)의 엄청난 잘못을 그처럼 명백하게 드러내 주는 것이 없습니다. 그 모형들이 가진 즉각적인 의도와 용도는, '옛 언약' 아래 있던 하나님의 백성들에게 모든 세대에 동일하게 적용되는 진리의 근본적이고 사활을 좌우하는 요소들을 드러내 보여주는 데 있었습니다. 그러나 '새 언약' 아래서는 그 진리의 요소들이 가장 명백한 모습으로 드러나게 되었습니다. 물리적인 상징을 방편으로 해서 장차 올 것을 적확하게 묘사하였습니다. 그 모형들은 장래 이루어질 것을 위한 길을 합당하게 예비하고 있었습니다. 궁극적인 영적 실상들은 처음에는 전망(展望, prospect)을 통해서 나타났습니다. 또는 그 영적 실체가 표징을 통해서만 존재했습니다. 레위 제사제도의 교훈을 통해서 하나님께서는 비유의 방식으로 구속(救贖)의 전 사역(事役)을 그림자로 보이게 하셨는데, 그 때 감각에 생생한 호소력을 가진 방식을 사용하셨습니다. "율법은 장차 올 좋은 일의 그림자일 뿐이요."(히 10:1)

방금 인용한 히브리서 10:1의 말씀은 구약의 모형들을 신령하게 연구하면 신약의 많은 부분을 '해석하는데' 가치 있는 도움을 얻는다는 주장을 보증합니다. 신약의 서신(書信)들에서 강론된 '교리'가 복음서들에 기록된 중추적 사실들을 근거하여 서 있기도 하고, 그 사실들로 인하여 예증되기도 합니다. 그와 똑같이 복음서들과 서신들 중 많은 분량이 구약의 빛을 통해서만 온전하게 이해될 수 있습니다. 그렇게 많은 그리스도인들이 출애굽기의 하반부와 레위기 전체를 의미 없고 딱딱한 의식(儀式)의 절차들을 기록한 것 이상으로 보지 않으려는 태도를 가지는 것은 참으로 애석한 일입니다. 설교자가 구약의 모형을 통해서 복음 진리를 '예증'하는 실례들을 취한다면('적당한 일화'를 찾기 위해서 세속 역사를 살피는 대신), 그는 성경을 높일 뿐만 아니라 자기 설교를 듣는 청중들로 하여금 여러 부분의 말씀들에 대한 영적인 관심을 불러일으키고 유도할 것입니다. 사실 오늘날 설교자들이 그런 일을 얼마나 무시하고 있는지요. 요한복음에서와 똑같이 레위기도 '그리스도'를 분명하게 드러내 주고 있습니다. 하기야 '성경의 각 책 속에' 그리스도에 대한 기록이 있습니다.

하나님의 백성들 중에서 보다 영적인 면에서 성숙한 많은 사람들이 진지하게 모형을 연구하는 것에 대한 선입견적인 반감을 가지고 있습니다. 그 점은 애석한 일입니다. 자격을 갖추지 않은 신출내기들의 미숙한 노력을 통해서도 모형을 가치 있게 사용하면 신약을 해석하는데 상당한 도움을 받습니다. 그런데도 그 일을 무시하는 것을 보면 안타깝습니다. 성령께서는 모형을 통해서 젊은 사람들이 자기들 멋대로 상상력을 발휘하게 마당을 만들어 준 것이 아닙니다. 또한 그런 모형을 주신 것이 설교자들로 하여금 육신의 마음으로 재간을 부려 아주 평범한 사실들에 신비적인 의미를 부여하기 위함이 아니었습니다. 또는 그렇게 억지를 부림으로 무식한 청중들을 깜짝 놀라게 하라고 주신 것도 아닙니다. 과거 오리겐의 무리한 '풍유적(諷諭的) 해석'을 꾀하던 방식으로 들어가지 않도록 항상 자신을 경계시켜야 합니다.

모형을 해석하는데 본질적인 원리와 고정 원칙이 있음을 유념하여 그것을 무시하지 말아야 합니다. 해석자는 중추적인 진리에 집중하고 기본적인 원리를 항상 염두에 두어야 합니다. 어떤 공상(空想)어린 유추나 가련한 망상에 자신을 일임하지 말아야 합니다. 모형을 통해서 실증되는 중추적이고 가장 중요한 주제들은 '죄와 구원, 영혼을 정결케 하는 것, 마음과 삶을 하나님께 드리는 것' 등입니다.

다시, 모형이 실증하는 영적인 원리들을 잘 알면 예언서를 바르게 이해하는 데 큰 도움이 됩니다. 하나의 모형은 필연적으로 하나의 예언적인 성격에 속한 무엇인가를 담기 마련입니다. 왜냐하면 아직 나타나지 않는 궁극적인 일들에 대한 상징적인 약속자체가 바로 그 모형이기 때문입니다. 그래서 선지자들이 장차 일어날 것들을 공표하면서, 과거 역사 속에 있었던 인물들이나 사건들을 활용하여 더 고상한 장래에 대한 것을 상징화시켜 말하는 일이 매우 잦습니다. 그 일은 결코 놀랄만한 일이 아닙니다. 사람들 중에 있는 그리스도 나라의 최종적인 열매들에 관한 전망을 보여주는 성경의 묘사들이 많습니다. 반면에 그 모든 것의 기초는 그리스도 자신의 중보적인 직무와 사역에 있습니다. 그러나 장차 올 일들이 그림자로 예표된 것은 '옛 언약' 아래 있던 여러 인물들과 규례들로 말미암았습니다. 그래서 모세는 메시야를 자기와 같은 선지자로 말합니다(신 18:18). 다윗은 메시야를 멜기세덱의 반차를 따른 제사장으로 말합니다(시 110편). 반면에 말라기는 엘리야의 이름으로 오시는 메시야의 선구자를 예고하였습니다(말 3:1 ; 4:5). 여기에 우리가 성경을 해석할 때 참고해야 할 가치 있는 힌트가 주어졌습니다. 만일 그러한 것들을 면밀하게 주목하며, 히브리서 13:10의 "우리에게 제단이 있다."는 말을 문자 그대로 해석하는 것이야말로 "다윗의 자손"(마 1:1)을 육신적인 의미로 해석하는 것과 똑같이 전혀 근거 없는 일입니다.

모형들의 다중적인 가치가 있습니다. 그런데 그런 가치를 막연하게 확장하여 주장될 수 있습니다. 모형의 다중적인 가치가 모호하게 확장될 수 있습니다. 그 모형의 다중적인 가치에 대하여 앞에서 지적한 요점에 비추어 매우 분명해져야 하는 사항이 있습니다. 모형들을 유아기적인 교회 시대만을 위하여 주어진 유치한 단계에 속한 것들로 보는 이들은 크게 실수하고 있음에 분명하다는 사실입니다. 성령께서 소멸되지 않는 진리의 말씀 안에 그것들의 기록을 담아 놓으셨음을 유념하십시오. 바로 그 사실은 모형들이 어느 한 지역에서 일시적인 용도로 주어진 것보다 훨씬 더 많은 것을 시사하고 있습니다. 하나님의 생각과 타락한 죄인들의 처지는 본질적으로 어느 시대에나 동일합니다. 한편 오늘날 성도들의 영적인 필요도 사천년 이전의 사람들과 동일합니다. 오늘 성도들에게 그것이 필요하다면 그 당시 사람들에게도 그러하였습니다. 만일 하나님께서 당신의 지혜로 옛 백성들에게 모형을 통하여 가르치시기 원하신 것이 있었다면, 오늘도 역시 그 점에서 변동이 없습니다. 그 사실을 무시해버리면 우리는 어리석어지고 많은 것을 잃어버리게 됩니다. 수학자가 초보적인 산술 법칙을 여전히 사용하며, 완숙한 음악가도 음계의 초보를 비웃지 않는 것과 같습니다.

모형들을 받치고 있는 기본적인 원리는 신약시대가 열리는 여명기에 그리스도께서 친히 사용하신 원리입니다. 그 일을 통하여 하나님께서 채용하신 근본적인 방식들은 모든 세대에 동일함을 보여주셨습니다. 주 예수님의 이적마다 '역사 속에 나타난 한 모형'이었습니다. 눈에 보이는 외적인 자연의 평원(plane) 위에 주님께서는 당신의 신적인 권능을 과시하셨으며, 여기 오시어 이루신 역사(役事)로 더 높은 은혜의 영역에서 하나님의 권능을 드러내주셨습니다. 사람들의 질병을 치료하시는 주님의 매 행동마다에서, 영혼의 치료를 위하여 공급하실 은혜를 예표하셨습니다. 그리하여 그것을 보는 이들로 하여금 '구원에 대한 지각'을 가지게 하신 것입니다. 주님께서 치료하신 자들에게 요구하신 내용 속에 구원 얻는 원리들이 계시되어 있습니다. 복음서의 '사실들'은 서신들의 '진리'를 이해하게 하는 열쇠입니다. 구약의 모형들이 복음서의 사실들을 이해하게 하는 열쇠가 되는 것과 같습니다. 그같이 성경의 한 부분은 다른 부분과 연관을 가지고 있습니다. 마치 우리 몸의 어느 지체라도 다른 지체들과 전혀 상관없이 단독적으로 존재하는 일이 없는 것과 같은 이치입니다.

히브리서 13:11

"이는 죄를 위한 짐승의 피는 대제사장이 가지고 성소에 들어가고 그 육체는 영문 밖에서 불사름이라."

이 구절에서 사도는 방금 전에 확증한 것을 놀랍게 예증하고 확인해 줍니다. 10절에서는 '그리스도께서 친히 자기 백성들의 제단이라.'고 선포하였습니다. 그리스도께서 구약시대의 모형적인 제단들을 통하여 예표되신 바로 그 원형이심을 선언한 것입니다. 우리가 보았듯이, 그 요점은 하나님께 드린 백성들의 속죄 제물이 바로 그리스도이심을 의미합니다. 그뿐 아니라 그리스도는 자기 백성들의 양식(糧食)이요 음식이심을 의미하기도 합니다. 그런 다음에 사도는 엄숙한 진술로 그들 히브리 그리스도인들을 경계시켰습니다. 곧, 고집을 부리며 계속 유대교에 머물러 있는 불신자들은 그리스도인들이 누리는 복락에 참여할 권리를 스스로 포기한 자들이라는 것입니다.

여러 번 지적한 바와 같이, 히브리 성도들은 자기 조상들의 종교로 다시 돌아오라는 강요를 받고 있었습니다. '우리 조상들의 종교는 바로 모세를 통하여 하나님께서 주신 것이라.'는 논리로 그들 성도들을 압박하였습니다. 9절에서 사도는 두 가지 요점을 더 말합니다. 첫째로 그들 히브리 그리스도인들은 지금 유대교의 모든 모형들이 나타내는 원형을 소유하고 있음을 확증하였습니다. 그림자의 실체가 있는데 무엇 때문에 그림자들에 유혹되어 요동할 필요가 있겠습니까? 둘째로 유대교에 여전히 집착하는 이들은 그리스도 안에서 주어지는 여러 특권들을 스스로 떼어 내버리는 자들임을 엄숙하게 확증합니다. 그들은 그 특권들을 '누릴 아무런 권리'도 없으며, 하나님께서 허락하신 그 특권들에 참여하거나 그 제물을 '먹을' 권한이 없다는 것입니다.

오늘날 이 원리가 우리에게 어떻게 적용되는지 그 이치는 분명합니다. 사도의 이중적인 논증은 의식주의자(儀式主義者)의 의식과 여러 규례들에 맹목적으로 순응하지 않을 이유를 성도들에게 충분하게 제공하여 주었습니다. 우리는 우리의 대제사장이신 그리스도를 모시고 있으니 은혜의 보좌 앞에 담대히 나아가야 합니다. 동방(東方)을 향해 경배하거나, 예물(수집한 것들)을 올려 바치거나 하는 일, 촛대나 향이나 그림들이나 형상들은 쓸모없고 가치가 없습니다. 만일 그것들에 마음을 두고, 그것들로 인하여 구원을 받는데 필요한 어떤 가치를 얻을 수 있다고 생각하면, 그리스도의 구원에 참여하지 못하는 결과를 맞게 될 것입니다.

우리는 앞 강론에서 구약의 모형들이 얼마나 두드러지고 복되게 그리스도를 백성들의 양식(糧食)으로 그려 주고 있는지를 밝혔습니다. 제물의 일부는 제단 위에서 탔고, 또 나머지는 제사장들이나 그 제물을 드린 사람이나 그 가족들이 먹도록 할당되었습니다. 그러나 한 가지 주목할 만한 예외가 있습니다. 사도가 지금 우리의 관심을 바로 그 점에 집중시키고 있습니다.

"**이는 죄를 위한 짐승의 피는 대제사장이 가지고 성소에 들어가고 그 육체는 영문 밖에서 불사름이라.**" 여기서 사도는 속죄제(贖罪祭)를 가리켜 말합니다. 바깥뜰에 있는 제단에서 그 속죄 제물들이 죽임을 당하였습니다. 그러나 그 피는 장막 안으로 가지고 들어가 여호와의 보좌 앞과 그 위에 뿌렸습니다. 그 살과 고기는 영문 밖에서 불살랐습니다. 그 일은 그 조상들이 광야의 '옛 장막' 안에 있었을 때의 일입니다. 그러나 그 규례는 그들이 가나안 땅을 차지하고 예루살렘 성전이 지어졌을 때도 지켜졌습니다. 속죄 제물의 육체는 태우려고 제사장이 성 밖으로 가지고 나갔습니다.

사도는 레위기 4:1-12와 같은 대목을 말하고 있습니다. 거기 보면 제사장이 부지중에 여호와의 계명 중 어느 것이든지 범하면 속죄제를 드리는 예법이 소개되어 있습니다. 제사장은 속죄제로 드릴 수소를 장막 문 앞으로 데리고 가서 그 수소에 손을 얹고(그 제물에게 불어 닥칠 운명은 바로 그 제물을 드리는 사람이 마땅히 받았어야 할 것임을 지시하는 행위), 여호와 앞에서 그 제물을 죽입니다. 그 피는 성막 안으로 들어가서 여호와 앞에서 일곱 번 뿌려집니다. 성소의 휘장 앞에서 뿌리고, 향단의 네 귀에 뿌리고, 나머지는 놋으로 된 번제단 아래 뿌렸습니다. 그리고 그 짐승의 내장 중에 기름기 있는 부분은 단 위에서 불살랐습니다. 그리고 그 나머지는 '영문 밖'으로 가지고 나가서 불로 모두 태워 버리었습니다. 부지중에 죄를 지은 회중들도 다 그러한 규례를 따라 속죄 받았습니다(레 4:12-21). 레위기 4:21에는, "그는 그 수송아지를 진영 밖으로 가져다가 첫 번 수송아지를 사름 같이 불사를지니 이는 회중의 속죄제니라." 레위기 4:21과 민수기 19:3,9를 비교하여 보십시오. "너는 그것을 제사장 엘르아살에게 줄 것이요 그는 그것을 진영 밖으로 끌어내어서 자기 목전에서 잡게 할 것이며… 이에 정결한 자가 암송아지의 재를 거두어 진영 밖 정한 곳에 둘지니 이것은 이스라엘 자손 회중을 위하여 간직하였다가 부정을 씻는 물을 위해 간직할지니 그것은 속죄제니라."

그러나 여기서 조금도 의심할 필요가 없이 사도가 더 특별하게 매년 드리는 대속죄일에 드려지는 속죄제를 가리키고 있습니다. 그 제사로 인하여 이스라엘의 모든 죄를 위한 화목이 이루어졌는데, 레위기 16장에 상세하게 묘사되어 있습니다. 우리는 이 제사의 피에 관하여 다음과 같은 레위기의 진술을 만납니다. “그는 또 수송아지의 피를 가져다가 손가락으로 속죄소 동쪽에 뿌리고 또 손가락으로 그 피를 속죄소 앞에 일곱 번 뿌릴 것이며.”(레 16:14) 이 때 사용된 짐승들의 육체에 대하여는 이렇게 말합니다. “속죄제 수송아지와 속죄제 염소의 피를 성소로 들여다가 속죄하였은즉 그 가죽과 고기와 똥을 밖으로 내다가 불사를 것이요.”(레 16:27) 이런 대목들은 히브리서 13:10,11에서 사도가 언급하는 제사가 무엇인지를 분명하게 해 줍니다.

그런데 이러한 의문이 떠오릅니다. ‘우리가 다루는 이러한 본문에서 레위기에 나오는 대목을 가리키는 것이 타당성이 있는가? 속죄제를 언급하는 사도의 특별한 의도는 무엇인가?’ 그에 대한 대답은 두 가지입니다. 첫째로, 장막 안에서 섬기는 자들은 그리스도인의 제단에 ‘참여해 먹을 권리가 전혀 없다.’는 사도 자신의 주장을 실증하려고 그리한 것입니다. 다른 말로 해서, 위의 본문이 보여주는 바와 같이 ‘옛 장막’을 고집하며 예수님을 믿지 않는 이들은 속죄제물로 죽으신 그리스도의 유익에 참여할 권한이 전혀 없다는 말입니다. 장막에서 섬기는 자들이 그 제물을 먹지 못하게 되는 분명한 하나님의 정하신 금지 조항이 있었습니다. “그러나 피를 가지고 회막에 들어가 성소에서 속하게 한 속죄제 제물의 고기는 먹지 못할지니 불사를지니라.”(레 6:30) 그러니 유대교를 고수하는 이들은 모형이 예표하는 원형이신 그리스도의 속죄제의 효력에서 끊겨 있는 셈입니다. 둘째로, 사도가 레위기의 대목을 언급하는 또 다른 의도는 기독교의 우월성을 나타내는 것이었습니다. 그리스도를 믿는 사람들은 ‘그리스도의 살을 먹고 그의 피를 마시는’ 사람들입니다. “내 살을 먹고 내 피를 마시는 자는 영생을 가졌고 마지막 날에 내가 그를 다시 살리리니 내 살은 참된 양식이요 내 피는 참된 음료로다 내 살을 먹고 내 피를 마시는 자는 내 안에 거하고 나도 그의 안에 거하나니.”(요 6:54-56)

그러나 우리는 잠시 모형의 특별한 국면을 영적인 의미에서 살펴보아야 합니다. 사도는 여기서 그리스도의 고난 중에서 가장 엄숙하게 생각해야 할 요점을 우리에게 제시하고 있습니다. 다른 말로 해서, 그리스도께서는 자기 백성들의 죄를 대신 지시고 죄 삼으심을 받아 하나님의 형벌적인 진노를 참아내셨습니다. '나병환자'는 '진영 밖으로' 쫓겨나야 했습니다(레 13:46). 그곳 '진영 밖'은 범죄자들이 정죄 받아 죽임을 당하는 장소였습니다. "그 저주한 사람을 진영 밖으로 끌어내어 그것을 들은 모든 사람이 그들의 손을 그의 머리에 얹게 하고 온 회중이 돌로 그를 칠지니라."(레 24:14. 수 7:24, 왕상 21:13, 행 7:58는 참조) 그 진영 바깥은 '부정하게 된 자들'의 거주 장소였습니다. "남녀를 막론하고 다 진영 밖으로 내보내어 그들이 진영을 더럽히게 하지 말라 내가 그 진영 가운데에 거하느니라 하시매."(민 5:3) 그곳은 '부정하게 된 자들'을 두는 곳이었습니다(신 23:12-14).

친애하는 이 책을 읽는 그리스도인들이여, 그곳은 다름 아닌 성육신하신 하나님의 아들이 저와 여러분을 위하여 돌아가신 장소였습니다. 주께서 친히 '범죄자 중의 한 사람'으로 취급당하신 그 말로 다 할 수 없는 겸비하심이여(사 53:12)! 그 복되신 이가 '우리'를 위하여 저주를 받으신 그 말로 할 수 없는 신비여(갈 3:13)! 하나님의 공의의 칼이 그분을 칠 때에 그분이 당하셨던 말로 다 할 수 없는 그 고난이여(슥 13:7)! 하나님께서 그분을 버리셨을 때에 그분이 경험하셨던 그 고통의 무게여(마 27:46)!

그러나 그리스도께서 개인적으로나 본질적으로나 '부정하게 되신 분이 아니심'을 강조해야 합니다. 당신 백성들의 죄의 무서운 짐을 지고 계실 때도 부정하게 되신 분이 아닙니다. 하나님께서는 모형들, 심지어 속죄제를 통해서도 바로 이 요점을 세밀하게 보호하셨습니다. 하나님께서 당신의 아들의 명예를 위하여 질투어린 심정으로 그렇게 하셨습니다.

첫째로, 속죄 제물의 피는 성소 안으로 가지고 가서 여호와 앞에 뿌려지게 하셨습니다(레 4:6). 그 일은 다른 어떤 제물과 함께 드리지 못하게 하셨습니다.

둘째로, 그 짐승의 '내장에 덮인 기름'은 제단에서 불살라 태웠습니다(레 4:8-10). 그리하여 '여호와께 향기로운 냄새'가 되게 하셨습니다. 그 일로 말미암아 하나님께서 당신의 백성들의 죄를 아들에게 짊어지게 하실 때에도 그 아들을 여전히 기뻐하셨음을 지시하신 것입니다.

셋째로, 그 송아지 전체를 "진영 바깥 재 버리는 '정결한 곳'으로 가져다가" 사르게 하셨습니다(레 4:12). 그것은 여전히 주 하나님께 거룩하여 더럽지 않음을 뜻합니다. 이에 대하여 뉴톤(B. W. Newton)이 한 말을 들어 보십시오.

"그리스도께서는 저주의 나무 위에서 하나님의 진노를 받으시며 고통당하고 신음하셨다. 그러면서도 그분은 하나님 보시기에 거룩하고 순전하고 보배로운 분이셨다. 창세 전에 아버지 품속에 계셨을 때와 똑같이 말이다. 우리 대신 '매를 맞으시고' '저주를 받으시는' 바로 그 순간에도 그러하셨다. 그리스도께서 우리를 위하여 '향기로운 냄새'를 풍기는 속죄 제물로 하나님께 드리고 계실 때에도 그러하셨다. 정말 예수님의 성품이 그보다 더 탁월하게 표현된 적이 없었고, 예수님과 하나님과의 관계, 예수님과 사람과의 관계가 십자가 나무 위에서 우리를 위해서 고난을 받으시는 그 시간 동안보다 더 완벽하게 유지된 적이 없었을 정도다. 아버지께서는 사랑하시는 아들의 탁월성을 그 나무 위에서 보다 더 즐거워하실 때가 없었던 것 같이, 그 탁월하심을 더 이해하실 때가 없었던 것 같았다. '내 하나님 어찌 나를 버리셨나이까' 라고 비통하게 울부짖는 순간보다 더 아버지를 영예롭게 해드리며, 더 아버지를 기뻐하며 즐거워하실 때가 없었다. 외면적으로 하늘과 하나님 아버지를 떠나서 이 땅에 내려오신 바로 그 예수님의 처지가 아버지와 아들 사이의 본질적인 친밀함을 증거하는 역할을 더욱 충실하게 해낸 것이다. 아버지와 아들 사이의 영구한 도덕적인 친밀함이 드러난 곳이 바로 그 십자가 위였다. 그리스도께서 저주의 진노를 담당하셨다는 사실 그 자체가 바로 영구한 도덕적 친밀함을 한 순간도 바꾸지 못했다."

이스라엘 중 어느 누구도, 심지어 대제사장마저도 속죄 제물의 '어떤 부분'은 먹지 못하게 하고 그 몸통을 제단 위에서보다는 진 밖에서 불사르라 하셨습니다. 그 지시의 '즉각적인' 이유가 이 제물의 독특한 성질과 그 제사의 특별한 의도 속에 들어있는 것 같습니다. 만일 제사장이 그 제물의 어떤 부분이든지 다 먹었다면, 그것은 화목제물의 성격을 취하게 됩니다. 또 그 제물 전체를 다 제단 위에서 불사른다면, 번제와 너무 흡사해 보였을 것입니다. 그러나 우리가 전에 지적한 바와 같이, 속죄제의 '궁극적' 이유와 더 깊은 의도는 여기에 있습니다. 곧 그리스도인의 '제단'에서 나는 것으로 '먹거나' 아니면 그 은택에 참여하려면 먼저 유대교를 버려야한다는 것입니다. 여기에 기독교의 우월성이 있는 것입니다. 우리 그리스도인들은 가장 높고 가장 거룩한 제사의 제물을 먹을 '권한'을 허락 받았으며, 그리스도의 보배 피로 백성들을 위해 확보해 놓으신 복락과 은택에 참여할 권리를 받았다는 것입니다.

사도는 앞의 9,10절에서 역설한 요점의 분명한 증거를 주었고, 구약성경 자체로부터 그 증거를 끌어내었습니다. 그 두 구절에서 사도는 "마음을 은혜로써 굳게 함이 아름답다."고 말했습니다. 그 말은 진리에 대한 흔들림 없는 확신으로 하나님과의 화평을 누리라는 것입니다. 그 하나님과의 화평이 없이는 진정하고 견고한 평안이란 있을 수 없습니다. 그런 다음에 사도는 말했습니다. **"음식으로써 할 것이 아니니 음식으로 말미암아 행한 자는 유익을 얻지 못하였느니라."** 이 말씀은 앞의 소절에 비추어서 이해되어야 합니다. 레위 제사법의 여러 의식(儀式)의 규례들은 하나님 앞에 의롭다하심을 얻거나 하나님과 화평을 누리게 하는 데 전혀 유익이 없습니다. 더구나 죄를 속(贖)하기 위해 드려진 제물을 드리는 자들이 먹지를 못하게 하셨는데, 그것은 죄가 아직 용서되지 않는 상태에서 하나님 앞에서 확신에 찬 견고한 마음을 가질 수 없기 때문입니다.

히브리서 13:12

"그러므로 예수도 자기 피로써 백성을 거룩하게 하려고 성문 밖에서 고난을 받으셨느니라."

여기에 그리스도인의 제단이 있으며, 그 제단 위에서 영 단번에 드려진 완전한 제물이 있습니다. 그리고 그 제물의 복된 효과, 곧 거룩하게 하는 은혜가 있습니다. 이 구절의 '그러므로'라는 말은 필자가 이 강론의 처음 몇 문단 속에서 발전시킨 사상 노선을 생각나게 합니다. 주 예수께서 '어린 양으로 도살자에게 끌려가시어' 거룩한 도성에서 추방당하시는 가공할 수모(受侮)를 겪으셨습니다. 그리고 가장 흉악한 범죄자들을 처형하는 곳에서 사형당하셨습니다. 구약의 모형들이 그림자로 예표한 것을 '실체'되시는 그리스도께서 얼마나 놀랍게 높이신 일이었나요! 여기에 우리가 광범위하게 공부할 넓은 주제가 제시되어 있습니다. 그 주제를 경외심을 가지고 인내하면서 살펴보면 그 수고에 대한 충분한 보상을 받을 것입니다.

네 복음서들을 보면, 성령께서 그리스도의 행하신 일들의 이유를 밝히실 때 "성경을 응하게 하시려고"라는 표현을 얼마나 자주 쓰시는지요. 그런데 그 표현을 '메시야 예언'을 성취하시려는 그리스도의 의도에만 국한시키지 말아야 합니다. 물론 그 점도 포함됩니다. 그러나 그것은 '모형들'의 의도가 '실체'이신 그리스도의 행동 안에서 성취되었음을 지시하는 것이었습니다. 중보자에 대한 하나님의 뜻이 율법의 여러 제도들을 통해 지시되어 있었습니다. 왜냐하면 그것들 속에서 그리스도가 행하시고 고난 받으실 일이 예표되어 있었으며, 아버지께 대한 그리스도의 완전한 순종의 행동들이 예표되어 있기 때문입니다. 따라서 모형에 대한 우리의 지식이 충만하면 할수록 우리 구주의 지상 생애의 상세한 기록을 더욱 더 잘 이해하게 될 것입니다. 특별히 그리스도께서 십자가를 지시기까지의 마지막 한 주간에 대한 상세한 기록에 대한 이해가 더할 것입니다. 그렇게 되면 그리스도로 하여금 그러한 행동을 하게 했던 동기를 더 잘 이해할 수 있을 것입니다. 그리고 자기를 보내신 분의 뜻에 철저한 복종을 하신 그분의 행동을 더 잘 이해하게 될 것입니다. 성령께서 본문 속에서 주목하고 있는 특별한 요점은 많은 예증들 중의 하나입니다. 우리가 그 여러 경우들을 탐사하는 수고를 들이면 그것을 이해하게 될 것입니다. 존 오웬(John Oewn)이 이 요점에 대하여 한 말을 주목합시다.

"그리스도의 인격과 직무 속에서 모든 모형이 뜻하는 바가 응답되고 성취되었다. 그것은 교회를 구속(救贖)하시고 구원하시는 하나님의 전체 사역(事役)이 예정된 뜻을 따라 진행됨을 보여준다. 그러니 그 하나님의 뜻과 행사가 '통일되고 변치 않는다.' 하나님께 예배하는 여러 제도에 나타나는 외적인 모든 변화에도 불구하고 그 점은 변치 않는다."

그러나 모형이 예표한 것을 그리스도께서 성취하신 그 일은 다른 것도 해

내었습니다. 곧 유대인들로 하여금 그리스도를 믿지 않을 '구실'을 없애버렸습니다. 그리스도께서 모형들을 통하여 아버지께서 의도하신 바를 이루셨고, 그리스도 자신을 예표하는 모든 것을 완전하고 철저하게 행동하셨습니다. 그로 인하여 예수님이 바로 약속된 메시야이심을 논박의 여지없이 확실하게 증거한 셈입니다. 그러므로 유대나라 전체가 그를 배척한 것은 그들의 멸망할 운명을 확정지은 사건이었습니다. 그리고 조금 뒤에 가서 하나님께서 그들의 성소요 도성이요 유산인 예루살렘을 멸망시킨 이유도 바로 거기에 있었던 것입니다.

"그러므로 예수도 자기 피로써 백성을 거룩하게 하려고 성문 밖에서 고난을 받으셨느니라." 그리스도께서는 친히 당신 백성의 완전 충분하신 속죄의 제물이십니다. 상징적으로 육신을 따른 이스라엘 사람들의 모든 불의와 범법과 죄악이 제물에게 전가된 것처럼(레 16:21), 영적 이스라엘의 불의와 범법과 죄악이 그들의 보증자에게 전가되었습니다(사 53:6,7,11,12). 육신적인 이스라엘의 불의를 짊어진 속죄 염소가 "사람이 살지 않는 땅으로" 보내졌던 것처럼(레 16:22), 하나님께서는 당신 백성들인 우리의 죄과를 "동이 서에서 먼 것 같이" 멀리 옮기셨습니다(시 103:12). "이 날에 너희를 위하여 속죄하여 너희를 정결하게 하리니 너희의 모든 죄에서 너희가 여호와 앞에 정결하리라."(레 16:30) 그와 같이 "그 아들 예수의 피가 우리를 모든 죄에서 깨끗하게 하실 것이요."(요일 1:7)

여기서 사도는 속죄제의 원형으로서의 그리스도를 숙고하고 있다는 사실과 엄격한 보조를 맞추면서 '예수 그리스도'라 하지 않고 단순히 '예수'라 하였습니다. 8절과 21절에서도 그러하였습니다. 더구나 히브리서 5:20에서처럼 '우리 주 예수 그리스도'라는 표현은 더 더욱 쓰지 않았습니다. 사도는 그리스도를 나타내는 표현을 아무 생각 없이 쓰지 않았습니다. 단순하게 문장(文章)의 다양성을 위해서도 그리스도를 아무렇게나 표현하지 않았습니다. 성령께서 당신의 말씀을 그런 식으로 배열하지 않으십니다. 성령께서 하시는 말씀 속에는 어떤 잘못된 부분도 없습니다. 말씀 속에서 구세주를 표현하기 위하여 채용된 칭호들은 신적 분별력으로 볼 때 타당하여 선별된 것들입니다. 그처럼 그리스도의 칭호를 적확한 정확성을 가지고 쓰는 방식보다 성경의 '묘사들'이 영감되었음을 더 잘 보여주는 증거가 없을 정도입니다. '예수'라는 이름은 사람으로서의 그리스도의 '개인 명칭'입니다(마 1:21). '그리스도'는 예수님의 '직무'를 나타내는 칭호입니다. '하나님의 기름 부으심 받은 자'라는 뜻입니다(마 16:16,20). 한편 '주 예수'는 그의 탁월하신 '지위와 권위'를 나타냅니다(요 13:13 ; 행 2:36). '예수'라는 말만 나올 때는 그가 누구신지를 밝히려는 특별한 목적을 가질 경우입니다(행 1:11의 경우에서처럼). 아니면 하나님의 아들의 낮아지심의 무한한 깊이를 강조하려고 '예수'라는 칭호를 사용합니다. 그 두 경우 중 한 경우입니다.

"그러므로(예수께서 밟으셔야 하는 길을 규정했던 모형들의 성취를 통해서) 예수도(모형이 가리키는 원형이시요 불의의 자리에 들어가신 의로우신 분이시요, 밑이 없는 낮아짐의 깊은 곳에 내려간 무한히 영광스러운 분) 자기 피로써 백성을 거룩하게 하려고 성문 밖에서 고난을 받으셨느니라." 이는 모형 가운데서 가장 탁월하게 드러난 특별한 요점입니다. 왜냐하면 속죄제물은 죽임을 당하였을 뿐 아니라, 그 몸통은 진 밖으로 가지고 나가서 '완전히 불살랐습니다.' 그것은 우리 대신 죄를 짊어지시고 죄를 미워하시는 하나님의 맹렬한 의분을 견뎌내셨던 그리스도, 하나님의 형벌적 진노를 당하셔야 했던 그리스도를 가리켜 말하는 것입니다. 백성들의 죄를 속(贖)하시려고 자신을 제물로 하나님께 드리신 그리스도를 말하는 것입니다. 왜냐하면 그분이 피를 흘리셨기 때문입니다. 모형들을 통해서도 속죄하는 경우가 아니면 '피'가 쓰이지 않았습니다(레

17:11). 신자들이 거룩함을 입는 것은 자기들의 '언약의 머리'이신 그리스도께서 자원하심으로 대속(代贖)의 피를 흘리셨기 때문입니다. 오직 그 방도로만 신자들이 거룩함을 입습니다.

"'백성을' 거룩하게 하려고." 독자여, 여기에 사용된 어법의 제한성을 아주 면밀히 숙고하십시오. 성경은 어린양의 보배 피를 말할 때 무모하게 구분 없이 그냥 흘려진 것에 대해서 전혀 말하지 않습니다. 결코 아닙니다. 그 피가 이미 누구를 위해서 흘려졌는지를 분명하게 말합니다. 그리스도께서 분명한 특별한 목적을 위하여 피를 흘리신 것입니다. 그리스도께서 인류 전체를 위하여 피를 '흘리신 것'이 아닙니다(그리스도께서 죽으실 당시 이미 지옥에 있었던 다수의 사람들을 위해서 흘리신 것도 아닙니다). 오직 '자기 백성들'을 위해서 흘리셨습니다. 그 백성들 각자가 그 피로 말미암아 거룩하게 됩니다. 그분은 자기 목숨을 '내 양들'을 위하여 내놓으셨습니다(요 10:11). 당신이 죽음을 당하신 것은 '흩어진 하나님의 자녀들'을 하나로 모으기 위해서였습니다. "이 말은 스스로 함이 아니요 그 해의 대제사장이므로 예수께서 그 민족을 위하시고 또 그 민족만 위할 뿐 아니라 흩어진 하나님의 자녀를 모아 하나가 되게 하기 위하여 죽으실 것을 미리 말함이러라."(요 11:51,52) 십자가를 참아내신 것도 '내 친구들을 위해서'였습니다. "사람이 친구를 위하여 자기 목숨을 버리면 이보다 더 큰 사랑이 없나니."(요 15:13) 그리스도께서는 또한 '교회'를 위하여 자신을 주신 것입니다(엡 5:25).

115강

영문(營門) 밖으로 나아가자 I

13:12 그러므로 예수도 자기 피로써 백성을 거룩하게 하려고 성문 밖에서 고난을 받으셨느니
라 13:13 그런즉 우리도 그의 치욕을 짊어지고 영문 밖으로 그에게 나아가자

지난 사백 여 년 동안 여러 개인들이나 여러 단체들이 이 본문을 어떻게 활용하였는지를 보여주는 철저한 기록이 있어 읽어 보면 참으로 애석하고 비극적인 일은 아니라 할지라도 대단히 흥미 있을 것입니다. 그러한 기록을 읽어보면 독자는 "해 아래는 새 것이 없나니."(전 1:9)라는 사실에 대한 두드러진 예증을 얻게 될 것입니다. 그리고 역사가 얼마나 자주 그 모습을 반복적으로 보여주는지를 알게 될 것입니다. 또한 단순한 영혼들이 그럴듯한 감언이설에 얼마나 쉽게 속아 넘어가는지도 알게 될 것입니다. 더 나아가 사탄이 성경의 문자를 통해서 신중치 못한 사람들을 얼마나 간단하게 속일 수 있는지를 알게 될 것입니다. 또한 교회의 영역에서 일어나는 여러 '분파적 운동들' - 폴란드나 독일이나 영국이나 미국이나 그 어디이든 간에 - 이 아주 흡사한 방식으로 시작하여 같은 코스를 따라가고, 그러다가 결국 유사한 낙담어린 결과를 만나게 되는 모습도 발견하게 될 것입니다. 미리 '경고한다.'는 것은 미리 무장을 갖추어 일어날 일을 준비하게 한다는 것

입니다. 대단히 그럴듯한 신령한 모습을 취하면서 달려드는 사람에게 그렇게 수많은 사람들이 한꺼번에 속아 넘어가는 이유는 무엇일까요? 교회사를 읽는 일을 무시하거나, 아니면 읽어도 그저 수월하게 읽어버리기 때문입니다.

히브리서 13:13은 언제나 '밖으로 나아가자(Come out)'는 운동들을 시작했던 사람들이 크게 애호하던 구절입니다. 어떤 새로운 파당이나 새로운 사업을 주도하기를 원했던 야심적인 디오드레베 같은 사람들이 거듭해서 이 구절을 사용하였습니다. 물론 잘못 사용하였습니다. 교회 지도자들이나 교회나 교단에 대한 어떤 반감 때문에 따로 자기들의 독립적인 깃발을 내걸던 자들, 그들 불평하는 마음으로 시무룩한 많은 부류의 영혼들이 흔히 자기들의 양심의 위안을 찾으려고 바로 이 구절을 사용하기도 하였습니다. 또한 사소한 차이들 때문에 세속사회가 아닌 동료 그리스도인들에게 등을 돌린 분리주의자들이 자기들의 정당성을 위하여 바로 이 구절을 들먹이기도 합니다. 이런 이들이 자기 추종자들에게 버리라고 종용한 것이 있습니다. 그런데 바로 그것을 버리면 하나님을 포기하고 믿음을 버리고 배교하는 것이라는 비난을 당하였습니다. 그런 이들이 바리새적인 행동 때문에 비판받았습니다. 때로 그 비판이 옳기도 합니다. 그런데 여기 본문의 '영문(camp)'을 주제넘게도 '그리스도의 능욕을 짊어지는 것'으로 해석되기도 하였습니다.

삼백 년 전 리차드 후커 (Richard Hooker)라는 사람이 「교회 행정조직의 법(The Laws of ecclesiastical polity)」이라는 매우 흥미롭고 교훈적인 저작을 내었습니다. 그는 그 책에서 자기보다 앞서 살았거나 자기 당대에 생존하던 분리주의 지도자들이 취한 전술을 묘사하기도 하였습니다. (이 책은 잘 갖춰진 모든 도서관에서 오랫동안 자리를 차지하고 있었던 하나의 표준적인 저작입니다.) 우리는 여기서 그 저작을 매우 간단하게 요약해 보려 합니다.

"첫째로, 소위 이 분리주의자들은 '자기들의 주장'에 관심을 가지게 하려고 높은 곳에서 동료 그리스도인들의 실수와 허물을 큰 소리로 외쳤다. 그것도 아주 냉혹하고 과장하여 질책하였다. 그럼으로써 자기들이 대단한 신실성과 영적인 분별력과 거룩을 사랑한다는 평판을 얻게 되었다."

"둘째로, 이들은 인간의 유약함 안에 뿌리박고 있는 그 허물들과 부패들을 비성경적이고 악한 교회 정치(ecclesiastical government)의 잘못에서 찾으려 하였다. 그럼으로써 그들은 자기들이 비난하는 그 죄악들의 원인을 간파해 내는 대단한 지혜를 가진 자들로 비춰지게 된다. 그러나 사실상 그들이 악하다고 비난한 바로 그 실패는 어떤 형태의 '교회 정치' 형태 속에서도 반드시 나타나게 되어 있다."

"셋째로, 그들은 자기들의 말을 따르는 이들의 마음속에서 그와 같은 환심을 얻어낸 다음에 '자기들 나름의' 교회 정치 형태를 제안한다(그렇지 않으면 그들은 자기들의 책이나 계획을 어떤 명칭으로 부르기를 기뻐하기도 한다). 그런 다음에 큰 나팔을 불어대며 불쌍한 기독교회가 고통을 당하고 있는 그 악에 대한 오직 유일한 주도적인 '처방'이 바로 그것이라고 선언한다. 또한 귀에 청아하게 들리는 명칭이나 어떤 수식을 통해서 바로 그것을 아름답게 장식한다."

"넷째로, 그들은 이제 '성경을 해석한다'. 성경에 있는 모든 것이 자기들의 원리를 뒷받침해 주고 자기들이 반대하는 것은 기각한다는 식으로 해석한다."

"다섯째로, 그들의 말을 곧이곧대로 듣는 사람들을 설득하여 '자기들'이야말로 성령의 특별한 조명을 받는다고 믿게 만든다. 그렇게 함으로써 그들은 말씀에 있는 이러한 것들을 분별할 수 있다고 자랑하며 다른 사람들은 그 성경에 있는 것을 전혀 깨닫지 못한다고 믿게 만든다."

"여섯째로, 자기들이 성령의 인도를 받는다고 확신하고서 이렇게 말한다. '바로 이것이 우리 같은 이들과 세상의 나머지 사람들의 차이를 구분하는 높은 차원을 이룩하였다.' 이 차원에 있는 자들을 형제들, 경건한 자들, 그와 같은 사람들로 부를 수 있다. 나머지 사람들은 세상에 속한 사람들, 시간만 때우는 사람들, 사람들을 기쁘게 하여 하나님께 속하지 못한 사람들이다."(Richard Hooker의 책 제 1권 p.106에서)

결국, 그런 식으로 속아 넘어간 이들은 그들에게 이끌려 열심을 가진 전향자(轉向者)들이 되어 새로운 교의(敎義)를 열심히 선전하며 다른 이들을 설득하러 나섭니다. "하나님을 배반하는 '진영'을 떠나서 '참된 성경의 토대' 위에서 우리와 합류합시다."

후커(Richard Hooker)는 그들에 대하여 더 말합니다.

"그들은 자기들의 의견을 대항하는 반론을 제시하며 설득하려는 이들을 만나면 대번에 귀를 막는다. 반론을 제기하는 이들의 의도에 대하여 아랑곳하지 않는다. 어떤 경우에도 자기들은 요한일서 4:6의 말씀을 내보이며 '우리는 하나님께 속한 자들이다. 하나님을 아는 자는 우리의 말을 듣는다.'는 식으로 대꾸한다. 그리고 나머지 사람들을 가리켜 '너희는 세상에 속한 자들이라.'는 식으로 말한다."

'제 5왕조파(Fifth Monarchy)'와 '브라운파(Brownists)'에 속한 이들이 바로 그런 정책을 따랐습니다. 카트라이트(Thomas Cartwright)와 16,17세기의 그의 추종자들이 그런 이들이었습니다. 아일랜드의 존 캘리(John Kelly)도 그러한 경로를 따랐으며, 켄터키의 알렉스 캠벌(Alex Campbell)도 그러한 방식을 취하였습니다. 이들은 다 일백여 년 전의 사람들입니다. 캔터키의 알랙스 캠벌은 '그리스도의 교회(The Christian Church)'라는 것을 세워서 다른 모든 교회들을 비성경적인 것으로 비난하였습니다. 다비(J .N. Darby)도 역시 그와 같은 길을 밟아 유명하지요!

히브리서 13:13
"그런즉 우리도 그의 치욕을 짊어지고
영문 밖으로 그에게 나아가자."

사도는 앞 절에서 그리스도의 제단과 거기에서 드려진 그리스도의 고난과 제물에 대해서 언급하였습니다. 이제는 우리 그리스도인의 전체 신앙고백의 기초가 되는 마땅한 도리에 입각한 권면에서 한 권면을 끌어냅니다. 이 짧은 본문 안에는 기도하는 심정으로 숙고해야 할 다섯 가지 요점들이 있습니다.

첫째는, '그런즉'이란 말의 정확한 의도입니다. 그 말은 우리로 하여금 이 본문이 어떤 배경에서 나왔는지를 생각하게 합니다. 둘째로, '영문(營門)'이라는 말이 여기서 무엇을 뜻하는지 생각하게 합니다. 히브리인들에게 그 말이 어떤 연관을 가지며 오늘날 우리에게는 어떤 관계가 있는지를 생각하게 합니다. 셋째로, 어떤 의미에서 우리는 '영문 밖으로' 나아가야 하는지를 생각하게 합니다. 넷째로, 그렇게 할 때 우리가 어떻게 해서 그리스도께 나가는 것인지도 알게 합니다. 다섯째로, 이러한 도리를 어떤 방편으로 감당해야 하는지에 대해서도 배우게 합니다.

"그런즉 우리는 그의 치욕을 지고 영문 밖으로 그에게 나아가자." 여기서 믿는 자에게 요구하는 도리는 앞에서 방금 선언한 말씀을 통해서 나온 것입니다. "그러므로 예수도 자기 피로써 백성을 거룩하게 하려고 성문 밖에서 고난을 받으셨느니라." 12절에는 우리가 이 강론에서 생각하려고 남겨둔 한두 가지 요점이 더 있습니다. 첫째로, '거룩하게 하다'는 말이 무엇을 의미하는 것인가 하는 것입니다. 우리는 그 말을 '속죄하다'는 뜻에 국한시켜 말하는 주석가들에게 찬동하지 않습니다. 물론 그렇게 해석하는 주석가들 중에는 우리가 높이 존중할 이들도 있습니다. 그러나 이 '거룩하게 하다'는 말을 그렇게 협소한 의미로 국한시킬 아무런 이유를 발견하지 못합니다. 우리는 개인적으로 그 어휘가 성경에 다른 곳에서와 같이 여기서도 광범위하게 쓰이고 있다고 봅니다. 그리스도께서는 자신을 완전하게 드림으로 말미암아 자기 백성들을 세상에서 '거룩하게 구별시키셨으며,' 모든 불의에서 그들을 '정결하게' 하셨습니다. 그리고 그들을 하나님께 '바치셨습니다.' 그래서 그들은 그들의 머리되신 그리스도의 '받으심직한 모든 것들' 속에서 하나님 앞에 설 수 있게 된 것입니다.

많은 어휘들이 성경에서 쓰일 때에는 보통 어법에서보다 더 광범위하게 쓰입니다. 성경을 강해하는 자는 중요한 어휘의 의미를 축소시키지 않도록 항상 조심해야 합니다. 믿는 자의 보증이신 그리스도께서 십자가에서 믿는 자들의 모든 죄를 속하셨다니 정말 복된 사실입니다. 다시 말하면 주님께서는 그들의 죄책을 없이 하셨습니다. 율법에 대한 마땅한 보상을 지불하셨습니다. 그러나 여기에서는 그 '대속'의 일 자체보다는 '대속의 효력들'을 말하고 있습니다. 당신의 백성들을 거룩하게 하시는 일이야말로 그리스도께서 성육신 하실 때 가지신 장엄한 목적이었습니다. 그의 삶과 고난 전체를 통해서 그리스도께서 부단히 추구하신 일이 바로 그 일이었습니다. 지금 교회는 그의 속죄 희생을 통해서 정결함을 받고 구별되었으며, 하나님께 존귀함을 받고 있습니다. 그리스도께서는 당신 백성들의 모든 범법들을 짊어지시고 그것들을 위해서 대속(代贖)하셨습니다. 그러니 그리스도께서 하나님 앞에서 그 범법의 책임을 친히 담당하셨고, 당신의 영혼의 수고와 피 섞인 땀 흘림과 죽으심을 통해서 그 모든 더러움에서 백성들을 정결하게 하셨습니다. 결과적으로 이제 그들은 무한한 공의(公義)와 거룩의 눈앞에서 영원토록 의롭고 순결한 자로 서 있는 것입니다.

여기에서 우리는 유대교보다 기독교가 얼마나 놀랍게 탁월한가를 더 뚜렷하게 볼 수 있습니다. 히브리서에서 성령께서 주도적으로 의도하시는 것이 무엇인가를 늘 염두에 둔다면, 항상 살펴 주목해야 할 요점이 바로 그것입니다. 이 구절은 '옛 언약'에 대비해 보면 '새 언약'이 얼마나 더 탁월한 특권들을 가지고 있는지를 아주 상세하게 보여주고 있는 셈입니다.

먼저, 우리는 하나님 앞에서 "은혜로 마음을 굳게 하는 것"을 들었습니다(9절). 혈통상 이스라엘 사람들은 그것을 갖지 못하였습니다. 둘째로, 우리는 가장 높고 거룩한 제물로 채워진 '제단'을 가지고 있습니다(10절). 혈통상 이스라엘 사람들은 거기에 참여할 권한이 전혀 없습니다. '그들'의 속죄제는 '태워졌고' 먹지 못했습니다(11절). 셋째로, 우리는 하나님 앞에서 우리 영혼을 항상 거룩하게 하는 효력을 갖고 있습니다. 반면에 육신적인 이스라엘 사람들은 외면적인 거룩을 갖고 있었고, '육체를 정결하게 하는 의식적(儀式的) 정결' 밖에는 누리지 못했습니다. 넷째로, 예수께서는 당신의 백성들을 '당신의 피로' 거룩하게 하셨습니다(12절). 유대교의 대제사장들이 결코 할 수 없는 일이 바로 그 일이었습니다. 그들은 하나님께 다른 짐승들의 피를 드렸습니다.

구주께서 "성문 밖에서" 고난을 받으셨다는 사실을 말하는 한 어휘를 또 생각해 보겠습니다. 다시 말하면 광야의 진영(陣營)에 해당하는 '예루살렘 성' 밖에서 고난을 받으셨다는 말입니다. 광야의 '이스라엘의 진영' 안에 있었던 처음으로 세워진 '장막'이 '회막'이었습니다. 그것을 통해서 여러 가지들이 나타났습니다. 첫째, 이것은 그리스도께서 죄를 위해 친히 자신을 희생하실 뿐 아니라 죄들을 심판하실 것을 뜻하였습니다. 하나님의 정하심에 따라서 저주의 표증이었던 십자가 나무에 못 박혀 죽으시어 흉악한 강도로 취급받고 계셨음을 뜻하였습니다. "그리스도께서 우리를 위하여 저주를 받은 바 되사 율법의 저주에서 우리를 속량하셨으니 기록된 바 나무에 달린 자마다 저주 아래에 있는 자라 하였음이라."(갈 3:13) "이에 예수를 십자가에 못 박도록 그들에게 넘겨 주니라 그들이 예수를 맡으매 예수께서 자기의 십자가를 지시고 해골(히브리 말로 골고다)이라 하는 곳에 나가시니 그들이 거기서 예수를 십자가에 못 박을 새 다른 두 사람도 그와 함께 좌우편에 못 박으니 예수는 가운데 있더라."(요 19:16-18) 그런 일은 유대인들의 악의에 의해서 이루어졌습니다. 그러나 그들의 악함도 "하나님의 정하신 뜻과 미리 아심을 따라" 허용된 것입니다. "그가 하나님께서 정하신 뜻과 미리 아신 대로 내준 바 되었거늘 너희가 법 없는 자들의 손을 빌려 못 박아 죽였으나."(행 2:23) 그럼으로써 그리스도께서 '참 속죄제'로 나타나실 수 있었던 것입니다. 그리하여 하나님께서는 사탄과 그 졸개들의 증오를 이용하시어 당신의 목적과 뜻을 이루셨습니다. 악인들이 우리를 비방할 때 그것을 아는 것은 '우리에게 얼마나 큰 위로'가 되는지요!

둘째로, 하나님의 아들이 예루살렘 성문 밖에서 죽도록 정하신 일을 통해서 유대인들에게 상징적인 암시를 주신 셈입니다. 다른 말로 하여, 하나님께서 '성전에서 드려지는 모든 제사에 종지부를 찍으셨다.'는 사실을 상징적으로 지시하신 것입니다. 하나님의 아들이 성문 밖에서 죽으신 일로 인하여 하나님께서 더 이상 다른 제사들을 받지 않으실 뜻을 분명하게 천명하신 것입니다. 이제 그리스도께서 친히 제단 위에 놓여졌고, 더 이상 이제 그리스도를 예표하던 제사들은 필요 없게 되었습니다. '그림자'와 '실체'가 함께 서 있을 수는 없습니다. 그리스도께서 죽으셨는데도 불구하고 레위의 제사제도를 고집하며 제사를 드리는 것은 '그리스도가 오신 것'을 부인하는 행동이며, 그렇지 않으면 그의 제사가 구원을 주기에 '충분치 않다'고 주장하는 것이나 마찬가집니다.

셋째로, 그리스도께서 예루살렘 성문 밖으로 나가셨다는 것은 '유대인들로 구성되는 교회 국가가 이제 종지부를 찍었다.'는 사실을 뜻하는 것입니다. 그러므로 그리스도께서 그 성을 떠나셨을 때에 그 성의 멸망을 공표하신 셈입니다(눅 23:28-30). 이점은 참으로 엄숙합니다. 그리스도께서는 더 이상 유대인들의 '교회 안에' 계시지 않으셨습니다(행 7:38). 그들의 집은 이제 황폐하게 버림을 받았습니다(마 23:38). 만일 유대인이 메시야의 은택에 참여하기를 원한다면 이제까지 머물던 유대인의 진영을 떠나야 합니다. 아니 그 유대인의 종교 체계 전체를 떠나야 합니다.

우리의 복되신 구주의 모든 행동에는 얼마나 깊고 넓은 의미가 존재하는지요! 그 행동마다 얼마나 중요한 진리를 예증하며 실증하고 있습니까! 우리 주님의 고난의 상세한 국면을 묵상하는 데 실패하면 실로 정말 엄청난 손실을 보는 셈입니다!

우리가 위에서 지적한 바에 덧붙여 네 번째로 관찰할 수 있습니다. 그리스도께서 예루살렘 밖에서 하나님께 속죄제를 친히 드리셨다는 것은 무엇을 상징합니까? 그의 희생 제사와 그 효력들이 유대인 중의 택한 백성들에게만 '국한되지' 않고 이방인 중에서 선택된 남은 자들에게도 동일하게 확장되어 미친다는 사실을 보여주는 것입니다. 그러니 '중간에 막힌 담'이 허물어졌고, 그처럼 유대교와 세상 사이를 가로막고 있었던 장벽이 더 이상 존재하지 않음을 보여주는 또 다른 표증이기도 합니다. 요한일서 2:2에서 선언한 말씀을 들어 보세요. "저는 우리 죄를 위한 화목제물이니 우리만 위할 뿐 아니요 온 세상의 죄를 위하심이라." 이 요점에 대한 바른 해석을 위해서 본 강해자가 쓴「속죄(Atonement)」라는 책자를 참조하세요.

"그런즉." 이 본문의 "그런즉" 이라는 말의 강도를 가늠하기가 어렵지 않습니다. 예수께서 친히 "성문 밖에서 고난을 받으셨느니라 그런즉 우리는 그 치욕을 지고 영문 밖으로 그에게 나가자." 그러나 독자가 더 명료하게 이해하도록 "그런즉"을 두 부분으로 나누어 봅니다. 첫째로 더 보편적으로 생각하면, 그리스도께서 우리에게 본을 보이셨으니 그의 자취를 따라가는 것이 옳습니다. 둘째로, 우리가 제단의 음식에 참여하게 되었으니 그리스도를 기쁘시게 하고 영화롭게 하는 일에 힘을 써야 합니다. 그리고 셋째로 더욱 더 특별하게 하나님의 아들이 우리가 받을 저주를 대신 지려고 예루살렘 밖으로 나가는 치욕을 기꺼이 당하셨는데, 하나님의 아들들이 나아가 그리스도의 능욕을 지기를 꺼려한다면 정말 얼마나 부당한 처사입니까! 넷째로, 그리스도께서 하나님께 순종하시느라 사람들에게 조롱과 혐오를 받는 자리를 차지하셨는데 우리가 원수 사탄의 평가와 칭찬을 위하여 그리스도께 불순종한다면 말이 되겠습니까? 다섯째로, 그리스도께서 우리를 '거룩하게 하셨으니' 경건치 않은 이들로부터 우리를 확실하게 분리시킵시다.

"그런즉 우리도 그의 치욕을 짊어지고 영문 밖으로 그에게 나아가자." 여기서 우리의 세심한 주의를 요하는 두 번째 요점은 '영문'(진영)이라는 말이 무엇을 뜻하는가의 문제입니다. 이에 대하여 존 오웬(John Owen)이 말한 것을 인용합니다.

"사도는 이 히브리서 전체에서 광야시대 유대인들의 교회 국가와 예배제도에 관심을 기울이고 있다. 그러므로 사도는 장막과 그 안에서 드려지는 여러 가지 제사들에 자기의 강화(講話)를 집중시키고 있다. 그러나 성전이나 그 성전을 지은 장소에 대하여는 아무 언급이 없다. 그가 말한 모든 것을 그 성전에 그대로 적용시킬 수 있다고 하지만 성전에 대한 언급은 전혀 없다. 여기서 광야에서 '진영(영문)'은 백성들이 장막을 치기 위한 공간이었다. 그 백성들이 우거하는 장막은 하나님의 장막 주위에 규례를 따라 세워졌다. 속죄제를 위해서 드린 짐승들의 몸통은 이 경내 밖으로 옮겨져 거기서 불살라졌다. 이곳에서 명백해지듯이 예루살렘의 도성에서도 역시 그와 대칭되게 행해졌다. 반면에 앞 절에서 그리스도께서 '성 밖에서' 고난을 받으신 것으로 말하였다. 그러나 여기에서는 '진영 밖(영문 밖)'으로 나아가서 고난을 받으신 것으로 되어 있다. 이상의 요점들은 사도의 의도를 따라서 본다면 동일한 하나이다."

광야에 있던 이스라엘의 '진영'과 후에 예루살렘 성은 유대교의 정치적 종교적 삶의 자리와 중심이었습니다. '진영(영문)안에 있다.'는 것은 이스라엘 나라의 모든 이점들(이점들과 특권들을 다 누릴 권리)를 가지고 있다는 뜻이었습니다(엡 2:12). 그리고 그 장막에서 하나님을 섬기는 것은 다 거기에 참여함을 뜻하였습니다. 왜냐하면 어떠한 이유라도 한동안 그 권리를 행사하지 못한다는 것은 범법자가 진영 '밖으로' 끌려 나갔음을 뜻하였습니다. 레위기 14:30 ; 24:14 ; 민수기 5:2 ; 12:15에서 보면, 그리스도께서 그 유대 민족에게 '멸시와 배척을 받으신' 것도 바로 그 진영 안에서였습니다. 그 이스라엘의 진영에 대하여 사도는 엄숙하게 선언하셨습니다. "보라 너의 집이 황폐하여 버린바 되리라."(마 23:38) 주께서 친히 처형받기 위해 십자가로 나아가실 때 그 '진영 밖으로' 나가 고통을 당하신 것입니다. 그래서 이 서신이 기록될 당시 '영문(진영)'은 배도한 유대교를 의미했습니다. 그 배도한 유대교는 그리스도께 속한 것을 하나도 갖고 있지 않았으며 '그리스도를 미워하고 이단시' 하였습니다. 결과적으로 그곳은 하나님의 '버림받은' 장소가 되어 황폐하도록 내어 버림을 당하였습니다. 한 시대가 지나지 못해서 그 '진영'은 물리적이고 외적인 방식에서도 폐하여졌습니다.

그러나 그처럼 오래전에 사라져버린 유대교가 지금 '그 대안'으로 어떤 것으로 존재하고 있습니까? 이 질문에 대하여 여러 가지 답변이 나올 수 있습니다. 그러나 이 질문에 답하기를 어려워하지 말아야 합니다. 어떤 사람들은 그 '진영'이 로마 가톨릭 교회일 것이라고도 합니다. 로마 가톨릭 교회와 유대교 사이에 여러 두드러진 유사점이 많음을 보고 그렇게 답합니다. 어떤 사람들은 '죽어 있고 육신적인 교회'를 오래전에 사라진 유대교의 현재형이라고 말합니다. 물론 그렇게 말하는 이들은 '자기들'의 교단은 거기서 제외된다는 식으로 말합니다. 어떤 사람들은 '사람이 만든 모든 기독교 종파와 체제들'이 유대교의 화신이라고 주장합니다. 그렇게 말하는 이들은 자기들을 그런 부류들에서 제외합니다. 물론 그렇게 하는 그들의 행태는 오직 자기들이 세운 또 다른 체계를 높이기 위한 처사에 불과합니다. 그런 이들은 자기들이 비난하는 바리새인들보다 더 바리새적인 사람들인데도 말입니다. 그러나 한 가지만 잘 숙고하면 그런 모든 별난 주장들 속에서 벗어날 수 있습니다. 과거에 필자도 그런 여러 것들로 인하여 오도(誤導)된 적이 있었습니다. 로마 교회나, 프로테스탄트 교회들 가운데서 가장 죽어 있고 가장 오류에 찬 분파들이 그리스도를 미워하고 그리스도를 배신자로 몰아세웁니까? 대답은 '아니다'입니다. 우리는 '다른' 성경에 시선을 돌려야 합니다(계 18:4와 딤후 3:5와 같은 성구들). 그리하여 로마 가톨릭 교회나 육신적인 종파들에 관한 하나님의 뜻을 배워야 합니다. 히브리서 13:13은 그 두 경우에도 정당하게 적용될 수 없는 구절이기 때문입니다. 유대교는 그리스도의 이름 자체를 혐오합니다. 로마 교회나 영적 차원이 낮아진 프로테스탄트 교회들 중 그 어느 곳에서도 그리스도의 이름을 혐오하지는 않습니다.

이 시점에서 우리는 오해하지 말아야 합니다. 우리는 여기서 그리스도인이 그리스도를 모독하는 일에서 자신을 분리시켜야 한다는 전체 주제에 관한 우리의 관점을 표현하고 있는 것이 아닙니다. 또는 교황주의자들이나 그 추종자들을 편들어 말하고 있지도 않습니다. 오늘날 기독교계가 1세기의 기독교계보다 훨씬 더 악한 상태에 있음은 주지의 사실입니다. 주 예수를 따르는 자들이 결코 사귀지 말아야 하는 것들이 더 많아지고 있습니다. 그러나 그 문제는 하나님의 백성들이 많은 무리 중에서 교회가 물러나 있다는 것과는 전혀 다른 문제입니다. 또한 진리의 모든 근본 요건들이 신실하게 선포되는 곳에서 기독교계가 물러나 있는 현실과도 다른 문제입니다. 스펄전(C. H. Spurgeon) 목사가 목회하던 '태버내클 교회(Tabernacle Chapel)'를 '바벨론'의 일부로 여겨 거기 예배에 참석한 자들이 '떡을 떼기를 거절한다.'고 생각해보십시오! 그것은 아니지요. 우리가 현재 염두에 두고 있는 요점은 히브리서 13:13의 '영문(진영)'이 무엇을 뜻하는지 규정하는 데 있습니다. 그리고 그 용어를 근본적으로 다른 영역에 적용하는 것이 얼마나 잘못되었는지를 보여주려는 것입니다.

이상에서 말한 바와 같이 '진영'(영문)은 영광의 주님을 죽음으로 내 몰았던 타락한 유대교입니다. 그들은 그리스도를 비열한 강도와 신성 모독자로 취급하여 죽게 만들어 어떤 변명의 구실도 상실한 집단입니다. 우리는 이미 유대교와 로마 가톨릭 사이에 유사점이 아주 여럿임을 인정하였습니다. 그 뿐 아니라 저급한 프로테스탄트의 큰 교파들도 많은 국면에서 같은 모습을 보이고 있음을 인정합니다. 그러나 하나님께서 예루살렘을 파멸되게 내버려두게 하신 것이 유대교의 율법과 그들이 지켰던 제사제도와 의식들과 그들의 부패 자체 때문이 아니었습니다. 사도가 독자들에게 "영문 밖으로 나아가라."고 말할 때, 그 영문은 예수를 하나님의 그리스도로 받아들이기를 거부하고 예수께서 죽은 자 가운데 부활하신 사실을 거부하는 유대교를 가리킵니다. 그 유대교는 '예수가 아주 비열한 배반자요, 그 자신의 이름을 욕되게 하였다.'고 주장하였습니다. 그러나 우리가 알기에는 지상에서 '그리스도인'이라고 고백하면서도 그런 식으로 그리스도를 말하는 사람이나 기독교회는 단 한 군데도 없습니다!

사실, 오늘날 사도시대의 유대교의 '영문(camp)'을 그대로 정확하게 본 뜬 데는 하나도 없습니다. 그러나 외면적으로는 달라 보이지만 본질적으로는 유대교와 같은 것이 존재하는데, 그것이 바로 '세상'입니다. 하나님을 모독하는 세속적인 세계가 바로 그것입니다. 우리는 그 점에 관한 말씀을 듣습니다. "온 세상은 악한 자 안에 처한 것이며"(요일 5:19) 세상과 타협하는 자들은 거듭나지 못하고 거룩하지 못하고 경건치 않은 자들입니다. 기독교의 여러 효과들 중 하나는 세상의 많은 부분에 '도덕성과 종교적 우아함'의 합판으로 미장(美粧)한 일입니다. 물론 미장이 점점 더 흐려지고 있지만 말입니다. 기독교의 어떤 분파에서는 아직도 하나님께 속한 일들을 '그럴듯한 아름다움'으로 치장하는 것이 유행이 되어있기도 합니다. 그러나 그들에게 하나님의 요구들을 정확하게 말해 보십시오. 그러면 육신의 생각이 하나님과 원수가 됨을 금방 알게 될 것입니다. 그러나 대부분 대중들은 그리스도를 공개적으로 '미워합니다.' 또한 그의 이름을 무섭게도 모독하고 있습니다. 우리는 분명히 듣고 있습니다. "간음한 여인들아 세상과 벗된 것이 하나님과 원수 됨을 알지 못하느냐 그런즉 누구든지 세상과 벗이 되고자 하는 자는 스스로 하나님과 원수 되는 것이니라."(약 4:4)

"영문 밖으로 그에게 나아가자." 우리가 다음으로 생각할 문제는 '어떤 의미에서 그리스도인이 영문 밖으로 나아가야 하느냐?'입니다. 다른 말로 해서, 공개적이고 능동적으로 그리스도를 대적하는 세계 속에서 나와야 하는데 어떤 의미에서 그러합니까? 이 질문의 답을 얻으려면 면밀한 숙고가 필요합니다. 왜냐하면 이 본문의 말을 너무나 심하게 왜곡시키는 일이 있기 때문입니다. 우리는 분명한 이슈를 지적해 보기로 합니다. 여기에서 사도가 명하고 있는 행동이 육체적인 것인가 아니면 정신적인 것인가? 여기서 성령께서 권면하시는 바를 이행하는 것이 몸으로 하는 것인지, 아니면 영혼으로 하는 것인지? 우리의 발로 복종할 일인지, 아니면 마음으로 복종해야 하는지? 다른 말로 해서, 하나님께서 '세상을 버리라'는 말씀이 '문자 그대로 세상을 떠나라.'는 것인지, 아니면 비유적으로 하시는 말씀인지? 문자 그대로 세상을 떠나는 것으로 이해한 이들은 심각한 잘못을 저질렀습니다. 그래서 그들은 스스로 은둔자가 되어 수도원으로 들어갔습니다. 사도 바울이 말하는 의도가 무엇인지를 분명하게 규정하는 구절이 있습니다. "만일 그리하려면 (악인들과 교제하는 것을 전적으로 끊어야 한다면) 세상 밖으로 나가야 할 것이라."(고전 5:10) 이 말씀은 히브리서에서 명하는 것을 문자 그대로 생각하는 잘못을 막아 줍니다. 또한 그렇게 하는 것은 주님께서 가르치신 기도의 정신에도 위배됩니다. "내가 비옵는 것은 그들을 세상에서 데려가시기를 위함이 아니요 오직 악에 빠지지 않게 보전하시기를 위함이니이다."(요 17:15)

우리는 사도시대의 유대인들의 경우를 생각해 봅시다. 구원 얻을 만한 믿음으로 주 예수 그리스도를 믿는 자들을 향하여 '문자 그대로' "너희는 예루살렘을 떠나야 한다."고 요구한 적이 언제 있었습니까? 결코 그런 적이 없습니다. 사도들은 스스로 그 예루살렘에서 계속 머물러 있었습니다(행 8:1). 사도가 여기 히브리서 13:13에서 의도하는 바는 '어떤 지역으로 떠나라.'는 말이 아닙니다. 물론 잠시 후에 그들의 목숨을 보전하기 위해서 떠날 때가 왔었지만 말입니다(눅 21:30-32). 여기서 말하는 것은 '도덕적이고 종교적' 의미에서 '그 진영에서 떠나라.'는 것입니다. 여기서 존 오웬(John Owen)의 말을 들어 봅니다.

"과거 이들 히브리인들에 있어서 이스라엘의 정치적이고 종교적인 이해관계보다 더 가치 있고 더 크게 여기며 추구하던 것이 없었다. '옛적 그 이스라엘의 교회와 그 백성들에게 허락된 그 영광스러운 모든 특권들이 이제는 멈춰졌으니 마땅히 버려야 한다.'는 것을 그들은 전혀 이해할 수 없었다. 그래서 그들 중 거의 대부분은 복음을 믿지 않은 데서 머물러 있었다. 또 많은 경우 복음의 교류와 그들의 옛 의식을 혼합하려는 시도도 하였다. 그들 가운데 가장 선한 사람들은 그러한 옛 의식(儀式)들을 포기하는데 하등의 어려움이 없었다. 그러나 사도는 그들에게 말한다. '그리스도께서 영문, 또는 성문 밖에서 고난을 받으셨으니 너희도 그리로 나아가라는 부르심을 받았다.'"

오늘날 이 원리를 우리에게 적용시키는 방식을 깨닫는 것은 어렵지 않습니다. 그것을 다음과 같이 진술할 수 있습니다. 하나님께서 우리에게 무어라 말씀하십니까? 그리스도 안에서 참된 유익을 얻는 것을 방해하는 이전의 모든 이점들과 특권들을 포기하라는 것입니다. 그것이 사회적인 것이든 재정적인 것이든 정치적인 이해관계에 관한 것이든, 그 어느 것이라도 포기하라는 것입니다. 그리스도와 교통하고 그리스도의 일을 충성하는 것과 반대 되는 그러한 모든 이익들과 특권들을 포기하라고 말씀하십니다. 빌립보 3:4-10에 그에 대한 한 예증이 나와 있습니다. 다소 사람인 사울이 전에 유익하다고 생각하는 것들 - 곧, 자기가 유대인으로 태어나 그 정통성을 견지하고 있었던 일, 바리새인의 엄격성과 의(義)를 가지고 있었던 일, 교회를 핍박했던 일 - 그것들을 "그리스도를 위하여 해로 여기게 되었다."는 것입니다. 지금 이교도 국가에 있어서도 역시 마찬가지입니다. 그 사람이 회교도였든 불교도였든 마호멧교도였던 간에(아니면 유대인이든 로마 가톨릭 교도였든지) 참으로 회심하였다면, 그는 이제까지 높이 숭앙했던 것들에 등을 돌려대고 버려야 합니다. 이제는 그리스도를 사랑하는 마음으로 그리스도를 대적하는 것들을 미워하게 될 것입니다.

"그런즉 우리도 그의 치욕을 짊어지고 영문 밖으로 그에게 나아가자." 이 본문의 네 번째 적용점을 생각해 봅시다. "영문 밖으로" 나아감으로써 우리는 '그에게' 나아가는 것입니다. 거꾸로 그리스도께 나아감으로써 우리는 영문 밖으로 나아가는 셈입니다. 두 가지 일은 서로 분리될 수 없습니다. '그에게 나아간다'는 것과 '영문 밖으로 나아간다'는 표현을 교대적으로 쓸 수 있습니다. 영문 밖으로 나아가지 않고도 그리스도께 나아가는 일은 없으며, 그리스도께 나아가지 않고 영문 밖으로 나아가는 일도 없습니다. 돌려서 생각해도 언제나 같습니다. 거꾸로 생각해도 언제나 결론은 같습니다. 마음을 사탄으로부터 하나님께로 돌리고, 죄로부터 거룩으로, 땅에 있는 것으로부터 하늘에 있는 것으로 돌리고, '영문 밖으로' 나아가 그리스도께 이르는 것이 바로 그것입니다. 우리는 주 예수를 반대하는 것을 그를 위해서 포기해야 합니다. 그리스도의 속죄 희생의 제사를 붙잡기 위해서 자기 의를 붙잡은 손을 놓아야 합니다. "그에게 나아가다."는 것은 무엇입니까? 선지자와 제사장과 교회의 임금으로서의 직무를 가지신 그리스도께 우리 자신을 맡기는 것입니다. 그렇게 함으로써 하나님께 받아들여짐을 얻는 것입니다. 그리스도를 멸시하고 배척하는 자들의 경멸과 반대에도 불구하고 그리스도께 온전히 충성하며 그를 인정하는 것이 바로 그리스도께 나아가는 것입니다.

"영문 밖으로 그에게 나아가자." 이는 성령님의 조명을 받아 우리의 총명의 눈이 열려 그리스도를 약속된 메시야로 우러르는 것을 의미합니다. 하나님과 사람들 사이에 오직 유일한 중보자로서의 그리스도를 아는 것입니다. 또한 유대인들과 이방인들이 흉악한 강도로 몰아세워 처형했던 바로 그 분을 완전 충분하신 구세주로 바라보는 것이 바로 그것입니다. 그것은 또한 그리스도의 인격의 초자연적인 탁월성에 우리 마음이 끌리는 것을 뜻하기도 합니다. 그리스도께 마음이 끌리고, 그리스도를 '일천 사람 가운데 가장 훌륭한 분'으로 깨닫는 것입니다. 또한 그리스도께 복종하기로 의지를 세우고 그의 멍에를 기쁘게 받아들여 그분의 왕홀(王笏)에 기꺼이 복종하는 것입니다.

한 마디로 하여, 세상이 아직도 미워하는 그리스도를 온전한 마음과 정성을 다해서 인정하고, 그리스도를 겸손하게 따르는 제자가 되어 기꺼운 마음으로 그에게 복종하고, 모든 조롱을 그를 위해 기쁨으로 참아내는 사람이 되어야 합니다. 바로 그것이 **"그의 치욕을 지고 영문 밖으로 그에게 나아가는 것"**입니다. 옛 거라사 성 사람들처럼 오늘날도 그리스도를 믿는다고 하면서 세상적인 생각을 가지고 있는 사람들은 그리스도께 "우리의 고을에서 떠나 달라."고 말합니다(막 5:17). 그러나 그리스도께 나아가는 자들은 외칩니다. "내 사랑하는 자는 내게 속하였고 나는 그에게 속하였도다."(아 2:16)라고 말입니다. 아멘.

116강

영문(營門) 밖으로 나아가자 II

13:13 그런즉 우리도 그의 치욕을 짊어지고 영문 밖으로 그에게 나아가자 13:14 우리가 여기에
는 영구한 도성이 없으므로 장차 올 것을 찾나니

우리는 앞의 강론에서 사도가 말하는 '영문'이 정확히 무엇을 뜻하는지 독자들로 명확하게 이해하게 하려고 애를 썼습니다. 그 용어를 정확하게 규정지으면 지을수록 그 말을 잘못 적용시킬 가능성이 적어집니다. 본 강해자가 십년 전에 배포한 글 중에 바로 이 점에서 실수한 적이 있습니다. 설교 본문을 그릇되게 적용하여 설교 중 많은 부분이 훼손 되었습니다. 기독교계에서 발견하는 것과 옛 유대교의 특징 사이에 존재하는 우연한 여러 많은 요점들을 깊이 생각하다가 본질적이고 근본적인 것에 대한 관심을 놓치고 만 것입니다. 그래서 바로 이 본문의 '영문(camp)'을 잘못 적용하는 실수를 범하였습니다. 바울 시대에 유대교로 하여금 선지자들의 시대 중 영적으로 가장 저급하던 상태에도 훨씬 못 미치게 만든 것은 하나님의 성육신하신 아들을 미워하고 배척하고 죽인 일이었습니다.

현대적인 차원에서 '영문'에 해당하는 것이 무엇인지 찾으려 할 때 우리가 꼭 감안해야 하는 것이 바로 그 특별한 요점입니다. 유대인들이 그리스도를 내쫓았고, 파문하였고, 흉악한 강도로 몰아 그를 사형에 해당하는 죄를 지은 자로 몰아세웠습니다. 진실로 말해서 주 예수를 십자가에 못 박았던 그 유대교의 정확한 짝을 오늘날 지상에서는 발견할 수 없습니다. 로마 가톨릭 교회의 교의(教義)와 여러 실제 행위들은 하나님을 모독하는 가공스러운 것들이기는 하나 유대교의 화신은 아닙니다. 가장 저급한 영성을 지니고 있는 여러 프로테스탄트의 분파들도 여기에 속한 것이 아닙니다. 그들의 교리와 행실이 아무리 썩었다 할지라도 말입니다. 오늘날 그러한 것들을 가리켜 '영문'이라고 지칭하는 것은 옳지 못합니다. 우리가 앞에서 지적한 바와 같이, 원리에 있어서 본질적으로 그것과 가장 유사한 모습을 띠고 있는 것은 하나님을 믿지 않는 세속적인 '세상'입니다. 거듭나지 못하고 경건치 않은 세상 사람들은 그리스도를 사랑한다고 고백하지 않습니다. 그리스도의 이름을 언급하는 그 자체를 미워합니다. 그들은 그리스도를 그들의 체계와 모든 사상 속에서 완전하게 몰아내고 싶어 합니다. 그들이 그의 거룩하신 이름을 쓸데없이 들먹인다 하여도 허무한 일입니다.

우리는 주께서 그 백성들에게 "영문 밖으로 나아가라."고 하신 그 '진정한 의도'가 무엇인가를 알아보려고 애를 썼습니다. 다시 말하면, 자신들을 경건치 않은 이들과 그리스도를 미워하고 배역하는 자들로부터 자신들을 구별시키라는 주님의 의도가 어디 있는지를 살펴보려고 노력하였습니다. 우리가 살펴 보았듯이, 우리는 그것을 문자 그대로 또는 물리적으로 이해하지 말아야 합니다. 도덕적으로나 비유적으로 이해해야 합니다. 세상에서 지역적으로 어떤 것에서 물러나는 것을 말하는 것이 아니라, 종교적이고 영적인 의미에서 그렇게 하라는 것입니다. 다른 말로 해서 하나님께서는 그 백성들에게 광신자(fanatic)들이 되어 은둔자의 삶을 영위하라고 요구하지 않으십니다. 어떤 수도원이나 은둔처에서 은신하고 있는 것은 바로 이 중요한 실천적인 진리를 마귀적으로 부패시키는 행위입니다. 그리스도인은 여전히 '세상 안에' 존재하고 있습니다. 그러나 그리스도인이 '세상에 속한' 사람이 되지 말아야 합니다. 세상의 정책과 세상의 교훈을 따라 살아서는 안됩니다. 세상의 쾌락과 매력에 마음이 사로잡혀서도 안 됩니다. 또한 세상과 친해지는 것을 추구해서도 안 됩니다. 세상의 정책들을 그 관심의 대상에 두어서도 안 됩니다. 마음과 그 영혼의 관심거리에서 세상은 제외해야 합니다. 그는 이 장막 세상을 지나는 순례자로 처신해야 합니다. - "세상 물건을 쓰는 자들은 다 쓰지 못하는 자 같이 하라."(고전 7:31)

그런 다음 우리가 지적한 바는, 그리스도인이 "영문 밖으로 나아감"으로써 그리스도께 나아간다는 점입니다. '회심(conversion)'이라는 말이 지시하는 행동은 이중적입니다. 그러나 성령께서 이 본문을 이렇게 기록하게 하신 데는 이유가 없지 않습니다. 주목할 필요가 있는 특별한 강조점이 여기에 있습니다. 사도는 여기서 "그런즉 영문 밖으로 나아가 그에게 나아가자(Let us go forth therefore without the camp unto Him)."고 말하고 있지 않고 "영문 밖으로 그에게 나아가자(Let us go forth unto Christ without the camp)"고 말하고 있습니다. 그 차이는 문자적인 차이보다 훨씬 더 큽니다. '그리스도께서 친히' 우리 마음의 장엄한 대상이 되셔야 함을 사도는 강조하고 있습니다. 그러니 이 세상의 가련하고 보잘 것 없는 것들이 우리에게 많은 매력을 끌지 못할 것임을 또한 강조하고 있는 것입니다. 만일 그리스도께서 우리 마음의 장엄한 대상이 되지 못하시면, 우리가 아무리 대단한 심미가(審美家, aesthete)가 되어도 그 어떤 만족도 없을 것이며 기쁨은 더 더욱 없을 것입니다. 그리되면 애굽에서 '나온 뒤'에도 여전히 그 애굽의 고기 가마를 계속 탐하던 옛 이스라엘 사람들의 경우와 같을 것입니다.

"영문 밖으로 그리스도께 나아간다."는 것은 신자가 자기의 이전 삶의 자세와 완전히 손을 끊는다는 것을 뜻하며, 그리스도를 반대하는 모든 것을 다 버리는 것입니다. 그리고 그리스도와의 교통을 방해하는 어떤 것이든지 다 포기하는 것을 의미합니다. 한 마디로 말해서, 이 본문의 권면은 우리 주께서 하신 선언의 말씀을 다른 방식으로 표현한 것에 불과합니다. "아무든지 나를 따라 오려거든 자기를 부인하고 자기 십자가를 지고 나를 따를 것이니라."(마 16:24) 죄는 죽여야 하고, 정욕을 가진 육체는 십자가에 못박아야 하며, 세상은 포기해야 하며, 그리스도께서 우리에게 남기신 본은 열심히 따라야 합니다. 그러니 "영문 밖으로 그리스도께 나아간다."함은 회심할 때에 '영단번'에 행해지는 어떤 한 행동을 가리키는 것이 아닙니다. '습관적으로' 계속적인 삶의 태도를 나타냄을 의미합니다. 그리스도인은 '날마다' 십자가를 져야 합니다(눅 9:23).

"그런즉 우리도 그의 치욕을 짊어지고 영문 밖으로 그에게 나아가자." 이 권면에 순종하는 일은 "그리스도의 치욕을 지는 일"을 수반합니다. 그리스도와 사귀도록 믿는 자들을 부르신 것입니다. 이제 그리스도의 고난에 함께 동참해야 하고(빌 3:10), 장래 영광에 함께 참여할 것입니다. 그 "치욕"은 그 지역의 특수성이나 조건에 따라서 여러 모양으로 나타납니다. 다시 말하면 하나님께서 당신 백성들을 대적하는 악한 자들의 일을 어떻게 제어하시려 하시는지 그 섭리의 경륜에 따라서 다르게 나타난다는 말입니다. 그러나 모든 시대, 모든 지역에서 "그리스도 예수 안에서 경건하게 살고자 하는 자는 박해를 받게" 되어 있음은 이미 증명되었습니다(딤후 3:12). '박해'와 '그리스도의 치욕'은 초대교회 그리스도인들이 체험했던 잔인한 환난일 수 있습니다. 또한 예민한 영혼에는 예리한 아픔으로 느껴지는 어떤 조롱이나 훼방이나 조금 부드러운 모습을 띠는 조소와 같은 것일 수도 있습니다. 그리스도께서

"종이 주인보다 더 크지 못하다."하신 말씀을 기억해야 합니다. "사람들이 나를 박해하였은즉 너희도 박해할 것이요."(요 15:20)라고 선언하신 것과 같습니다. 하나님께서 이를 허락하시는 한 가지 이유가 있습니다. 하나님의 백성들도 세상과 짝할 성향을 많이 갖고 있다는 점입니다. 그래서 만일 우리가 세상과 구별되지 않으면, 하나님께서는 세상이 우리에게 냉대하며 대적하게 허락하시는 경우가 흔합니다.

'육체'는 그러한 대적을 두려워하며 그 대적을 피하고 싶어 합니다.[1] 우리가 모든 사람에게 좋은 평판과 융숭한 대접을 받고 싶은 것은 자연스러운 일입니다. 그러나 원수의 대적에 겁을 내며 움츠리는 그리스도인은 자기의 상전이신 그리스도께서 자기를 위해서 어떤 것을 참아내셨는지를 상기해야 합니다. 구약의 모형 속에서 속죄제는 영문 밖에서 불살라졌습니다. 여호와께서 보좌로 삼으시는 지성소에서 멀리 떨어진 곳에서 그렇게 불사르게 되어 있었습니다. 그럼으로써 죄인이 궁극적으로 하나님으로부터 분리됨을 나타내셨습니다. 그리고 죄인이 '바깥 어두운데' 쫓겨나 거기서 '영원한 불로 보응을 당해야 한다.'는 것을 드러내었습니다. 그리스도께서 그 무서운 흑암의 세 시간 동안 십자가 위에서 바로 그러한 일을 당하신 것입니다. 그리스도께서는 당신 백성의 무서운 죄의 짐을 짊어지셨고, 하나님의 모든 위로를 박탈당하는 아픔을 겪으셨습니다. 그 일이 그리스도께는 하나님으로 멀리 떨어진 곳으로 들어가심을 뜻하였기 때문입니다. 그러나 "우리가 '영문' 밖으로 나아가는 것"은 '그리스도께 나아감'을 뜻합니다. 그리스도께서 영문 밖으로 나가신 일은 저주를 참아내심을 수반하는 일입니다. 그러나 그것이 우리에게는 '하나님의 복을 받는 일' 외에 아무것도 들어있지 않습니다! 그러니 우

---

1) 여기서 '육체'는 우리의 몸을 가리키기 보다는 우리의 옛 사람의 본성을 지시한다고 이해해야 한다. - 역자 주

리는 세상의 조소에도 불구하고 그리스도에게 바싹 붙어야 합니다. 그리고 이 땅에서 어떤 대가를 치른다 할지라도 그리스도를 위하여 세상과 맞서야 합니다.

그러나 우리는 그리스도께 나아가는 이 마땅한 도리를 감당하기 위해서 어떠한 방편을 채용해야 하는지를 숙고합시다. 우리가 앞 강론에서 지적하였듯이, 여기에서는 몸의 행동보다는 '영혼의 활동'을 가리켜 말합니다. 그러나 그것을 특별하게 상징화한 것입니다. 첫째로, 신자의 영혼이 '기도를 통해서' 그리스도께 나아갑니다. 왜냐하면 진실한 기도는 그리스도를 향하여 마음의 호흡을 하며, 그리스도께 시선을 돌리는 것이기 때문입니다. 기도의 첫 외침은, "주여 나를 구원하소서 내가 죽겠나이다."입니다. 매일 주께서 당신 자신을 우리 마음에 더 생생하게 비추어 달라고 간구해야 합니다. 그리고 우리가 그리스도와 더 가까운 교제를 할 수 있게 허락해 주시기를 간구해야 합니다. 또한 날마다 우리는 그 거룩한 교통을 저해하는 것들을 제거해 달라고 기도해야 합니다. 또한 어떻게 하면 "그리스도의 충만한데서 받을 수 있는지"를 가르쳐 주십사고 간구해야 합니다. 또한 우리가 더욱 더 순종하고 하나님의 거룩한 형상을 보다 더 온전히 따르게 해 주십사고 날마다 간구해야 합니다. "내게 입 맞추기를 원하니 네 사랑이 포도주보다 나음이로구나."(아 1:2) 이 말씀은 마음으로 "영문 밖으로 그리스도께 나아가는" 이들의 언어입니다. 이 가련한 세상이 제공하는 가장 훌륭한 것보다 무한히 더 탁월한 것을 그리스도께 구하러 그리스도께 나아가야 합니다.

둘째로, "영문 밖으로 그리스도께 나아감"은 '믿음'의 몸짓입니다. 그리스도께서는 믿음의 웅대한 대상이십니다. 믿음을 통해서만 그분을 알 수 있고 누릴 수 있습니다. 우리가 처음 회심할 때도 그러하고, 그리스도인의 삶의 전 과정을 통해서도 그러합니다. 사도는 이렇게 말합니다. "이제 내가 육체 가운데 사는 것은 나를 사랑하사 나를 위하여 자기 몸을 버리신 하나님의 아들을 '믿는 믿음' 안에서 사는 것이라."(갈 2:20) '믿음'이 살아있지 못하면 영혼이 그리스도께 나아가는 일은 전혀 없습니다. 그런 경우 진정으로 기도하거나 진정으로 그리스도와 교통하는 일은 없습니다. 그러나 믿음이 살아 작용하면 나침반의 바늘이 남과 북을 가리키듯이 본능과도 같이 마음이 그리스도를 향하게 됩니다. 믿음이 병들고 힘이 없어지면, 이 세상의 것들이 우리를 장악합니다. 이 세상의 쾌락이 매력으로 보이고, 이 세상 염려가 우리를 괴롭힙니다. 그러나 믿음이 건전하고 활력 있으면, 영혼은 "새 힘을 얻으리니 독수리가 날개치며 올라감 같을 것이요 달음박질하여도 곤비하지 아니하겠고 걸어가도 피곤하지 아니하리로다."(사 40:31) 실로 우리 영혼으로 하여금 그리스도를 정말 계신 그대로 보배롭게 여기게 하는 것은 '믿음'입니다. 그러니 믿음을 약하게 하고 그 힘을 빼버리려고 덤비는 모든 것들을 막기 위해서 보다 더 열심을 내도록 합시다.

셋째로, "영문 밖으로 그리스도께 나아감"은 '소망의 행위'입니다. 이것이 신자의 마음이 비참한 절망 속에 떨어지지 못하게 지켜주는 특별한 영적인 은혜입니다. 신자가 아주 크게 시련을 받고 낙담할 때가 있습니다. 죄가 속에서 노도하며 거룩한 율법의 참소가 양심을 찔러대며, 사탄이 '모든 게 다 끝났다.'고 믿도록 설득하려고 기를 쓸 때가 있습니다. '네가 받은 특권을 그렇게 함부로 사용하고, 그렇게 많은 빛을 받고도 죄를 지었으니 하나님의 은혜를 음욕으로 바꾸었구나. 이제는 너를 치료할 방도는 더 이상 없다.' 사탄은 그런 식으로 우리를 설득하려 들 때가 있습니다. 그래서 영혼이 아주 엎드러져 더 이상 기도할 수 없어 보일 때가 있습니다. 그런 경우 성경을 읽어도 매 지면마다에서 위로를 발견하기는커녕 자신을 정죄하는 것 같습니다.

그런 때에도 성령께서는 어떤 약속을 생각나게 하시고 약간의 격려를 주십니다. 그러나 양심은 여전히 타격을 입어 신음합니다. 자, 그러나 그런 때에도 '소망'은 다음과 같은 모양으로 작용합니다. '그리스도께서 나병환자에게도 긍휼을 베푸셨고, 세리와 십자가에 달려 죽어가던 강도에게도 긍휼을 베푸셨도다. 그리스도는 긍휼이 풍성하시도다. 그러니 이제 나는 새롭게 그의 긍휼하심에 나 자신을 맡기련다.' 또한 소망은 이 장막 너머의 내세를 바라보게 합니다. 이 장막은 모든 낙담과 슬픔과 곤란과 함께 있습니다. 그러나 소망은 내세에서 우리는 '영원토록 주님과 함께 있을' 때를 내다보게 합니다.

넷째로, "영문 밖으로 그리스도께 나아감"은 '사랑의 역사'입니다. 성령께서 중생한 사람들의 마음속에 부어주신 하나님의 사랑은 아름다운 감성보다 훨씬 더한 무엇입니다. 그것은 작용하는 원리로 존재합니다. 사랑은 사랑하심을 입은 자들이 서로 함께 하는 것을 갈망하게 합니다. 다른 존재로부터는 만족을 얻을 수 없습니다. 세상적인 적그리스도 속에서 그리스도를 만나는 일은 없습니다. 그러므로 신자의 마음이 건전한 상태에 있으면 세상에서 벗어나 사랑하시는 자를 추구하게 합니다. 그의 입술에서 나오는 말씀, 그의 얼굴에서 비춰지는 미소, 그의 발아래 앉아서 그의 사랑의 샘에서 마시는 것이야말로 은과 금 같은 보석보다 훨씬 더 나은 무엇입니다. 그리스도의 피로써 죄 씻음 받은 사람들은 그리스도를 보배로운 분으로 여기어 그 생각이 항상 그분께 '나아갑니다.' 물론 마땅한 바대로 자주 열심히 그래야 하나 실상은 그렇지 못하고, 원하는 정도만큼 나아가지도 못합니다. 그럼에도 불구하고 '모든' 그리스도인의 삶 속에는 구주의 가슴에 자기 머리를 기대는 은혜를 허락받을 때가 있습니다. 자기 백성을 사랑하시는 그리스도께서 백성들로부터 사랑을 받으시는 것입니다.

다섯째로, "영문 밖으로 그리스도께 나아감"은 '그리스도께 의지를 복종시키는 것'을 말합니다. 이제 우리의 상전이 바뀌었습니다. 이 세상의 임금에게 봉사하던 것을 그만두고 그리스도를 주로 받아들이게 되었습니다. 이제 그리스도의 기치 아래 모여 그 주신 유니폼을 입고, 그분이 지휘하시는 대로 복종하여 행동합니다. 많은 사람들이 이 본문을 이해하는 것과 우리가 해석하여 적용하는 것 사이에 얼마나 차이가 납니까! 어떤 사람은 '사람이 만든 모든 종파와 체제'와 결별하였다고 외치지만 실상을 보면 그 마음이 하나님을 향하여는 전적으로 죽은 상태일 수 있습니다. 아니면 정통 교회에 속해 있으면서 그 정통 교회가 주장하는 교리에 서명하고, 그 언어를 다 받아들이고, 그 정통 교리가 간절히 원하는 대로의 소리를 내면서도 그 마음에는 은혜의 빛이 한 점도 보이지 않을 수도 있습니다. 또 자기는 모든 세상 정치와 과거와 쾌락으로부터 온전히 벗어났다 하면서도 그리스도께 대한 사랑은 전혀 없을 수가 있습니다. 우리 본문이 주장하는 것을 충족시키기 위해 믿음의 역사와 소망의 작용과 사랑의 행동화, 그리고 의지의 복종과 순종의 길로 행하는 것이 있어야 합니다.

히브리서 13:14

"우리가 여기에는 영구한 도성이 없으므로 장차 올 것을 찾나니."

이 말씀은 네 가지 질문을 떠오르게 합니다. 이 말씀이 13절과 어떤 연관이 있는가? "영구한 도성이 없다"는 것이 무슨 뜻인가? 우리가 찾는 "장차 올" 것은 무엇인가? 어떻게, 또는 어떤 방식으로 우리는 그것을 찾고 있는가?

이 구절의 접속사는 13절과 14절 사이에 긴밀한 연관이 있음을 분명하게 드러내 줍니다.[2] 그 연관은 이중적입니다. 첫째로 14절이 13절에서 지적한 도리를 감당해야 할 두 가지의 또 다른 이유를 제공해 줍니다. 10-12절의 대목에서 함축한 이유들에 부연하여 다른 이유를 제공한다는 말입니다. 둘째로, 14절은 13절의 말씀을 설명하고 확장시켜 이해하게 하는 말씀으로 보면 좋습니다. 14절과 13절 사이의 이 연관은 "우리가 여기는 영구한 도성이 없다."라는 말이 무엇을 뜻하는지 숙고함에 따라 더욱 명백해질 것입니다. 분명히 말해서 여기서 '도성'이라는 말이 은유적으로 사용되었습니다. 강하고 견고한 성을 상징적으로 활용하여 표현한 것입니다. 그 성은 지상의 거민들 대다수에게 피할 곳과 안식할 곳을 제공합니다. 시인은 "내가 둘러보는 모든 것이 다 변하고 썩는다." 하였습니다. 우리가 끝까지 의지하도록 영구하게 견뎌낼 것이 이 세상에는 없습니다. 창세기 4:17에서 가인이 '성을 세운 일'에 대한 기사를 읽습니다. 그것이 어디에 있습니까? 그것이 노아 홍수를 통해 수 천년 전에 파멸되었습니다. 더베와 니느웨와 바벨론이 그 당시에 강력하고 영향력 있는 도성들이었습니다. 그러나 지금 그 도성들은 어디에 있습니까? 그것들은 더 이상 존재하지 않으며, 그 도성이 서 있던 터도 어디인지 확실하지 않아 논란거리가 됩니다. 사랑하는 독자 여러분, 이 세상은 그러합니다. "이 세상의 외형은 '지나감이니라.'"(고전 7:31). 어느 날엔가 "땅과 그 중에 있는 모든 일이 드러나리로다(불에 타 없어지리라.)"(벧후 3:10)

"우리가 여기에는 영구한 도성이 없으므로." 이 세상에 속한 것들은 다 변하는 것입니다. 거듭나지 않은 사람들이 그렇게 높이 평가하여 자기 영혼을 팔아서 얻었던 바로 그것이 금방 사라져 버리는 것입니다. 현세적인 모든 것이 다 견고하지 못하고 확실하지 못합니다. 간단하게 말하여, "여기는 영구한 도성이 없고"라는 말씀의 의미가 그러합니다. 그러나 그 말씀 속에

---

2) 우리말 개역개정이나 개역한글 성경에는 나타나 있지 않지만 '왜냐하면'이라는 접속사로 13절과 14절이 연결되어 있다. -

는 우리가 놓쳐서는 안 될 강조점이 있습니다. 그것은 단순히 "여기에는 영구한 도성이 '없으므로'(here there is no continuing city)"라고 되어 있지 않고 "우리가 여기서 영구한 도성을 '갖지 않는다.'"(here have we none)라고 말하고 있기 때문입니다. 믿는 자가 아니면 그 어느 누구라도 그렇게 말할 수 없습니다. 참으로 세상에 속한 사람들은 사실상 아무 것도 갖고 있지 않습니다. 그러나 그 상상과 그 계획과 그 생각 속에는 무엇인가를 가지고 있습니다. 그들은 자기들 몸을 이 세상에 속한 것에 두고 마치 언제나 그런 것들을 누릴 것처럼 행동합니다. "그러나 그들의 속 생각에 그들의 집은 영원히 있고 그들의 거처는 대대에 이르리라 하여 그들의 토지를 자기 이름으로 부르도다."(시 49:11) 지상에는 모든 것이 견고치 못함이 그리스도인에게 어떻게 영향을 끼칠까요? 그래서 그는 자기 마음으로 그것들을 무시하여야 합니다. "영문을 떠나야" 합니다. 바로 그것이 13절과 14절 사이의 연관입니다.

"우리가 여기에는 영구한 도성이 없고." 이에 대한 존 오웬(John Owen)의 말을 들어 봅시다.

"한 도성은 사람들의 이해관계와 사람들의 특권들이 집중되어 있는 장소이며, 그들의 삶의 거처와 삶의 보금자리다. 그 성을 가지면 나그네와 외인의 조건에서 벗어나는 이점이 주어진다. 사람들은 이 세상과 그 모든 안식과 평안을 바로 이 성에서 누릴 수가 있다. 이 세상 이상의 더 높은 목적이나 목표를 전혀 갖지 않은 이들은 이 세상의 도성이 자기들이 소유한 모든 것이기 때문이다. 내가 신자들은 전적으로 도성에 속하지 않았다고 말한다거나, 그들이 이 도성에서 다른 사람들과 공동으로 소유하는 것이 전혀 없다고 주장하는 것이 아니다. 사도 바울 자신도 자기가 작지 않은 한 성의 시민임을 말하면서 자기 입장을 변호하였다. 우리가 앞으로 알아보겠지만, 사도가 '영구한 도성'을 주장하는 것을 삼가는 그의 태도에서 그 점이 시사되어 있다. 그러나 다른 입장에서 그렇게 말하기도 한 셈이다."

존 오웬이 '다른 입장'이라고 한 말이 무슨 뜻인지에 대하여 금방 알아보려 합니다. 그러나 잠시 후에는 보다 보편적인 의미를 생각할 것입니다. 하나님께서 당신의 백성들을 섭리적으로 다루시면서 그 백성들에게 "우리가 여기에는 영구한 도성을 갖지 못한다."는 사실을 고통스럽게 상기시켜 주시는 일을 자주 하십니다. 우리는 '시온'에서 평안하게 있으려는 경향이 있으며, 우리의 마음을 이 땅에 속한 일에 고정시키고 싶은 생각을 가지고 있습니다. 그리고 이 세상에 안주하려는 그런 성향이 우리에게 있습니다. 적어도 잠시 동안은 우리가 닻을 내리고 있다는 느낌을 가지고 싶고, 따라서 그런 느낌 속에서 우리의 계획을 추진해 나갈 수 있다고 생각하고 싶습니다. 그러나 하나님께서는 우리의 계획에 일대 타격을 가하여 우리로 하여금 우리 장막의 지주를 뽑아야겠다는 생각을 할 수 밖에 없게 만드십니다. 그러면서 "이것이 너희의 쉴 곳이 아니니 일어나 떠날지어다 이는 그것이 이미 더러워졌음이니라."(미 2:10)고 말씀하십니다. 이 점에 대하여 의미 있는 말씀이 신명기에서 발견됩니다. "마치 독수리가 그 보금자리를 '어지럽게 하며' 그 새끼 위에 너풀거리며 그 날개를 펴서 새끼를 받으며 그 날개 위에 그것을 업는 것 같이 여호와께서 홀로 그를 인도하셨고 그와 함께 한 다른 신이 없었도다."(신 32:11,12)

독자 여러분, 우리의 지상 '둥우리'가 어지럽힘을 당하는 것을 경험하는 것은 유쾌한 일이 아닙니다. 우리의 '둥우리'가 불안하여 거처를 옮기지 않으면 안 된다는 것도 즐거운 체험은 아닙니다. 그러나 독수리 새끼들이 그 날개를 사용하는 법을 배우기 위해서는 그 일은 진수가 됩니다. 그와 마찬가지로, 그리스도인이 장막 세상에서 '나그네와 행인처럼' 살아가려면 그 일은 필요합니다.

하나님께서 당신 백성들을 부르신 것은 그리스도와 사귐이 있게 하려 하심이었습니다. 그리고 그 말은 그리스도의 생명에 동참하여 그 평안과 기쁨을 얻는 것 이상의 무엇을 뜻합니다. 그것은 그리스도께서 당하신 여러 체험들을 함께 수반하는 것을 뜻합니다. 하나님의 진노를 견뎌내야 했던 그리스도의 체험을 제외하고는 말입니다. "자기 양들을 다 내어놓은 후에 '앞서'가면 양들은 그의 음성을 아는 고로 '따라오되.'"(요 10:4) 그 점은 두 가지를 지시합니다. 목자이신 주님께서는 당신이 밟아보지 아니한 어떤 길로 우리를 가라 하시는 적이 없다는 것이 그 한 가지입니다. 또 한 가지는 목자이신 주님의 슬픔에 속한 어떤 것을 우리가 체험해야 한다는 점입니다. "너희는 나의 모든 시험 중에 항상 나와 함께 한 자들인즉."(눅 22:28) 자, 그러면 그리스도께서 이 세상에서 체험하신 것은 무엇입니까? 주님은 어린 시절에도 이 세상에서 보금자리를 갖지 못하셨습니다. 그의 부모들은 헤롯의 악한 위협을 피하기 위해서 그를 애굽으로 데려가야 했습니다. 그리스도의 지상 공생애(公生涯)의 기록을 더듬어 보십시오. 그리스도께서 한 곳에서 얼마나 오랫동안 머무셨습니까? 그는 끊임없이 움직이셨습니다. "예수께서 '길 가시다가 피곤하여' 우물곁에 그대로 앉으시니 때가 제 육 시쯤 되었더라."(요 4:6) 그리스도의 사람들은 이런 저런 모양으로 바로 그와 같은 잔을 마실 것을 요구받습니다. 만일 영광의 주님이 이 세상에 계실 때 '머리 두실 곳이 없으셨다면,' 하나님께서 우리의 둥우리를 자주 어지럽히는 것이 이상한 일입니까?

"우리가 여기에는 영구한 도성이 없으므로 장차 올 것을 찾나니." 이제 우리는 이 본문의 보다 더 특수한 의미를 생각해 봅시다.

첫째로, 그리스도인은 옛 유대교의 경우처럼 하나님께 예배드리려고 정해진 '어떤 도성'을 갖고 있지 않습니다. 여기에서 사도는 또 다른 대조점을 보여 줍니다. 이스라엘 사람들이 여러 해 동안 광야에서 헤맨 후에 가나안에 정착하였습니다. 하나님께서 그렇게 인도하셨습니다. 거기서 예루살렘은 그들의 위대한 중심지가 되었으며, 유대인들은 그 도성을 오랫동안 자랑했습니다. 그러나 그 도성은 영구한 도성이 아니었습니다. 왜냐하면 이 히브리서가 기록되고 나서 10년이 되었을 즈음에 그 도성은 파멸되었기 때문입니다. 이 구절은 로마 가톨릭 사람들의 위선적인 주장의 거짓됨을 얼마나 잘 드러내 주는지요! 그리스도인은 지상에 있는 안전치 못하고 영구하지 못한 도성보다 훨씬 더 나은 것을 가지고 있습니다. 하늘에 영원한 아버지의 집이 예비되어 있습니다. "내 아버지 집에 거할 곳이 많도다."(요 14:2)

둘째로, 신자에게는 이 지상에서 자기의 궁극적인 목표가 될 만한 것들을 공급하는 도성이 없습니다. 신자가 모든 원수들로부터 구원받는 것, 모든 시련에 종말을 고하고 영원히 안식하는 것을 보장하는 도성이 없습니다. 믿는 자의 '공화국(commonwealth),' 또는 '시민권(citizenship)'은 하늘에 있습니다(빌 3:21). 그리스도인은 이 세상을 자기의 정착지나 자기의 최종적인 본향으로 삼지 않습니다. 이 점은 앞 선 구절의 권면의 요지를 더 부각시켜 줄 뿐 아니라, 14절 첫머리에 있는 이유 접속사 '왜냐하면(For)'[3]을 쓴 의도를 잘 설명해 줍니다. 여기 이 땅에 있는 모든 것이 견고하지 못하고 불확실하다는 사실은 그리스도인에게 "영문(營門)을 빨리 떠나라." 재촉하는 효과를 가져 옵니다. 곧 마음에서 세상을 포기하도록 만든다는 것입니다. 그리고 더 나아가 그 점은 그리스도인으로 하여금 '기꺼이 그리스도께 나아가게' 만듭니다. 심

3) 우리말 개역개정이나 개역한글에는 보이지 않으나 영역본(英譯本)들에서는 거의 여기 14절을 For로 시작한다. - 역자 주

지어 그것이 그의 출생지를 떠나 여기저기를 방황하여 지상에서 어떤 정착지도 찾지 못하게 하는 것이라도 그러합니다. 끝으로, 그 점은 우리가 이제 알아 보려는 이 본문의 마지막 소절을 주목하게 합니다.

"오직 장차 올 것을 찾나니." 앞에서 살펴본 것에 비추어 보면, 여기서 "장차 올 것"은 이 '하늘'임이 명백하게 드러납니다. 그 '하늘'을 나타내기 위해서 여기서 상징어법으로 그 하늘의 여러 국면들이 제시되었습니다. 그것은 '영구하고 천상적(天上的)이고 영원한 도성'입니다. 신자는 바로 '그 도성'을 찾습니다. 이 서신에서 '그 도성'을 여러 번 언급하였습니다. 유대교의 잠정적이고 변이(變移)되는 성질과 대조시켜 '하늘'을 여러 차례 말하였습니다. 여러 용어와 상징어(象徵語)들을 통해 그 둘을 대조하였습니다. 이 '도성'은 10:34의 하늘에 있는 "더 낫고 영구한 산업"입니다. 또 11:16의 "하늘에 있는 본향"이 바로 그 도성입니다. 12:22의 "살아계신 하나님의 도성"이 그것이요, 그곳은 하나님께 예배드리는 중심 처소입니다. 또 12:27의 "진동치 아니하는 것들"과 같은 것입니다. 또 마지막으로 12:28의 "진동치 못할 나라"도 바로 그 도성입니다. 그것은 또한 "썩지 않고 더럽지 않고 쇠하지 아니하는 기업"(벧전 1:4)이기도 합니다.

히브리서 11:10에서 믿는 자가 간절히 바라고 소원하는 이 장엄한 목적을 언급한 바가 있습니다. "이는 하나님의 계획하시고 지으실 터(들)가 있는 성을 바랐음이라." 그 '터들(foundations)'은 무엇입니까?

첫째로, 그 터는 당신의 백성들을 향하신 하나님의 '영구한 선한 의지와 기뻐하심'입니다. 바로 그것이 백성들을 다루시는 하나님의 모든 처사의 기초가 됩니다.

둘째로, 그 터는 하나님께서 영원토록 영광을 받으시게 '미리 정하여 놓으신 뜻'입니다. 그것에 관한 말씀이 여기 있습니다. "그러나 하나님의 견고한 터는 섰으니 인침이 있어 일렀으되 주께서 자기 백성을 아신다 하며 또 주의 이름을 부르는 자마다 불의에서 떠날지어다 하였느니라."(딤후 2:19)

셋째로, 그 터는 값없이 주어져 있고 풍부하고 주권적인 은혜를 담고 있는 '영원한 언약'입니다. 하나님께서는 택한 자의 머리요 보증자이신 그리스도와 그 언약을 맺으셨습니다. 그 언약이 만사를 통해서 확실하게 이루어지게 되어 있습니다.

넷째로, 그 터는 그리스도의 무한하신 공로와 그리스도의 '피로 사신 것'입니다. 그 이유가 여기 있습니다. "이 닦아 둔 것 외에 능히 다른 터를 닦아 둘 자가 없으니 이 터는 곧 예수 그리스도라."(고전 3:11).

다섯째로, 이 터는 하나님의 약속과 맹세로 말미암아 변치 않는 확실성에 입각하여 확증된 '그 전체'입니다(히 6:17,20).

우리가 히브리서 11:10을 강해할 때 거기서 나온 "지으실 터가 있는 성(城)"의 상징어법이 무엇을 뜻하는지를 몇 가지로 나누어 간단하게 지적한 바 있습니다. 그에 덧붙여 우리는 다음과 같은 몇 가지 요점들을 주목할 수 있습니다. 특별히 고대세계에 하나의 '성'이 가지고 있는 그러한 특징들을 염두에 두면 그러하다는 말입니다.

첫째로, 한 성(城)은 안전 보장이 되어있는 장소였습니다. "그러나 바벨론의 느부갓네살 왕이 이 땅에 올라왔을 때에 우리가 말하기를 갈대아인의 군대와 수리아인의 군대를 피하여 예루살렘으로 가자 하고 우리가 예루살렘에 살았노라."(렘 35:11) 하늘의 도성에는 우리를 박해할 이들이나 시험할 마귀도 없습니다.

둘째로, 성은 조밀하게 짜여 있었습니다. 여러 집들과 가정들이 밀집하여 있었습니다. 그와 같이 그리스도께서 하늘에 대해서 선언하시기를, "내 아버지 집에 거할 곳이 많도다."(요 14:2)고 하셨습니다. 거기서 거룩한 천사들과 하나님의 전체 교회가 영원토록 함께 거하게 될 것입니다.

셋째로, 성 안에는 삶을 위한 모든 방편들과 모든 편의가 마련되어 있었습니다. 그렇듯이 하늘에는 하늘의 거민들을 기쁘게 하기에 필요한 것 중 모자란 것이 전혀 없습니다.

넷째로, 땅에 있는 '성'이 세상의 이해관계와 특권의 중심지로서 여행하는 자들이 쉬는 장소요 해외로 나가는 사람들의 안식처입니다. 그러하듯이, 하늘은 그리스도인의 모든 지루한 여행과 방황의 종식을 가져오는 대 터미널(terminal)입니다. 그의 순례의 길은 거기서 끝이 났습니다. 이제 본향에 도달한 것입니다. 지상에서 그리스도인은 외인이요 나그네입니다. 그러나 이제 그는 아버지의 집에 도착했습니다. 거기서 그는 그 어떠한 어려움도 겪지 않을 것이고, 미운 마음으로 자기를 멀리하려는 자들도 없을 것이고, 더 이상 매일 일용할 양식을 벌어들이기 위하여 이마에 땀 흘리는 수고도 하지 않을 것입니다. 깨지지 않는 안식, 완전한 자유, 침략당하지 않는 안전, 같은 마음들로 이루어진 사회, 꿈꾸지도 못했던 즐거움이 이제 그의 영원한 몫이 됩니다.

거기서 믿음은 이제 실체를 만나게 되고, 소망은 열매를 따먹게 되며, 은혜는 이제 영광 속에 삼킴을 당합니다. 우리는 주님과 영원토록 함께 하며, 주님의 영광을 보며 그 사랑의 대양(大洋)에 흠뻑 빠지게 됩니다.

이것을 내다보면 우리의 생각을 위를 향하게 하는 것이 얼마나 마땅한지요! 우리 앞에 있는 경주를 방해하는 모든 무거운 것을 얼마나 결연한 자세로 벗어버려야 할지요! 그 '도성(都城)'을 생각하고 묵상하면, 우리 속에서 그것을 소망하고 간절히 기대하고 그것을 위해 준비하도록 얼마나 강력한 힘을 얻는지요!

"장차 올 것을 찾나니." 우리가 앞에서 말한 대로 생각하면 우리가 찾아야 할 "장차 올 것"이 무엇인지 그 의미를 더 탐문하게 합니다. 물론 이 말은 신자가 '알지 못하는 것을 찾고 있다.'는 뜻이라기보다는 '그것을 얻으려고 애를 쓰고 있다.'는 의미입니다. 하늘로 인도하는 좁은 길을 걸어가는 것을 의미하는 것이고, 그것도 부지런하고 간절하게 그 길을 걷는 것을 가리킵니다. 존 오웬(John Owen)이 이 부분에 대하여 주석한 것을 참조합시다.

"하나님께서는 우리를 위해서 안식할 성을 예비하셨다. 그러니 우리는 하나님께서 정하신 길로 그 성에 도달하려고 끊임없이 애쓰는 것이 마땅하다. 이 세상에 있는 신자들의 주요 임무는 하나님께 있는 영원한 안식을 얻기 위해서 추구하는 것이다. 바로 그것이 참된 신자들을 알아보게 하는 특징이다."

여기에 바로 신자가 이 세상에 있는 모든 불확실성과 가변성(可變性)을 어떻게 활용해야 하느냐는 문제가 떠오릅니다. 믿는 자의 마음은 하늘 위에 있는 본향에 고착되어 있습니다. 거기에 안전하게 도착하는 것이 신자의 위대한 관심거리입니다.

"장차 올 것을 찾나니." 이 본문에서 "찾다"는 말은 매우 강한 어휘입니다. 그 말은 "이는 다 이방인들이 구하는 것이라."(마 6:32)에서 사용된 바로 그 어휘입니다. (이방인들은 이 세상의 물리적으로 필요한 것들만을 구합니다.) 다시 말하면, 이 어휘는 어느 한 곳에 목적을 두고 간절한 노력과 지칠 줄 모르게 찾는 것을 뜻합니다. 그 어휘가 히브리서 4:11에서는 '힘쓰다(labor)'로 번역될 말로 쓰입니다. 그리스도인은 '그리스도를 얻기만' 하면(빌 3:8), 그 어떤 과업도 너무 힘들다 여기지 않습니다. 그리스도만 얻기만 하면, 그것이 너무 많은 희생이나 너무 많은 손해라고 여기지를 않습니다. 그리스도인은 하늘에 이르기까지의 모든 여로(旅路)의 수고와 고통을 풍성하게 보상 받을 것을 압니다. "이기는 자는 내 하나님 성전에 기둥이 되게 하리니 그가 결코 다시 나가지 아니하리라."(계 3:12)

117강

그리스도인의 제사 I

13:15 그러므로 우리는 예수로 말미암아 항상 찬송의 제사를 하나님께 드리자 이는 그 이름을
증언하는 입술의 열매니라 13:16 오직 선을 행함과 서로 나누어 주기를 잊지 말라 하나님은 이
같은 제사를 기뻐하시느니라

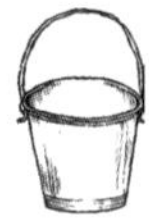

이제 우리가 관심을 두고 살펴보려는 이 두 구절은 앞 강론들에서 생각했던 구절들과 긴밀하게 연관되어 있습니다. “그러므로”라는 접속사가 그 점을 시사합니다. 그러면 그 연결고리를 다음과 같이 지적할 수 있습니다.

첫째로, “우리에게 제단이 있는데”(10절)라는 말이 있었습니다. 우리는 그 제단을 무슨 용도에 사용하는가? 거기서 제사를 드리기 위하여 존재합니다. 둘째로, 예수께서 “자기 피로” 당신의 백성들을 거룩하게 하셨습니다(12절). 그 백성들의 마땅한 반응은 어떠해야 합니까? 기뻐 예배하는 자로서 하나님께 가까이 나아가는 것입니다. 셋째로, 우리는 “영문 밖으로 그리스도께 나아가야” 합니다. 그리스도를 멸시하고 배척했던 자들을 향한 우리의 ‘태도’는 어떠해야 합니까? 악의에 차기보다는 자비로운 자세로 기회 있는 대로 모든 이에게 선을 행하는 것입니다. 간단히 말해서 우리가 다루려는 이 두 구절의 말씀과 앞 뒤 문맥이 그러한 관계를 지시합니다.

칼빈(John Calvin)은 추측합니다. 사도가 여기서 자기가 앞에서 말한 것을 듣고 반론을 제기할 자가 있으리라 예측하였다고 말입니다. 우리도 칼빈의 말이 옳다고 믿습니다. 예수께서 "성문 밖에서" 고난을 받으셨습니다(12절). 그 사실 속에는 유대교를 버리셨음을 분명하게 암시하신 것입니다. 성령께서는 히브리 신자들로 하여금 "영문 밖으로 그리스도께 나아갈" 것을 종용하시면서, 성전과 그 성전 예배에 등을 돌려야 함을 뜻하신 것입니다. 그러나 이는 심각한 난제를 가져 왔습니다. 속죄제 뿐 아니라 감사제 등 그 모든 제사들이 성전 체계와 불가분의 관계를 갖고 있었습니다. 그러므로 성전(聖殿)을 버려야 한다면 거기서 드려지는 제사들도 마땅히 그쳐야 한다는 말이 되는 것입니다. 사도는 이 난제를 대처하고 기독교의 탁월한 특권을 알게 하려고 사도는 이 본문을 기록한 것입니다.

히브리서 13:15

"그러므로 우리는 예수로 말미암아 항상 찬송의 제사를 하나님께 드리자 이는 그 이름을 증언하는 입술의 열매니라."

그리스도인이 하나님께 어떤 제사도 드리지 못하게 하면, 그리스도인으로 하여금 더 저급한 위치에 있게 하는 것이 될 것입니다. 아울러 옛 유대인들이 누렸던 특권도 박탈당하는 셈입니다. 왜냐하면 제사제도가 세워진 것은 '하나님께 예배드리는 것을 빛 낼' 의도가 숨어 있었기 때문입니다. 그러므로 사도는 우리가 드려야 할 또 다른 종류의 제사가 남아 있음을 보여줍니다. 그리스도인들은 하나님께서 옛 백성들에게 지정했던 제사보다도 결코 못하지 않게 하나님을 기쁘시게 하는 제사를 드려야 하는데, 그것이 바로 "우리 입술의 찬미"라는 것입니다. 여기서 우리는 '새 언약' 아래서 하나님을 경배하는 합법적인 방법이 무엇인가를 배웁니다. 그것은 '옛 언약' 아래서 얻었던 것과 두드러진 대조와 특징을 보입니다. 우리의 "제단"이 나무나 돌로 이루어진 것도 아니고 금이나 놋으로 된 것도 아닙니다. 그리스도께서 친히 우리의 "제단"이십니다. 그러므로 우리의 "제사"도 땅의 열매로나 우리의 생축 중에서 처음 난 것으로 드리는 것이 아닙니다. 도리어 우리의 마음의 숭앙과 우리 삶을 바치는 것이 우리의 '제사'입니다. 외면적이고 의식적(儀式的)인 것과, 내면적이고 영적인 것 사이의 두드러진 대조가 나타납니다.

유대인들은 매일 아침마다 어린 양을 죽여서 하나님께 드렸습니다. 특별한 날에는 소와 수양을 드렸습니다. 그러나 그리스도인은 '항상 계속되는 감사의 제사'를 하나님께 드려야 합니다. 이는 우리 앞에 가장 흥미롭고 복된 주제를 제시합니다. 곧 '하나님께서 기뻐하시는 그리스도인의 제사들'이라는 주제 말입니다. 이 가운데서 제일 되는 것을 다윗이 언급하였습니다. "하나님께서 구하시는 제사는 상한 심령이라 하나님이여 상하고 통회하는 마음을 주께서 멸시하지 아니 하시리이다."(시 51:17). 스펄전(C. H. Spurgeon) 목사는 이렇게 설교하였습니다.

"마음이 죄로 말미암아 애통해 할 때에 하나님께서는 도끼로 살육당한 황소가 피를 흘리고 있을 때보다 더 기뻐하십니다. '상한 마음'은 깊은 슬픔을 암시해 주며, 산다는 것 자체를 비통해 한다는 표현입니다. 그 '상한 마음'은 삶의 원천이 될 정도로 사활을 좌우하는 신앙 속에 죽을 맛의 고뇌가 있음을 드러내고 있는 것입니다. 하나님께는 유쾌해 하는 마음만을 가지는 것은 저주입니다. 사람들은 자기들의 눈에 경멸할만한 하찮은 자들을 경멸합니다. 그러나 주께서는 사람이 보는바 대로 보시지 않습니다. 그는 사람이 높게 평가하는 것을 멸시하시고, 사람이 경멸하는 것을 높게 평가하십니다. 그러나 하나님께서는 겸손하고 애통해 하며 죄를 회개하는 사람을 결단코 내어 쫓지 않으십니다."

존 오웬(John Owen)은 '구약의 제사와 관련하여 지적할 두 가지 요점이 있다.'고 하였습니다. 그 하나의 요점은 짐승이 '죽임을 당하여' 피를 흘리는 것이고, 다른 요점은 그것을 제단 위에 실제로 '드리는' 것입니다. 제사가 완전한 것이 되기 위하여 이 두 가지가 다 요구됩니다. 한편 짐승의 피가 제단 위에 드려지지 않으면, 짐승을 죽이는 것 그 자체만 가지고는 제사가 되지 못합니다. 반면에 그 피가 실제로 흘려진 것이 아니라면, 그 피를 하나님께 드릴 수가 없었습니다. 이 두 가지 요점에 따라서 그리스도인의 신앙고백과 관련하여 이중적인 영적 제사가 있습니다. 첫째는 앞의 문단에서 지적한 바로 그것입니다. 신자의 '상한 심령과 통회하는 마음'입니다. 그것은 '복음적인 회개'와 '자기의 죄를 죽이는 것'을 뜻합니다. 아니면 육체를 십자가에 못 박는 것입니다. 그것이 그리스도인이 드려야 할 첫 번째 제사입니다. 그것은 바로 제단 앞에서 짐승을 죽이는 것에 해당합니다.

신자가 하나님께 드려야 할 두 번째 제사는 매일 '그리스도를 제물로 드리는 것'입니다. 그 일은 '믿음'의 행위로 이루어집니다. 그 일을 위해서는 회개가 앞서야 합니다. 우리가 의사 앞에 나아가기 전에 먼저 자신이 크게 병들었다고 느끼는 것이 있어야 하듯이 말입니다. 각성 받은 영혼은 하나님 앞에서 죄를 깨닫고 그 죄를 미워하게 되고, 그 때문에 애통하게 됩니다. 그리하여 교만과 자기 의(義)가 제압당하며, 그런 후에 그가 '세상(선택한 백성들) 죄를 짊어지신 하나님의 어린양'을 이해할 수 있게 되는 것입니다. 그런 사람만이 그리스도가 자기에게 꼭 필요한 분으로 여기게 됩니다. 그리스도께서 자기의 범죄 때문에 상함을 받으셨고, 자기의 불의로 말미암아 채찍에 맞으신 것을 깨닫습니다. 또한 그리스도께서 자기 대신 하나님의 형벌적 진노를 받으셨음을 알게 됩니다. 그러므로 그는 믿음으로 그리스도께 자기 손을 얹으며 속죄 제물이신 그리스도를 하나님께 드립니다. 하나님께서 우리의 제사를 받아 주시는 오직 유일한 근거는 바로 그 그리스도를 제물로 드릴 때입니다. 그렇게 시작하여 그는 그 일을 계속합니다. 그는 자신이 매일 더럽다는 의식을 가지고 은혜의 보좌 앞에서 그리스도의 피를 매일 아뢰며 탄원합니다. 먼저 '그리스도를 자기 자신의 것으로 받아들이고,' 그런 다음에 하나님께 가납되기 위한 기초로서 그리스도를 하나님께 드립니다.

자, 그것은 바로 그리스도에게 손을 얹고 믿음의 팔로 하나님께 그리스도를 제물로 드리는 일입니다. 그것은 바로 옛 성막(성전)제사와 관련된 두 요점에 상응하는 것입니다. 제단 위에 올린 제물 위에 불이 떨어져 그것이 타는 냄새가 거기서 어울러져서 그 전체 제물이 '하나님께 향기로운 내음'이 되었습니다. 짐승을 단순히 죽이는 것만 가지고는 충분하지 못했습니다. 제단에 그 피가 뿌려져야 했으며, 거기서 향기로운 냄새가 함께 올라가야 했습니다. 그렇듯이 상하고 통회하는 마음의 제사 자체로는 하나님의 은총을 확보하지 못합니다. 회개가 아무리 중요한 것이라 할지라도 그것이 하나님께로부터 그 어떤 것도 얻어낼 수 없습니다. 상한 마음으로 그리스도께 손을 얹고 그의 피를 믿어야 하며(롬 3:25), '하나님 앞에서 그리스도의 공로를 아뢰어야' 합니다. 그런 경우만이 통회하는 심령으로 드리는 우리의 제사가 하나님께 '향기로운 냄새'가 될 것입니다.

그리스도인이 하나님께 드리는 세 번째 제사는 '자기 자신'입니다. "그러므로 형제들아 내가 하나님의 모든 자비하심으로 너희를 권하노니 너희 몸을 하나님이 기뻐하시는 거룩한 산 제물로 드리라 이는 너희가 드릴 영적 예배니라."(롬 12:1) 그것이 바로 '헌신'의 행위입니다. 그것은 바로 '내 자신이 내 것이 아니며 값으로 산 바 된 주님의 소유가 되었음'을 인식하고 인정하는 일입니다. 초대교회 성도들에 대하여 성경은 말하기를, "그들이 먼저 자신을 주께 드렸다."고 말합니다(고후 8:5). 그들은 자신을 그리스도의 통치의 왕권과 그 명에 아래 두고, 이후부터 그리스도의 영광을 위해서 살게 되었다고 말합니다. 이전에 죄를 섬기고 자신을 즐겁게 한 것처럼, 이제는 하나님을 섬기고 하나님의 영예만을 추구하게 되었다는 것입니다. 그리스도께서 우리를 위해서 자신을 주셨으니, 이제 우리는 그리스도께 우리 자신을 드려야 할 차례입니다. 그럼으로써만이 우리가 구원받은 것을 알 수 있는 것입니다. 죄 용서 받기 위해 그리스도를 믿을 뿐만 아니라, 그가 쓰시도록 자신을 살아있는 산 제물로 그리스도께 드림으로 그리스도의 다스림에 우리 자신을 복종시킵니다. 그 일로 말미암아서만 우리가 구원받은 사실을 알게 되는 것입니다.

그리스도인이 드려야 하는 네 번째 제사는 이 본문이 지적하는 바입니다. **"그 이름을 증언하는 입술의 열매니라."** 그러나 그 문제를 생각하기 전에 우리는 앞에서 유념한 '순서'에 관하여 몇 마디 말해 두고자 합니다. 우리가 죽은 자 가운데서 산 자답게 먼저 자신들을 하나님께 드리지 않으면 받으실만한 찬미의 제사는 존재할 수 없습니다. 왜냐하면 시편 115:17에서 "죽은 자들은 여호와를 찬양하지 못하나니."라고 선언하고 있기 때문입니다. 아직도 죄 가운데 있는 자들은 하나님을 찬미할 수 없습니다. 왜냐하면 그들은 하나님을 향하여 아무런 사랑도 갖고 있지 않기 때문입니다. 마음으로 하나님께 아름다운 선율을 드리려면 먼저 그 마음이 옳은 상태에 있어야 합니다. 마음이 하나님을 떠난 자들의 입술의 찬미를 하나님은 결코 받지 않으십니다. 옛 백성에 대해서 하나님께서는 이렇게 불만을 나타내셨습니다. "주께서 이르시되 이 백성이 입으로는 나를 가까이 하며 입술로는 나를 공경하나 그들의 마음은 내게서 멀리 떠났나니."(사 29:13) 그리스도께서도 "나를 '헛되이' 경배하는도다."(마 15:8)라고 확증하셨습니다. 하나님께서는 그러한 외식을 미워하시는 것입니다.

어느 사람이고 '그리스도를 믿는 마음으로 얼싸 안기 전에는' 자신을 하나님께 드린다 할지라도 하나님께서 그것을 받지 않으십니다. 장차 내가 아무리 정직하게 살려 한다 할지라도, 과거의 진 빚을 먼저 청산해야 합니다. 그리스도의 속죄 역사가 아니고는 율법이 우리를 대적하여 요구하는 의로운 요구를 만족시킬 것이 전혀 없습니다. 다시 옷을 단정히 입지 않고 왕 앞에서 어떻게 섬길 수 있습니까? 그리스도께서 당신의 백성들을 위해서 구입해 놓으신 '의(義)의 예복'이 아니면 그 어느 것도 하나님의 거룩한 눈에 찰 수 없습니다. 다시, 하나님께서 보시기에 전적으로 무가치한 봉사를 어떻게 받으실 수 있으며, 내 속에 여전히 존재하는 부패한 본성으로 인해 끊임없이 더럽혀진 섬김을 어떻게 받으실 수 있겠습니까? 그 섬김이 공력 있는 중보자의 이름으로 드려지고, 그의 보혈로써 깨끗함을 받지 않는 일이 없었다면 말입니다. 그러니 하나님께서 '우리의 제사'를 받으시기 전에 먼저 우리가 '그리스도'의 희생제사를 받아들여야 합니다. 하나님께서 가인의 제물을 받지 않으신 것은 바로 그 점을 분명하게 입증해 주고 있습니다.

은혜로우신 하나님께 대해 심각한 죄를 지었다는 뼈저린 의식으로 마음이 상하고, 더 나아가 그의 심령이 하나님 앞에 진정으로 통회하기 전에는, 그 어떠한 죄인도 '그리스도의 제사'를 진실로 받아들일 수 없습니다. 그 점도 동일하게 명백한 사실입니다. 그럼에도 불구하고 오늘날 결함투성이인 기독교회에서 그 점을 그렇게 분명하게 지각하지를 못하고 있습니다. 마음이 구주를 위한 방(room)을 가지기 위해서는 먼저 그 마음의 방 안에 있는 죄를 비워내야 합니다. 마음에서 먼저 악한 세상을 몰아내야 거룩한 그리스도께서 그 마음을 차지하실 것입니다. 여전히 자기의 육체의 욕심을 사랑하고 마귀에게 기꺼운 자세로 종노릇 하는 사람이 그리스도를 자기에게 적용시키는 사람이 있다 합시다. 그런 사람이 그리스도를 하나님께 받아들이시기에 합당한 제물로 여기고 드리는 일은 도덕적으로 불가능합니다. 그래서 그리스도인이 드려야 하는 제사들의 순서는 변하지 않습니다.

첫째로, 참으로 회개하는 심령으로 하나님 앞에서 먼지에 내려앉아야 합니다. 그런 다음 우리를 위한 그리스도의 은혜로운 공급을 받아들이고, 하나님의 은총을 받아내기 위해서 하나님께 그리스도를 드려야 합니다. 그런 다음에 우리는 지체 없이 그리스도께 우리 자신을 복종시켜야 합니다. 그리스도께서 우리를 값으로 사셨기 때문입니다. 그런 다음에 우리를 향하신 그리스도의 기이한 은혜를 인하여 찬미와 감사를 드려야 합니다.

"그러므로 우리는 예수로 말미암아 항상 찬송의 제사를 하나님께 드리자 이는 그 이름을 증언하는 입술의 열매니라." 이 말씀은 구속주와 구속주의 고난으로 말미암아 백성들이 받을 만족에 관하여 앞에서 선포한 것에서 미루어 보면 나오는 '마땅한 도리'에 대한 권면입니다. 이로써 우리는 우리의 제단을 어떻게 활용해야 하는지를 알게 됩니다. 다시 말하면, 그 제단에서 제사를 드려야 합니다. 그리스도인이 하나님께 드려야 하는 예배는 찬미의 제사입니다. 새롭게 된 마음으로 찬미하는 것보다 하나님을 기쁘시게 하고 하나님을 영예롭게 하는 것이 없습니다. "감사로(찬미로) 제사를 드리는 자가 나를 영화롭게 하나니."(시 50:23)[1] 자신들이야말로 스스로 내버려 두면 얼마나 가련하고 힘없는 존재인지 느끼는 신자들은 그러한 말씀의 진수를 얼마나 감사하게 생각해야 합니까! 하나님께서 '누가 세상을 창조할 것이며, 누가 놀라운 설교를 해서 영혼을 성공적으로 얻을 것이며, 누가 거액의 헌금을 선

---

1) KJV 역문은 Whoso offereth praise glorifieth Me(누구든지 찬미를 드리는 자마다 나를 영화롭게 하나니) - 역자 주

교 사업에 바칠 것인가?' 라고 말씀하셨다면, 믿는 자들은 틀림없이 절망할 것입니다. 그러나 "찬미를 드리는 자마다"라는 말씀이 모든 신자의 마음속에 넓은 문을 열어 놓습니다.

구속받은 사람들은 하나님을 찬미할 얼마나 풍성한 이유를 가지고 있지 않습니까? 그 마땅한 이유들을 열거하자면 이러합니다. 첫째로, 하나님께서 구속받은 백성들에게 '하나님 자신'을 아는 생명적이고 체험하는 지식을 갖게 허락하셨습니다. 구속받은 백성들은 그 이유 때문에 하나님을 찬미해야 합니다. 하나님의 존재와 그 성품과 속성의 탁월성은 성도의 영혼을 얼마나 감격하게 하며 외경심을 갖게 합니까! 시편 145편을 대충 살펴보십시오. 그 시편은 '다윗의 찬송시(Psalm of Praise)'라는 제목이 붙어 있는 시편입니다. 다윗은 하나님께 올릴 찬미를 이렇게 시작합니다. "왕이신 나의 하나님이여 내가 주를 높이고 영원히 주의 이름을 송축하리이다 내가 날마다 주를 송축하며 영원히 주의 이름을 송축하리이다 여호와는 위대하시니 크게 찬양할 것이라 그의 위대하심을 측량하지 못하리로다."(1-3절) 다음에 이어지는 구절들 속에서 '하나님의 완전하심의 국면'이 하나하나 연이어 나타납니다. 그래서 영혼으로 하여금 숭앙심으로 하나님을 찬미하게 만듭니다. "주의 능한 일을 선포하리로다."(4절) "주의 존귀하고 영광스러운 위엄"을 찬미합니다(5절). 그런 다음에는 주의 "위대하심"을 선포합니다(6절). 그리고 "주의 크신 은혜를 기념하여 말하고 주의 의를 노래하리이다."(7절) 주의 "긍휼이 많으심과 인자하심"의 크심을 노래합니다(8절). "주의 나라의 영광을 말하며 주의 업적"을 일러 노래합니다(11절). "주의 업적과 주의 나라의 위엄 있는 영광"(12절)과, "주의 통치"(13절)와, "주의 섭리의 복락"(14-17절)과, "여호와께서 자기를 사랑하는 백성을 은혜롭게 대우하시는 하나님의 처사"(18,19절)와, "백성들을 보호하시는 하나님의 행사"(20절) 등을 연이어 열거하며 찬미를 하나님께 드렸습니다. 다윗은 그 시편을 이렇게 찬송하며 끝냅니다. "내 입이 여호와의 영예를 말하며 모든 육체가 그의 거룩하신 이름을 영원히 송축할지로다."(21절) 그렇게 그 시편을 끝맺는 것은 전혀 이상한 일이 아닙니다.

시편들이 기도로 하나님께 올릴 합당한 간구제목들로 충만하고, 근신하며 회개하는 사람의 입술에서 마땅히 나와야 할 언어를 담고 있습니다. 그러나 시편들은 기쁨에 찬 예배를 드릴 때에 쓰는 표현들도 넘쳐 있다고 말할 수 있습니다. "찬송하라 하나님을 찬송하라 찬송하라 우리 왕을 찬송하라 하나님은 온 땅의 왕이심이라 지혜의 시로 찬송할지어다."(시 47:6,7) 이 시편 속에 영혼의 간절함이 얼마나 아름답게 드러나 있습니까! 한 구절 속에 주님께 찬양을 드리기 위해서 자기 자신의 영혼을 깨우는 말을 네 번이나 쓰고 있습니다. 그런 말을 입술로 했을 뿐만 아니라 흘러넘치는 마음으로 그것을 '노래'로 승화시키고 있습니다. 다른 것에서 시편의 율조(律調)는 더욱 더 높은 지점을 향하여 올라갑니다. "너희 의인들아 여호와를 기뻐하며 즐거워할지어다 마음이 정직한 너희들아 다 즐거이 외칠지어다."(시 32:11) 어떤 형식적이고 겉치레의 방식으로 하나님을 찬미하는 것이 아니라 마음으로 기뻐하며 즐겁게 찬미합니다. "그의 이름의 영광을 찬양하고 영화롭게 찬송할지어다."(시 66:2) 그러니 우리는 하나님께 영광스러운 찬미 이하의 것은 드리지 말아야 합니다.

"그러므로 우리는 예수로 말미암아 항상 찬송의 제사를 하나님께 드리자." 본문에서 "이러므로"는 우리가 어째서 하나님을 찬미해야 하는지 하나의 부가적인 이유를 제시하고 있습니다. 그렇게 해야 하는 이유는 '그리스도와 그리스도의 위대한 구원' 때문입니다. 아버지의 사랑하심을 받은 그리스도께서는 우리를 위해서 종의 형체를 취하시고 율법 아래 나셨습니다. 영광의 주께서 우리를 위해서 말로 할 수 없이 깊은 수치와 겸비함의 자리로 낮아지셨습니다. 그래서 "나는 벌레요 사람이 아니라."(시 22:6)고 외치기까지 하셨습니다. 그는 우리를 위해서 잔인하게 매를 때리는 자에게 등을 돌려 대셨고, 머리칼을 쥐어뜯는 자들에게 그 복되신 얼굴을 내미셨습니다. 우리를 위해서 그 분은 어둠의 임금과 다투셔야 했고, 죽음의 고통과 싸워야 했습니다. 우리를 위해서 그 분은 율법의 무서운 저주를 당해 내셨고, 세 시간 동안 하나님께 버림을 받으셨습니다. 어떤 그리스도인도 자기 영혼의 깊은 데서 그러한 신비와 기이한 일들을 묵상하면서도 아무런 격동을 느끼지 않는 것은 전혀 불가능한 일입니다. 그러니 그리스도인은 그리스도께서 자기를 위해서 당하신 수치와 고난이 어떠함을 묵상할 때, "하나님의 말로 할 수 없는 은사로 말미암아 하나님께 감사하리로다."라는 말이 그 마음에서 뿜어져 나와야 하는 것입니다.

"그러므로 우리는 예수로 말미암아." 사랑하는 독자 여러분, 하나님께서 우리가 다루는 이 문제와 관련하여 그리스도께 최고 명예로운 자리를 주셨음을 잘 관찰하십시오. "예수로 말미암아'(12,13절에서 언급된 바로 그 분) 항상 찬미의 제사를 하나님께 드리자." 주 예수께서 친히 "나는 길이요 진리요 생명이니 나로 말미암지 않고는 아버지께로 올 자가 없느니라."(요 14:6)고 말씀하신 것과 같습니다. 그리스도를 떠나서는 성도들이 하나님께 가까이 나아갈 수 없습니다. 죄인이 그리스도가 아니고서는 하나님께 나아갈 수 없는 것과 같이 말입니다. 우리가 처음에 우리의 죄 용서 받기 위해 그리스도의 중보를 의존해야 했듯이, 우리의 드리는 '예배'가 하나님께 합당히 받아들여질 수 있기 위해서 그리스도의 중보를 의존해야 합니다. 우리의 대제사장이신 그리스도께서는 "성소에서 섬기는 자"이십니다(히 8:2). 말하자면, 그분은 하늘 성전 문에서 우리를 만나십니다. 그리고 우리는 그분의 손에 신령한 제물들을 드리고, 그분은 자신의 공력과 완전하심의 향기로운 냄새 속에서 우리가 드린 제물들을 하나님이 받으시기에 합당하게 드리시는 것입니다. "또 다른 천사가 와서 제단 곁에 서서 금 향로를 가지고 많은 향을 받았으니 이는 모든 성도의 기도와 합하여 보좌 앞 금 제단에 드리고자 함이라."(계 8:3)

"그러므로 우리는 예수로 말미암아." 하나님께서는 모든 요점에서 우리로 하여금 중보자 그리스도를 의존하게 하셨습니다. 우리가 하나님께 받으실 만한 제사를 드리는 것도 "예수로 말미암아서만" 가능합니다. 그 이유는 어디에 있습니까? 첫째로, 우리 '인격'들이 거룩하게 되고 하나님께 받으실만한 것이 되는 것도 오직 그리스도의 피 흘리심을 통해서이기 때문입니다. 창세기 4:4에서 여호와께서 아벨의 인격 자체를 먼저 받으시고 그 다음에 그가 드리는 제물을 받으신 것을 주목하십시오. 둘째로, 그리스도의 속죄를 통해서만 "새롭고 산 길"이 우리에게 열려져 우리가 하나님 앞에 나아갈 수 있기 때문입니다. "그러므로 형제들아 우리가 예수의 피를 힘입어 성소에 들어갈 담력을 얻었나니 그 길은 우리를 위하여 휘장 가운데로 열어 놓으신 새로운 살 길이요 휘장은 곧 그의 육체니라 또 하나님의 집 다스리는 큰 제사장이 계시매."(히 10:19,21) 셋째로, 그리스도께서는 "우리의 '거룩한 것들'의 불의함"을 대신 짊어지셨기 때문입니다. 출애굽기 28:38의 모형을 성취하신 것입니다. "이 패를 아론의 이마에 두어 그가 이스라엘 자손이 거룩하게 드리는 성물과 관련된 죄책을 담당하게 하라 그 패가 아론의 이마에 늘 있으므로 그 성물을 여호와께서 받으시게 되리라." 다시 말하면, 그의 완전하신 봉헌(奉獻, oblation)으로 말미암아 우리의 불완전한 제물들이 하나님께 가납되는 것입니다. 그의 공력과 그의 중보적인 대언 기도는 우리의 제물들의 부족함을 덮어 줍니다. 넷째로, 그리스도께서는 교회의 머리로서 하나님 앞에서 그 교회 지체들을 위해서 섬기십니다. 그리고 '그들의 예배를 하나님 앞에 헌납'하시는 것입니다.

"그러므로 우리는 예수로 말미암아." 그래서 "예수로 말미암아"라는 말은 그의 인도하심과 그의 중보를 통한다는 뜻이고, 우리가 그리스도의 공로를 하나님 앞에 아뢲으로 말미암아 하나님께서 우리의 드리는 것을 받으심을 함축합니다.

우리가 방금 앞에서 보았던 것은 지난 강론에서 지적하였던 것을 더 입증해 줍니다. 다시 말하면, '거듭나지 못한 사람들은 하나님께서 받으실만한 예배를 드릴 수 없다.'는 말입니다. "악인의 제사는 여호와께서 미워하셔도."(잠 15:8). 어째서 그러할까요? 악인은 그 자신이 전적으로 죄인임을 알지 못합니다. 그러니 자기와 하나님 사이에 중보자를 전혀 모시지 않습니다. 구약의 여러 모형들 속에서 그 점이 아주 두드러지게 드러나 있습니다. 창세기에는 '노래'가 전혀 기록되어 있지 않습니다. 에덴동산에서 우리의 첫 조상들은 자기들을 지으신 창조주께 노래 부르기에 합당하였고, 주 하나님께 영광과 감사의 찬미를 드리는 천사들과 같은 자리에 설 수 있었습니다. 그러나 타락 후에 죄인들은 '구속(救贖)하시는 은혜'를 근거로 해서만 찬미를 드릴 수 있게 된 것입니다. 출애굽기에 이르렀을 때에야 '구속'의 장엄한 모형이 발견됩니다. 출애굽기는 애굽에 있는 이스라엘 사람들을 거론함으로써 시작합니다. 그 다음에 유월절 '어린 양'이 죽임을 당합니다. 그리고 애굽을 떠나 홍해를 건넙니다. 홍해 저편에서 그들은 뒤를 돌아다보면서 자기들을 대적하던 모든 원수들이 다 물에 빠져 죽는 것을 보았습니다. "'이 때에' 모세와 이스라엘 자손이 이 노래로 여호와께 노래하니."(출 15:1) '구속'을 기초로 해서만 찬미가 가능해집니다.

"그러므로 우리는 예수로 말미암아 항상 찬송의 제사를 하나님께 드리자 이는 그 이름을 증언하는 입술의 열매니라." 성경의 모든 단어마다 다 하나님께 영감되었습니다. 성경 전체를 통하여 사용된 모든 언어가 신적 분별력에 의해서 선택된 것들입니다. 그러므로 우리가 각 어휘를 신중하게 '달아 보는 것'이 합당합니다. 그렇지 않으면 그 어휘가 가지고 있는 더 밝은 측면을 놓쳐 버리고 맙니다. 바로 여기서도 그러합니다. 여기에 "하나님께 찬미를 '드리자'"로 되어 있지 않고 "우리가 찬미의 제사를 드리자."로 되어 있습니다. 그리스도께서는 그 백성들을 "하나님께 나라와 제사장들로" 삼으셨습니다(계 1:6). 여기서 그 하나님의 백성들은 '제사장의 직무'를 감당하라고 부르심을 입은 것입니다. 그래서 우리는 우리의 '제단'을 바르게 사용하도록 가르침을 받고 있는 것입니다(10절). 우리는 그 제단의 특권들에 참여하는 자들만이 아니라, 그 제단에 우리의 제사를 드려 그 제단에서 마땅히 행할 도리를 감당해야 합니다. 베드로전서 2:5에 바로 그 진리의 국면이 나타나 있습니다. 거기에 보면 믿는 자들은 "'예수 그리스도'로 말미암아 하나님이 기쁘게 받으실 신령한 제사를 드릴 거룩한 제사장이 될지니라."는 말씀을 듣습니다. 그렇습니다. '하나님께' 드리되 천사들이나 성자(聖者)들에게 드리는 것이 아닙니다. '동정녀 마리아로 말미암아'가 아니라 "예수 그리스도로 말미암아" 드리는 것입니다.

"그러므로 우리는 예수로 말미암아 항상 찬송의 제사를 하나님께 드리자." 이 특별한 표현은 믿는 자들이 하나님을 예배할 때 제사장의 직무를 감당하고 있다는 사실을 강조합니다. 그러나 그 뿐만 아니라 레위 제사의식을 통해서 예표된 것의 '실체'를 우리가 소유하고 있음을 뜻하기도 합니다. 또한 그리스도인은 마땅히 자기의 복음적인 의무를 감당함에 있어서 특별하고 부지런한 관심을 나타내야 할 것을 지시합니다. 유대인이 의식적인 제사행위를 감당할 때 그러한 자세를 보였듯이 말입니다. 유대인도 짐승을 잡아 드릴 때 그 몸에 흠이 없는 제사를 드려야 했습니다. '우리도' 우리 마음으로 드릴 수 있는 최선의 것을 하나님께 드려야 합니다. "내 영혼아 주를 찬미하라 내 속에 있는 '모든' 것들아 그의 거룩한 이름을 찬미할지어다." 몇 가지 형식적인 감사의 말을 하나님께 하는 것만으로 만족하지 말아야 합니다. 더구나 일을 어서 끝내 버렸으면 하는 심정으로 예배를 서둘러 진행하는 그런 일도 하지 말아야 합니다. 정말 최선을 다하고 열심을 다하여 그 일을 감당해야 합니다.

예배하는 이스라엘 사람이 성막이나 성전에 나아갈 때 빈 손으로 나아가지 않았습니다. 감사의 예물을 가지고 나아갔습니다. 그런즉 '우리'도 항상 찬미 제사를 하나님께 드려야 합니다. 성도들이 공예배로 모일 때는 그들의 빈 그릇이 채워지고, 그들의 굶주린 영혼이 배불리 먹게 하는 모임이 되어야 합니다. 그뿐만 아니라 하나님을 기쁘시게 할 제물을 드린다는 분명한 목적을 가진 모임이 되어야 합니다. 우리가 하나님과 친밀하게 동행하면 할수록, 또한 우리가 하나님과 더욱 친밀하게 교통하면 할수록 이 즐거운 의무를 이행하는 것이 더 쉬워집니다. 우리 자신이 주님을 기뻐하고 주님의 완전하심을 생각하면 우리 영혼이 즐겁고, 그 즐거움이 더할수록 하나님을 예배하는 것이 더 자유로워집니다. 그리고 그 일에 더 큰 열심이 생기고 더욱 꾸준해집니다. 모든 범사에 하나님의 손을 발견하는 습관을 계발하고, 이 세상에서 주어지는 여러 복락들로 인하여 하나님께 감사해야 합니다. 그럴수록 우리 마음은 감사로 더욱 가득 차게 되어 찬미의 노래로 그 감사를 표현하는 말이 더욱 넘치게 됩니다.

"이는 그 이름을 증언하는 입술의 열매니라." 여기 본문에서 찬미의 제사를 "우리 입술의 열매"로 지칭하고 있는데, 그것은 호세아 14:2에서 인용한 것입니다. 침륜에 빠진 이스라엘 사람들이 하나님께서 자기들을 은혜롭게 다시 받아 주시면 "수송아지를 대신하여 입술의 열매를 주께 드리리이다."는 말씀이 거기 있습니다. '수송아지'의 히브리어는 '찬미'의 히브리어와 동일합니다. "입술의 열매"는 언뜻 우리에게 이상하게 들릴 수 있습니다. 그러나 조금만 생각해 보면 그 풍성한 뜻이 드러날 것입니다. 이사야 6:5-7은 그 의미를 밝혀 줍니다. "그 때에 내가 말하되 화로다 나여 망하게 되었도다 나는 입술이 부정한 사람이요 나는 입술이 부정한 백성 중에 거주하면서 만군의 여호와이신 왕을 뵈었음이로다 하였더라 그 때에 그 스랍 중의 하나가 부젓가락으로 제단에서 집은 바 핀 숯을 손에 가지고 내게로 날아와서 그것을 내 입술에 대며 이르되 보라 이것이 네 입에 닿았으니 네 악이 제하여졌고 네 죄가 사하여졌느니라 하더라." 본질상 우리의 "입술"은 부정(不淨)합니다. "그들의 목구멍은 열린 무덤이요 그 혀로는 속임을 일삼으며 그 입술에는 독사의 독이 있고 그 입에는 저주와 악독이 가득하고."(롬 3:13,14) 그러나 하나님께서 그리스도의 속죄의 은덕을 우리에게 적용하시어 우리의 입술이 '정결하게' 하셨습니다. 그 후부터는 하나님을 찬미하는 데 그 입술을 사용할 수 있게 하셨습니다. "열매"는 살아있는 것입니다. 곧, 성령께서 내신 산물입니다. 하나님을 떠나 침륜에 빠짐으로써 그 마음이 하나님을 향하여 냉랭하고 기쁨의 음악이 사라졌을 때, 하나님께 이렇게 부르짖으십시오. "주여 내 입술을 '열어 주소서' 내 입이 주를 찬송하여 전파하리이다."(시 51:15)

"항상 찬송의 제사를 하나님께 드리자." 이 제사는 단순히 안식일에만 드려질 것이 아닙니다. "항상" 드려야 합니다. 우리가 기도하는 것보다 찬미할 이유를 덜 가지고 있습니까? 분명히 그렇지 않습니다. 왜냐하면 우리는 하나님께 감사해야 할 많은 것들을 가지고 있습니다. 우리가 전혀 구하지 않았는데도 주어진 것들이 너무 많기 때문입니다. 누가 나를 택해 주십사고 하나님께 구하였으며, 누가 경건한 부모를 달라고 구하였으며, 우리가 유약한 영아였을 때 그 부모들이 우리를 돌보게 해 주십사고 하나님께 기도한 자가 누구이며, 그들의 사랑을 달라고 기도한 자가 누구이며, 우리가 가야하는 데서 우리를 훈련시키도록 그 부모들을 주장해 달라고 누가 기도했습니까? 우리가 구하거나 생각할 수 있는 것보다 훨씬 더 많은 은총을 하나님께서 날마다 우리를 위해서 쌓아놓지 않으십니까? 그러므로 우리는 하나님께 간구하는 일보다 찬미하는 일을 더 많이 해야 합니다.

"너희 구할 것을 '감사함으로' 하나님께 아뢰라."(빌 4:6) 아, 우리가 하나님께 간구했을 때 자주 응답을 받지 못하는 것이 하나님을 찬미하며 감사하는 일에 실패하기 때문이 아닙니까? "기도를 항상 힘쓰고 기도에 감사함으로 깨어 있으라."(골 4:2) "감사함으로"라는 말이 "기도에 항상 힘쓰라"라는 말과 똑같이 명령형으로 주어져 있습니다.

"지존자여 십현금과 비파와 수금으로 여호와께 감사하며 주의 이름을 찬양하고 아침마다 주의 인자하심을 알리며."(시 92:1,2) 그렇습니다. 그것은 하나님을 영화롭게 할 뿐만 아니라 영혼에도 유익입니다. 하나님을 찬미하는 습관을 기르는 것은 많은 악에 빠지지 못하게 성도를 지켜 줄 것입니다. 하나님께 감사하는 심령을 항상 견지하는 자는 인생의 여러 시련들을 보다 더 힘 있게 감당해 나갈 것입니다. 기뻐하는 동안 사람은 비참할 수 없습니다. 마음이 항상 하나님을 찬미하는 것만큼 기쁨을 촉진시키는 것도 없습니다. 사도들이 빌립보 감옥에서 자기들이 매 맞은 고통의 아픔을 잊은 것도 "하나님을 찬미할 때"였습니다(행 16:25).

우리가 만났던 가장 행복한 영혼은 런던의 한 작은 다락방에서 만난 자매였습니다(그 자매의 나이는 노령연금을 받기 직전이었습니다). 그 자매는 과거 몇 년 간 고기나 과일이나 우유 한 잔도 섭취할 수 없었습니다. 그런데도 항상 주님을 찬미하고 있었습니다.

마리아가 "내 영혼이 주를 찬양하며 내 마음이 하나님 내 구주를 기뻐하나이다."(눅 1:46,47)라고 외칠 때, 그녀는 찬미의 제사를 하나님께 드리고 있었던 것입니다. 그것은 어떤 기계적인 행동이 아니라 주님을 기뻐하는 마음에서 터져 나오는 소리였습니다. 신자가 자기 영혼 속에서 하나님을 숭앙하는 정서를 느끼는 것만으로는 충분치 못합니다. 입으로 그것을 표현해야 합니다. 바로 그것이 우리의 본문에서 찬송의 제사를 "우리 '입술'의 열매"라고 규정한 한 가지 이유입니다. 말의 은사를 받은 사람들은 음성으로 뚜렷하게 찬미하는 것이 마땅합니다. 그래서 모든 세대의 성도들의 거룩한 노래와 시편을 통해서 자기들이 하나님께 드리는 예배를 표현했던 것입니다. 우리 중 그 어느 누구도 우리가 마땅히 해야 할 만큼 찬미를 드리지 못합니다. 세상적인 사고방식이 우리를 얼마나 자주 부끄럽게 하는지요! 그런즉 우리는 다윗처럼 말해야 합니다. "내가 전심으로 여호와께 감사하오며 주의 모든 기이한 일들을 전하리이다 내가 주를 기뻐하고 즐거워하며 지존하신 주의 이름을 찬송하리니."(시 9:1,2)

118강

그리스도인의 제사 II

13:15 그러므로 우리는 예수로 말미암아 항상 찬송의 제사를 하나님께 드리자 이는 그 이름을
증언하는 입술의 열매니라 13:16 오직 선을 행함과 서로 나누어 주기를 잊지 말라 하나님은 이
같은 제사를 기뻐하시느니라

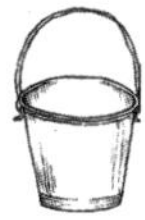

사도는 히브리서 13장 8절로부터 시작해서 하나님을 예배하는 신령한 의무들을 제시하는 일에 관심을 기울이고 있습니다. '옛 언약' 아래 있었던 자들에게 부과된 의무들과 '새 언약' 아래서 주어진 것들 사이에 존재하는 일련의 여러 대조점들을 나타내고 있습니다. 그리스도인의 특권들은 그와 같이 유대교회에 속한 특권들보다 훨씬 더 뛰어납니다. 우리가 한 절 한 절 살펴나가면서 우리에게 주어진 더 우월한 복락들을 숙고해 보고 있습니다. 15절은 이 보편적인 원리에 대한 또 다른 실증을 제시합니다. 레위의 제사 의식은 하나님의 지상 백성들에게 물질적인 제물을 드리라 요구하였습니다. 그러나 그리스도인의 '제사'는 전적으로 그 성격에 있어서 '영적인' 것들입니다. 하나님을 예배했던 이스라엘 사람들은 직접 하나님께 그 제사를 드릴 수가 없었습니다. 자기를 제사 드려줄 제사장들을 필요로 했던 것입니다. 반면에 그리스도인들은 그 자신들이 하나님께 제사장이 되어, '직접' 하나님께 제사를 드릴 수 있습니다. 율법 아래서 찬미의 제사를 드리는 일은

어떤 특별한 경우나 장소에서만 가능했습니다(레위기 23장의 '절기들'을 참조). 그러나 그리스도인은 그리스도로 말미암아 시간과 장소에 구애받지 않고 하나님께 제사를 드릴 수 있습니다. "항상 찬송의 제사를" 드릴 수 있습니다.

히브리서 13:15

"그러므로 우리는 예수로 말미암아 항상 찬송의 제사를 하나님께 드리자 이는 그 이름을 증언하는 입술의 열매니라."

이 구절은 겉으로 나타난 것보다 훨씬 더 많은 것을 함축하고 있습니다. 이 구절의 언어는 예배의 여러 의무들에만 국한되어 있고, 말로써 하나님께 찬미를 드리는 것만을 지시하고 있습니다. 그럼에도 그것이 매튜 헨리(Matthew Henry)가 '감사(thanksgiving)' 라고 불렀던 것을 수반하지 않는다면 하나님께서는 그 감사를 받지 않으심을 우리는 잘 알고 있습니다. 그래서 여기서 함축하고 있는 바는 복음적으로 하나님께 순종하는 '전체 영역'을 가리킵니다. 그리스도의 피로 말미암아 하나님께 헌신된 사람들은 하나님을 기쁘시게 하고 영예롭게 해야 할 가장 깊은 책임을 지고 있습니다. 복음적 순종의 본질은 그리스도와 그리스도로 말미암은 은혜로 인하여 감사하는 것을 내용으로 하고 있습니다. 그러므로 그 순종 전체는 '찬송의 제사(a sacrifice of praise)'라고 지칭하는 것이 아주 지당합니다. 감사하는 마음과 숭앙심을 가지고 하나님을 높이는 것이야말로 하나님께서 인정하시는 모든 봉사의 활력(活力) 있는 원리들입니다. 믿음의 모든 행동과 의무는 바로 하나님께 제사를 드리는 성질을 내포하고 있습니다. 그래야만 하나님께서 기뻐하십니다.

존 오웬(John Owen)은 여기서 그리스도인의 순종을 나타내기 위해서 그 특별한 어법을 사용한 데에는 세 가지 이유가 있음을 지적합니다.

"첫째로, 우리에게 주어진 위대한 의무는 그리스도의 속죄(贖罪)로 말미암아 하나님께 항상 감사하고 찬미하는 것이다. 우리 그리스도인의 신앙고백의 요체와 영광은 그리스도의 인격과 그의 중보를 통해서 하나님께서 우리를 사랑하시고 은혜 베푸셨음을 믿는 것이다. 그것을 인하여 하나님을 찬송하고 영화롭게 하는 오직 유일한 방식은 그 속죄의 은혜를 찬미하고 항상 하나님께 감사하는 것이다. 둘째로, 율법적으로 '순종하라'고 무섭게 강요하지 않으시고 대신 '찬송의 제사를 드리라.'하신 것은 율법으로 요구하고 명하셨던 순종의 성질을 바꾼다. 셋째로, 그리스도의 죽으심과 헌신을 생각하고 하나님을 찬미해야 하는 이 근본적인 의무에 충실하기 위해서 준비된 마음으로 힘을 쓰지 않으면 다른 어떤 순종이나 의무나 행동도 받지 않으시는 하나님이심을 유념하자."

"항상 찬송의 제사를 하나님께 드리자." 이 명령 속에는 두 가지 요점이 제시되어 있습니다. 시간과 장소의 제한을 받지 말고 자유롭게 찬미하라는 것입니다. 유대교 아래에서는 시간과 장소의 제약을 받았습니다. 그러나 이제는 그런 제약이 없습니다. 또한 '부지런히 항상 그 일을 꾸준히 계속 하라.'는 것입니다. 하나님을 진정 열심을 가지고 찬미한다는 것은 그리스도인에게 부과한 상시적(常時的) 의무입니다. 그러나 그것을 위해서 '믿음'의 정규적인 행사가 있어야 합니다. 하나님의 약속을 의심하는 것은 예배의 정신을 잦아지게 합니다. 의심은 우리의 찬미의 비파 줄을 느슨하게 합니다. 불신앙은 찬미의 무서운 대적입니다. 항상 하나님을 찬미하려면 '매일 하나님과 교통'해야 합니다. 많은 신자들의 기쁨이 그처럼 병들어 있는 것은 전혀 이상한 일이 아닙니다. 신자들이 주님과 교통하는 일에 얼마나 인색한지를 생각하면 전혀 이상하지 않습니다. 만일 따뜻한 열기가 거의 없는데 어떻게 그 온

도계의 수은주가 올라가기를 기대하겠습니까! 하나님께 "항상 찬송의 제사를 드리기" 위해서 우리는 끊임없이 감사하는 마음을 계발해야 합니다. 분명 그러한 일이 어렵지 않아야 합니다!

"열국이여 너희는 나아와 들을지어다 민족들이여 귀를 기울일지어다 땅과 땅에 충만한 것, 세계와 세계에서 나는 모든 것이여 들을지어다."(시 34:1) 우리는 그 수준보다 더 낮게 목표를 잡지 말아야 합니다. 그처럼 많은 그리스도인들이 탄식하며 슬퍼하는 것을 이런 자세로 하면 얼마나 잘 해결될까요! 흔히 우리는 '내가 주께 감사하는 마음을 표현하기 위해서 할 수 있는 일이 너무 적은 것 같아요.'라고 탄식합니다. 아, 형제들이여, 여러분이 공적(公的)인 활동을 위한 여러 재능들을 은사로 받지 않을 수도 있습니다. 또한 하나님의 사업을 위해서 드릴 많은 돈을 갖고 있지 못할 수도 있습니다. 그러나 하나님께 '찬송의 제사를 드리는 일'을 하지 못하게 하는 것이 무엇이란 말입니까? 그것도 '항상 하나님께 찬송하지 못하게 막는 것'이 무엇이란 말입니까? 하나님께서는 마땅히 항상 찬미를 받으셔야 하지 않습니까? 스펄전(C. H. Spurgeon) 목사는 말했습니다. "하나님께서 우리에게 긍휼을 베푸시고 세금을 요구하시는데, 찬미가 그것입니다." 그의 말이 너무 지나칩니까? 그러니 우리가 하나님의 것을 도둑질해야겠습니까? 하나님께서 기뻐하시는 것을 우리가 거두렵니까? 하나님을 "항상 계속" 찬미할 풍성한 이유를 하나님이 주시지 않았습니까?

"주의 이름을 찬양하고 아침마다 주의 인자하심을 알리며 밤마다 주의 성실하심을 베풂이 좋으니이다."(시 92:2) "내가 평생토록 여호와께 노래하며 내가 살아 있는 동안 내 하나님을 찬양하리로다."(시 104:33) 그 말씀은 나이들어 연약한 그리스도인들을 위하여 주신 얼마나 아름다운 말씀입니까! 사랑하는 독자 여러분, 여러분의 눈이 너무 희미하여 성경의 글자를 더 이상 분별해 낼 수 없게 되고, 힘이 쇠진하여 기도의 집에 들어갈 수 없게 될 수도 있습니다. 그러나 그대의 '입술'은 여전히 감사의 표현을 정확히 할 수 있습니다! "내가 주의 인자하심을 기뻐하며 즐거워할 것은 주께서 나의 고난을 보시고 환난 중에 있는 내 영혼을 아셨으며 나를 원수의 수중에 가두지 아니하셨고 내 발을 넓은 곳에 세우셨음이니이다."(시 31:7,8) 시편 기자는 주님께서 우리 죄를 용서하시고 우리를 보전하시고 필요한 것을 공급하시는 긍휼을 기뻐하였습니다. "누가 능히 여호와의 권능을 다 말하며 주께서 받으실 찬양을 다 선포하랴."(시 106:2)

토마스 굳윈(Thomas Goodwin)은 이 찬미의 시편들을 묵상한 끝에 다음과 같이 잘 말하였습니다. "내 형제여, 우리 이 같은 마음을 위해서 기도하자. '주여, 구약의 성도들이 새 언약 아래 있는 우리 그리스도인들을 부끄럽게 하지 못하게 하소서.'"

히브리어 '바라(bara)'는 '창조하다(create)'는 뜻임을 주목하는 것은 놀랍습니다. 반면에 '바락(barak)'은 '찬송하다(praise)'는 뜻입니다. 그것은 하나님을 찬송하는 것이 우리를 지으신 하나님의 제일 되는 목적임을 시사합니다. 하나님의 본질적인 영광을 위해서 그 어느 것도 첨가해서는 안 됩니다. 그러나 찬송은 나타난 하나님의 영광을 더욱 촉진시킵니다. 왜냐하면 그것은 다른 사람 앞에서 하나님을 높이는 것이기 때문입니다. 이러한 방식으로 천사들은 하나님을 영화롭게 합니다. 왜냐하면 그들은 하늘의 합창대원으로서 하나님의 찬미를 나팔로 선포하기 때문입니다. 옛 저술가가 '신자들이 하나님의 나팔이라.'고 적절하게 지적했습니다. 신자들의 혀가 하나님을 찬미할 때, 그들의 영적 '풍금들'이 소리를 내는 셈입니다. 하늘에 있는 성도들이 그 손에 '비파(거문고)'를 들고 있다는 것을 성경에서 듣습니다(계 14:2). 그것은 '찬송'의 표정들입니다. 안타깝게도 '우리'의 비파들이 "버드나무에 걸려 있는" 경우가 얼마나 흔한가요. "우리가 바벨론의 여러 강변 거기에 앉아서 시온을 기억하며 울었도다 그 중의 버드나무에 우리가 우리의 수금을 걸었나니."(시 137:1,2). 불만과 불평만이 우리 입에서 나오는 경우들이 얼마나 많습니까. 오 사랑하는 독자 여러분, 하나님을 항상 찬미할 수 있게 하는 은혜를 더욱 간절하고 열심히 구하십시다.

히브리서 13:16

"오직 선을 행함과 서로 나누어 주기를 잊지 말라

하나님은 이같은 제사를 기뻐하시느니라."

여기에는 그리스도인이 하나님께 마땅히 드려야 하는 '다섯 번째 제사'가 소개되어 있습니다. 곧 그것은 '다른 사람들을 섬기는' 제사입니다. 사랑의 모든 행동들과 의무들을 "제사"로 지칭한 것은 아주 합당합니다. 앞의 15절에서 사도는 "하나님을 향한" 우리의 위대한 의무를 보여 주었습니다. 그리스도의 피로 말미암아 교회를 거룩하게 하신 은혜를 베푸신 하나님은 마땅히 그 교회의 지체들을 통해서 그 영광을 받으셔야 합니다. 그러나 여기에서는 우리의 행실이 "사람을 향하여" 어떤 감화를 끼쳐야 할지를 알려주고 있습니다. 그래서 사도는 율법의 첫 번째 돌판에서 두 번째 돌판으로 시선을 옮기고 있습니다. 만일 '구원의 은총'이 우리로 하여금 온 마음을 다하여 하나님을 사랑하도록 하는 부가적인 의무를 요구한다면, 그 은혜는 또한 우리 이웃을 '우리 자신처럼 사랑해야' 마땅한 부가적인 몇 가지 이유들을 제시한다고 사도는 주장하고 있습니다.

"오직 선을 행함과 서로 나누어 주기를 잊지 말라." 이 16절 처음에 나오는 접속사를 어떻게 번역해야 할지에 대해서 주석가들마다 의견이 다릅니다. 존 칼빈(John Calvin)을 따르는 주석가들은 '그리고(And)'로 번역되어야 한다고 주장합니다. 그런데 존 오웬(John Owen)은 '더구나(Moreover)'로 번역해야 한다고 하였습니다. 그러나 흠정역(A.V 또는 KJV) 번역자들은 '그러나(But)'를 더 좋아합니다.[1] 이런 여러 다양한 번역들 사이에 어떤 실제적인 차이가 존재하는 것은 아닙니다. 만일 '그러나'를 채용한다 해도, 그것을 예외적인 것으로 취급지 말아야 합니다. 마치 그 접속사가 앞에서 말한 것과 대조되는 어떤 것을 도입하는 것 같이 생각하지는 말아야 한다는 말입니다. 그 접속사는 분명히 하나의 연결고리 역할을 하고 있습니다. 16절이 15절에서 언급한 의무에다가 하나를 덧붙이고 있음을 지시합니다. 어떤 이들은 말합니다. '그리스도인의 전체 의무는 하나님께서 마땅히 받으셔야 하는 충성과 헌신 속에 다 함축되어 있다. 우리가 그 점을 유념하면 우리에 관한 다른 것은 전혀 필요가 없다.' 물론 그 점을 인정은 하나 사도는 여기에 '그러나'를 덧붙이고 있습니다. 곧, 앞에서 지시한 의무에 열심을 다해야 함에도 불구하고 사람들에게 선을 행하고 사람들의 필요를 섬기는 일을 잊지 말라는 것입니다.

여기서 우리는 다시 한 번 성경이 모든 요점에서 진리의 '균형'을 얼마나 면밀하게 유지하고 있는지를 깨달을 수 있습니다. 신적(神的)인 법은 하나의 통일된 단위(a unit)입니다. 다만 그것을 '두 돌판'에 기록한 것입니다. 그러니 하나를 높이고 하나를 낮추는 일을 해서는 안 됩니다. 물론 꼭 지켜져야 할

---

1) 우리말 개역개정이나 개역한글에서는 '오직'이라는 말로 번역하였는데 KJV 역본 But과 방불하다. - 역자 주

'순서'가 있습니다. 하나님께서 친히 우리의 마음과 시간과 힘을 먼저 요구하셨습니다. 그럼에도 불구하고 우리의 이웃들, 특별히 우리의 동료 신자들에 대해서도 우리가 무시하지 말아야 하는 진정한 요구를 하고 계십니다. 율법의 두 번째 돌판을 무시하는 처사는 우리 이웃에게 해를 끼칠 뿐만 아니라 하나님을 불순종하고 하나님 자신을 불쾌하게 해드리는 것입니다. 순종함에도 조화가 있어야 합니다. 어떤 한 가지 요점에서 실패하면 전체를 다 망가뜨립니다. 야고보서 2:10,11이 그 점을 명백히 입증합니다. "누구든지 온 율법을 지키다가 그 하나를 범하면 모두 범한 자가 되나니 간음하지 말라 하신 이가 또한 살인하지 말라 하셨은즉 네가 비록 간음하지 아니하여도 살인하면 율법을 범한 자가 되느니라." 바로 그 이유 때문에 이 16절 마지막에 "이같은 제사는 하나님이 기뻐하시느니라."고 부연한 것입니다.

'옛 언약' 아래서 이스라엘 사람들이 바로 그 요점에서 얼마나 자주 실패했습니까! 그들은 자기 종들을 사려 깊게 대우하기는커녕 그들에게 어려운 짐을 맡겼습니다. 과부들을 돌보기는커녕 과부들의 것을 탈취하였습니다. 가난한 자들을 구제하는 대신 그들을 압제하였습니다. 그럼에도 불구하고 여호와께 예배하는 것을 지키는 데는 매우 엄격했습니다. 이사야 58장 상반부에 바로 그에 대한 놀라운 실례가 기록되어 있습니다. 선지자는 소리를 아끼지 말고 큰 소리로 외치라는 하나님의 당부를 받았습니다. 백성들에게 그 죄가 무엇인가를 밝히라는 것입니다. 그들은 '매일' 하나님을 찾았습니다. "그들이 날마다 나를 찾아 나의 길 알기를 즐거워함이 마치 공의를 행하여 그의 하나님의 규례를 저버리지 아니하는 나라 같아서 의로운 판단을 내게 구하며 하나님과 가까이 하기를 즐거워하는도다."(사 52:2) 그들은 '금식'하는 데 열심이었습니다. 그러나 하나님께서는 그들의 예배를 '받지 않으셨습니다.' 그러시면서 이렇게 말씀하셨습니다. "나의 기뻐하는 금식은 흉악의 결박을 풀어주며 멍에의 줄을 끌러 주며 압제당하는 자를 자유케 하며 모든 멍에를 꺾는 것이 아니겠느냐 또 주린 자에게 네 식물을 나눠주며 유리하는 빈민을 네 집에 들이며 벗은 자를 보면 입히며 또 골육을 피하여 스스로 숨지 아니하는 것이 아니겠느냐."(사 58:6,7)

스가랴 7장에 또 다른 엄숙한 실례가 나타납니다. 하나님께서 그들에게 다음과 같은 질문으로 도전하십니다. "온 땅의 백성과 제사장들에게 이르라 너희가 칠십 년 동안 다섯째 달과 일곱째 달에 금식하고 애통하였거니와 그 금식이 나를 위하여, 나를 위하여 한 것이냐."(슥 7:5) 그런 다음에 선지자는 울부짖었습니다. "만군의 여호와가 이같이 말하여 이르시기를 너희는 진실한 재판을 행하며 서로 인애와 긍휼을 베풀며 과부와 고아와 나그네와 궁핍한 자를 압제하지 말며 서로 해하려고 마음에 도모하지 말라 하였으나."(9,10절) 인간의 본성은 얼마나 이상한 변칙을 드러냅니까! 인간 본성의 모순성이 얼마나 정신 차릴 수 없게 드러나는지요! 공적인 예배를 수행하는데는 얼마나 꼼꼼합니까! 그러나 개인적인 의무를 지키는 데는 얼마나 철저하게 태만한지요! 금식과 주님의 절기를 지키는 데는 얼마나 부지런하고 열심 있습니까! 그러나 그들의 궁핍한 이웃의 필요와 울부짖음에 대해서 얼마나 무관심한지요! 그러한 태도에 대해서 어떻게 설명해야 하겠습니까? 아주 쉽습니다. 그것은 자기 의(義)를 부풀리는 것이고, 하나님의 은총은 피조물을 통해서 얻어낼 수 있다는 개념을 조장합니다. 피상적인 어떤 사람들은 그러한 바리새인들의 '거룩'을 아주 우러르게 되는 것입니다.

"오직 선을 행함과 서로 나누어 주기를 잊지 말라 하나님은 이같은 제사를 기뻐하시느니라." 그래서 이 본문에서 가르쳐지는 자비의 여러 덕행들을 말할 때에, "잊지 말라"는 말을 앞세웁니다. 그것은 복음을 믿는다고 고백하는 신앙고백자들이 그러한 덕행들을 무시하는 경향이 아주 보편적임을 암시입니다. 여기서 금하고 있는 것은 '죄악적인 나태'입니다.

존 오웬(John Owen)은 그러한 덕행들을 무시하고 망각하게 만드는 네 가지 원인들, 또한 마음의 악한 네 가지 요인들을 제시합니다.

"첫째, 열매 없는 많은 신앙고백자들에게서 보이는 경향인데, 종교적인 의무들을 합당치 못하게 신뢰하는 경향이다." 오웬이 의도하는 바는 이러합니다. 그런 것들을 신뢰하여 높게 평가하고 그것을 통해서 하늘에 갈 수 있다고 허망하게 생각하는 경향을 보이는 자들이 있다는 것입니다. 그래서 그들이 '교회'에는 풍성하게 바치면서도 자기가 고용하는 피고용인들에게는 낮은 임금을 주고, 세금은 덜 내려고 애를 씁니다. 그러한 사람들의 예물은 하나님의 코에 구린내와 같습니다.

"둘째로, 고통과 부담이 지워지는 의무들은 피하기 위해서 헛된 구실과 위선을 부리는 자들이 있다." 가난한 자들의 거처에 들어가서 개인적으로 병든 자들을 간호하는 것보다 하나님께 기도드리는 집에 들어가서 하나님을 찬미하는 것이 훨씬 더 쉽고 유쾌한 일입니다. 궁핍한 자를 먹이고 헐벗은 자를 입혀주는 것보다 자선남비에 동전을 떨어뜨리는 것이 힘이 훨씬 덜 듭니다.

"셋째로, 본성적으로 행하니 선함이 부족하고, 효력 있는 은혜로부터 나오는 마음가짐이 부족한 이들이 많다." 마음속에 있는 그리스도의 정신이 다른 사람을 향한 관심을 불러일으키고 생각하게 만들며, 우리의 가장 내밀한 이기심을 다스립니다. 그러나 그리스도께서 계시지 않으면 마귀가 마음을 주장합니다.

"넷째로, 고통당하는 자들에 대한 긍휼이 부족하다. 아직도 몸 안에 있는 자들에게 요구되는 것이 바로 그런 긍휼이다. 히브리서 13:3에서 지시하는 대로이다. '너희도 함께 갇힌 것 같이 갇힌 자를 생각하고 너희도 몸을 가졌은즉 학대 받는 자를 생각하라.'" 주 하나님께서 우리에게 은혜를 베푸시어 마음을 완강하게 먹고 무정한 태도로 '육정(肉情)' 마저도 막아 버리는 종교에 빠지지 않도록 지켜주시기를 바라옵니다.

"오직 선을 행함과 서로 나누어 주기를 잊지 말라 하나님은 이같은 제사를 기뻐하시느니라." 이 부분에 대한 존 브라운(John Brown)의 주석을 참조하는 것이 좋을 것입니다.

"그리스도인들이 예수 그리스도를 통해서 자기들에게 선을 베푸신 하나님께 감사를 하는 것이 마땅한데, 선(善)을 행함으로써 그 감사의 표현을 해야 한다. 다시 말하면 자비의 행위를 통해서 말이다. 굶주린 자는 먹이고, 헐벗은 자는 옷을 입히고, 궁핍한 자는 구제하여 주는 자비의 행사를 표해야 한다. 이러한 방식으로 하나님께서 자기들에게 베푸신 복락을 가난하고 고통받는 형제들에게 나눠주어야 한다. 그러한 차원의 선(善)은 일반적으로 자비를 나타내고, 좋은 것들을 나누어 주는 것과 같은 보편적인 것에 속한다. 그러면서도 사도는 아마 자기들이 특별하게 감사하는 '그 복락들'을 다른 사람들에게 나눠 주는 선을 행하는 일을 직접 가르치고 있는 것 같다. 그리스도인들이 자기 동료들에게 마땅한 하늘의 복락과 '신령한' 복락을 나눠 줌으로써 선을 행하는 것이 도리이다. 그리스도인들은 끊임없이 그 하늘에 속한 복락으로 인하여 하나님께 감사를 드리게 된다."

"오직 선을 행함과 서로 나누어 주기를 잊지 말라." 여기서 권고하는 것은 우리 이웃들에게 '사랑의 제물'을 주라는 것입니다. 바로 사도는 이 의무를 두 어휘로 나타냈습니다. 첫째, "선을 행하는 것"은 우리 삶의 과정 전체와 관계되는 것입니다. 특별히 다른 사람들에게 관계되는 것입니다. 여기서 세 가지 요점이 포함되어 있습니다. 첫째 요점은 다른 사람들을 향하여 은혜롭고 부드러운 마음을 가져 기꺼운 자세로 대하라는 것입니다. "존귀한 자는 존귀한 일을 계획하나니 그는 항상 존귀한 일에 서리라."(사 32:8) 그는 요구받을 때까지 기다리지 않고 오히려 자기가 도와야 할 자들을 찾고 다른 이들의 궁핍을 미리 생각합니다. 둘째, 이 자비로운 마음의 성향의 실제는 영적으로나, 아니면 세상에 있는 잠시적인 국면에서나 도움을 줍니다. 그 마음은 유용한 모든 방식을 통해서 다른 사람을 향한 배려에서 나타납니다. 이상화(理想化)하는 것과 이론적으로 말하는 것만 가지고는 충분하지 못합니다. 선한 의도를 밖의 행동으로 표현해야 합니다. 셋째, 그런 마음은 다른 사람을 향한 긍휼과 인애를 행사할 모든 기회와 상황을 바르게 포착합니다.

남을 사랑하고 자비롭게 행하는 정신은 선한 일을 행하는 것으로 나타나야 합니다. 착한 마음만 가지는 것만으로는 충분치 못합니다. 선을 행해야 합니다. "자녀들아 우리가 말과 혀로만 사랑하지 말고 오직 행함과 진실함으로 하자."(요일 3:18) "욥바에 다비다라 하는 여제자가 있으니 그 이름을 번역하면 도르가라 선행과 구제하는 일이 심히 많더니."(행 9:36) 그 다비다라 하는 여자는 아름다운 사랑의 행동들을 하였는데 그것을 가리켜 '선행'이라고 하였습니다. 그것이 다른 사람들에게 유익하고 선한 유익을 끼쳤기 때문입니다. 이것은 우리 가족 중의 다른 사람들에게나 또는 우리 교단 내의 다른 사람들에게 행하는 선행(善行)에 국한시키는 것이 아닙니다. "그러므로 우리는 기회 있는 대로 모든 이에게 착한 일을 하되 더욱 믿음의 가정들에게 할지니라."(갈 6:10) 기독교 정신이 다른 모든 종교의 편협하고 왜소한 정신과 다른 점은 바로 그 국면에서입니다. 하나님께서는 모든 사람들에게 선을 행하십니다. "그러므로 사랑을 받는 자녀 같이 너희는 하나님을 본받는 자가

되고."(엡 5:1)

"오직 선을 행함과 서로 나누어 주기를 잊지 말라 하나님은 이같은 제사를 기뻐하시느니라." 그리스도인들은 "그리스도 예수 안에서 선한 일을 위하여 지으심을 받은 자들"입니다(엡 2:10). 또한 거듭남이 바로 그들로 하여금 그러한 일을 가능하게 하였습니다. 그리스도께서 "선한 일에 열심 내는" 백성들이 되게 하시려고 우리를 위해 자신을 내어 주셨습니다. "그가 우리를 대신하여 자신을 주심은 모든 불법에서 우리를 속량하시고 우리를 깨끗하게 하사 선한 일을 열심히 하는 자기 백성이 되게 하려 하심이라."(딛 2:14) 왜냐하면 그 선행을 통해서 하나님을 영화롭게 하며 우리의 신앙고백을 아름답게 장식하는 것이기 때문입니다. 그 일이 우리에게 어떠한 희생을 요구하든지, 아니면 그러한 은택을 받는 사람들이 감사하는 마음을 전혀 나타내지 않는다 할지라도 그것과 상관없이 우리가 할 수 있는 모든 사람들을 돕는 일에 부지런하고 꾸준한 모습을 보여야 합니다. "형제들아 너희는 선을 행하다가 낙심하지 말라."(살후 3:13) "곧 선행으로 어리석은 사람들의 무식한 말을 막으시는 것이라."(벧전 2:15) 우리의 선행이 믿지 않는 이들의 비평을 잠잠하게 하지 못하게 할 수도 있습니다. 아니 계속 우리가 선을 행하더라도 오히려 그들이 그것을 보고 우리를 향하여 더 많은 대적과 핍박을 가져올 수 있습니다. 성경은 이렇게 기록하고 있습니다. "그러므로 하나님의 뜻대로 고난을 받는 자들은 또한 선을 행하는 가운데에 그 영혼을 미쁘신 창조주께 의탁할지어다."(벧전 4:19)

"서로 나누어 주기를 잊지 말라." '사랑의 제사'와 관련하여 여기서 사용된 두 번째 어휘는 '나눠주다'는 말입니다. 그 말은 하나님께서 우리에게 맡기신 것을 필요에 따라 다른 사람들에게 전달하는 것을 뜻합니다. 문자 그대로 그 헬라어는 '다른 사람들과 어떠한 것을 함께 공유하다.'는 뜻입니다. 그것은 우리가 할 수 있는 능력의 한계 내에서 다른 사람들에게 좋은 것들을 나눠 줌으로써 우리가 마땅히 나타내야 하는 불쌍한 사람에 대한 연민의 '실천'입니다. 성경은 바로 그 중요한 복음적인 의무를 우리에게 거듭해서 요구합니다. 하나님의 영광, 우리 영혼의 구원, 우리의 신앙고백을 빛나게 하는 것 등은 바로 그 불쌍한 사람들에게 좋은 것을 나눠줌을 통해서 크게 드러납니다. 사도가 예루살렘의 가난한 성도들을 위해서 자원하는 마음으로 연보하라고 고린도 사람들에게 권합니다. 그러면서 선언합니다. "이 직무로 증거를 삼아 너희가 그리스도의 복음을 진실히 믿고 복종하는 것과 그들과 모든 사람을 섬기는 너희의 후한 연보로 말미암아 하나님께 영광을 돌리고."(고후 9:13) 우리가 다루는 히브리서 본문의 명령에 순종하는 것은 '복음에 합당하게' 행하는 것입니다.

존 오웬(John Owen)이 다음과 같이 바르게 지적하였습니다.

"그런 일을 게을리 하는 것은 하나님의 지혜를 무시하는 것이다. 하나님의 지혜는 이 세상에 있는 하나님의 자녀들을 아주 다양하게 다루시며 각 자에게 몫을 나눠주시고 조건을 할당하여 준다. 하나님께서는 언제나 그래서 앞으로도 항상 그렇게 하실 것이다."

하나님의 백성들 중 많은 사람의 마음속에 흔히 신비롭고 이상하게 느껴지는 하나님의 섭리적인 처사에 대하여 그것은 얼마나 많은 빛을 던져 줍니까! 어째서 하나님께서 당신의 성도들 중 소수의 사람들에게 이 세상의 좋은 것들을 상당하게 복으로 부어 주셨습니까? 또 대다수의 성도들이 이 세상의 좋은 것들을 거의 갖고 있지 못한 이유가 어디 있습니까? 바로 여기에 그에 대한 중요한 이유가 시사되어 있습니다. 그렇게 되게 하신 하나님의 이유가 여기에 있습니다. 곧, 여러 상황에 따라서 그러한 세상의 좋은 것들을 많이 가진 자들이 그러한 은혜를 행사할 지혜와 기회를 제공하려 하심입니다. 하나님께서는 물질적인 긍휼을 공평하게 나눠주시지 않았습니다. 그렇게 섭리하심으로써 그들이 감사할 기회와 이웃을 사랑하고 관대하게 자비를 베풀 기회를 가지게 하신 것입니다. 반면에 가난한 자들은 인내하고 복종하고 신뢰하고 겸비하게 하셨습니다. 그러한 은혜들이 서로 상호작용하여 아름다움과 질서와 조화를 이루어 하나님께 영광을 더욱 돌리게 하셨습니다. 그리스도인들이 마땅한 방식으로 주고받는 경우만큼 자기들을 향하신 하나님의 선하심을 더 잘 깨닫게 되는 때가 드뭅니다. 그런 경우에 그 마음에서 역사하시는 하나님의 은혜의 능력을 느끼게 되고, 바르게 받는 자도 그러한 것을 주시는 하나님의 사랑과 돌보심을 매우 예리하게 의식하게 됩니다. 하나님께서 그 두 사람 모두에게 가까이 계십니다. 따라서 한편에서 이기적인 마음으로 굳어 있거나, 거만하게 자신을 높이고 다른 사람들에게 사랑을 베푸는 것을 비웃는 일은 악한 일입니다. 그것은 하나님의 백성들을 여러 다양한 방식으로 다루어 세상에 있을 때의 환경을 정해 주시는 하나님의 지혜를 비난하는 것입니다. 그 어느 사람도 단순히 스스로를 위해서 부자가 되거나 가난하게 되지 않습니다. 오히려 하나님께서 자신의 영광을 위해서 모든 사회적 일들을 질서 지으시는 섭리의 행사로 그리되게 하신 것입니다. 우리가 앞에서 생각한 바를 통해서 배우게 되었습니다. 믿음을 가진 많은 이들이 그리스도의 죽으심과 그 백성들의 삶 속에 열리는 열매들로 말미암아서는 세상에 있는 것들을 가지는 자들이 아닌 이치를 배우게 되었습니다.

성경은 성도가 자기의 이웃들의 궁핍을 위하는 이 의무를 이행하도록 설득하는 데 여러 많은 '동기들'을 채용합니다. "가난한 자를 불쌍히 여기는 것은 여호와께 꾸어 드리는 것이니 그의 선행을 갚아 주시리라."(잠 19:17) 정말 우리는 이것을 믿습니까? 마치 우리가 그것을 믿는 것처럼 실제로 '행동'합니까?

주님께서는 다른 사람에게 너그럽게 하여 손해 당하는 일을 결코 허락하지 않으십니다. 오히려 이런 저런 방식으로 이자까지 갚아 주시고, 그 자신에게나 그의 소유의 이득을 더하여 주십니다. "가난한 자를 구제하는 자는 궁핍하지 아니하려니와 못 본 체하는 자에게는 저주가 크리라."(잠 28:27) 이기적인 사람은 냉정하게 자기가 무시하는 자들의 악한 의도에 자신을 노출시켜 버리고 맙니다. 그리고 하나님의 섭리적인 저주 아래 자신을 이끌어 들입니다. "사람이 귀를 돌려 율법(이 문제에 관한)을 듣지 아니하면 그의 기도도 가증하니라."(잠 28:9) 사랑하는 독자여, 만일 그대가 하나님의 귀를 얻고 싶으면 그 점을 명심하십시오.

"주라 그리하면 너희에게 줄 것이니 곧 후히 되어 누르고 흔들어 넘치도록 하여 너희에게 안겨 주리라 너희가 헤아리는 그 헤아림으로 너희도 헤아림을 도로 받을 것이니라."(눅 6:38) 이 말씀은 얼마나 유도적인 말씀입니까! 이 말씀은 본성적으로 악하게 마음먹는 자들로 하여금 관대한 마음을 가지게 자극하는 데 얼마나 놀라운 말씀입니까! "이같이 너희 빛이 사람 앞에 비치게 하여 그들로 너희 착한 행실을 보고 하늘에 계신 너희 아버지께 영광을 돌리게 하라."(마 5:16) 이 말씀은 선행을 하도록 우리를 격려하는 데에 얼마나 놀라운 말씀인지요! "이것이 곧 적게 심는 자는 적게 거두고 많이 심는 자는 많이 거둔다 하는 말이로다."(고후 9:6) 필자는 이 두 경우에 해당하는 많은 두드러진 실례들을 볼 정도로 오래 살았습니다. "하나님이 나사렛 예수에게 성령과 능력을 기름 붓듯 하셨으매 그가 두루 다니시며 선한 일을 행하시고 마귀에게 눌린 모든 사람을 고치셨으니 이는 하나님이 함께 하셨음이라."(행

10:38) 주님께서는 항상 다른 사람들을 생각하고 섬기셨습니다. 배고픈 자에게 먹이시고, 병든 자를 고치시고, 곤고한 자를 일으켜 세워 구제하셨습니다. 주님께서는 우리가 그 자체를 따라 본받을 표본을 남기셨습니다.

그러나 사랑으로 나눠주는 일에 있어서도 '분별력과 판단력'을 사용하도록 하나님께서 요구하심을 지적해야겠습니다. 긍휼어리고 너그러운 마음을 가진 사람에게 항상 부담을 주려고 벼르고 있는 굼뜬 게으름뱅이들이 있습니다. 그들은 다른 사람들이 자기들에게 베풀어 주는 인자한 행위를 자기 자신의 게으름의 이유로 삼아 버립니다. 자기 자신의 힘으로 자기 먹을 것을 벌지 아니하고 다른 사람들의 자선에 기대려고 애쓰는 자들로 하여금 계속 그렇게 하도록 부추기는 것은 아주 악한 일입니다. 무분별하게 주는 일이 흔히 선보다 해를 끼치는 경우가 많습니다. 우리 감상으로 우리의 판단을 뛰어 넘지 말고 각 경우를 바르게 잘 판단하는 것이 우리에게 정해진 의무입니다. 하나님께서 친히 말씀하셨습니다. "우리가 너희와 함께 있을 때에도 너희에게 명하기를 누구든지 일하기 싫어하거든 먹지도 말게 하라 하였더니."(살후 3:10) 능히 일할 수 있는 건강한 몸을 가진 게으름뱅이에게 돈을 줌으로써 그 말씀을 '거스르는' 것은 죄악적입니다.

"이 같은 제사를 기뻐하시느니라." 그리스도인이 다른 사람들에게 어떠한 은택을 끼치든지 하나님께서는 그것을 당신께 한 것으로 여겨 주십니다. 그래서 그것을 '제사'라는 이름으로 높여 말한 것입니다. 하나님께서 우리의 무가치한 행위를 거룩하고 신성한 것으로 선언해 주셔서 마치 자신이 받으시는 제사처럼 여겨 주신다는 것이 얼마나 당신 자신을 우리에게 굽혀 주시는 처사인지요! 정말 칼빈(John Calvin)은 잘 지적하였습니다. "그러므로 '사랑'이 우리 가운데 편만하지 못할 때, 우리는 사람들의 권리를 빼앗을 뿐만 아니라 하나님 자신의 권리도 빼앗는 셈이다." 하나님께서는 엄숙한 선언으로 '사람들에게 행하라.' 명하신 바를 이행하면 그것을 자신에게 드린 제사로 이해하십니다. 이것을 생각하면 우리 마음이 얼마나 큰 자극을 받아 우리 이웃에게 선한 행사를 할 방향으로 나아가고 싶어지는지요! 우리가 그렇게 하면 할수록 우리가 무한히 빚지고 있는 그 하나님께 더 많은 기쁨을 드리는 것입니다. 그러니 여러분의 하나님께서 기뻐하시는 일을 그만 두어서는 안 됩니다.

"이 같은 제사는 하나님이 기뻐하시느니라." "이 같은"이라는 말 속에 이중적인 강조점이 나타나 있습니다. 첫째, 하나님께서는 옛 언약이 폐지될 때까지 명하셨던 그 옛날 제사를 더 이상 요구하지 않으신다는 점입니다. 유대교가 이제 폐해졌다는 분명한 사실을 그 말을 통하여 암시합니다. 둘째, 그것은 다음과 같은 사실을 은혜롭게 강조합니다. 비록 '우리'가 우리의 연약한 찬미와 사랑의 선행을 너무 빈약한 것으로 여겨서 정말 주목할 만한 가치도 없다고 여긴다 할지라도, '하나님께서는 친히' 바로 그러한 것을 당신 마음에 합한 예배의 행위로 여기신다는 사실입니다.

방금 지적한 것을 아름답게 예증하는 것이 빌립보서 4장에 나타나 있습니다. 빌립보 성도들은 사도 바울에게 선물을 보냈습니다. 사도 바울은 그 일에 대해서 감사하게 여길 뿐만 아니라, 바로 그 일이 "받으실 만한 향기로운 제물이요 하나님을 기쁘시게 한 것이라."(18절)라고 선언하였습니다.

존 브라운(John Brown)의 말을 들음으로 이 강론을 마무리하려 합니다.

"그리스도인이 아무리 큰 소원을 가지고 있다 할지라도 그 이상으로 넘어갈 수 없다. 그는 자기가 소원할 수 있는 가장 높은 것을 말했다. 그가 생각할 수 있는 모든 것보다 더 높이 올라간 것이다. 선한 사람들의 인정을 받는 것은 기쁜 일이다. 우리 자신이 양심의 인정을 받은 것은 더욱 기쁜 일이다. 그러나 하나님의 인정을 받는 것, 이것이야말로 피조물이 느낄 수 있는 가장 높은 보상임에 틀림없다. 이러한 칭찬이 말씀 속에 매우 강하게 나타나 있다. '하나님은 불의하지 아니하사 너희 행위와 그의 이름을 위하여 나타낸 사랑으로 이미 성도를 섬긴 것과 이제도 섬기고 있는 것을 잊어버리지 아니하시느니라.'(히 6:10) 바로 그 일은 성자께서 아버지의 영광으로 나타나시는 때에 더욱 실증적으로 밝혀질 것이다. 주께서 그 때에 온 우주 앞에서 하나님께서 구원해 주신 은혜를 생각하며 감사하는 마음으로 선을 행하고 나눠주기를 힘썼던 자들에게 이렇게 선포하실 것이다. "내가 주릴 때에 너희가 먹을 것을 주었고 목마를 때에 마시게 하였고 나그네 되었을 때에 영접하였고… 내가 진실로 너희에게 이르노니 너희가 여기 네 형제 중에 지극히 작은 자 하나에게 한 것이 곧 내게 한 것이니라."(마 25:35,40)

119강

교회 인도자들 I

13:17 너희를 인도하는 자들에게 순종하고 복종하라 그들은 너희 영혼을 위하여 경성하기를
자신들이 청산할 자인 것 같이 하느니라 그들로 하여금 즐거움으로 이것을 하게 하고 근심으
로 하게 하지 말라 그렇지 않으면 너희에게 유익이 없느니라

여기서 말하는 인도자들은 교회의 지도자들을 가리키는 것이지 일반 사회의 정부 지도자들을 가리키지 않음이 이 구절의 균형 잡힌 표현으로 분명해집니다. 아돌프 사피어(Adolph Saphir)는 '니골라당'과는 매우 거리가 먼 사람이었는데 다음과 같이 잘 바르게 선언하였습니다.

"7절과 17절은 '하나의 규정된 목회사역'의 존재를 보여주고 있다. 공인된 교사와 목회자들이 있어 회중을 가르치게 정해진 규례와 제도가 있었음을 보여준다. 그들 교사들과 목회자들은 은사(恩賜) 뿐만 아니라 '직무'에 있어서도 공인받았다. 어떤 선입견에 사로잡히거나 아니면 편견(偏見)된 정신을 갖고 있지 않은 사람은 누구든지 이 구절들에 채용된 어휘들과 그 함축적인 의미를 살펴보고 난 뒤 다른 어떤 결론에 이르기는 불가능하다. '복종의 원리'는 바르게 질서 잡혀 있고 운영되는 사회의 잘됨을 위해서 절대 필요한 것이다. 그것은 우리 몸의 여러 유기적인 조직들을 통해서도 잘 드러나 있는 원리이기도 하다."

이 본문에서 성령께서는 그리스도를 믿는다고 고백하는 사람들에게 세 번째 위대한 의무를 요구하고 있습니다. 그리스도께서 희생 제물로 자신을 드려 그 피로 우리를 거룩하게 하신 은택의 사실을 기초하여 권면하고 있습니다. 가장 포괄적이고 모든 것을 포용하고 있는 권면들은 15-17절 속에서 발견됩니다. 그 첫 번째 권면은 하나님을 향한 우리의 '영적' 의무들로서 하나님께 마땅히 드려야 할 것을 드리라는 권면입니다(15절). 두 번째 권면은 '사회적'으로 감당할 마땅한 도리와 연관된 것입니다. 우리에게 주어진 힘의 한계를 따라서 사랑이 요구하는 대로 궁핍한 형제들에게 마땅한 의무를 다하라는 권면입니다. 세 번째 권면은 '교회론적' 도리로서 교회에 있는 직분자들에게 복종심과 존중심을 가지라는 것입니다. 그리스도께서 그들에게 부여한 지위와 권위에 따라서 그들은 마땅히 그러한 복종과 존중을 받도록 되어 있습니다. 이것이 하나의 복음적인 제도입니다. 만일 이런 제도를 무시하면 주님을 명백하게 모독하는 처사이며, 우리 자신에게 큰 손해를 가져옵니다.

16세기에 위대한 종교개혁이 있은 이후 하나님의 백성들 사이에서 '지역의 개 교회(local church)'에 대하여 여러 광범하게 다양한 의견들이 표출되어 왔습니다. 그 교회의 성질은 무엇이며, 그 교회의 직분자들(officers)과 그 교회의 규율(discipline)은 어떠해야 하는지의 문제에 대해 논란이 있어 왔습니다. 경건한 사람들이 믿음의 여러 근본적인 요점들에 관하여는 같은 마음을 가지고 있으면서도 교회론적 관점에 대해서는 상당히 다른 견해들을 나타내기도 했습니다. 지난 300여년 동안 '지역 교회'의 정책과 정치에 관해서 가장 많은 은사를 가졌다는 그리스도의 많은 종들이 광범하게 글을 썼습니다. 그리고 비록 그들이 매우 다양한 입장들을 제시하였고, 각자마다 성경의 권위를 내세우며 성경에 호소한다면서 자기들의 주장을 펼쳤습니다. 그러나 어느 누구도 그리스도를 믿는 대다수의 신앙고백자들을 자기편으로 끌어들이

거나, 반론을 제기하는 사람들의 체계가 잘못되었음을 설득하는 데에 성공한 사람이 한 사람도 없었습니다.

어떤 단체나 사회적인 영역에서와 같이, 교회의 영역에서도 그렇게 대단히 다양한 유형들의 관점들을 '섭리적으로 조정하신 분'의 지혜를 찬탄해야 합니다. 우리가 행하는 기준이 될 만한 '한 가지 원칙'은 아니라 할지라도 그 점은 충분히 우리의 감탄의 소재가 됩니다. 그러나 기본적인 근본 요점들에 있어서 한 가지로 연합되어 있고 성경의 중추적인 진리에 대해서 다 같은 입장을 가지고 있는 사람들이 그리스도의 공동목표를 촉진시키기 위해서 '제휴'하려고 애쓰지 않고 자기들의 감상의 비본질적인 차이점들을 강조한 경우도 있습니다. 그래서 결국 서로 사랑하거나 오래 참지 못하기까지 차이들을 끌고 나간 일은 정말 한탄스럽지 않을 수 없습니다. 서로 상대방과 쓸데없는 논란을 벌이고 사랑이 없는 비판 정신으로 다투어야 한다니요. 정말 이해가 가지 않습니다. 서로 물고 비판하는 성난 정신으로 진리의 어떤 부분을 위해서 싸우느니 차라리 모두 잠잠히 있는 편이 훨씬 낫습니다.

참된 그리스도인이라면 그리스도께서 친히 정확 무류(無謬)의 권위를 가지시고 법을 세우시고 당신의 교회를 다스리심을 인정하는데 주저할 사람이 하나도 없을 것입니다. 또한 그분은 양심의 오직 유일한 주님이시며 당신의 계시된 뜻과 배치되는 것은 그 어느 것도 행하지 않으시는 분이심도 다들 인정합니다. 그리고 그리스도께서 친히 명하신 것은 그 어느 것이라도 그리스도의 종으로 자처하는 사람들에게서 무시를 당하지도 말아야 함을 인정할 것입니다. 참된 그리스도인이라면 말입니다. 그러나 이러한 원리들이 아무리 보편적으로 인정된다 할지라도, 우리는 다음과 같은 사실을 두고 모르는 척 할 수 없습니다. 곧 하나님의 백성들을 분열시키고 서로 감정을 가지고 멀어지는 여러 모든 요인들 중에서 가장 크게 작용하는 것은 그 보편적인 원리들을 바르지 못하게 해석하여 잘못 적용하는 것이라는 사실 말입니다. 분명하게 말해서 하나의 동일한 기본 위에 세워진 이들은 같은 성령님의 인도하심을 받고 있으며, 동일한 원수들을 대항하여 싸우고 있습니다. 그러므로 그들은 모두 다 형제로서 서로 사랑하며 남의 짐을 서로 져야 합니다. 그러나 안타까운 일입니다! 그리스도의 명예를 위한 그릇된 열심은 그들로 하여금 동료 제자들에 대한 적대감으로 충일하게 만들며, 그런 것이 수로 헤아릴 수 없는 여러 요인들과 합세하여 분열하게 만들고 맹렬하고 끝없는 다툼을 일으켜 왔습니다.

우리는 경건한 존 뉴톤(John Newton)이 그의 「변증(Apologia)」이란 책에서 말한 것과 아주 같은 의견입니다. 그는 거의 2백여 년 전에 다음과 같이 말하였습니다.

"사람들은 태어나서 교육을 받되, 대단히 다양한 여러 처지들에 하나님의 부르심을 받아 일을 감당하게 된다. 생활 습관, 지역의 관습들, 초기의 인간관계, 심지어 몸의 체질 등이 각 사람의 성격을 형성하는데 다소 영향을 끼치고, 그들의 사고방식에도 일종의 영향을 준다. 그래서 그들이 평안과 성결에 있어서 '본질적'인 것에서는 같은 성령님의 인도를 다 받고 있어 동일한 생각을 한다고 할지라도, '제 2차적' 성질의 문제들에 대한 감상에 있어서는 얼굴 모양이 다른 것처럼 서로 다를 수 있고 흔히 그러하다. 가장 지혜로운 자라도 그 지식에 있어서 결함을 갖고 있으며, 가장 선한 자라도 죄로 얼룩져 있는 한 그들 사이에서 획일적인 판단이 나오리라 '기대하지는' 말아야 한다. 그들 모두에게 공통되어 있는 인간 본성의 연약한 점들이 그들이 처한 여러 상황에 따라서 천 가지의 인상(印象)들을 내며 아주 다르게 영향을 받는다. 그러나 한 정신으로 연합하는 것을 유지할 수 있고 서로 사랑하면서 살아갈 수도 있다. 다만 모든 각 개인이나 각 파(派)들이 불행하게도 다음과 같이 생각하지 않는다면 말이다. 다시 말하면, 자기의 행동노선을 정해놓고 '다른 모든 형제들이 바로 이 표준대로 해야 양심적이라.'고 억지를 부리지 않는다면 말이다. 그런 식의 주장은 마치 '모든 사람이 같은 사이즈의 신발을 신어야 한다.'고 주장하는 것과 똑같이 불필요하고 이치에 합당치 못하다. 그런데도 정말 그런 일은 비실제적인 일로 간주하는 사람이 상대적으로 극히 소수에 불과하다."

"그래서 모든 사람들이 주 예수 그리스도를 임금이시요 자기들의 머리로서의 권위와 권리를 인정하는 데서는 같은 견해이면서도, 주 예수께서 따르라고 명령하시며 주신 법칙에 대한 이해와 해석이 다양하고 나름의 타당성을 고집한다. 그러한 것이 살아있는 믿음의 원리로 그리스도께 연합되어 있지 못하면 서로 간에 많은 분열을 가져오게 만든다. 그들의 사소한 차이들은 그들로 하여금 많은 별개의 이해관계로 돌입하게 만든다. 그래서 자신들의 계획을 열심히 방어하고, 작은 문제에 있어서 자기들과 의견을 달리하는 모든 사람들을 아주 열심히 반대한 나머지 그들도 같은 하나님의 권속임을 망각한다. 그리하여 결국 자기들과 그들이 한 구주의 종들임을 망각한다. 그래서 그들이 비판과 비난의 정신을 가지고 서로를 헐뜯고 고통스럽게 한다. 그런 모습을 보는 세상은 그런 이들을 이상하게 생각하면서 비웃는다."

주도적인 책들을 내는 저술가들 거의 모두 그런 모습을 보입니다. 그러니 이제 서로 다투고 있는 사람들의 관점을 벗어나서 기도하는 심령으로 편벽되지 않게 신약성경을 읽어 보십시오. 그러면 다음과 같은 사실이 금방 드러날 것입니다. 주 예수께서 교회의 구성(構成)과 같은 중요한 문제를 규정하지 않은 채 버려두지 않으셨으며, 도리어 사도들에게 지시하시어 그들의 글들 속에서 그런 문제의 본(本, pattern)이 될 만한 것을 남기라고 명하셨습니다. 그래서 그 하나님의 뜻인 그 본(本)을 따라서 장차 모든 교회들이 형성되게 하신 것입니다. 그리고 신약성경을 읽어보면 다음과 같은 사실이 분명해 질 것입니다. (각 분야에 존경받을 만한 저술가의 특별한 학식을 따라서 보면) 초대교회들이 '회중교회(Congregational Church)'로, 또는 '침례교회(Baptist Church)'로, 또는 '장로교회(Presbyterian Church)'로도 보일 것이라는 점입니다. 그래서 어느 한 편으로 생각이 기울어지면 다른 체계의 교회는 비성경적이고 선포된 주님의 뜻을 주제넘게 떠난 교회로 보일 것입니다.

그러나 독자가 시간을 들여서 이러한 다른 여러 학파들 중 어느 한 학파에 속한 '여러 명의 저자들'의 의견을 종합해 보십시오. 예를 들어서 '회중교회'를 표방하는 저자들의 의견을 종합해 보십시오. 그러면 이 '회중교회(Congregational Church)의 평이하고 만족할 만한 모델을 신약성경을 정독하면 금방 쉽게 유추해 낼 수 있다는 데 그들 모든 저자들이 일치하고 있음을 발견할 것입니다('침례교회,' '장로교회,' '형제단교회' 등의 교회론을 견지하는 이들도 같은 식으로 주장할 수 있습니다). 그러면서도 그들 저자들이 그 교회의 본질과 직분자들의 수와, 교회 구성과 복음적인 교회의 행정을 위하여 요구되는 권세들과 활동들을 묘사하며 기술하려 할 때에는 상당한 차이를 보이고 있음을 발견할 것입니다. '그들 자신들' 속에서마저 일치를 기대하기란 대단히 어렵습니다. '만일' 그들이 본받겠다고 공언하는 방안(plan)이 신약성경에 분명하고 노골적으로 계시되어 있어 모든 세대의 신자들을 하나로 묶게 되어 있다면, 그들 신자들 모두의 일치를 확실하게 기대해야 마땅하지요. 그러나 실상은 그런 기대와는 거리가 아주 멉니다.

교회의 정치형태나 예배형태가 교훈의 형식으로나 어떤 선례(先例)의 형식으로 상세하게 성경에 제시되어 있다 할지라도, 하나님께서는 복음서나 사도행전이나 여러 서신들이나 계시록 전역에 흩어져 있는 여러 규칙들과 규례들을 모아서 조직적이고 질서 있는 한 체계로 짜맞출만한 충분한 기술을 어느 누구에게도 주시지 않은 것 같습니다. 그러나 사실상 어느 누구도 이 원리를 진지하게 생각하지 않는다는 것이 모든 각 사람의 실제를 통하여 드러납니다. 초대교회 그리스도인에 대한 증거가 여러 가지로 보고되지만, 오늘날 그리스도인들인 우리가 본받으려고 시도해 본다 할지라도 따르기가 거의 어려운 것들입니다. 예를 들어서 땅에 속한 모든 소유를 다 공동으로 소유하는 문제(행 2:44,45), 거룩한 입맞춤으로 하는 서로의 문안인사(고전 16:20), 60세된 과부들을 명부에 올리는 일(딤전 5:9), 아니면 우리가 병들었을 때 기도하고 기름을 붓기 위하여 교회 장로들을 파송하는 문제(약 5:14) 등입니다.

방금 말한 것과 부합하게 다음과 같은 사실을 지적해야 할 것입니다. 사도시대의 성도들은 '특이한 은사'를 받았으며, 따라서 오늘날 그러한 은사를 갖지 않은 우리에게는 따라가기 어려운 어떤 일들을 그들은 하였다는 사실입니다(예를 들어 고린도전서 14장에서 말하는 것과 같은). 그러나 바로 그 사실을 인정한다는 것은 견지해야 할 기본적인 원리에 '복종'하는 것이어야 합니다. 사도시대의 교회를 '우리 모델'로 연구해야 한다는 말을 듣는다 해도, 그들의 실제 중 어떤 부분은 우리가 본받게 할 의도로 기록된 것은 아니라는 정보도 받고 있습니다. 보통 그 사실은 이해하여 따라잡기 어려운 것입니다. 더구나 하나님께서는 어디에서도 그 초대교회 그리스도인들이 했던 실제 가운데 시대가 달라지면 바뀔 수 있는 것이 무엇이고 바뀔 수 없는 것은 어떤 것들인지 말씀해 주지 않으셨습니다. 어떤 방면들에서 초대교회 그리스도인들이 처한 특이한 시대상들 때문에 그들의 것을 우리의 본(本)으로 삼는 것이 어려운지, 또 어떤 경우들에서 그들의 행동이 초대교회 시대의 특이한 상황이 멈춘 지금에도 우리에게 유효한 본이 되는지요? 이런 일을 권위 있게 구분하여 주고 선언하기에 자격을 갖춘 개인이나 집단이 어디에 있습니까?

이상의 질문을 듣고 대번에 반론이 제기될 것입니다. 그러나 오직 유일한 다른 대안을 생각해 보십시오.

반론 - "주께서 백성들에게 모델로 삼아야 할 '완전한 교회'를 보여주지 않고 내버려 두셨다고 생각하는 것은 정말 이치에 합당하지 않다! 그리스도께서 당신의 이름이 걸린 교회들의 모든 국면을 통제할 방식과 같은 사활이 걸린 중요한 문제를 기준도 없이 방치해 두셨다고 상상할 수 있겠는가? 그리스도께서 교회의 본질, 교회의 직원들, 예배순서, 권징에 대하여 어떤 뜻을 가지고 계신지 모르게 놔두실 리가 없다. 하나님께서 모세에게 산에서 보여준 식양(式樣)대로 성막을 만들라 지시하였고, 예배를 드리는 집의 모든 벽면이나 기둥 하나까지라도 정확하게 규정하여 그 본을 따르게 하셨다. 그렇다면 이제 때가 찬 오늘날 당신의 백성들을 위하여 필요한 규칙을 '덜' 마련해 놓으셨다고 믿는 것이 가능하겠는가?"

그런 식의 반론이 매우 근사하게 들렸고, 그래서 수천의 사람들이 오도되었습니다. 그러나 그 논리를 공정하게 시험해 보면 그것이 아주 근거 없는 것임을 알게 될 것입니다.

반론에 대한 우리의 답변 - "첫째로, 신약성경에는 주께서 그러한 '기준'을 분명히 보여주셨다는 약속이 전혀 기록되어 있지 않다. 그러한 모델이 될 만한 교회를 제공하여 주셨다는 진술이 그 어느 사도의 서신에도 나오지 않는다! 둘째로, 기독교회의 역사가 주님께서 그 기준을 보여주신 것이 아님을 분명히 시사해 준다. 모델이 될 만한 어떤 교회를 주셨다면, 성막의 식양을 주시어 그대로 성막을 짓게 하신 것처럼 그 모델이 될 만한 교회를 분명하게 인식하게 해 놓으셨을 것이다. 그래서 주님을 진실로 기쁘게 해 드리려는 사람들이 그 본에 따르게 하셨을 것이다. 따라서 그리스도를 따르는 참 제자들 사이에는 '획일성'이 존재해 왔을 것이고, 끝없는 다양함은 전혀 존재하지 않았을 것이다. 세 번째로, 이는 '너무 많은 것'을 입증해 준다. 만일 신약교회들과 그 신약교회들이 드려야 할 예배를 위해서 어떤 신적 모델 교회가 모든 상세한 요점들을 다 제시하였다 하자. 그래서 성막을 위해서 식양을 정확하고 분명하게 준 것처럼 하였다 하자. 그러면 우리가 예배드려야 하는 건물의 크기, 모양, 여러 장식들에 관하여 세세한 규례를 가져야 하며, 목회자들의 의상(衣裳)에 대해서도 분명한 지시를 받았어야 할 것이다! 그런데 그러한 상세한 규례들을 '주시지 않았다.' 바로 그 점은 성막을 위해서 하나님께서 식양을 정해주신 것과 같은 식으로 우리가 따를 교회의 어떤 모델도 주신 적이 없다는 분명한 증거다."

그러면 우리가 마땅히 어떤 결론을 내려야 할까요? 이것입니다. 그 주제에 관하여 글을 쓴 대부분의 사람들이 제시한 두 대안들 사이의 복된 중간을 취하자는 것입니다. 신약성경에서 모세에게 지시한 성막의 '식양'에 해당하는 것을 전혀 발견할 수 없지만(하나님께서 성전을 위해서 세세한 지시를 하신 것처럼 하신 일이 없지만), 주님께서는 그리스도인 개개인이나 그 무리들이 주님의 눈앞에서 품은 일을 마음대로 하게 내버려 두시지 않으신 것이 아닙니다. 그 일에 기준 삼을 만한 주님의 뜻을 숨기시지 않았습니다. 구약시대와 신약시대 사이의 광대하게 다른 성격에 맞추어 성령님의 '자유하게 하심'(고후 3:17)[1]이 유대교의 율법의 엄격성을 보충하였고, 그래서 그리스도께서는 우리에게

1) "주는 영이시니 주의 영이 계신 곳에는 자유가 있느니라."(고후 3:17)

'보편적 원리들을' 갖추어 주신 셈입니다(예를 들어 고전 14:26, 40).[2] 그 원리는 하나님의 백성들이 처한 다른 여러 상황에 맞추어 다양하게 실행될 충분하고 광범한 여지를 허용합니다. 백성들이 처한 여러 다양한 환경들 속에서 그 원리가 적용되거나, 지역이나 시대의 다양한 상황에서 그 원리를 실행하려 할 때에 그런 유연성이 요청되는 것입니다. 바로 이 점이 옛적에 이스라엘의 '한 족속' 만을 위해서 지시해 주셨던 것과는 참으로 대조가 되는 것이지요.

신약성경에는 구원을 위해 필요한 모든 것들이 충만하게 계시되어 있습니다. 그 구원에 대한 지식은 사람이 자신의 능력으로 도저히 이룰 수 없는 것입니다. 그러나 구약 속에 '감춰 있던' 다른 여러 문제들에 대한 것이 신약에는 많지 않습니다. 하나님께서는 구약시대에 그 백성 이스라엘의 교회와 종교생활을 규제할 의식법(儀式法)을 주셨습니다. 뿐만 아니라 그들의 '시민사회를 통제하기 위해 필요한' 완벽한 원리를 주셨습니다. 그러나 그 어느 누구라도 하나님께서 그리스도인들을 위해서도 그렇게 하셨다고 떠벌일 수 없습니다. 신약에 '시민생활'의 윤리 조항이 없다는 것을 인정하면서도, 하나님께서 사소한 교회론적 많은 행정에 수반되는 문제들에 관하여는 당신의 종들의 분별력에 맡기셨다는 것이 어째서 이상하게 들립니까? 그러한 진술에 대해서 의문을 느끼면서 주께서 교회와 종교적인 일에 관한 '모든 것'에 대한 당신의 뜻을 낱낱이 밝히셨다고 주장하는 자들이 있습니까? 그런 이들에게 우리는 이렇게 묻겠습니다. 신약성경 어디에 '결혼 예식'을 위한 규례가 지정되어 있습니까? 장례식 예배 형태가 어디에 나와 있습니까? 그러나 그런 것이 없어도 충분하여 문제가 없습니다.

---

2) "그런즉 형제들아 어찌할까 너희가 모일 때에 각각 찬송시도 있으며 가르치는 말씀도 있으며 계시도 있으며 방언도 있으며 통역함도 있나니 모든 것을 덕을 세우기 위하여 하라… 모든 것을 품위 있게 하고 질서 있게 하라"(고전 14:26, 40)

리차드 후커(Richard Hooker)가 마땅하게 지적한 바와 같습니다.

"전 세계 모든 사람들이 듣기에 합당한 말을 하는 사람이 있다고 하자. 그 말은 그 사람이 하는 말을 듣기 위하여 모든 사람들이 필연적으로 한 종류의 언어를 말해야 함을 뜻하는 것은 아니다. 모든 교회에서 정치가 필요하고 다스림이 필요하다고 주장할 수는 있다. 그러나 그 주장에 '그 모든 것들에 어떤 한 확실한 형태를 취해야 한다.'고 부연할 필요는 없다. 그것 없이도 그런 주장이 가능하다."

그렇다고 해서 교회정치의 다양한 모든 양태가 복음의 정신과 본질에 '동일하게 합당하다.'거나 '덕을 세우는 데 동일하게 마땅하다.'고 말하는 것은 아닙니다. 다시 한 번 우리는 존 뉴톤(John Newton)이 한 말에 귀를 기울여 봅시다. 그 말에 우리가 전적으로 동의하지 않을 수 없을 것입니다.

"나는 본질적인 문제에 있어서는 모든 사람들과 의견을 같이한다. 그러나 주변적인 문제에 대하여는 모든 이마다 나름의 입장을 가지는 것과 똑같이, 나는 그 어느 누구와도 같은 의견을 갖고 있지 않다. 사람들은 자기들이 실수할 수 있음을 고백은 한다. 그러나 실상을 보면 결심을 세우면 자기들에게는 전혀 오류가 없다는 식이다. 왜냐하면 사람들은 다 '모든 이들이 나와 같은 입장을 가지게 되기를 희망한다.'는 식이기 때문이다. 교회 머리로서의 주 예수님의 권위와 명예를 존중해야 하면 '내가 가진 입장을 취해야 한다.'는 식이다. 그러나 그런 사고방식이야 말로 주변적인 문제에서까지 모든 이들이 같은 의견을 가지지 못하게 한다. 왜냐하면 나는 다음과 같이 생각할 수 없기 때문이다. 곧 그리스도의 머리됨과 왕적 직무를 영예롭게 해야 한다면, 다른 이들은 빼놓고 나와 같은 입장을 가진 한 분파들만의 머리로만 그리스도를 생각하는 일은 해서는 안 될 일이다."

"모든 파당마다 '자유'에 대하여 꽤 아름답게 들리는 말들을 한다. 그러나 자유에 대하여 설명을 하고 나서 어떤 한 설명을 하고 나서 그보다 좀 더 약간 나아간다. 그들이 내게 자유를 주되, 나도 자기들이 생각하고 행동하는 것 같이 하는 자유를 준다 하자. 그러나 내가 보기에는 그 자유는 전혀 자유가 아니다. 나도 스스로 생각하고 내 자신의 양심이 시키는 대로 행동할 자유가 있다. 그래서 나는 다음과 같은 결론에 이르게 되었다. 나는 그 모든 사람들을 다 사랑하고 싶다. 그 모든 이들과 우정어린 교류를 유지하고 싶다. 나는 하나님의 섭리로 만나는 모든 이들과 친절한 교제를 하고 싶다('그들이 나에게 허락하는 한도 내에서' 라고 덧붙여 말할 수 있는 범위 내에서). 그러나 나는 그리스도께서 나로 자유하게 하시려고 주신 그 자유 속에 서 있으며, 그 어느 누구도 나를 주장하지 못하게 할 것이다. 많은 다른 사람들이 의문스런 논란의 대상이 되는 문제들을 대할 때에 어떤 점을 크게 강조함으로 말미암아 그리스도를 영화롭게 하려 한다. 그렇다면 내가 그리스도를 영화롭게 하는 방식은 다음과 같은 요점을 보여주려고 애를 쓰는 것이 될 것이다. 곧 그리스도의 나라는 이 세상에 속하지 아니하며, 먹는 것과 마시는 것에 있는 것도 아니고, 어떤 형태와 어떤 파당들을 편들어 말하는 데 있는 것도 아니고, 오직 성령님 안에서 의와 평강과 희락 안에 있다는 점이다. 그리고 할례든 무할례든 새로운 피조물이 되는 것이 문제이며 '사랑으로' 역사하는 믿음이 문제이다."

필자가 과거 10년 동안 바로 그 노선을 집요하게 따르려고 애를 썼습니다. 특별히 이 '성경 연구지(Studies in the Scriptures)'[3]와 구두(口頭) 목회사역에 있어서 그 노선을 취하려고 애를 써왔습니다. 그러나 안타까운 일입니다! 오늘날 이 세대가 '넓은 마음'을 가지고 있다고 자랑하고 '자유'를 뽐내면서도 교회론적 장벽은 1세기 전과 똑같이 뿌리 깊게 자리하고 있음이 발견됩니다. 그래서 그 어느 교회나 어느 신앙고백자들의 모임에서도 자기들 편에 들어오지 않거나, 자기들의 주장을 그대로 받아들이려 하지 않는 자들을 '진정으로' 환영하는 곳이 없음을 알게 됩니다. 그 사람의 평판이나 신임이 어떠하든지 상관없이 그러합니다. 그리고 대다수의 사람들이 자기들의 특별한 교단의 이름이 붙어 있지 않은 종교 간행물은 전혀 읽으려 들지 않습니다. 하나님의 성령님의 감동이 소멸당하고 있어 그 능력과 복락을 발견할 수 없게 된 것이 하나도 이상한 일이 아닙니다. 이제 하나님의 성령께서 역사하지 않으시는 곳에는 비기독교적인 정신이나 세속적인 정신이나 바리새인적인 정신이 편만합니다.

우리는 다른 사람들이 따를 본을 지시하려고 들지 말아야 합니다. 누구나 자기 마음에서 확정하는 대로 하게 내버려 두어야 합니다. 그러나 필자 저자신에 관한 한, 그리스도인의 자유를 너무 지나치게 높인 나머지 어떤 교회론적인 감옥에 자신을 가두지는 않겠습니다. 그런 감옥에 들어가면 널리 흩어져 있는 형제자매들과의 교제에서 단절됩니다. 물론 '죄 없는 완전'은 지상에 있는 어느 개인에게서도 발견될 수 없습니다. 그러므로 어떤 그룹들에서도 그러한 것을 기대하지는 말아야 합니다. 어떤 교단이나 어떤 종파도 모든 빛을 다 가지고 있는 경우는 없습니다. 만일 독자가 불건전한 교리가 전파되거나 성경적인 권징이 전혀 시행되지 아니하는 교회의 일원이라면, 그가 취할 길은 분명합니다. "너희는 열매 없는 어둠의 일에 참여하지 말고 도리어 책망하라."(엡 5:11) "경건의 모양은 있으나 경건의 능력은 부인하니 이 같은

---

3) 바로 이 잡지에 본 히브리서 강해가 최초로 연속적으로 게재되었었다. - 역자 주

자들에게서 네가 돌아서라."(딤후 3:5) 그러나 만일 그가 그리스도를 영화롭게 하려고 정직하게 애쓰고 있는 어떤 복음적인 교회에 속해 있어 그 영혼을 먹이고 있다면, 우리의 낮은 판단 대로는 그 교회에 출석하며 '인도하는 자들에게 복종하는 것'이 현명할 것입니다. 그러나 자기와 차이나는 다른 사람들을 '하시(下視) 않도록' 조심하십시오.

우리는 초대 기독교를 보여주는 신약성경의 기록이 교회정치에 대한 완전한 모델을 제공한다고 주장하는 이들에게서 떠납니다. 그들은 이 모델을 이 세대 전체를 통해서 주의 백성들에게 권위 있게 적용할 법칙이라고 주장합니다. 우리는 그들의 관점을 따르지 않습니다. 그렇다고 우리가 우리 독자들 대다수를 끌고 가겠다고 상상하는 것은 아닙니다. 이때쯤 해서는 이 책의 필자인 저 자신이 인간의 본성을 충분하게 인지하여 어느 누구라도 그런 어리석은 백일몽을 꾸지 못하게 해야 할 입장에 있습니다. 오히려 신약성경은 보편적인 원칙들과 원리들을 갖추고 있다고 우리는 확언하는 바입니다. 그 원칙들과 원리들은 교회의 외적 행위의 여러 특별한 경우들에서 합당하게 행할 것이 무엇인지 분별한 사람의 지각으로 적용하기에 충분한 것들입니다. 그런 우리의 확신 있는 진술을 듣고는 '위험'을 경고하며 도전하는 이들을 대응할 준비가 되어 있습니다. 우리의 대답은 이러합니다. '우리는 개인 신자의 생활의 상세한 국면을 규제하는 것이라고 보편적으로 인정받는 것을 확언하고 있다.'

그리스도인은 매일 같이 자기가 할 맡겨진 일이 있습니다. 그 일에서 우리가 어떻게 행동해야 할지 그 지혜를 하나님께 구하느라 울부짖고 있지 않습니까? 또한 그렇게 간구하는 것이 성경 안에는 그 특별한 국면마다를 위한 세밀한 교훈이 전혀 없기 때문이 아닙니까? 기도하는 심정으로 깊이 사고한 다음에 성경의 원리들을 자기의 삶의 수백 가지의 상세한 국면들에 적용시키는 데, 그 때 '자기의 상식'을 사용하는 것이 합당치 않습니까? 그러한 일은 너무 일상적으로 일어나고 성도들 속에서 보편적으로 통용되기 때문에 그 요점을 예증하느라고 길게 논할 필요가 전혀 없습니다. 또한 자증적인 것을 '증험'할 필요가 전혀 없습니다. 이 단순하고 명백한 사실에 비추어 볼 때, 하나님께서 자기 교회들의 유사한 과정을 따라 가도록 주장하셨음을 보고 어째서 우리가 놀래야 하는가요? '복음적 교회'란 '조직적인 관계 속에 있는 개인 신자들의 무리'가 아니고 무엇인가요? 만일 하나님께서 안식일에 몇 시에 일어나야 하는지를 개인 신자에게 말씀하시지 않았다면, 또한 그날에 얼마나 많은 분량의 식사를 해야 하는지 지정해 주지 아니하셨다면, 목사의 설교가 얼마나 길어야 할지도 하나님께서 말씀해 주시기를 기대하거나 찬송가와 찬송시를 얼마나 많이 불러야 할지 알려주시기를 기대할 수 있겠습니까?

이에 대한 존 오웬(John Owen)의 주석을 인용하겠습니다.

"그리스도께서 복음적인 교회들을 세우실 때 - 그들의 상태나 질서나 법칙이나 예배 등 제정하여 주신 것을 지키느라 '사람 되기를 멈추라.'고 요구하지 않으셨다. 아니면 그들의 이성적인 능력을 사용하거나 행사하는 것을 중단하라고 요구하신 적이 없다. 그 이성의 능력은 본성의 빛이다. 그렇다. 이 경우에서 여러 원칙들과 방안들을 이 영적인 것들과 단순한 계시에 적용해야하기 때문에, 주께서는 교회를 인도하고 지도할 책임을 맡은 자들에게 지혜와 분별력을 주시어 마땅한 방식으로 그것을 적용하도록 하신다. 그리스도께서 교회 안에서 지켜야 할 의무들을 지시하여 주신 일을 그 본성의 빛을 따라서 해 나가면 된다. 그러므로 특별한 영적인 총명을 사용하는 것 외에 다른 제도가 필요한 것이 아니다. 그 특별한 영적인 총명은 바로 그 목적을 위하여 주님 그리스도께서 우리에게 주신다."

"성경에는 교회를 다스리고 예배하는 행위에 있어서 모든 경우에 합당하게 본성의 빛을 적용시키도록 우리를 지로(指路)하는 '보편적 원칙들'이 있다. 그 원칙들은 분별력 있고 질서 있게 그 일을 수행해 나가기에 충분한 것들이다. 그러므로 앞에서 말한 바와 같이 교회의 정치와 질서와 예배에 속한 모든 경우들을 상세하게 지정해 주시기를 요구할 필요가 '전혀' 없다. 경우에 따라서 교회를 세우는 것과 본질적으로 연결이 되는 중요한 문제가 아닌 것들을 마땅하게 개선하기 위하여도 마찬가지다. 그런 일들을 위한 상세한 사항들을 진술하여 놓을 수도 없다. 다만 성령의 보편적인 법칙들을 따라서 본성의 빛과 영적인 분별력으로 대처하면 되는 것이다."

이것은 성경을 신뢰하지 않거나 무시하는 처사가 아닙니다. 하나님의 증언은 참되고 완전하고 그 주어진 '목적을 위해서' 충분합니다. 그러나 만일 우리가 그 성경을 위한답시고 '하나님께서 전혀 의도하지 않으신' 것을 성경에서 말한다고 억지로 주장하면 그 하나님의 증거는 영예롭게 되기는커녕 불명예스럽게 됩니다. 로마교회는 성경이 충분하지 못하여 '전통(traditions, 遺傳)'을 덧붙여야 한다고 선언함으로써 중대한 실수를 범한 것입니다. 우리가 내세에서 구원받기 위해 현세에서 절대로 알 필요가 있는 것에 대한 완전한 계시가 있어야 하기에 그것을 부가해야 한다는 식입니다.

그러나 어떤 프로테스탄트 교도들은 또 다른 극단으로 흘러갑니다. '성경은 개인의 삶이나 교회의 생활 등 우리의 삶의 규모를 위한 하나님의 뜻을 완전 충만하게 계시하신 책이다. 그러니 어떤 다른 원리(양심의 깨우침이나 이성의 지시 같은 것)에 따라서 행동하는 것은 주제넘고 죄악적이라.' 그러나 신약성경이 교회의 진행상의 '모든 상세한 국면'을 노골적으로 온전히 표현하고 있다 하면서 그에 상반되게 행동하면 주님을 모독한다고 주장한다면, 그것이야말로 구약성경에서 마저 얻어낼 수 없는 억측입니다. 길르앗 사람들이 여호수아 22:10에서 언급된 제단을 세우라고 주께로부터 무슨 명령을 받았습니까? "르우벤 자손과 갓 자손과 므낫세 반 지파가 가나안 땅 요단 언덕가에 이르자 거기서 요단 가에 제단을 쌓았는데 보기에 큰 제단이었더라." 그러나 그들이 그렇게 한 정당한 이유가 있어 나중에 그 일을 변명하기에 충분하지 않았습니까?[4] 일찍이 이스라엘 여인들이 입다의 딸을 위해서 해마다 슬퍼하라는 하나님의 어떤 명령을 받았습니까?(삿 11:4) 에스라가 '나무강단'을 만들 때에 "여호와께서 가라사대 그렇게 하라."는 지시나 어떤 성경적인 선례가 있었는가요?(느 8:4) 바로 그 강단에서 백성들을 가르쳤는데 말입니다. 유대인들이 '수전절을 축하하라.'는 하나님의 명령을 받았습니까?(요 10:22) 율법에는 '그 수전절'에 대한 언급이 전혀 없음에도 그리스도께서 친히 바로 그 절기를 엄숙하고 존귀하게 여기시지 않았습니까?

'인간이 만들어 낸 것'은 모두 다 정죄하는 것, 그것은 가장 지혜롭고 가장 경건한 많은 사람들의 판단 앞에서 더 부끄러움을 당할 뿐만 아니라 성경이 허용하는 범위를 벗어나는 일입니다.

---

4) 이 일이 다른 지파들의 분노를 샀으나 나중에 이들의 진의를 알고 오해가 풀렸다. 이에 대하여 여호수아 22:10-34에 자세히 기록되어 있다. - 역자 주

120강

교회 인도자들 II

13:17 너희를 인도하는 자들에게 순종하고 복종하라 그들은 너희 영혼을 위하여 경성하기를
자신들이 청산할 자인 것 같이 하느니라 그들로 하여금 즐거움으로 이것을 하게 하고 근심으
로 하게 하지 말라 그렇지 않으면 너희에게 유익이 없느니라

지난 강론에서 우리는 본문에 나타난 어휘를 하나하나 주해해 나가는 일련의 관례적인 방식을 약간 이탈하였습니다. 그것은 먼저 주요한 요점을 다루는 것이 합당하다고 생각하였기 때문이었습니다. 히브리서 강론을 연속적으로 게재하고 있는 이 '성경 연구지'의 발행부수가 아무리 적다할지라도 기독교의 여러 분파들에 속한 수백 명의 주의 백성들에게 반포되고 있습니다. 그 중의 어떤 사람들은 종교계에서 발생하는 언어상의 문제로 대단히 큰 어려움을 겪고 있습니다. 여러 다양한 분파와 체계, 그리고 여러 협회나 총회 등에서 교의적(教義的)으로 높은 요구가 나오고 있습니다. 그러한 요구가 주님을 가장 기쁘시게 하고 싶어 견딜 수 없어 하는 정직한 영혼들을 어리둥절하게 합니다. 우리는 가장 어렵고 복잡한 주제라고 누구나 인정하는 바로 그 문제에 대해서 그 영혼들에게 무슨 도움이든지 주어야겠다는 간절한 마음을 가졌습니다. 그래서 하나님께서 우리에게 허락하신 빛(아니면 우리에게서 멀리 떨어져 있는 빛에 따라서)을 따라 교회론에

대하여 글을 쓴 저자들이 가졌던 주도적인 입장들 중에서 바르지 못한 궤변들을 몇 가지 지적하려고 애를 쓴 셈이지요.

여러 교단들, 심지어 복음적이고 정통적인 교단들마저 모두 다 옳을 수는 없다고 말해 놓고, 그래도 그 여러 교단들 중에는 성경에 가장 가까운 교단이 있음은 확실하다고 말하는 것이 그럴듯하게 들릴 것입니다. 그러나 제가 보기에는 보편적으로 그렇게 말하는 것이 진리보다는 오류가 더 많다고 말해야 직성이 풀리겠습니다. 이미 지적한 바와 같이 비교하는 것은 온당치 못합니다. 어떤 신자라도 자기 속에 성령님의 모든 은혜들을 동일하게 계발시켜 가지고 있는 사람이 없듯이, 모든 진리를 다 가지고 있는 교회나 교단도 없습니다. 안드레와 베드로를 개인적으로 대조시키려 하거나, 바울이나 요한을 개인적으로 대조시키면서 둘 중 어느 사람이 더 그리스도를 닮았는지 묘사하려고 시도한다 합시다. 어떤 사람이든지 아마 골짜기에 있는 백합화와 장미를 대조하려 하고, 오트밀(oats)과 밀(wheat)을 대조하고 싶을 것입니다. 고린도전서 14:10이 말하는 바와 같습니다. "세상에 소리의 종류가 이같이 많으나 뜻 없는 소리는 없나니." 그렇듯이 하나님의 섭리 속에서 각 교단마다 한 위치를 차지하고 있으며, 그 위치에서 하나님이 정하신 귀한 일을 위해서 한 몫을 섬겼습니다. 피조물이 '거만하게' 구는 것보다 하나님을 더 격노하게 하는 것이 없습니다. "여호와께서 미워하시는 것 곧 그의 마음에 싫어하시는 것이 예닐곱 가지이니 곧 교만한 눈과 거짓된 혀와 무죄한 자의 피를 흘리는 손과."(잠 6:16,17) 그리스도의 이름을 달고 다니는 사람 중에서 (크든 작든) '우리가 바로 하나님의 백성이다.'라고 외치는 부류들보다 더 한탄스러운 존재들은 없습니다. '우리가 가장 성경적인 집단들로 말씀에 가장 친밀하게 붙어 있는 사람들이라.'고 주장하는 것만큼 한심한 것은 없는 셈입니다. 우리는 다 고집불통으로 완고한 마음을 가진 죄인들인데 은혜로 구원을 받았습니다. 그런데 하나님의 권속 중에서 서로 질투하고 서로 다투고 서로 적대감정을 가지고 헐뜯는 것이야말로 비난받을 만한 일입니다. "사람이 성내는 것이 하나님의 의를 이루지 못함이니라."(약 1:20) 의견의 차이는 우리가 육체를 입고 있는 동안에는 불가피한 일입니다. 우리가 '서로 사랑함으로 용납할' 기회를 갖기 위해서 하나님께서 허락하신 것들입니다(엡 4:2). 신약성경에 가장 부합하다 여겨 모든 상세한 면에서 아주 세밀하게 조목을 정해 놓은 교회정치 형태가 사랑 가운데서 운영이 되지 않거나, 그 예배가 '영과 진리(in spirit and truth)'로 드려지지 않는 한 하나님 앞에서는 아무런 가치가 없을 것입니다.

기독교의 초기 단계에 교회의 첫 번째 직분자들을 그리스도께서 직접 부르셨다는 것을 주목해야 합니다. "사람들에게서 난 것도 아니요 사람으로 말미암은 것도 아니요 오직 예수 그리스도와 그를 죽은 자 가운데서 살리신 하나님 아버지로 말미암아 사도 된 바울은"(갈 1:1) 그 시대의 직무자들이 죽고 나서 그런 식으로 부르심을 받은 교회의 직무자들은 없습니다. 그들은 특이한 은사와 능력을 부여받았었습니다. 그러나 그리스도께서는 종들에게 그러한 은사들을 계속 주시지는 않으십니다. 그 초대교회의 직분자들은 복음을 전파하거나 교회를 위해서 필요한 것들을 규정하는 데 있어서 정확하도록 신적 영감과 인도를 받는 복을 누리고 있었습니다. 그런 후에 오늘날까지 '어느 누구도' 그들과 같은 은사와 능력을 받았다고 주장할 수 없게 되었습니다. 그 처음의 직분자들은 온 세상을 복음화하고 모든 교회를 세우는 권위가 부여된 사명을 받았습니다. 오늘날 어느 누구라도 그런 권위를 가지고 있노라고 주장할 수 없습니다. 어떤 이가 나타나서, '우리가 바로 초대교회 직분들을 계승하고 있다.'고 주장하거나 그들의 반열에 들어 완벽한 본을 따라 가고 있다고 주장하는 일이 있다면, 그 얼마나 무모한 일입니까? 그럼에도 불구하고 교회 지도자들 - 감독들과 집사들 - 은 계속 있어야 했습니다. 디모데전서 3장에서 분명하게 밝혀주듯이 말입니다.

자, 질서 있는 모든 세계는 반드시 '인도자들'이 있습니다. 하나님께서는 은혜롭게 그 모든 세대에 지도자들을 지시해 주셨습니다. 모세나 여호수아와 같은 이스라엘을 다스리는 지도자들과 사사들과 임금들은 바로 그 사실을 충분하게 예증합니다. 이 시대에 있어서도 마찬가지입니다. 성령께서 계시니 교회의 지도자들이 필요 없다고 하는 것은 있을 수 없습니다. 그리스도는 혼란의 주님이 아니십니다. 권위 있고 인정받는 지도자가 없는 곳에는 필연적으로 끝없는 혼란과 소요가 불가피합니다. 참으로 그리스도께서 자기 교회를 세우도록 인정하신 지도자들은 그 권세를 자신들의 마음대로 운용하지 않습니다. 왜냐하면 그들 스스로도 그리스도께 복종합니다. 그들의 직무는 '청지기의 직무'입니다(딛 1:7). 청지기는 가정을 다스리거나, 아니면 그 가정을 자기 수하에 놓고 마음대로 주장하는 사람이 아니라 그 가족을 위해서 필요한 것을 맡아 주장하고 공급하는 자여야 합니다.

예를 들어서 조지 왕의 제일 청지기인 챔버린 경을 생각해 보십시오. 그리스도의 직분을 가진 종들의 입장과 의무가 그런 자들과 정확한 병행을 이룰 수는 없다 할지라도 그리스도의 직분을 가진 종들을 이해하기에 충분한 공통점이 있습니다. 그런 국가 공복(公僕)들에게도 그런 점이 있습니다. 챔버린 경도 어떤 원칙의 규제를 받아야 하고, 이제까지 지켜왔던 좋은 선례를 지켜야 합니다. 그러나 그 사람도 하나의 기록된 율례에 따라서 기계적으로 행동하는 자동인간 이상입니다. 어떤 사람이 청지기의 지위에 합당한 자격을 갖추었다면 왕의 살림을 살피기 위해서 필요한 상당한 자유권을 허락받은 자입니다. 그 사람은 마음대로 행동하거나 자기 좋아하는 대로 행할 '자유'는 없는 사람입니다. 아니 그를 규제하는 원리는 자기 상전이 잘되는 것입니다. 그는 그를 기쁘게 하기 위해서 뜻을 세우고 관리해 나가고 그에게 평안함을 끼치고, 그의 이익과 명예를 위해서 항상 계획을 세우고 일을 처리해 나가야 합니다. 자기가 해야 될 마땅하게 처리해야 할 일의 절차에 대하여 석연하지 않으면 왕에게 문의하여 그 뜻을 알아야 합니다. 각 개교회(지역교회)의 목회자가 서 있는 위치도 유사합니다. "충성되고 지혜 있는 종이 되어 주인에게 그 집 사람들을 맡아 때를 따라 양식을 나눠 줄 자가 누구냐 주인이 올 때에 그 종이 이렇게 하는 것을 보면 그 종이 복이 있으리로다."(마 24:45,46) 이 대목에서 다음의 요점들을 유심히 주목하십시오.

첫째, 사도가 여기서 단수(單數) 명사를 사용하고 있다는 점입니다. 각 지역의 개교회를 위하여 섬기라고 세우신 한 사람의 종을 두고 하는 말입니다. 둘째로, 이 종은 그 하나님의 집을 맡아 다스리게 되었습니다. 셋째, 그에게 주어진 위치는 "때를 따라 양식을" 그 권속들에게 나눠주기 위한 위치입니다. 더 넓은 의미로 말한다면, 그 가내(家內)의 모든 가사(家事) 일을 감독하고 그 집의 모든 지체들을 돌아보아 그들로 잘되게 도모하고 보호해야 한다는 것입니다. 그리스도께서는 얼간이 같은 사람들을 불러서 그러한 위치에 서게 하지 않으셨습니다. 훌륭한 상식을 부여받은 사람들을 부르신 것입니다. 거기에다 영적 지혜와 분별력을 은혜롭게 덧붙여 주셨습니다.

자, 그리스도의 집을 다스리는 자는 어떤 최고의 주권을 행사하는 사람도 아니고 교황적인 권위를 행사하는 자가 아닙니다. 또는 그저 단순한 상징적인 머리에 불과한 사람도 아닙니다. 말하자면 그는 종으로서 자기가 행한 일에 대하여 그리스도께 회계(會計)해야 하는 책무를 지닌 사람입니다. 그는 자기 행한 일을 통하여 그리스도의 명예를 높여야 하고, 그리스도께서 귀하게 여기는 자들을 돌보아야 하며, 그리스도께 대하여 자기 청지기 사무를 온전히 보고해야 합니다. 그러므로 한편으로 생각하면 자기 행동을 위해서 미리 지정된 어떤 일반적인 원칙이나 원리의 한계 내에서 행동해야 합니다. 자기의 상전되신 주님을 불명예스럽게 하거나, 그리스도의 명예를 실추시키는 어떤 일을 해서도 안 됩니다. 또 다른 편으로는 그러한 보편적인 원리들을 특별한 경우에 적용시키는 분별력을 사용해야 합니다. 그 일이 아무리 사소한 일이라 할지라도 자기 상전이신 그리스도의 영광을 위하고, 그리스도의 집이 잘되게 한다는 목적에 가장 부합하다 여겨지는 것을 활용해야 합니다. 자기의 권리나 가장 좋은 길이 무엇인지 확실하게 모르면, 야고보서 1:5의 약속을 믿고 하나님께 탄원하고 간구하는 것이 또한 그의 특권입니다.

한 가지 요점만 더 유추해 봅시다. 챔버린 경은 다른 종들을 자기 수하에 두고 자기를 도와 맡겨진 명예로운 여러 의무들을 감당하게 합니다. 또 자기의 교훈들을 이행해 나가는 데에 자기와 협력하는 종들을 둡니다. 그렇듯이 그리스도께서도 개교회(지역교회) 목회자를 위해서 여러 집사들을 주십니다. 많은 사람들이 생각하듯이 '치리장로(교회의 규모가 더 커질 때에는 동역하는 목회자들과 장로들)'를 주십니다. 아마 사도 시대에도 많은 경우에 그러하였을 것입니다. 그 장로들로 하여금 자기의 직분적인 의무들을 감당하는 데에 도움을 주도록 합니다. 그렇듯이 여기 본문에서 "너희를 인도하는 자들에게 순종하라."고 할 때, 개교회의 '모든 직분자들'을 가리킵니다. 그 직분자들이 어떤 전문적인 직무의 이름을 가지고 있다 할지라도 그러합니다. 그 밖에 교회의 주변적인 일들을 섬기도록 세워진 자들도 가장 주요한 위치에서 주장하는 인도자를 도와야 합니다. 그들 주변적인 일들을 섬기는 이들은 그 교회의 최고 지도자를 도와주는 역할도 해야 합니다. 왜냐하면 만일 디모데전서 3:3-13에서 묘사하는 여러 자격들을 갖춘 이들이 그런 일을 감당하면 분명히 그리스도를 불명예스럽게 하는 어떤 일을 행함으로 치우쳐 일하지 않게 될 것이기 때문입니다. (성경을 연구하는 많은 학자들이 결론을 내리듯이) 요한계시록 2장과 3장에 기록된 바, 일곱 교회에 보낸 서신들은 기독교회의 역사를 예언적으로 요약해 주고 있다고 주장하는 이들이 있습니다. 그들의 말이 사실이라면 교회를 다스려 나가는 추세가 이 극단에서 저 극단으로 넘어가는 듯한 느낌을 받습니다(계 2:6,15). 곧 평신도의 종속적 위치를 강조하는 니골라당(Nicholaitanism)(계 2:6,15)으로부터 평신도의 지배적 위치를 강조하는 라오디게아주의(Laodiceanism)(계 3:14)로 넘어간 느낌이었습니다. 이 때문에 우리가 놀랄 필요는 없습니다. 정치적이고 사회적인 질서에 있어서도 역시 그러한 일이 일어났기 때문입니다. 그 둘 사이가 얼마나 닮았는지 주목하는 것은 참으로 놀랍습니다. 종교계에서 비국교도 교회(Nonconformity)의 발전과 독립파 교회(Independency)의 급속한 확산이 있고 나서 아메리카 식민지의 반동과 미 연방 공화국과 프랑스 공화국 형성이 뒤따라 왔습니다. 교회들 내에서 민주주의적인 정신의 성장과 더불어 국가 내에 '사회주의(socialism)'가 확산되었습니다. 이 두 현상은 서로에게 자극을 주고받아 그런 분위기를 더 조장시킵니다.

지난 19세기에 일어났던 가장 급진적이고 급속한 영향력을 끼친 운동들 중의 하나는 성직자 그룹과 평신도 사이의 모든 구분들을 없애려는 운동이었습니다. 그리하여 전 세계에 영어를 말하는 영역을 '여러 협회들(assemblies)'의 네트워크로 묶으려는 시도가 있었습니다. 그런 모임들에는 아무 직무자들을 세우지 않는다고 공언합니다. 그래서 한 사람이 목회 사역을 하는 이전의 제도는 비난의 대상이 되고, 성령께서는 당신이 쓰시기를 기뻐하는 사람이면 누구나 쓰심에 주목해야 한다고 공언합니다. 이런 현대 운동을 주도하는 이들도 다 자기네들은 성경에 철저하게 기반을 두고 있다고 주장합니다. 그래서 그들은 믿음을 고백한다고 하면서 다른 방식으로 모이는 모임들은 다 로마의 딸들이라고 비난합니다. 그리고 그런 다른 모임들은 신비주의적이고 배도하는 바벨론의 일부를 구성하고 있다고 트집을 잡습니다. 하나님께서는 그런 바벨론적인 집단에서 나오라고 백성들에게 요구하고 있다는 것입니다. 이 운동은 또한 수십 갈래의 갈등하는 분파들로 나뉘어졌으며, 그렇게 생겨난 분파마다 다 자기들이 오직 유일하게 그리스도의 몸된 교회를 참으로 대표하노라고 주장합니다. 그러나 이제 더 이상 다른 예를 들어볼 필요가 없습니다. 이제 우리는 이 히브리서 본문을 더 세밀하게 관찰해 보기로 합시다.

히브리서 13:17

"너희를 인도하는 자들에게 순종하고 복종하라
그들은 너희 영혼을 위하여 경성하기를
자신들이 청산할 자인 것 같이 하느니라
그들로 하여금 즐거움으로 이것을 하게 하고 근심으로 하게 하지 말라
그렇지 않으면 너희에게 유익이 없느니라."

이 말씀은 목회직을 담당하는 자를 존경해야 한다는 것입니다. '인도하고 다스리는 지위'에 있다는 것은 그리스도 교회의 직분자들에게 맡겨진 의무의 존영을 함축적으로 지시하기도 합니다. 하나님께서는 은혜롭게 그들을 지명하시어 당신 교회의 질서와 화평을 유지하여 하나님의 영광을 도모하게 하셨습니다. 왜냐하면 그들은 필요하고, 당신 백성들의 유익을 위해서 긴요함을 아시기 때문입니다. 여기서는 교회 지체들이 영적인 지도자들에게 복종하고 순복해야 함을 권면하고 있습니다. 히브리서 11:7에서 사도는 자기의 길을 다 갔던 인도자들에게 마땅하게 드려야 할 도리를 알려 주었습니다.

"하나님의 말씀을 너희에게 일러 주고 너희를 인도하던 자들을 생각하며 그들의 행실의 결말을 주의하여 보고 그들의 믿음을 본받으라." 그러나 여기 17절에서는 여전히 몸을 입고 그들과 함께 있는 자들에 대한 마땅한 도리를 강조하고 있습니다. 그러한 인도자들을 무시하거나 그들의 권위를 거스르는 것은 그들을 지명하여 세우신 분을 멸시하는 일입니다.

"너희를 인도하는 자들에게 순종하고 복종하라." 우리는 이 말씀을 통하여 사도 시대에 하나님의 백성들 가운데는 두 구별되는 계층이 있었음을 명백하게 알게 됩니다. 다시 말하면 지도를 받는 사람들과 지도하는 사람들이 있었다는 말입니다. 이 말씀이 단순한 역사적(歷史的)인 진술만이 아니라 특별한 권면이라는 사실을 감안할 때, 기독교 시대의 전 과정 속의 모든 그리스도인들이 그 권면의 말씀을 들어야 함은 명백합니다. 물론 이것은 그들 가운데 정립된 한 교회 상태가 주어져 있다는 사실을 전제하는 것입니다. 각 부류가 담당해야 할 독특한 의무들이 여기서 분명하게 지시되어 있습니다. 어떤 사람이든지 직무에 따라서 해야 할 특별한 의무들이 있다는 것입니다. 여기서 지정된 의무들은 교회 규정과 질서에 관계되는 모든 것을 간결하게 요약하고 있는 것입니다. 왜냐하면 교회가 잘되는 것과 관련하여 모든 직분자들은 바로 교회를 인도하는 자들에게 마땅히 순종하도록 조정되어 있으며, 그들의 직무를 마땅하게 감당하도록 되어 있기 때문입니다.

"너희를 인도하는 자들에게." 여기 "인도하는 자들"이란 말의 헬라어는 누가복음 22:26에서는 '집권자(chief)'로, 사도행전 7:10에서는 '통치자(governor)'로 쓰여졌습니다. "그 모든 환난에서 건져내사 애굽 왕 바로 앞에서 은총과 지혜를 주시매 바로가 그를 애굽과 자기 온 집의 통치자로 세웠느니라."(행 7:10) 이것이 바로 그 말이 뜻하는 범주를 충분하게 시사해 줍니다.

그들 인도자들은 그리스도로부터 그리스도의 교회를 다스리는 권세를 받았고, 그리스도의 뜻을 선포하고 법을 시행하는 권한을 받았으며, 모든 권위와 오래 참음으로 책망하고 질책하고 권하는 권세를 받은 것입니다. 그리스도께서 그들에게 주신 것 외에는 자기 마음대로 할 권한이 전혀 없습니다. 그럼에도 불구하고 그리스도께서 지정해 주신 한계 내에서 그들은 '인도자들(치리자들)'입니다. 그들에게 복종하는 것이 교회의 지체들의 의무입니다. 존 브라운(John Brown)은 이에 대하여 이렇게 말하였습니다.

"교회 내에서 직분을 가지고 있는 사람은 자기 구세주께서 자기들에게 부여하신 직분보다 더 높은 권위의 직분을 가지고 있는 사람들을 시기해서도 안 되고, 더 낮은 권위의 계층에 속한 사람들을 멸시해서도 안 된다. 또한 교회의 지체들은 그리스도께서 결코 세우지 아니한 폭군에게 비열하게 복종하는 일을 해서도 안 된다. 그렇게 하여 주님께서 지정하신 정부를 무법하게 거스르는 일도 해서는 안 된다. 그 점은 동등한 중요성을 가지고 있다."

존 오웬(John Owen)은 교회 지도자들을 염두에 두면서 여기서 명하는 이중적인 의무에 대하여 말하였습니다. 다른 말로 해서, 그 지도자들의 직무의 두 부분과 관련된 것을 선언하였습니다. 그 이중적인 의무는 가르치는 일과 치리하는 일입니다. 그러니 여기서는 그들의 '가르침에 순종하고,' 그들의 '치리에 복종하라.'는 것입니다. 그들의 교훈이나 설교에 복종해야 하며(진리에 부합할 경우), 교회 질서를 바로잡는 역할을 감당하고 있으니 그들의 권위를 존중히 여겨야 마땅합니다. 그러나 이 본문 속에 나오는 두 권면은 두 부분으로 나누어 생각하여 그 의도를 알게 해 놓았습니다. 다시 말하면, 두 번째 요점이 첫 번째 요점을 더 확대시켜 설명하고 있어 이해를 돕게 하였다는 것입니다. 이 본문에서 "순종하다"는 것은 확신함으로 따라 오는 복종을 뜻하는 것입니다. 마음이 먼저 설교자와 함께하여 결국 그것을 믿습니다. 그런 다음에 의지가 작용합니다. 사도행전 5:36의 흠정역(KJV) 난외주(欄外註)에 '복종하였다'라는 말을 '믿었다'는 말로 번역할 수도 있음을 지적하여 놓았습니다. 여기서 "순종하라"는 말은 설득함을 받은 사람이 나타내는 복종을 의미하는 것입니다. 먼저 마음이 설교자와 같은 심령이 되고, 그래서 그것을 믿고 그 다음에 의지가 행동하는 것입니다. 사도행전 5:36의 난외주에 "순종하였다"는 말을 "믿었다"는 말로 고칠 수 있음을 지적해 놓은 사실을 기억하십시오. "복종하다"는 말은 우리가 마땅히 '어떤 정신'을 가지고 복종해야 하는지를 보여주는 것 같습니다. 순종은 단순히 외양적인 행동으로만 나타나서는 안 되고 복종하는 마음에서 우러나오는 것이어야 합니다.

"너희를 인도하는 자들에게 순종하고 복종하라." 그래서 (존 오웬이 정의한 바와 같이) "너희를 인도하는 자들에게 순종하고" 라는 말을 그들의 가르침에만 국한시켜 생각하지 말아야 합니다. 뿐만 아니라 교회를 치리해 나가는 것도 포함되는 것입니다. "복종하다"는 말은 그들의 치리에 체념하며 따르는 것보다 더 넓은 의미를 가지고 있습니다. 그것은 그들의 순종 전체를 규제하고 있는 정신을 가리키는 것입니다. 칼빈이 그것을 잘 설명하였습니다. 그는 먼저 순종을 생각합니다. 그런 다음에 인도하는 자들을 존중해야 할 것을 지시하고 있다고 말합니다. 사람들이 그 목회자를 신뢰하고 경외한다면 두 가지 요점이 필연적으로 요구됩니다. 그러나 먼저 주목해야 하는 것은 사도가 '신실하게' 직무를 감당하는 자들에 대해서 그 말을 하고 있음을 유념해야 합니다. 그저 직분의 이름만 가지고 있거나 아니면 목회자의 명함만 가지고 있을 뿐 교회를 허무는 자들을 존중하지 말아야 합니다. 또 신뢰하지도 말아야 합니다. 사도가 "그들은 너희 영혼을 위하여 '경성한다.'"고 할 때 신실한 자들만을 보고 그 말을 하고 있습니다.

여기서 사도가 권면하는 도리를 다음과 같이 요약할 수 있습니다. 목회자들과 교회직분자들에게 순종하고 마음을 함께하고 복종하는 정신을 늘 마음에 머물게 하라는 것입니다. '순종과 복종'은 지위가 낮은 자가 높은 자에게 드리는 순복(順服)을 의미하는 것입니다. 그것은 노예적인 굴종이 아닙니다. 하나님께서 요구하시는 존경어린 복종입니다. 그것은 사랑 가운데서 나오는 복종이요, 마땅히 존중해야 될 자들을 존중하는 복종입니다. 그러므로 그것은 그 교회의 지체들이 힘을 모아 인도자들이 힘이 덜 들게 하고 무거움을 덜 느끼게 행하는 모든 것을 다 포함합니다. 그 인도자들이 이 세상에서 쓸 생활비를 공급하는 것도 포함하고 있습니다. 그 인도자들을 지명하여 세우신 분은 하나님으로서 하나님을 대리하여 서 있는 이들입니다. 그러니 주님 그리스도께서 그리 선언하신 것입니다. "내가 진실로 진실로 너희에게 이르노니 내가 보낸 자를 영접하는 자는 나를 영접하는 것이요 나를 영접하는 자는 나를 보내신 이를 영접하는 것이니라."(요 13:20)

"너희를 인도하는 자들에게 순종하고 복종하라." 이 말씀이 "각 사람은 위에 있는 권세들에게 복종하라."(롬 13:1)는 말씀보다 위에 있다는 식으로 취급할 필요는 없습니다. 아니면 "그러나 교회가 그리스도께 하듯 아내들도 범사에 그 남편에게 복종할지니라."(엡 5:24)는 말씀보다 더 위에 있는 것으로 취급하지도 말아야 합니다. 각 권면들은 다른 권면들의 제한을 받습니다. 목회자의 가르침이 성경과 악하게 배치될 때 그 교회의 복음적인 지체가 그 목회자의 교훈을 받아들이라는 권면을 더 이상 들을 필요가 없습니다. 아니면 그리스도를 분명하게 모독하고, 그 백성들을 해롭게 하는 목회자의 치리를 복종하라는 요구도 받지 않습니다. 만일 그런 경우에도 목회자에게 복종해야 한다면, 자신의 형상을 만들어 놓고 그 앞에 다 부복하여 경배하라는 느부갓네살의 조서에 복종해야 마땅할 것입니다. 어떤 경건치 않은 남편이 본성의 빛과 배치되는 어떤 것을 그 아내에게 요구했을 때에도 아내가 남편이 하자는 대로 따라야 한다고 이해해야 마땅합니까? 정말 그럴 수는 없는 것입니다. 여기서 권하고 있는 것은 복음적 순종의 흐름과 정반대되어도 맹목적으로 순종하라는 식은 아닙니다. 여기서 명하는 순종은 '이치에 합당한 섬김' 입니다.

이 본문이 요구하는 복종은 그리스도께서 친히 세운 '직분'에만 해당되는 것입니다. 만일 어떤 사람이 그 직분을 찬탈하고 그 성복(聖服)을 입고 나와서 그리스도께서 세우신 것과 정반대되는 것을 가르치거나 명한다면, 그의 명령에 결코 복종해서는 안 됩니다. 그러나 오늘날 가장 어려운 난제를 체험하는 것은 바로 이 요점에서입니다. 과거 수 년 동안 그리스도를 고백하는 수많은 사람들이 교회 지도자들더러 자기들에게 '부드러운 것'을 말하라고 요구해 왔습니다. 아니 그들에게 '속임수를 예언하라.'는 식으로 요청해 왔습니다. 자기들의 육신적이고 세상적인 삶을 정죄하는 것을 듣기 싫어하고, 하나님의 거룩한 요구를 주목하기를 거절하는 식입니다. 결과적으로 하나님께서는 그 후손들로 하여금 그들의 조상이 심어 놓은 악한 씨앗의 열매를 거두게 하십니다. 그래서 "그 마음에 합한 목회자들"을 거두시고 대신 거듭나지 않은 수천의 사람들이 현대 교회의 강단에 서게 내버려 두신 것입니다. 하나님께서는 그들에게 '순종하고 복종하는 대신' 그런 사람들로부터 등을 돌려 아무런 상관도 하지 말라고 그 백성들에게 요구하시는 것입니다.

디모데전서 3장에 그리스도의 참된 종의 여러 표지들이 지시되어 있습니다. 그 사람들은 "가르치기를 잘하고," 성경을 풀어 그 말을 듣는 자들의 양심과 생활에 적용시키는 능력을 성령께 받은 사람들입니다. 그들은 "더러운 것을 탐하거나" "탐심을 가진" 사람들이 아닙니다. 그들로 하여금 자기들 교회의 지체들의 수준보다 더 우월한 생활을 하기 위하여 봉급을 요구하는 자들도 아니고, 거기에 어떤 물질적인 보상이 주어지지 않으면 섬기지 않겠다는 식으로 말하는 자들도 아닙니다. "새로 입교한 자도" 아닙니다. 하나님께 단련(鍛鍊) 받은 백성들이 만나는 영적으로 올라가고 내려가는 일을 거의 체험하지 않은 이들을 인도자들로 삼아서는 안 됩니다. 자신이 증험하고 자기 말을 듣는 자들에게 권하는 일에 있어서 신뢰성과 충분성을 입증한 자들이어야 합니다. 그런 사람은 "제 고집대로 하지 아니하며 급히 분내지 아니하며 술을 즐기지 아니하며 구타하지 아니하며 더러운 이를 탐하지 아니하며 오직 나그네를 대접하며 선을 좋아하며 근신하며 의로우며 거룩하며 절제하는"(딛 1:7,8) 사람입니다. 그렇지 않으면 자기가 가르치는 것을 '자기의 본'으로 말미암아 명할 수가 없습니다. 그러니 그리스도의 종들은 자기 상전이신 주님의 정신을 어느 정도 부여받아야 합니다. 그것으로 말미암아 그들이 거짓된 종들과 구별되기 마련입니다.

그러한 목회자에게 순종하거나 복종하지 않고, 주제넘게 '한 사람 체제(one man system)'를 비난하며 거스르고 배격하는 것은 하나님이 세우신 제도를 멸시하는 일입니다.[1] 왜냐하면 '목회자'의 직무는 교회 자체와 마찬가지로 주님께서 친히 증명하신 것이기 때문입니다. 그것은 교회의 각 지체들의 은사와 은혜를 주신 분이 바로 그 주님이심과 같은 이치입니다. 사람들이 하나님의 좋은 은사들을 남용한다는 것이 사실입니다. 그러나 만일 어떤 목회자들이 자의적으로 그 목회직을 가진다면, 제멋대로 굴지 않겠습니까? 만

---

1) 자기 피로 값주고 교회를 세우신 하나님께서는 지역의 한 교회의 사자로 한 사람을 세워 목회하게 하는데, 이 일을 하나님을 경외하는 마음으로 바라보지 못하고 사람의 생각으로 바라보면 '1인 독재 체제'처럼 보여 불만과 악담이 나오게 된다. 민수기 16장에 보면 레위의 증손 중 고라와 다단과 아비람과 온이 당을 지어 모세의 '1인 지도체제'와 그의 조력자 제사장 아론을 대적하여 일어났다. "그들이 모여서 모세와 아론을 거스려 그들에게 이르되 너희가 분수에 지나도다 회중이 다 각각 거룩하고 여호와께서도 그들 중에 계시거늘 너희가 어찌하여 여호와의 총회 위에 스스로 높이느뇨."(민 16:3) 이에 대한 하나님의 판단으로 그들 반역하여 일어난 자들과 그 권속들이 선 땅이 갈라져 순식간에 음부에 내려가고, 그들과 함께 반역에 참여하였던 향로든 250명이 소멸되었다. 하나님의 성소로 세우신 교회의 목회직과 그 제도는 인간의 편의로 만든 것이 아니라 하나님께서 세우신 것이다. 그러므로 목회자도, 성도도 다 두려운 마음으로 교회를 향하신 하나님의 의도를 받들어야 할 것이다. - 역자 주

일 강단에 선 자들 중에도 교만자가 있다면 회중 속에는 그런 자가 하나도 없겠습니까? 안타깝게도 라오디게아 교회의 정신과 공산주의의 정신이 배어있는 세대 속에서 "권위를 업신여기며 영광을 훼방하는" 풍조가 만연되어 있습니다(유 1:8). 또한 "백성이 서로 학대하며 각기 이웃을 잔해하며 아이가 노인에게, 비천한 자가 존귀한 자에게 교만할 것이며."(사 3:5) 이러한 시대에 개개인 거의 모두가 자신이 나라의 지도자들이나 교회의 지도자들을 판단하고 지시할 자격을 갖추고 있다고 생각합니다. 또한 국가나 교회를 위해서 나아갈 방향을 지시할 권한을 각 개인마다 가지고 있으며, 행해지는 모든 것을 검열하고 비판할 권한을 갖고 있으며, 해서는 안 되는 일이 무엇인지 말할 권위를 갖고 있다고들 생각합니다. 주님께서 긍휼을 베푸시어 그 무리한 거만의 행태들을 잠잠하게 하옵소서.

"그들은 너희 영혼을 위하여 경성하기를 자신들이 청산할 자인 것 같이 하느니라." 어째서 우리가 교회의 지도자들에게 마땅한 존중심을 보여야 하는지 사도는 그 이유를 말하고 있습니다. 존 오웬(John Owen)의 말을 들어 봅시다.

"여기에 사용된 '경성한다.'는 이 직무와 특별하게 관계한다. 그 말은 '아주 크게 부지런하고 주밀하게 관심을 가지고 주목하는 것'을 지시한다. 그리고 그 말은 그런 일을 하는 것과 관련된 고통과 위험을 각오하는 것도 함축한다. 야곱이 밤중에 라반의 양떼를 돌보고 지킨 것과 같은 자세로 행하는 것을 함축한다."

그리스도의 참된 목자는 이기적인 목표를 갖지 않습니다. 오히려 자기에게 돌보라고 맡겨 준 자들의 영적인 선과 영원한 선을 추구합니다. 자기 양떼들은 잠들고 있는데도 복음의 사역자는 깨어서 불을 밝히고 있습니다. 그래서 많은 사역자가 "내가 너희 영혼을 위하여 크게 기뻐하므로 재물을 사용하고 또 내 자신까지도 내어 주리니."(고후 12:15) 라고 말할 수 있습니다. 목회 직무는 게으른 자의 것이 아닙니다. 그 직무는 마음을 쓰게 하고 생각과 신경을 쓰게 만들며, 다른 어느 누구도 하지 못할 일을 해내게 합니다.

여기 교회 지체들로 하여금 기꺼이 그 인도자들에게 복종하게 하는 한 동기가 소개되어 있습니다. 어느 사람이 우리 자신을 위해서 더 수고하면 수고할수록 그 사람은 우리를 위해서 더 큰 어려움과 위험을 당하는 것입니다. 그럴수록 우리가 그런 사람에게 마땅히 해야 할 도리가 더 커지는 셈입니다. 교회의 감독들과 장로들의 직무가 그러한 것입니다. 그들이 진 짐이 무거우면 무거울수록 그들이 마땅히 더 존중함을 받아야 합니다. 그들에게 마땅한 것을 드림으로써 우리가 감사하는 마음이 정말임을 입증해야 합니다. "형제들아 우리가 너희에게 구하노니 너희 가운데서 수고하고 주 안에서 너희를 다스리며 권하는 자들을 너희가 알고 그들의 역사로 말미암아 사랑 안에서 가장 귀히 여기며 너희끼리 화목하라."(살전 5:12,13) 목회직을 희망하는 젊은 사람들은 끊임없이 자기희생을 요구하고 그칠 수 없는 수고를 해야 할 일을 진정 감당할 수 있을지 두 번 깊이 숙고할 필요가 있습니다. 그리스도를 사랑하고 그 백성을 사랑하는 것만이 그 지독한 여러 좌절 가운데서 자신을 지탱할 수 있을 것입니다.

"그들은 너희 영혼을 위하여 경성하기를 자신들이 청산할 자인 것 같이 하느니라." 이 말씀은 또 다른 동기를 제공합니다. 그들은 신뢰의 입장에 있으며, 주님께 사명을 받은 사람들입니다. 그들은 주님께 직접 책임을 지고 있습니다. 그들은 흔히 지금도 주님께 회계(會計) 보고를 드리고 있는 셈입니다. 그들은 주님과 끊임없는 교통을 하면서, 주님 앞에 주님의 백성들의 상태와 필요를 아뢲니다. 그리고 그들에게 은혜를 공급해 주시기를 간구합니다. 마지막 날에 그들의 청지기 사무를 최종적으로 보고하며 계산해야 할 것입니다. 그것은 정말 말로 할 수 없이 엄숙한 문제입니다. 그것이야말로 그들을 크게 각성시키는 요점입니다. 왜냐하면 그들은 "영혼들을 위해서 경성하기를 자기가 청산할 자인 것 같이" 하기 때문입니다. 그들은 마음속에 에스겔 33:5의 외경스런 경고를 담고 디모데전서 4:16의 권고를 주목하려고 애씁니다.

"그들로 하여금 즐거움으로 이것을 하게 하고 근심으로 하게 하지 말라." 여기에는 교회 지체들이 그들을 인도하는 자들에게 마땅한 존경심을 가져야 하는지 또 하나의 이유가 제시되어 있습니다. 목회자에게 있어서 그의 목회의 돌봄을 받는 사람들이 반응을 나타내고 가르침에 잘 순종하면 그것보다 더 큰 용기를 주는 것이 없습니다. 반면에 있는 힘을 다해서 섬겨 가장 높은 이점을 취한 자들이 목회자를 반대하여 괴롭게 하는 것보다 목회자를 더 서글프게 하고 낙담하게 하는 것이 없습니다. 하나님께 지명함을 받은 그리스도의 사역자마다 자기 분량에 따라 사도 요한처럼 말할 수 있습니다. "내가 내 자녀들이 진리 안에서 행한다 함을 듣는 것보다 더 기쁜 일이 없도다."(요삼 4)

"너희에게 유익이 없느니라." 이 말씀은 목회자에게 마땅한 존중심을 가져야 할 마지막 동기를 제공합니다. 교회의 지체들이 그 목회자에게 끊임없이 근심거리로 행동하는 것은 자기들이 받을 긍휼을 멸시하는 처사입니다. 그런 자세는 마음속에 목회자의 교훈을 받아들이지 못하게 합니다. 이것은 영적인 열매가 없는 불모(不毛)와 같은 마음 상태를 가져 옵니다. 그 뿐만 아닙니다. 이는 목회자의 기운을 떨어뜨리고 그 열심의 열기를 꺼뜨려 기쁨으로 일하기보다는 무거운 마음으로 일해 나가게 만듭니다. 더 엄숙하게 심각한 문제는 우리 주님께서 크게 불쾌하게 여기시고, 그의 은총의 표징들을 거두시게 합니다. 왜냐하면 주님께서는 자기의 청지기들이 푸대접 받는 것에 대해서 매우 민감하시기 때문입니다.

"우리 목회자들에게 괴로움을 끼치거나 불순종하면 반드시 우리의 구원에도 손해를 입는다."(John Calvin)

오늘날 '구원'에 대한 그릇된 개념들이 얼마나 널리 확산되어 있습니까! 이 강론들 가운데서 주님을 불쾌하게 해 드린 부분이 있다면 주님께서 불쌍하게 여기시어 용서해 주시기를 바라오며, 합당한 것을 인하여는 은혜로운 복락을 더해 주시기를 바라나이다. 아멘.

121강

선한 양심

13:18 우리를 위하여 기도하라 우리가 모든 일에 선하게 행하려 하므로 우리에게 선한 양심이
있는 줄을 확신하노니 13:19 내가 더 속히 너희에게 돌아가기 위하여 너희가 기도하기를 더욱
원하노라

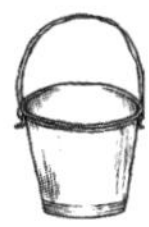

히브리서 13:18,19는 앞의 17절과 매우 긴밀하게 연관되어 있습니다. 이 부분에서 사도는 신자들이 영적인 일에 있어서 자기 뜻을 섬기며 목회하는 자들에게 마땅히 드려야 하는 도리를 언급합니다. 그것은 그들이 은혜의 보좌 앞에서 간절하게 그 사역자들을 기억해야 한다는 것입니다. 이 서신 기자는 히브리인들의 기도를 간청합니다. 그들의 기도는 사도가 직무를 위해서 주님께 한 서약을 충실하게 지키는 일에 지원을 할 것입니다. 그는 그 직무를 신실하게 감당하고 충성된 자세로 말씀을 전파하여야 그 서약을 잘 지키는 것입니다. 그리스도의 참된 종들은 자기 임무를 수행할 때 참으로 양심적이어야 한다는 사실 자체가 자기들의 목회적 돌봄에 맡겨진 자들을 놀랍게 사랑하게 만들어야 합니다. 그리하여 그들을 위한 기도의 정신이 그들 마음속에서 불이 붙어야 합니다. 그리스도의 참된 종들은 우리가 가장 선한 것을 받는 통로입니다. 그러므로 바꿔 말해서 우리가 할 수 있는 최선의 일은 우리 믿음과 사랑의 팔로 하나님 앞에서 그들을 받쳐 주려고 애를 쓰는 것입

니다.

그리스도의 종들에게 이것이 특별하게 필요하다는 사실과, 그리스도의 종들을 섬기는 우리의 특권과 의무를 생각해야 합니다. 그러나 그러기 전에 우리가 먼저 제안할 것이 있습니다. 그것은 사도가 자기의 요청에 응하도록 여기서 진전시키는 특별한 이유에 대하여 각별한 숙고를 해야 한다는 것입니다. 이 강론의 나머지 부분을 그것을 위하여 할애하고자 하는 바입니다. 사도의 요청은 "우리가 모든 일에 선하게 행하려 하므로 우리에게 선한 양심이 있는 줄을 확신하노니."였습니다. "선한 양심"이란 표현은 신약의 여러 곳에서 나타납니다. 그 말이 담고 있는 깊은 중요성 때문에 우리의 가장 주밀한 관심을 요청합니다. 하나님의 말씀인 성경에서 양심에 관하여 많은 진술이 있습니다. 그리고 선한 양심을 견지하는 것에 많은 것이 달려 있습니다. 그러므로 이 무게 있는 주제를 주도 면밀하게 숙고하는 것이 합당합니다. 이것은 실제적인 중요성을 가진 대단히 큰 문제일 뿐만 아니라 우리가 살고 있는 이 양심이 마비된 시대에는 특별하게 절실한 주제입니다. 양심이란 무엇인가? '선한 양심'은 무엇이며, 그것은 어떻게 얻어지며 유지되는가? 진리의 성령께서 우리의 스승이 되시어 바로 이 중요한 문제들을 숙고할 때 가르쳐 주시기를 바라나이다.

히브리어 13:18

"우리를 위하여 기도하라

우리가 모든 일에 선하게 행하려 하므로

우리에게 선한 양심이 있는 줄을 확신하노니."

양심은 우리로 하여금 그 행위의 옳고 그름을 따져 깨닫게 하는 영혼의 기능이며, 우리의 소원과 행실의 합법성과 부당성에 대하여 결정하는 내면의 원리입니다. 양심은 '도덕적 감각(moral sense)'이라 하여도 무방합니다. 왜냐하면 양심은 외면적 세계, 곧 보고 듣고 접촉하고 맛보고 냄새를 맡는 다섯 가지 감각과 교통하는 육체의 여러 기능들과 방불한 것이기 때문입니다. 사람은 윤리적 본능을 가지고 있습니다. 사람은 자기에게 정보를 전달해 주고 그 정보에 대한 인상을 느끼게 해주는 도덕적 기능을 가지고 있습니다.

"그 양심은 몸의 단순한 어떤 감각보다도 그 차원에 있어서 훨씬 높고, 그 깨달음에 있어서 훨씬 더 예리하다. 옳고 그름을 통찰하는 내면적 눈이 있다. 도덕적 당위성의 가장 세미한 속삭임에도 민감하게 반응하는 내면적 귀가 있다. 마땅한 도리의 압박감을 느끼고 그것에 감응적으로 반응하는 내면적 촉각이 있다."(A. T. Pierson).

양심은 우리 속에서 악이나 선을 증거하는 신비로운 원리이며, 그래서 인간 책임성(accountability)의 가장 중요한 중심입니다. 왜냐하면 사람이 내면적 지각의 지시를 거스르고 계속 범죄하는 것은 그 정죄를 더 크게 하는 것이기 때문입니다. 양심은 우리에게 자아에 대한 지식과 자아가 판단한 것이 무엇인가를 알려 줍니다. 결국 우리가 가진 빛의 분량에 따라서 자기 자신을 인정하거나 자기 자신을 정죄합니다. 그것은 예수 믿는 모든 피조물 속에 있는 이해의 한 부분으로서 모든 행동에 대하여 '옳다, 그르다.'는 판단을 내립니다. 그것은 우리의 생각들과 정서들과 행위들의 증거를 담당합니다. 왜냐하면 그것은 마음에서 일어나는 것이나 마음에 의해 제기되는 것이 무엇이든지 간에 가늠해 보고 무게를 달아보기 때문입니다. 양심이 '정서를 증거한다.'는 것은 로마서 9:1,2에서 분명히 나타납니다. "내가 그리스도 안에서 참말을 하고 거짓말을 아니 하노라 내게 큰 근심이 있는 것과 마음에 그치지 않는 고통이 있는 것을 내 양심이 성령 안에서 나로 더불어 증언하노니."(롬 9:1,2) 그같이 다시 우리는 전도서에서 이런 말씀을 듣습니다. "또한 사람들이 하는 모든 말에 네 마음을 두지 말라 그리하면 네 종이 너를 저주하는 것을 듣지 아니하리라 너도 가끔 사람을 저주한 것을 네 마음(양심)도 알고 있느니라."(전 7:21,22) 일의 옳고 그름에 대해서 은밀히 알려 주는 소리를 양심은 듣습니다.

거듭나지 않은 이들 속에도 양심은 존재한다는 것은 이방인에 관한 바울의 진술에서 분명히 나타납니다. "이런 이들은 그 양심이 증거가 되어 그 생각들이 서로 혹은 고발하며 혹은 변명하여 그 마음에 새긴 율법의 행위를 나타내느니라."(롬 2:15) 비록 이교도들이 이스라엘 사람들처럼 성경을 받은 적은 없지만, 그들 속에 자기들을 송사하고 변명하는 양심을 가졌습니다. 모든 각 사람마다(천치 바보가 아닌 한) 그 속에서 죄를 지으면 자기를 책망하는 것이 있습니다. 아니 다른 사람 아닌 자신들이 관여하는 가장 은밀한 죄악에 대해서 질책하는 것이 그 속에 있습니다. 악한 사람들은 이 내면적인 질책을 억압하려고 애를 씁니다. 그러나 항상 성공하는 일은 거의 드뭅니다. "곧 그가 거하시는 곳에서 세상의 모든 거민들을 굽어 살피시는도다."(사 33:14) 거듭나지 않은 사람들이 믿음을 갖지는 않으나 두려움이 없는 것은 아닙니다. "악인은 쫓아오는 자가 없어도 도망하나 의인은 사자같이 담대하니라."(잠 28:1) 어떤 큰 악을 행한 후에 큰소리치는 죄인 속에 그 사람을 깜짝 놀라게 하는 것이 있습니다. 그 사람의 마음이 그를 책망합니다.

창조주는 인간 영혼에게 여러 기능들을 부여해 주셨습니다. 총명과 정서와 의지의 기능을 주셨습니다. 또한 내면적이고 외면적인 자신의 상태와 행동들을 생각할 수 있는 힘을 주셨습니다. 그 힘은 사람 자신의 가슴 속에 있는 것을 감시하고 판단하는 양심으로 이루어져 있습니다. 마땅한 의무가 무엇인가를 경고하는 모니터 역할을 하며, 그 의무를 게을리 하면 정죄하는 판단자 역할을 합니다. 그것은 부당한 냉혹함이나 악한 의도로 판단한다는 혐의를 받을 수 없는 우리 속에 있는 공평한 재판관입니다. 왜냐하면 그것은 우리 자아(自我)에 본래 고유하게 존재하는 부분이기 때문입니다. 양심은 장차 심판 날에 벌어질 대법정을 예기(豫期)합니다. 왜냐하면 그 양심은 사람으로 하여금 자기 자신에게 선고를 내리게 하기 때문입니다. 그는 하나님의 판단을 받아야 할 존재이니 말입니다. 고린도전서 2:11에서 분명히 밝히듯이 그것은 총명 속에 거주하고 있습니다. "사람의 일을 사람의 속에 있는 영 외에 누가 알리요."(고전 2:10) 이 말씀 속에서 사도는 양심을 '영(spirit)'으로 표기합니다.

사람 속에 있는 양심은 하나님의 존재를 가장 분명하게 증거하는 것들 중에 하나입니다. 성령께서 시편 53편에서 그 사실을 두고 호소합니다. "어리석은 자는 그의 마음에 이르기를 하나님이 없다 하도다."(1절) 그런데 그 어리석은 자가 하나님이 계심을 어떻게 증거합니까? "그들이 두려움이 없는 곳에서 크게 두려워하였으니."(5절) 그렇습니다. 두려워 할 외적인 원인도 없고, 자기들을 해하려는 자들도 없습니다. 그런데도 그 무신론적인 사상에 젖어 사는 사람들은 두려움 아래 있습니다. 요셉의 형제들의 경우에서 그 한 실례를 발견합니다. 그들은 자기들의 잘못을 고발하여 법정에 데리고 간 사람이 없어도 자기들끼리 서로 잘못을 고하며 판단하였습니다. "그들이 서로 말하되 우리가 아우의 일로 말미암아 범죄하였도다 그가 우리에게 애걸할 때에 그 마음의 괴로움을 보고도 듣지 아니하였으므로 이 괴로움이 우리에게 임하도다."(창 42:21) 사람이 온 세상이 보지 못하게 자신을 숨긴다 할지라도, 자신에게서 도망칠 수는 없습니다. 자기의 마음이 자기를 추적하여 정죄

(定罪)합니다. 자, 사람이 죄를 범한 다음에 마음에 은밀한 두려움을 가진다는 사실, 또한 자기들이 은밀하게 행한 일 때문에 마음이 그들 자신을 친다는 사실이 바로 하나님이 계신 것을 논증하는 셈입니다.

이 두려움은 가장 완고한 죄인들 속에서 발견됩니다. 그들이 높은 지위와 권세 때문에 인간의 법정(法定)에서 면죄 받았습니다. 역사는 왕들과 황제들이 악을 행하되 아무런 간섭을 받지 않았다고 보도합니다. 그러나 그 악명 높은 칼리굴라(Caligula, 가이우스 시이저〈Gaius Caesar〉의 별명)도 천둥이 칠 때 두려워 떨었습니다. 그것은 사람에게 발각되거나, 사람에게 벌을 받을까봐 두려워하는 그런 두려움이 아니었습니다. 왜냐하면 어떤 주목할 만한 경우에서는 이러한 두려움이 사람을 사로잡은 나머지 인간의 형벌을 달갑게 받으며 마음의 위안을 찾으려 하기도 했습니다. 아니면 자신들을 자학(自虐)하여 자신들을 위로하기도 했습니다. 그들을 불러 행위에 대한 책임을 진술하라고 요구하시는 보수(報酬)하시는 하나님을 두려워하는 것이 아니면 무엇이겠습니까? 사도는 이교도에 대해서 "그들이 … 정하심을 알고도"(롬 1:32)라고 말하였습니다. 그렇듯이 그들의 영혼 속에는 자기들이 하나님의 공의(公義)가 요구하는 책임을 져야 함을 증거하는 증인이 있습니다. 벨사살이 소스라쳐 두려워하는 모습을 보십시오. 그의 안색(顏色)이 창백해지고 그의 무릎이 떨리고 그의 팔다리에 힘이 빠졌습니다. 곧, 한 손이 나타나 궁정 벽에 쓴 글을 읽고서 말입니다(단 5:6).

피어슨(A. T. Pierson)의 말을 들어 봅시다.

"바로 이 도덕적인 지각보다 사람에게 더 많은 도전을 하며 더 합당한 설명을 요구하는 것이 없다. 양심은 언제나 개정(開廷) 중인 법정이요, 그 법정의 소환에 절대 복종해야 한다. 어떤 사람도 그 법정을 피하거나 그 법정의 송사를 잠재울 수 없다. 그것은 완벽한 재판정이다. 그 재판정에는 판사가 있고, 그 판사는 아무리 많은 뇌물을 준다 하여도 굽은 판결을 내릴 수 없는 재판관이다. 그 재판정에는 증인석이 있어 과거의 삶 전체를 증언할 수 있다. 그 재판정에는 재판관이 있어서 증거에 입각해서 정확하게 '정죄,' 또는 '무혐의' 판결을 내리려고 벼르고 있다. 또한 거기에는 '가책'이라 불리는 보안관이 있어서 채찍을 들고 죄를 깨달아 아파하는 영혼에게 내려치려고 덤비고 있다. 하나님의 법정과 가장 유사한 것이 이 세상에 있다면, 그것은 양심의 법정이다. 물론 그 양심이 한동안은 마취되어 잠깐 동안 편벽된 냉담함을 보일 수 있거나, 아니면 세상적인 쾌락으로 흥분될 수도 있다. 그러나 그 양심이 황제와 같은 권위를 갖추게 될 때에 그 법정은 모든 범법자들을 법정에 불러 세우고 정확한 진술을 하도록 요구할 때가 오는 것이다."

그러나 우리 속에 양심이 있다는 것은 거룩하고 의롭고 죄를 미워하시고 죄를 보수하시는 하나님이 계시다는 증거임에도 불구하고, '양심이 영혼 속에서 말하는 하나님의 소리라.'고 말하는 것은 옳다고 할 수 없습니다(많은 사람들이 그렇게 주장하였지만). 오히려 양심은 하나님께서 말씀하시는 것에 '반응'을 나타내는 기능이라고 해야 할 것입니다. 그리스도께서 "들을 귀가 있는 자는 들으라."고 말씀하신 것은, '지존자의 음성에 반응하도록 맞추어진 양심을 가진 사람은 들으라.'는 말씀입니다. 다시 말하면 하나님의 뜻을 알고 싶고 그 권위에 복종하고 싶은 사람은 들으라는 것입니다. 양심은 마음의 법정에 하나님의 대리인으로 앉아서 변호하거나 송사합니다. 양심은 자연인의 마음속에서도 그렇게 역사합니다. 그러나 거듭난 사람들 속에서는 성령의 작용으로 인도함을 받아 경건한 양심이 되어, 신자가 하나님을 향해서나 사람을 향해서 어떠한 성품과 행동을 하느냐에 따라서 지원도 하고 거스르기도 합니다.

'양심(conscience)'이라는 어휘는 'scio(안다)'라는 말과 'con(함께)'라는 말에서 파생된 것입니다. 앞에 붙어있는 접두어가 정확히 어떤 것인지에 대해 의견이 분분합니다. 그것이 하나님과 함께 우리가 가지고 있는 지식을 말하는지, 아니면 하나님의 법에 따라 가지는 지식을 말하는지에 대하여 의견이 분분합니다. 그러나 사실상 어떻게 보든지 큰 차이는 없습니다. '지식'이라는 것은 그 혼자 있으면 개별적인 것일 뿐입니다. 그러나 이 '무엇과 더불어 아는 지식'은 최소한 둘이 같은 비밀을 알고 있는 경우입니다. 그 둘 다 '서로 그것을 함께 안다.'는 것입니다. 양심은 '둘을 함께 참조하여 아는' 기능입니다. 그래서 그 둘을 지식에 있어서 파트너가 되게 하는 기능입니다. 하나님과 사람 사이에 그 양심이 존재합니다. 하나님께서는 사람이 행하는 모든 일을 완벽하게 아십니다. 아무리 주의 깊게 그 행동을 감춘다 할지라도 아십니다. 사람은 이 기능을 통해서 역시 자신에 속한 모든 것을 하나님과 함께 압니다. 그래서 '하나님을 향한 양심(conscience toward God)'(벧전 2:19)으로 읽거나, 아니면 헬라어로 '하나님의 양심(the conscience of God)'(영어 R.V의 난외주)으로 읽을 수도 있습니다. 양심은 바로 하나님의 대리인(vicegerent)으로서 하나님을 위하여, 하나님의 통제를 받으며 작용합니다.

그래서 그 '양심'이란 용어 자체가 함축하듯이, 양심은 일을 해 나가는 하나의 '원칙'을 가져야 합니다. '함께 아는 지식'이 바로 그것입니다. 그것은 하나의 지식이 아니라 '한 기준과 더불어 가진 지식'입니다. 그 기준에 따라서 내면적인 판단이 이루어지는 것입니다. 이제 우리의 오직 유일하고 합당한 원칙은 말씀, 곧 계시된 하나님의 뜻입니다. 그것을 두 부분으로 나누어 볼 수 있습니다. 하나님의 거룩한 율법을 통해서 말씀하신 것과, 당신의 복되신 복음을 통해서 말씀하신 것입니다. 만일 양심이 그 원칙을 떠난다면, 그것은 배역한 양심이요 하나님을 위해서 말하거나 판단하기를 멈추어 버린 셈입니다. 그렇게 된다면 그 사람 속에 있는 빛이 어두움이 된 셈입니다. (내면의) 눈이 이제는 악하게 된 것입니다. "눈이 나쁘면 온 몸이 어두울 것이니 그러므로 네게 있는 빛이 어두우면 그 어둠이 얼마나 더하겠느냐."(마 6:23) 사람은 본래의 조건으로 율법만 가지고 있었습니다. 그 때에는 양심이 바르게 작용하는 것만으로도 그 원칙과 아주 정확하게 경고하고 정죄하여 말할 수 있었습니다. 또한 그밖에 다른 어떤 것은 영향을 미치지 못하게 할 수 있었습니다. 그러나 우리의 첫 조상들이 사탄의 거짓말을 듣고 율법을 어겨 양심의 정죄 아래 떨어지게 되었습니다.

양심은 우리가 가는 곳마다 우리를 졸졸 따라 다닙니다. 양심은 우리가 생각하거나 행하는 모두를 하나님 앞에 직고할 날을 위하여 낱낱이 기록하여 둡니다. 이에 대하여 존 플라벨(John Flavel)이 한 말을 인용합니다.

"모든 친구들이 그대를 버리고 그대 영혼이 몸을 떠날 때에도 양심은 떠나지 않을 것이고, 떠날 수도 없을 것이다. 그대의 몸이 가장 연약하고 가장 둔해질 때도 양심은 가장 힘있고 가장 활력있다. 죽음이 몸에 가장 가깝게 접근할 때보다도 그 양심이 더 활발한 생명력을 가질 때가 없다. 양심이 미소짓고 그대를 위로해 주고 위안해 줄 때, 그 양심이 그 사람 속에 창조하는 것은 얼마나 놀라운 하늘인가! 그러나 그 양심이 무섭게 하고 정죄하고 질책할 때, 그 양심은 이 세상의 모든 즐거움과 쾌락과 기쁨을 어두운 구름으로 덮어 버리네."

그러나 양심은 온 세상에서 가장 선한 친구도 되고, 가장 악한 원수도 됩니다. 이 세상에서 우리 마음의 평안과 우리 심령의 자유 중 많은 부분이 바로 그 양심의 증거에 좌우됩니다. 양심이 우리를 호의적으로 증거하면 마음은 평안하고 자유롭습니다. 그러나 양심이 우리의 악행에 대하여 비난하면, 우리는 영적으로 부자유해집니다. 그리고 우리 마음에 두려움이 깃들고 마음의 상태가 곤고해 집니다. 양심의 가책이 깊어질 때 가인이나 유다나 삽비라의 경우처럼 정말 견뎌낼 수 없게 됩니다. 그들은 사실상 지옥의 고통을 내면적으로 미리 맛 본 자들입니다. 아마 그것이 지옥에 간 사람들을 갉아 먹듯이 괴롭게 하나 '타서 죽지 않는 구더기'(막 9:44) 일 가능성이 많습니다. 몸에 있는 벌레는 몸속에 있는 썩은 것을 먹고 삽니다. 양심의 가책과 송사는 영혼 속에서 그 영혼 속에 있는 부패와 죄책을 먹고 삽니다. 벌레가 몸의 더 연약하고 눈에 보이지 않는 부분들을 갉아 먹듯이, 양심은 영혼의 매우 민감한 부분을 건드립니다.

그러나 이제까지 양심에 관해서 그런 식으로 규정했음에도 불구하고 양심이 '더럽게' 됩니다. "깨끗한 자들에게는 모든 것이 깨끗하나 더럽고 믿지 아니하는 자들에게는 아무 것도 깨끗한 것이 없고 오직 그들의 마음과 양심이 더러운지라."(딛 1:15) 거듭나지 않은 사람 속에 있는 양심은 직무상 대단히 편벽되게 굴어 좋아하는 죄에 대해 미소를 던지고, 그 죄를 탐닉합니다. 어떤 사람이 자기의 성질상 짓기 어려운 다른 죄들에 대해서는 그 양심이 매우 엄격하고 냉엄합니다. 그러나 어떤 죄에 대하여는 아주 호의적입니다. 그래서 사울왕의 양심이 의식법(儀式法)을 지키는 문제에 있어서는 지극히 세심한 모습을 보이면서도(삼상 14:34), 하나님의 제사장들 85명을 죽이는 일은 주저하지 않았습니다!

양심이 그처럼 일관성이 없는 것은 타락으로 인해 양심이 부패되었기 때문입니다. 그 양심이 자기의 자리를 벗어나 있습니다. 마치 소화력이 떨어진 위(胃)는 어떤 음식에 대하여는 크게 선호하면서도 똥똥하게 건전한 다른 식품들은 싫어하는 것과 같습니다. 의무들을 수행하는 데 있어서도 마찬가지이지요. 거듭나지 않은 사람의 양심은 그 자신의 왜곡되고 변덕을 부리면서 자기의 좋아하고 싫어하는 바를 취사선택합니다. 취향에 맞지 않는 것은 소홀히 하고, 즐거운 것은 행하고, 그런 다음에는 그것을 행했다고 자랑하는 것입니다.

그처럼 양심은 계시된 하나님의 뜻에 통제를 받으면 선하게도 되지만, 그렇지 않은 경우에는 악하게 됩니다. 이제는 '악한 양심'에 대해서 먼저 생각해 봅니다. 여기에는 여러 종류가 있습니다. 상대적으로 말하는 것이지 절대적으로 말하는 것은 아니지만, 무지하고 어두운 양심이 있습니다. 왜냐하면 모든 사람은(바보천치를 제외하고는) 합리성과 이성의 빛을 소유하고 있기 때문입니다. 기독교국에 살고 있는 사람들 가운데 하나님을 전혀 무시하는 가운데서 양육 받는 이들이 점점 증가하고 있습니다. 그런 다음에 강퍅하고 완고한 양심이 있습니다. 그런 양심은 하나님의 알려진 뜻에 복종하기를 아주 완강하게 거절합니다. 바로왕이 바로 그런 경우였습니다. 우리는 헤롯의 경우에서 매수당한 양심을 봅니다. 그는 자기가 한 맹세 때문에 세례 요한의 목을 벨 수밖에 없는 것처럼 위장하는 양심입니다. 화인(火印)맞고 무감각한 양심(딤전 4:2)은 오랫동안 빛을 거부하고 결국 하나님께 버림받아 패역한 마음으로 떨어진 사람들의 양심입니다. 절망어리고 낙담하는 양심은 그 양심을 소유하는 사람으로 하여금 자신을 자학하게 만듭니다.

사람이 거듭날 때에 양심도 새로워지고 성령님께 크게 각성을 받아 빛을 얻게 됩니다. 믿음의 행사를 통해서 양심이 정결함을 입고(행 15:9), 그리스도의 피를 적용함으로써 깨끗해집니다(히 9:14). '선한 양심'은 일반적으로 "범사에 하나님을 기쁘시게 하기 위하여 세움을 받는 것"으로 정의될 수 있습니다. 왜냐하면 그런 양심은 죄를 미워하고 거룩을 사랑하기 때문입니다. 그 양심은 말씀의 통제를 받으며, 말씀의 주가 되시는 하나님의 권위에 복종합니다. 양심을 통제하는 원리는 하나님께 대한 순종입니다. 하나님께만 순종하고 하나님의 빛을 떠나서 행동하는 것을 거절합니다. 따라서 그리스도인이 더 양심적이면 양심적일수록 하나님께 속하지 아니한 모든 관행(전통들과 사람의 견해들)을 더 거절하며, 그럴수록 건방지고 고집이 세다는 평판을 얻기가 더 쉽습니다. 그럼에도 불구하고 우리 각자는 교만과 자기 고집대로 하는 것을 양심적인 망설임으로 오인하는 잘못을 범하지 않도록 조심해야 합니다. 온유와 줏대 없는 것 사이에는 엄청난 차이가 있듯이 확고함과 배우지 않으려는 심령 사이에는 광대한 차이가 있습니다.

그러면 선하고 깨끗한 양심은 어떻게 얻습니까? 간단히 말해서, 바른 정보를 얻고, 회개하며 죄를 고백함으로써 더러움을 내어버리고 깨끗해집니다. 양심이 가장 필요로 하는 것은 '빛'입니다. 무지(無知)함이 양심을 부패시키기 때문입니다. "지식 없는 소원은 선치 못하고 발이 급한 사람은 잘못 가느니라."(잠 19:2) 자기 나라의 법을 알지 못하는 재판관이 있다면, 그는 자기 소관으로 어떤 문제에 대해서도 판단을 내리기 부적합합니다. 시력이 좋지 않으면 그 기능을 제대로 감당할 수 없듯이, 눈멀고 잘못된 지식을 가지고 있는 양심은 하나님 앞에서 우리가 마땅히 해야 할 의무를 분별해 낼 수 없습니다. 양심이 하나님의 뜻을 알지 못하면 하나님 편에 설 수 없습니다. 양심이 하나님의 뜻을 알기 위해서 우리는 매일 같이 성경을 읽고 연구해야 합니다. "청년이 무엇으로 그의 행실을 깨끗하게 하리이까 주의 말씀만 지킬 따름이니이다."(시 119:9) "주의 말씀은 내 발에 등이요 내 길에 빛이니이다."(시 119:105) 그렇게 말할 수 있다면 얼마나 좋겠습니까!

이제 우리는 선한 양심의 자질, 또는 특징들을 몇 가지 언급해 보기로 합니다. 안타깝게도 이러한 세상에서 얼마나 보기 드뭅니까!

진실(sincerity)

모든 방면에서 가식과 겉치레가 판을 치고 있습니다. 종교계나 정치계나 상업계나 사회적인 모든 측면에서 다 그러합니다. 이 세대는 양심이 없는 세대요, 그래서 정직하고 충실하고 진실한 것이 참으로 적거나 거의 없는 세대입니다. 세상의 안락함이 보통 사람을 통제하는 것으로 되어 있고, 원리에 따라서 행동하는 것은 적습니다. 그러나 거듭난 사람은 그렇게 해서는 안 됩니다. 그의 마음속에 주님을 두려워하는 마음이 심겼고, 그래서 사도와 같이 말할 수 있습니다. **"우리가 '모든 일에' 선하게 행하려 하므로 우리에게 선한 양심이 있는 줄을 확신하노니."** 진실한 양심은 순전하게 하나님의 뜻을 간절히 알려고 소원하며, 그 뜻에 복종하려고 참으로 결심합니다. 속임수는 이제 치명적인 상처를 받게 되었고, 마음은 빛을 향하여 열려 있으며 빛에 탐사당하기를 즐거워합니다.

민감성(敏感性, tenderness)

선한 양심의 또 다른 특성은 '민감함'입니다. 이 말은 주어지는 모든 기회에 죄가 작용하지 못하도록 타격을 줄 정도로 '마음이 깨어 있음'을 뜻하는 것입니다. 마음이 하나님의 요구에 냉담할 정도가 아니라 무시를 할 때에도 매우 민감하게 작용합니다. 많은 사람들이 사소한 문제라고 생각하는 것까지도 민감한 양심은 질책하고 정죄할 것입니다. 욥은 민감한 양심을 간직하고 있으려고 결심하면서 "일평생 내 마음이 나를 책망치 아니하리라."(욥 27:6 - 개역한글) 말하였습니다. 다시 우리는 양심을 대적하는 것에 비추어 보면 그 특징을 이해할 수 있습니다. 곧 화인(火印) 맞은 양심이 어떠한가를 생각해 봅시다(딤전 4:2). 화인 맞은 양심은 악한 것을 습관적으로 행함으로 병들어 길바닥 같이 단단해진 마음입니다. 사랑하는 독자들이여, 민감한 양심을 주십사고 자주 기도하십시오.

충성심(fidelity)

충성심이 그 선한 양심의 특징입니다. 양심이 그 직무(職務)를 신실하게 감당할 때는 하나님의 거룩한 말씀으로 우리 자신의 길을 측량하여 하나님 앞에서 우리의 상태가 어떠함을 끊임없이 판단하게 됩니다. 그래서 사도 바울은 이렇게 말할 수 있었습니다. "여러분 형제들아 오늘날까지 나는 범사에 양심을 따라 하나님을 섬겼노라."(행 23:1) 다른 사람이 자기에 대해서 좋은 판단을 내린다 할지라도, 자기 행동이 하나님 앞에서 옳다는 양심의 증거를 얻기 전에 그 정직한 사람은 결코 만족을 얻지 못할 것입니다. 시대의 유행이 어떠하든, 자기 동료들의 관행적인 상식이 어떠하든 하나님을 향하여 바르게 고동치는 마음을 가진 사람은 양심을 거스른다 생각되는 것은 어느 것이든지 하지 않을 것입니다. 그래서 그런 이의 말은 언제나 이러할 것입니다. "하나님 앞에서 너희 말 듣는 것이 하나님 말씀 듣는 것보다 옳은가 판단하라."(행 4:19) 반면에 그의 자주 드리는 기도는 이러할 것입니다. "하나님이여 나를 살피사 내 마음을 아시며 나를 시험하사 내 뜻을 아옵소서 내게 무슨 악한 행위가 있나 보시고 나를 영원한 길로 인도하소서."(시 139:23,24)

마음의 평온(tranquillity)

이는 진실함과 충성함의 진정한 보상입니다. 왜냐하면 그런 사람이 걷는 길들은 어리석은 자들의 길과는 대조적으로 "즐거운 길이요 그 첩경은 다 평강"이기 때문입니다(잠 3:17). 상한 양심이 우리를 상하게 만듭니다. "심령이 상하면 그것을 누가 일으키겠느냐."(잠 18:14) 불 붙는 숯덩이를 만지면 반드시 고통을 당하는 것과 같이, 그리스도인은 죄를 지으면 반드시 양심의 고통을 겪게 된다는 것을 내다보는 사람입니다. 그러나 깨끗한 양심은 고요하고, 죄책에 의해 정죄당하거나 부담을 느끼지 않습니다. 우리가 하나님과 가까이 동행하면 생각은 차분해지고 마음은 평안해집니다. 그것은 무법하고 불순종하는 사람들의 마음의 상태와 정반대가 됩니다. "악인은 평온함을 얻지 못하고 그 물이 진흙과 더러운 것을 늘 솟구쳐 내는 요동하는 바다와 같으니라."(사 57:20) 양심의 평온은 저 높은 하늘에서 우리를 기다리고 있는 고요함에 대한 하나의 보증이기도 합니다. 그 하늘에서 우리를 기다리는 고요는 아무도 어지럽힐 수 없습니다.

그러나 한 가지 지적할 것이 있습니다. 평안한 양심마다 다 선한 것은 아니고, 불안한 양심마다 다 악한 것도 아닙니다. 어떤 사람의 양심은 감각이 없어서 고요합니다. "강한 자가 무장을 하고 자기 집을 지킬 때에는 그 소유가 안전하되."(눅 11:20) 그 영혼이 사탄이 마취시켜 잠든 상태이니 그 악한 양심이 평안한 것입니다. 그 양심이 참된 평안을 가지고 있는지를 알아보려면 그 정반대의 특성들을 살피면 됩니다. 그 평안함은 진지함과 민감함과 충성심에서 우러나와야 합니다. 그렇지 않으면 그것은 화인 맞은 양심입니다.

우리는 내면적으로 얼마나 많은 평안을 가지고 있느냐를 생각하지 말고, 내면적으로 그 평안이 얼마나 많은 '원인'에서 비롯된 것인지를 생각해야 합니다. 건물에 있어서 그 구조가 좋은 것이 문제가 아닙니다. 그 '기초'가 좋은지를 살펴보고 그것을 최고로 여겨야 합니다. 민감한 양심도 충분한 빛이 없으면 실수하기 쉽습니다. 민감한 양심은 불필요하게 자기 자신을 괴롭히는 판결을 내리기도 합니다. 바로 그것이 '약한 양심'입니다. "만일 누구든지 무엇을 아는 줄로 생각하면 아직도 마땅히 알 것을 알지 못하는 것이요."(고전 8:2) 우리가 이미 그 죄를 용서 받았는데도 불구하고, 그 죄 때문에 괴로움을 느낄 수 있습니다.

'선한 양심'은 '끊임없는 부지런함'을 통해서만 유지될 수 있습니다. "이것으로 말미암아 나도 하나님과 사람에 대하여 항상 양심에 거리낌이 없기를 힘쓰나이다."(행 24:16) 사도는 자기의 양심을 깨끗하게 지키는 것을 매일 해야 할 일로 여기고, 그 양심이 정당하게 자기를 송사할 어떤 일도 하지 않으려고 마음먹었습니다. 그래서 그 자신의 마음속에서 자기의 마음가짐과 행동이 거룩하신 분 앞에서 그를 기쁘게 하는 것이라는 증거를 가져야 했던 것입니다. 선한 양심을 유지한다는 것은 개인의 경건에 있어서 매우 진수적인 부분입니다. "아들 디모데야 내가 네게 이 교훈으로써 명하노니 전에 너를 지도한 예언을 따라 그것으로 선한 싸움을 싸우며 믿음과 착한 양심을 가지라 어떤 이들은 이 양심을 버렸고 그 믿음에 관하여는 파선하였느니라."(딤전 1:18,19) 그것이 바로 개인 경건의 요약입니다. 믿음은 우리가 믿어야 할 것들의 원리라면, 양심은 우리가 행해야 할 것들의 원리입니다. 믿음과 선한 양심은 디모데전서 1:5와 3:9에서 함께 연결되어 있습니다. 왜냐하면 둘 중 어느 한 가지를 제외하고는 다른 것을 견지할 수 없기 때문입니다.

사도행전 24장으로 눈을 돌려 보십시오. 바울이 자기를 쳐서 송사하는 비난에 대하여 대꾸하는 모습을 발견할 것입니다. 14-16절에서 그는 자기변호를 하면서 실제적이고 체험적인 기독교를 간단하게 요약해 주고 있습니다. "그러나 이것을 당신께 고백하리이다 나는 그들이 이단이라 하는 도를 따라 조상의 하나님을 섬기고 율법과 선지자들의 글에 기록된 것을 다 믿으며 그들이 기다리는바 하나님께 향한 소망을 나도 가졌으니 곧 의인과 악인의 부활이 있으리라 함이니이다 이것으로 말미암아 나도 하나님과 사람에 대하여 항상 양심에 거리낌이 없기를 힘쓰나이다." 기본적으로 그는 자기 믿음에 대해서 진술하기를 "기록된 모든 것을 믿는다."고 말합니다. 그에 대한 즉각적인 증거로 "하나님께 향한 소망을 나도 가졌다."고 말합니다. 그런 다음에 자기 회심에 대하여 간단하게 말합니다. "이것으로 말미암아 나도 하나님과 사람에 대하여 항상 양심에 거리낌이 없기를 힘쓰노라." 진리에 대한 지식, 곧 구원 얻을 만하게 가진 지식은 성경을 믿되 영생의 소망을 가질 정도로 믿는 것을 뜻합니다. 그것은 모든 부지런함으로 마음을 지키는 것을 통해서 입증됩니다. 같은 것이 다시 "이 교훈의 목적은 청결한 마음과 선한 양심과 거짓이 없는 믿음에서 나오는 사랑이거늘."(딤전 1:5)이라는 말씀 속에서 되풀이됩니다.

"나도 하나님과 사람에 대하여 항상 양심에 거리낌이 없기를 힘쓰나이다." 우리는 그것을 부단한 일거리로 삼아야 합니다.

첫째, 부지런히 매일같이 성경을 읽음으로써 하나님의 뜻을 발견해야 합니다. 우리는 "그러므로 어리석은 자가 되지 말고 오직 주의 뜻이 무엇인가 이해하라."(엡 5:17)는 권면을 받습니다. 주님을 기쁘시게 하는 것이 무엇인가 확신하기 위하여 이 일을 함으로써 믿음에서나 예배에서 실수를 범하지 않도록 해야 합니다. 그릇된 정보를 받은 양심은 약하고 무지한 양심입니다.

둘째, 우리 자신의 마음의 상태와 방식을 진지하게 탐사해야 합니다. "너희는 떨며 범죄하지 말지어다 자리에 누워 심중에 말하고 잠잠할지어다."(시 4:4) 우리는 자주 우리 자신에게 도전하여 자신의 진상을 밝히라고 우리 자신을 촉구할 필요가 있습니다. 만일 양심이 우리에게 말하게 하려면 우리가 자주 양심에게 말해야 합니다. 양심이 우리에게 주어진 것은 바로 이 이유 때문입니다. 곧, 우리가 하나님의 판단을 생각하면서 우리 자신의 상태와 행위를 판단해 볼 수 있도록 하기 위해서 양심을 주신 것입니다. 그러니 "우리가 스스로 우리의 행위들을 조사하고 여호와께로 돌아가자."(애 3:40) 사랑하는 독자여, 시간을 들여 그대 자신과 담판하며, 그대와 하나님 사이에 어떤 문제가 걸려 있는지 생각하십시오. 조금만 생각해도 실수를 방지합니다. 그러니 매일 그대와 하나님 사이에 있는 것을 살펴보면서 그것을 바로 고치십시오.

셋째, 한결같이 순종하는 자세를 보이십시오. "이로써 우리가 진리에 속한 줄을 알고 또 우리 마음을 주 앞에서 굳세게 하리니."(요일 3:19)

넷째, 끊임없이 근신하십시오. "시험에 들지 않게 깨어 기도하라."(마 26:41)

다섯째, 죄를 진지하게 저항하고 죽이십시오. 그리고 죄를 짓게 하는 것이 오른 손이거든 찍어 버리고 오른 눈이거든 뽑아 버리십시오.

여섯째, 넘어졌다고 생각하거든 진지하게 회개하고 죄를 고백하십시오.

일곱째, 깨끗하게 하는 그리스도의 피를 믿음으로 활용하십시오.

이상과 같이 행함으로써 선한 양심이 유지되는 것입니다.

122강

교역자들을 위한 기도

13:18 우리를 위하여 기도하라 우리가 모든 일에 선하게 행하려 하므로 우리에게 선한 양심이
있는 줄을 확신하노니 13:19 내가 더 속히 너희에게 돌아가기 위하여 너희가 기도하기를 더욱
원하노라

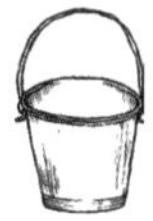

앞 강론의 첫 문단에서 지적한 바와 같이, 이 본문 18절은 17절과 깊은 연관을 가지고 있습니다. 사도는 17절에서 교회 지도자들에게 순복하라고 신자들에게 명하고 있습니다. 여기 이 부분에서는 영적인 일에서 자기들을 위하여 사역하고 있는 사람들에게 그리스도인들이 마땅히 해야 할 의무를 더 언급하고 있습니다. 다시 말하면 은혜의 보좌 앞에서 그들을 항상 기억해야 한다는 것입니다. 이 권면을 잘 지키면 악이 확산되는 것을 막고, 악을 대처하는 데도 다른 어느 것보다도 더 많은 유익을 얻게 될 것입니다. 설교자에게 복락을 주십사고 하나님께 아뢰는 사람들이 돌아다니면서 그 설교자들을 비평하는 것을 덜하게 될 것은 뻔한 이치입니다. 실수를 발견해 내려고 애를 쓰는 심령은 중보의 기도를 하지 못하게 만듭니다. 그 말은 정반대로 기도하는 심령은 불평하고 한탄하는 입술을 막아 줄 것입니다.

히브리서 13:18

"우리를 위하여 기도하라
우리가 모든 일에 선하게 행하려 하므로
우리에게 선한 양심이 있는 줄을 확신하노니."

"우리를 위하여 기도하라." 그리스도의 종들은 자기 사람들의 기도를 정말 긴급하게 필요로 하고 있습니다. 그들도 무지하고 연약하고 실수가 있는 사람들에 불과합니다. 그들에게 성령의 갑절의 은혜가 부어지지 않으면 그들이 받은 그 영예롭고 외경(畏敬)스런 소명을 감당하기 위해서 필요한 무장을 하지 않은 셈입니다. 그들은 전투의 맨 앞에 서 있는 자들이고, 사탄의 특별한 공격 대상들입니다. 그들은 흔히 포기하고 싶은 시험을 받게 되고, 회중들에게는 매우 유익한 것을 전하고 싶어도 싫어하고 불쾌하게 여기니 차라리 전하지 않고 싶다는 유혹을 자주 받습니다. 많은 좌절과 낙담을 당하여 선을 행하는 일에 지치기 쉬워지기도 합니다. 매일 은혜를 간구할 때 하늘로부터 그 설교자들에게 은혜를 허락하여 주시기를 위하여 간구하는 것이야말로 우리의 의무이자 특권입니다.

이 본문의 요청을 누가 했는지 신중하게 생각해야 합니다. 사도들 중에 가장 위대한 사도인 바울이 자기 형제들의 중보의 간구를 필요로 하였었다면, 하나님의 복음을 위해서 사역하는 교역자의 반열에 든 사람들은 얼마나 더욱 그러한 것을 필요로 하겠습니까! 바울은 이 요청을 얼마나 부드럽게, 얼마나 간절하게, 얼마나 자주 하였습니까! 그는 여기서 "더욱 원하노라."고 말합니다. 그 말이 로마서 15:30,31에서 다시 사용됩니다. 거기 보면 성도들을 위해 간청하여 하나님께 기도하는 일에 자기와 함께 진력할 것을 말합니다. "형제들아 내가 우리 주 예수 그리스도와 성령의 사랑으로 말미암아 너희를 권하노니 너희 기도에 나와 힘을 같이하여 나를 위하여 하나님께 빌어 나로 유대에서 순종하지 아니하는 자들로부터 건짐을 받게 하고 또 예루살렘에 대하여 내가 섬기는 일을 성도들이 받을 만하게 하고." 고린도후서 1:11에서 그는 "너희도 우리를 위하여 간구함으로 도우라."라고 말합니다. 하나님의 종들을 기도로 뒷받침하는 하나님의 사람들의 기도의 효력의 아름다운 모형이 모세의 손을 높이 들었던 일에서 발견됩니다. "모세가 손을 들면 이스라엘이 이기고 손을 내리면 아말렉이 이기더니 모세의 팔이 피곤하매 그들이 돌을 가져다가 모세의 아래에 놓아 그가 그 위에 앉게 하고 아론과 훌이 한 사람은 이쪽에서, 한 사람은 저쪽에서 모세의 손을 붙들어 올렸더니 그 손이 해가 지도록 내려오지 아니한지라."(출 17:11,12) 거기서 우리는 의미심장하게도 "모세가 손을 들면 이스라엘이 이기고 손을 내리면 아말렉이 이기더니."라는 말씀을 듣습니다.

"우리를 위하여 기도하라." 사도가 여기서 복수명사를 사용하고 있지만(그의 보편적인 관례대로), 오웬(John Owen)은 사도 자신을 위해서 바로 이 요청을 하고 있다고 말합니다. 우리는 그의 의견에 찬동합니다. 19절의 "내가"라는 말이 그 점을 지시합니다. 그것은 정말 탁월한 바울식의 접촉방식입니다. 우리가 제 2강에서 지적하였듯이, 이 서신의 기자가 '누구인지' 알아내는데 도움을 주는 많은 상세한 국면 중 하나가 바로 그것입니다. 신약성경 어디에서도 다른 사도가 교회의 기도를 요청한 기록이 전혀 없습니다. 바울은 여기 말고 자기의 서신들 중 일곱 서신에서 자기를 위한 교회의 기도를 요청합니다(롬 15:30 ; 엡 6:19 ; 골 4:3 ; 살전 5:25 ; 살후 3:1 ; 몬 1:22) 사피어(A. Saphir)는 이 점에 대하여 이렇게 말합니다.

"사도 바울은 다른 사도들보다 더 많은 수고를 하였고 참으로 많은 은사를 부여받았다. 그러면서도 그는 하나님께서만 더해 주시는 긍휼 있는 동정심과 애정과 고통과 가장 생생한 개념을 가장 크게 추구하고 있었던 것 같다. 그런 일은 힘으로도 능으로도 되지 아니하고 주의 신으로 말미암는다."

"우리를 위하여 기도하라." 바울 자신을 직접 가리키고 있기는 하지만 분명하게 말하여 이 요청은 그리스도의 모든 종들을 위한 것입니다. 그리스도의 종들이 섬기고 있는 모든 성도들은 오늘날도 그런 요청을 받고 있습니다. 하나님의 종들은 하나님의 통제를 받으며 사람들에게 우리 백성들이 가장 좋은 것을 받는 통로입니다. 흔히 그들은 사역적(使役的)인 면에서 우리의 영적인 아버지들입니다(고전 4:15). 그리고 영적인 유모(乳母)이며(살전 2:7), 영적 안내자요 상담자요 영적인 양식을 먹이는 자들입니다. 그 하는 일들 때문에 그들은 매우 높이 존중되어야 합니다. "그들의 역사로 말미암아 사랑 안에서 가장 귀히 여기며 너희끼리 화목하라."(살전 5:13) 우리가 하나님 앞에서 그들을 진심으로 존중하고 있음을 보여줄 양으로 믿음과 사랑의 팔로 그들을 부단하게 받쳐주어야 합니다. 그들을 위해서 은혜의 보좌 앞에서 간절히 간구해야 합니다. 그것은 그들의 사랑의 수고와 희생적인 수고와 믿음의 사역에 대하여 우리가 최소한으로 보답할 수 있는 일이라고 할 수 있습니다. 사람들이 이러한 의무를 보다 더 열심히 감당하면 할수록, 그 하나님의 종들의 노고를 통해서 그들이 더 많은 도움과 복락을 받기 쉽다는 것은 의심할 여지가 없습니다.

"우리를 위하여 기도하라." 사도는 그가 필요로 했던 모든 복락이 하나님으로부터만 나온다는 사실을 확신했습니다. 그리고 '기도'는 이러한 복락을 얻는 데 하나님께서 지정하신 방편이라는 사실도 확신했습니다. 어떤 사람은 이렇게 말했습니다. "교회의 지체들이 교회를 인도하는 자들에게 마땅하게 순종하는 것이 교회를 세우는 가장 좋은 방편이며, 교회의 전역에 질서와 평강을 유지하는 제일의 요인이 된다. 그렇다면 교회의 인도자들과 그 동료 지체들을 위해서 드리는 기도야말로 그것을 얻기 위한 지정된 통로이다." 바울은 다시 히브리 그리스도인들의 기도를 요청하면서 그들을 의로운 사람들로 여기고 있음을 시사하였습니다. 그들의 기도는 '역사하는 힘'이 많습니다. 그의 요청은 역시 그들이 자기를 사랑함을 확신하고 있음을 보여주었습니다. 민감하고 신실하게 그들의 선을 추구하는 마음을 가진 사람은 틀림없이 그에 대한 따뜻한 애정을 가지고 있습니다. 서로를 위해서 기도하는 것이야말로 성도의 교통에 있어서 주도적인 부분 중 하나입니다.

사도는 두드러지고 강력한 이유를 제시하면서 자기 편지를 받는 독자들의 기도를 더욱 간절히 간청합니다.

"우리가 모든 일에 선하게 행하려 하므로 우리에게 선한 양심이 있는 줄을 확신하노니." 여기서 "확신하노니"라는 말은 두 가지를 시사하고 있습니다. 첫째는 그가 겸손한 자세를 취하였다는 뜻입니다. '우리는 안다.'는 식의 거만한 투가 하나도 없습니다. 둘째로는 그의 확신, 성경에 나타난 그런 언어는 의심을 표현하기 위해서는 쓰지 않습니다. 그래서 하나님을 향한 자기 마음의 신뢰가 있음을 겸비한 어휘로 표현합니다. 이 교만하고 이기적인 세대 속에 사는 우리가 잘 주목할 필요가 있는 한 표본입니다.

복음의 사역자가 아무리 어눌하게 말한다 할지라도 자기 노고의 신실한 행사에 진정으로 호소할 수 있다는 것은 대단한 일입니다. 왜냐하면 그 사람은 자기 사람들의 지원과 동정을 요청할 수 있기 때문입니다. 목사가 예의바르게 자기 사람들의 기도를 요청할 수 있을 때는 오직 그가 옳은 일을 행하고 선한 양심을 유지하는 것을 목적으로 삼을 때뿐입니다.

바울이 여기서 선한 양심을 유지하려고 애를 쓰는 특별한 요점을 언급한 이유가 있습니다. 그것은 그가 자기 동족에게 악평을 받아 왔기 때문입니다. 또한 의심할 여지없이(사탄은 그때나 지금이나 똑같다) 바울에 대한 정말 비방어린 보고들이 히브리 사람들 속에서 널리 퍼져 있었기 때문입니다. 그는 자기 고향 사람들에게 잔인하게 매를 맞았고, 로마 사람들에게 부당하게 잡혀 옥에 갇혔습니다. 그런데도 불구하고 그 가슴 속에서는 언제나 순전하게 행하겠다는 것이 자기 자신의 소원과 결심이었습니다. 그것을 증언하는 양심의 증거를 가지고 있었습니다. "내 이름이 악한 이름처럼 취급당하고, 내가 악행을 행한 사람처럼 고난을 받는다 할지라도 나는 복음의 사역에 있어서 신실하다고 주장한다. 나는 속임수로 하나님의 말씀을 수종하거나 교활하게 행동하지 않는다. 나는 복음을 통해서 내 이익을 챙기지 않는다. 나는 정말로 모든 처지에서 영예롭게 행동하려고 애를 써왔다." 그렇게 말할 수 있는 사람은 복되도다!

"우리에게 선한 양심이 있는 줄을 확신하노니." 우리가 앞에서 지적한 것처럼 양심이란 창조주께서 사람에게 부여하신 기능인데, 그 양심을 통해서 사람은 자기의 상태와 행동을 판단할 수 있습니다. 하나님의 판단에 비추어서 말입니다. 그 양심의 증거는 이중적인 것입니다. 그 양심의 빛을 따라서 우리에게 죄를 밝혀주고 우리의 의무를 찾아내 주는 것입니다. 사람이 양심을 밝히는 데 있어서 두 가지 빛이 있습니다. 하나는 본성적인 이성(理性)과 성경의 계시, 그리고 성령께서 그것을 적용하시는 것이 있습니다. 만일 양심이 이교도의 경우처럼 본성의 반짝거리는 빛만 가지고 있으면, 본성적으로 생각되는 의무와 본성을 거스르는 죄에 대하여만 판단합니다. 그러나 만일 그 양심이 말씀의 초자연적인 빛을 얻는다면, 하나님의 계시로 알려지는 죄들과 의무들을 분별하게 되는 것입니다. 그것은 영혼 속에 영원한 기록을 남겨 둡니다. 우리가 많은 빛을 가지면 가질수록 우리의 책임은 더욱 커집니다. "알지 못하고 맞을 일을 행한 종은 적게 맞으리라 무릇 많이 받은 자에게는 많이 요구할 것이요 많이 맡은 자에게는 많이 달라 할 것이니라."(눅 12:48)

비록 이교도가 하나님의 계시로 말미암아 전달된 율법을 가지고 있지는 않지만, 그들의 도덕적인 지각으로 자기들 마음에 새겨진 율법의 교훈의 실체를 가지고 있습니다. "이런 이들은 그 양심이 증거가 되어 그 생각들이 서로 혹은 고발하며 혹은 변명하여 그 마음에 새긴 율법의 행위를 나타내느니라."(롬 2:15) 바울이 "범사에 양심을 따라 하나님을 섬겼노라."(행 23:1)고 말할 때, 그것은 "내가 율법의 의로는 흠이 없는 자로다."(빌 3:6)라고 한 것과 병행됩니다. 그 양심 속에 가지고 있던 빛과 그 외면적인 행동 사이에는 일치가 있었다는 말입니다. 이 점에 대하여 토마스 굳윈(Thomas Goodwin)의 말을 들어 보십시오.

"'그리스도인에겐 도덕법을 사용하는 일이 없다.'고 말하는 자들은 마치 '그리스도인의 영혼 속에는 양심의 기능을 사용하는 것이 더 이상 없다.'고 말하는 것과 같다. 그 기능을 사람의 마음에서 떼어내 보라. 그것은 마치 마땅한 교훈을 떼어 내는 것과 같을 것이다. 마치 하나님께서 색깔과 빛을 폐지하시려 하면 먼저 시각을 없애 버리고 막아 버려야 할 것이다."

"사람의 영혼은 여호와의 등불이라 사람의 깊은 속을 살피느니라."(잠 20:27) 이 도덕적인 지각을 가리켜 사람의 영혼에 하나님께서 보내신 정탐꾼이라고 칭한 것은 잘한 것입니다. 그 정탐꾼의 제어와 질책은 하나님께로부터 온 하나의 경고입니다. 그것은 하나님의 이름으로 행하면서 하나님의 법정에 우리를 불러 세웁니다. 그것은 하나님께로부터 가르침과 권위를 받아 바로 그 하나님께 보고해야 됩니다. 안타깝게도 얼마나 많은 사람들이 이 세상의 관습과 유행에 통제를 받습니까? 또 그들이 자기 동료들의 의견과 보도를 따라 살아가는 모습은 또 어떠합니까. 양심은 "세상에 와서 각 사람에게 비추는"(요 1:9) 그 빛의 한 부분입니다. 많은 대목에서 '마음'(요일 3:2)과 '영'(롬 8:16 ; 고전 2:11)이 양심을 뜻합니다. 시편 16:10에서 그것을 가리켜 '심장'이라고 하였습니다. 다른 대목에서도 육신의 '눈'에 비유합니다(눅 11:34-36). 눈이 몸 중에서 가장 민감하고 지각 있는 지체이고 눈의 시각적인 기능은 영혼에 있어서 양심의 기능과 같기 때문입니다.

양심은 사람 속에 있는 하나님의 증인입니다. 그것은 마음을 지시하고 권하는 하나님의 율법의 소리요, 옳고 그른 것에 대한 지식을 전달해 주는 하나님의 율법의 음성입니다. 그 역할들은 증거하고 도덕적인 판결을 내리게 합니다. 그 임무는 각 행동에 대하여 그것이 선한지 나쁜지, 그것이 상(賞) 받을 일인지 아니면 벌을 받을 일인지 선포합니다. 그런 다음에 하나의 반사행위로서 우리가 바르게 행했는지 옳지 못하게 행했는지 증언합니다. 그러나 양심이 죄를 깨닫게 하고 아프게 하는 동안에는 우리를 도와 믿게 하는 일은 결코 하지 않습니다. 오히려 그 양심의 작용은 믿음을 저항합니다. 본성적인 양심이 아무리 넓은 범위로 빛을 받는다 할지라도, 믿음에 도움이 되는 것은 하나도 하지 못합니다. 오히려 그것은 믿음을 대항하여 사람의 마음이 가질 수 있는 가장 큰 원수가 됩니다. 믿음은 하나님의 선물이어서 초자연적으로 부여되는 것이요, 성령님의 역사의 결과입니다. 타락한 사람이 아무런 도움을 받지 않은 채 그 기능들을 다 동원하여 미칠 수 있는 최고의 높이보다 훨씬 초월하는 것입니다.

이상에서 지적한 것을 보고 언뜻 독자가 놀라는 반응을 보일 지도 모릅니다. 그러나 놀라지 말아야 합니다. 양심은 율법이 말하는 바를 온전히 들을 수는 있습니다. 왜냐하면 양심은 다름 아닌 마음에 기록되어 있는 율법 바로 그것이기 때문입니다. 그러나 복음이 말하는 것에 대해서는 전혀 깜깜합니다. 그 복음의 말 한마디도 이해할 수 없습니다. 거듭나지 않은 본성적인 양심을 향하여 구세주에 대해서 말하면서 그를 믿으라고 촉구한다면, 그 양심의 대답은 유대인들의 태도와 방불할 것으로 나타납니다(그들로 하여금 그렇게 말하도록 한 것은 바로 이 양심의 원리였다). "하나님이 모세에게는 말씀하신 줄을 우리가 알거니와 이 사람(예수님을 가리키며)은 어디서 왔는지 알지 못하노라."(요 9:29) 율법이 사람에게 말하면 양심이 반응합니다. 그 사람의 양심은 그가 무엇을 해야 마땅한지 알기 때문입니다. 그러나 복음의 소리는 그에게 있어서 낯선 자의 소리입니다. 양심은 정죄(定罪)와 죄의 형벌에서 벗어나는 길을 도저히 지시할 수 없습니다. 아니 "사람이 거듭나지 아니하면 하나님 나라를 '볼 수 없느니라.'"(요 3:3).

양심이 많은 빛을 받으면 받을수록 양심은 우리에게 죄의 모든 방식을 더 많이 밝혀 주고, 그 때문에 우리를 더 책망하게 된다는 것은 사실입니다. 그러나 양심은 우리가 불신앙을 가진 것을 지적해 주지 못하며, 그 불신앙이 얼마나 악하다는 것을 우리에게 깨우쳐 주지 못할 것입니다. 오직 성령의 직접적인 빛이 마음속에 비추어져야만 그런 일이 일어납니다. 마음에 불러 소환하여 판단할 양심의 법정(法廷)이 어찌하지 못하는 '큰 죄 둘'이 있습니다. 첫째는, 아담의 원죄에 대한 책임을 알지 못하는 죄입니다. 아담의 원죄의 죄책이 그의 모든 후손에게 전가(轉嫁)된 것은 정당합니다. 가르침을 받은 양심이 아담 안에서 우리가 타락함으로 말미암은 결과인 본성의 부패를 깨달을 수는 있습니다. 그러나 우리의 첫 조상의 범죄 때문에 우리가 받게 된 치명적인 정죄(定罪)에 대해서는 깨닫지 못할 것입니다. 둘째로, 양심은 우리가 그리스도를 믿는 믿음이 모자람을 익히 알지 못합니다. 그런 일은 오직 성령님의 살리심을 받은 마음에 역사하시는 성령님의 특별한 역사(役事)만이 해낼 수 있습니다. 양심 속에서 정말 괴로움을 당하고 있는 사람들을 검증해 보세요. 그러면 그들 중 아무도 자기들의 불신앙을 인하여 괴로워하지는 않음을 발견할 것입니다.

양심이 믿음의 수하에 들어가 복종하게 될 때까지는, 양심이야말로 거듭나지 않은 자연인이 믿지 못하게 방해하는 가장 큰 장애 요소입니다. 각성받고 죄를 깨달은 영혼(awakened and convicted soul)이 대응해야 하는 가장 큰 장애는 무엇입니까? 정말이지 자기의 죄가 크다는 사실과, '너는 하나님의 자비의 범주를 벗어나 있다.'고 말하는 그 자신의 마음이 가장 큰 거침돌입니다. 그것은 다름 아니라 죄책어린 양심의 고발(accusations)인데, 그것이 마음속에서 절망감을 갖게 하는 것입니다. 양심은 우리의 죄들을 빛 앞에 가져가 밝히 드러나게 하여 우리로 그 죄를 정면으로 바라보게 합니다. 그리고 그 죄악들이 얼마나 극악함을 생각하게 합니다. 그래서 우리가 두려워 떨게 됩니다. 두려움에 떠는 영혼을 향해서 '너 같은 사람에게는 구원이 요원하다.'고 말하는 것이 바로 그 양심입니다. 양심은 우리로 하여금 일하게 하고 행하게 합니다. 그러나 율법적인 방식으로만 일하게 합니다. 우리를 참된 평안의 길로 인도하기는커녕 거기서 더 멀리 벗어나게 합니다. 옛 유대인들의 경우가 그러하였고, 지금도 역시 그러합니다. "하나님의 의(義)를 모르고 자기 의를 세우려고 힘써 하나님의 의에 복종하지 아니 하였느니라."(롬 10:3)

그리스도인의 경우에 양심과 믿음은 서로를 보충하며 일합니다. 만일 양심이 이를 깨닫고 의무를 소홀히 하는 것에 대한 책망을 하면, 믿음은 그리스도 안에 있는 하나님의 긍휼을 바라봅니다. 그래서 회개하면서 자기의 실수를 고백하고, 보배피로 말미암아 씻김받기를 구합니다. "그렇지 않으면 섬기는 자들이 단번에 정결하게 되어 다시 죄를 깨닫는 일이 없으리니."(히

10:2) 죄들을 깨닫는 일이 더 이상 우리를 대적하여 서 있는 일이 없게 된다는 말입니다. 선한 양심을 유지하는 것은 신자에게 주어진 의무입니다(딤전 1:19 ; 3:9). 그것은 우리 자신과 우리의 길을 계속 판단해야 하기 때문입니다. 양심의 오직 유일한 법칙은 하나님의 계시된 뜻입니다. 왜냐하면 다른 것은 어느 것도 양심을 합법적으로 명할 수 없기 때문입니다. 그러므로 하나님과 양심을 범하느니 차라리 온 세상을 거스르는 것이 무한히 더 낫습니다. "내 친한 벗도 다 내가 실족하기를 기다리며 그가 혹시 유혹을 받게 되면 우리가 그를 이기어 우리 원수를 갚자 하나이다."(렘 20:10) 그 때 예레미야가 그런 자들의 행태를 어떤 식으로 대응하였습니까? "의인을 시험하사 그 폐부와 심장을 보시는 만군의 여호와여 나의 사정을 주께 아뢰었사온즉 주께서 그들에게 보복하심을 나에게 보게 하옵소서."(렘 20:12)

그리스도인의 양심을 규제하는 오직 유일한 법칙은 하나님의 기록된 말씀입니다. 왜냐하면 "믿음을 따라 하지 아니하는 것은 다 죄가" 되기 때문입니다(롬 14:23). 그러므로 여기서 "믿음을 따라 하지 않는다."함은 '말씀을 따라 하지 않는다.'는 말입니다. "믿음은 들음에서 나며 들음은 그리스도의 말씀으로 말미암았느니라."(롬 10:17) 다시 말하면 말씀에서 나온 판단과 양심의 확고한 확신으로 하지 않는 것은 무엇이든지 죄입니다. 선한 양심에 미치지 못하는 양심은 무엇입니까?

선한 양심에 미치지 못하는 상태

첫째로 '무지와 오류'의 상태에 있는 양심이 있습니다. 하나님의 어떤 자녀들은 진리 안에 매우 불안전하게 서 있습니다. 하나님이 보시기에 어느 것이 옳고 그른가에 대하여 많은 혼란을 겪고 있습니다. 특별히 의견이 분분한 문제에 관한 한 그러합니다. 그들은 그리스도께서 당신의 백성들을 구속(救贖) 하시어 확보하신 '자유'를 이해하지 못합니다. "그리스도께서 우리를 자유롭게 하려고 자유를 주셨으니 그러므로 굳건하게 서서 다시는 종의 멍에를 메지 말라."(갈 5:1) 이미 그들은 그런 식으로 자유하게 되었으니, 본질적이지 않은 주변적인 것들, 곧 성경에서 특별하게 금하지 않은 모든 것들을 바르고 선하게 사용할 자유가 있습니다. "사람의 마음을 기쁘게 하는 포도주와 사람의 얼굴을 윤택하게 하는 기름과 사람의 마음을 힘있게 하는 양식을 주셨도다."(시 104:15) 여기서 순전한 일용할 양식(糧食)보다 더한 것을 말합니다. 그 양식에 더하여 마음과 몸을 신선하게 해주는 보양(保養, recreation)을 덧붙인다 할지라도 아무런 죄가 되지 않습니다. 그러한 것들을 바르게 사용하는 방식이 디모데전서 4:4,5에 규정되어 있습니다. "하나님께서 지으신 모든 것이 선하매 감사함으로 받으면 버릴 것이 없나니 하나님의 말씀과 기도로 거룩하여짐이라."

양심의 결핍의 두 번째 항목은 방금 말한 것과 긴밀한 연관을 가진 것입니다. 성경이 '약한 양심'이라 부른 것입니다. "이같이 너희가 형제에게 죄를 지어 그 약한 양심을 상하게 하는 것이 곧 그리스도에게 죄를 짓는 것이니라."(고전 8:12) 그 '연약한 양심'은 빛이 모자라거나 잘못 가르침을 받았거나, 아니면 개인적인 선입견이나 특질 때문에 야기된 것입니다. 그렇게 환란 당하는 사람들을 향해서 어떻게 행동할까 하는 일은 흔히 곤란하고 어렵습니다. 반면에 사랑은 그들이 잘되는 것을 바라고, 그들에 대해서 참아내며, 그들에게 불필요하게 상처받는 일을 삼가게 합니다. 그러나 반면에 그들의 망설임과 그들의 일시적인 변덕을 들어주어 우리 자신의 영적 자유를 손상당하지 않아야 합니다. 그리스도께서도 사람들의 유전(遺傳, tradition)에 제자들이 매여 복종하지 못하게 하셨습니다. "그의 제자 중 몇 사람이 부정한 손

곧 씻지 아니한 손으로 떡 먹는 것을 보았더라."(막 7:2) 심지어 그리스도께서는 그들이 그리스도 자신 속에서 어떤 실수를 발견해 내려고 정탐하고 있음을 아셨습니다. 또한 당신의 행실을 보고 그들이 마음의 상처를 받는 것도 아셨습니다.

셋째로 '의심하는' 양심도 있습니다. "네게 있는 믿음을 하나님 앞에서 스스로 가지고 있으라 자기가 옳다 하는 바로 자기를 정죄하지 아니하는 자는 복이 있도다 의심하고 먹는 자는 정죄되었나니 이는 믿음을 따라 하지 아니하였기 때문이라 믿음을 따라 하지 아니하는 것은 다 죄니라."(롬 14:22, 23)

넷째로 '상처 난' 양심도 있습니다. 그 양심의 평안이 깨진 것은 회개하며 하나님께 죄를 고백하는 일을 하지 않는 죄를 지은 결과입니다.

선한 양심의 보상

'선한 양심'을 유지하려고 애를 쓸 때마다 '은택들과 복락들'이 보상으로 풍성하게 주어집니다.

첫째로, 그것은 우리로 하여금 하나님을 향하여 확신을 갖게 합니다. 우리가 죄를 지어 평안이 깨어지면 우리 영혼과 거룩하신 분 사이에 어색함과 거리감이 생깁니다. 우리의 내면적 양심이 우리를 지적하여 정죄하면, 마음은 점점 하나님을 부끄럽게 여기고, 그래서 결국 편안하게 하나님의 얼굴을 바라볼 수 없게 됩니다. 회개하는 심정으로 죄를 고백하고 그리스도의 깨끗하게 하는 피를 믿음으로 받아들여서 하나님께 대하여 모든 것이 바르게 되어 있을 때만 은혜의 보좌 앞에 담대히 나아갈 수 있습니다. "우리가 마음에 뿌림을 받아 악한 양심으로부터 벗어나고 몸은 맑은 물로 씻음을 받았으니 참 마음과 온전한 믿음으로 하나님께 나아가자."(히 10:22) 더 이상 하나님 앞에서 우리를 고발하지 않는 양심으로 하나님께 나아가자는 말입니다. "내가 나의 마음에 죄악을 품었더라면 주께서 듣지 아니하시리라."(시 66:18) 그러나 반면에 "이기는 그에게는 내가 내 보좌에 함께 앉게 하여 주기를 내가 이기고 아버지 보좌에 함께 앉은 것과 같이 하리라 귀 있는 자는 성령이 교회들에게 하시는 말씀을 들을지어다."(계 3:21,22)

둘째로, 신자가 그 대적들로부터 거짓된 참소(讒疏)를 당하고 비방을 받을 때 깨끗한 양심은 가장 큰 힘을 줍니다. 우리가 그리스도의 축복의 기도를 바르게 적용할 때 받는 위로가 얼마나 말로 할 수 없이 큰가요. "나로 말미암아 너희를 욕하고 박해하고 거짓으로 너희를 거슬러 모든 악한 말을 할 때에는 너희에게 복이 있나니."(마 5:11) 사도 바울의 경우가 그러하였습니다. "우리가 세상에서 특별히 너희에 대하여 하나님의 거룩함과 진실함으로 행하되 육체의 지혜로 하지 아니하고 하나님의 은혜로 행함은 우리 양심이 증언하는 바니 이것이 우리의 자랑이라."(고후 1:12)

셋째, 깨끗한 양심은 그 양심을 소유한 자를 지켜서 사탄의 송사를 이기게 합니다. 우리 영혼의 큰 원수인 사탄은 거듭해서 부단하게 우리의 평안과 기쁨을 빼앗아 가려고 합니다. 사탄의 참소가 합당해 보이고 우리가 양심의 가책(呵責)을 받으면, 양심의 공략을 막아내는 데 힘이 없습니다. 그러나 우리가 깨끗한 양심에 호소하고, 그 대적의 거짓말을 밝혀낼 수 있을 때 그의 불화살을 능히 잠재울 수 있습니다. 시편 기자는 말할 때 매우 담대하였습니다. "여호와 내 하나님이여 내가 이런 일을 행하였거나 내 손에 죄악이 있거나 화친한 자를 악으로 갚았거나 내 대적에게서 까닭 없이 빼앗았거든 원수가 나의 영혼을 쫓아 잡아 내 생명을 땅에 짓밟게 하고 내 영광을 먼지 속에 살게 하소서… 여호와께서 만민에게 심판을 행하시오니 여호와여 나의 의와 나의 성실함을 따라 나를 심판하소서."(시 7:3-5, 8)

넷째로, 깨끗한 양심은 다른 사람을 합당하게 질책할 때도 큰 이점을 가지게 합니다. 일관성이 없는 삶을 사는 그리스도인의 권면은 어떠한 무게도 가지지 못하며, 하나님과 가까이 동행하는 사람은 권위 있게 말합니다. 하나님 앞과 그 동료들 앞에서 정직하게 행하는 사람은 경건치 아니한 사람도 느낄 정도의 도덕적인 힘을 발산합니다. 끝으로, 평화로운 양심은 죽을 때에도 말로 할 수 없는 위안을 줍니다. 많은 실패에도 불구하고 하나님과 그 이웃들에 대하여 옳은 일을 부단하게 하려고 애썼다는 내적인 증거를 가지고 있을 때, 그 머리를 의지할 평안한 베개를 놓습니다. "여호와여 구하오니 내가 주 앞에서 진실과 전심으로 행하며 주의 목전에서 선하게 행한 것을 기억하옵소서 하고 히스기야가 심히 통곡하니."(사 38:3) "병들어 죽게 된" 사람이 자기의 선한 양심을 가리키며 하나님께 호소하는 소리입니다.

"우리가 모든 일에 선하게 행하려 하므로 우리에게 선한 양심이 있는 줄을 확신하노니." 바울이 선한 양심을 가지고 있다는 증거를 "모든 일에 선하게 행하려 하므로"라는 말로 표현하고 있습니다. 어떤 처지에서도 바르게 행하려는 결연한 의지와 진지한 노력은 선한 양심의 열매와 증거입니다. "선하게 행하려 하므로"라는 말의 "행하려 하므로"라는 말은 하나의 소원을 나타내고, 거기에 부가되는 노력과 부지런함을 함께 가진 준비된 자세를 뜻하는 것입니다. "모든 일에"라는 말은 하나님과 사람을 향한 마땅한 모든 의무를 함축하며, 거리낌 없이 양심을 지키려는 사도의 엄격성과 정확성을 나타냅니다. "이것으로 말미암아 나도 하나님과 사람에 대하여 항상 양심에 거리낌이 없기를 힘쓰나이다."(행 24:16) 이 바울의 선언에 대한 결정적인 주석은 에베소에서 그가 살아간 방식에 대한 기록에서 나타납니다(행 20:18-28을 보라). 그의 헌신, 그의 충성, 그의 일관성이 오늘날 육신을 사랑하는 탐욕적인 정신을 띠는 설교자들을 얼마나 부끄럽게 합니까. 하나님께서 그 종들에게서 요구하는 것은 얼마나 엄격한 양심입니까. 눈 속에 들어가는 아무리 작은 티끌도 그 눈의 기능을 저해합니다. 그러하듯이 사소한 어떤 죄라도 민감한 양심에 고통을 줄 것입니다.

"아무에게도 악으로 악을 갚지 말고 모든 사람 앞에서 선한 일을 도모하라."(롬 12:17) 여기서 사도는 선한 양심을 율법의 첫 번째 돌판과 동등하게 두 번째 돌판을 염두에 두면서 거론합니다. 그래서 어느 사람에게도 무슨 거리낌이 있어서 그 얼굴을 보는 것이 두려운 일이 없어야 한다는 것입니다. 편벽되지 않고 보편적인 순종을 내재하는 믿음은 그 어느 것이라도 쓸모가 없는 것이 아닙니다. 우리의 가장 거룩한 믿음의 모든 신비는 '경건함'의 신비입니다. "알 것은 이것이니 율법은 옳은 사람을 위하여 세운 것이 아니요 오직 불법한 자와 복종하지 아니하는 자와 경건하지 아니한 자와 죄인과 거룩하지 아니한 자와 망령된 자와 아버지를 죽이는 자와 어머니를 죽이는 자와 살인하는 자며."(딤전 1:9) "크도다 경건의 비밀이여, 그렇지 않다 하는 이 없도다 그는 육신으로 나타난 바 되시고 영으로 의롭다 하심을 받으시고 천사들에게 보이시고 만국에서 전파되시고 세상에서 믿은 바 되시고 영광 가운데서 올려지셨느니라."(딤전 3:6)

그러나 만일 하나님의 말씀이 말로만 임하고 능력으로는 임하지 않았다면, 우리는 그저 '문자적인 의미'의 그리스도인은 될지언정 '영적인 그리스도인'은 되지 못합니다. 안타깝게도 교리에 있어서 건전하고 영생을 육신적으로 확신하는 면에서는 대단한 모습을 보이면서도 양심을 거리낌 없이 지키려고 애쓰는 면에서는 노력하지 않는 자들이 얼마나 많습니까. 안타까운 일입니다. 정말 안타까운 일입니다. 우리에게 맡겨진 이 세대는 정말 양심 없는 세대입니다. 지금 복음을 믿는다고 고백하는 대다수의 사람들의 느슨한 삶 때문에 넘어지는 영혼들이 얼마나 많습니까.

"우리가 모든 일에 선하게 행하려 하므로." 여기서 우리는 우리의 행실이 '이방인 가운데' 선해야 한다는 권면을 받고 있습니다. "너희가 이방인 중에서 행실을 선하게 가져 너희를 악행한다고 비방하는 자들로 하여금 너희 선한 일을 보고 오시는 날에 하나님께 영광을 돌리게 하려 함이라."(벧전 2:12) 이 본문 속에 나타나는 헬라어는 '정직하게'로 보통 이해되는 것보다 더 많은 것을 표현합니다. 마가복음 7:37에서 예수님에 대해서 "그가 다 '잘' 하였도다."라고 한 말에서 '잘'이라는 말과 같은 뜻입니다. 그 말의 진정한 의도는 '탁월하게,' 또는 '영예롭게'라는 것입니다. "모든 일에 선하게(정직하게) 행하려 하므로"에서 '행하려'라는 말로 그의 겸손함과 신실함을 다시 표현하고 있습니다. 그렇게 행동하려고 진지하게 애쓰고 부지런히 노력을 기울이는 것이야말로 이 세상에서 도달할 수 있는 최고의 완전입니다. 우리 모두는 그것을 이행하는 데 있어서 실패합니다. 그래서 모든 세대의 성도들은 느헤미야같이 기도하였습니다. "주여 구하오니 귀를 기울이사 종의 기도와 주의 이름을 경외하기를 기뻐하는 종들의 기도를 들으시고 오늘 종이 형통하여 이 사람들 앞에서 은혜를 입게 하옵소서 하였나니 그 때에 내가 왕의 술 관원이 되었느니라."(느 1:11) 하나님께서 친히 다음의 진리를 확증해주신 것은 복됩니다. "할 마음만 있으면 있는 대로 받으실 터이요 없는 것을 받지 아니 하시리라."(고후 8:12)

히브리서 13:19

"내가 더 속히 너희에게 돌아가기 위하여

너희가 기도하기를 더욱 원하노라."

이 구절에서 바울은 히브리 성도들이 자기를 위해서 기도하기를 바라는 한 가지 이유를 덧붙이고 있습니다. 이 구절에는 많은 것들이 지시되어 있습니다. 그가 그 전에 그들과 함께 있었는데, 이제 자기가 어떻게 할 수 없는 처지로 인하여 다시 돌아올 수 없게 되었다는 것입니다. 사역자들 중에서 가장 선한 사역자가 그 백성들로부터 떨어져 있을 수 있습니다(왕상 22:27 ; 렘 38:6). 또한 그가 다시 그들에게 나가기를 간절히 바란다는 것을 시사하고 있습니다. 그 점은 '자기 자신의' 위안(감옥에서 벗어나는)을 원하는 것이 아니라 그 마음속에서 '그들 하나님의 사람들의 유익'을 최고의 선으로 삼고 있음을 보여 줍니다. 또한 바울은 그들의 기도와 자기를 향한 애정의 승리를 강하게 확신하고 있습니다.

매튜 헨리(Matthew Henry)가 이에 대하여 한 말을 들어 보십시오.

"사역자들이 기도의 응답으로 그 회중들에게 돌아올 때, 그 사역자들은 자신들에게 더 큰 만족을 갖게 된다. 그리고 그 사람들에게 더 크게 성공하여 돌아오는 것이다. 우리는 기도를 통해서 우리의 모든 긍휼을 끌어와야 한다."

바울이 여기서 사용한 어법을 통하여 사람의 가고 오는 것이 주님께 속하였음을 믿고 있음을 드러내고 있습니다. 그리고 그 어법은 주님께서는 교회의 일들을 주님의 기도와 주님의 영광과 기도를 드리는 백성들의 위안을 따라서 좌우하신다는 것도 지시하고 있습니다.

"내가 더 속히 너희에게 돌아가기 위하여 너희가 기도하기를 더욱 원하노라." 이 말씀을 통하여 우리가 배우는 바는, 주님께서 교회 일을 당신 자신의 영광과 그들의 위안이 되는 방향으로 많이 주장하신다는 점입니다. 본문의 말은 매우 강력합니다. 바울이 전혀 맹목적인 운명주의자가 아니라는 사실을 이 본문을 보여 줍니다. 만일 하나님께서 정확한 시간을 정해 놓으셨다면, 어떻게 기도가 "더 속히" 그것을 앞당길 수 있을까요? 하나님의 영원한 작정과 기도 사이의 일관성 있는 조화에 대해서 따져 보거나 그 문제를 철학화 하려는 시도는 전혀 쓸모없는 일입니다. 그저 우리는 성경을 통해서 기도는 우리에게 주어진 하나의 의무이요 복된 특권이라는 사실을 확신하면 충분합니다. 하나님께서 자비를 베풀어 주시기 전에 하나님의 자비를 필요로 함을 우리 자신이 느끼어 '그 자비를 베풀어 주시기를 위하여' 기도하고 간구하게 하시는 것이 바로 하나님의 방식입니다(겔 36:37). 우리는 이 기도가 응답받았는지는 알지 못하겠습니다. 또한 거기에 대한 자료가 전혀 없습니다.

존 오웬(John Owen)의 말을 인용함으로 이 강론을 마무리 하려 합니다. "우리가 현재 해야 할 마땅한 의무에 따라서 합법적으로 간절한 소원을 가질 수 있고, 이루어지지 않을 그러한 것을 위해서도 기도할 수 있다. 하나님의 은밀한 목적이 기도의 법칙은 아니다."

123강

사도의 기도 I

13:20 양들의 큰 목자이신 우리 주 예수를 영원한 언약의 피로 죽은 자 가운데서 이끌어내신 평
강의 하나님이 13:21 모든 선한 일에 너희를 온전하게 하사 자기 뜻을 행하게 하시고 그 앞에
즐거운 것을 예수 그리스도로 말미암아 우리 가운데서 이루시기를 원하노라

우리는 먼저 앞에 나온 구절과 이 두 구절 사이의 '연관'을 생각해 보기로 합니다. 먼저 넓은 시각을 가지고 문맥을 살피고, 그런 다음에 보다 더 세밀하게 이 대목을 살펴보겠습니다. 여기에서 사도는 이미 앞에서 지시했던 것 전체를 간단한 문장으로 함축하여 표현하고 있습니다. 물론 예외적으로 사도는 이 서신에서 히브리 그리스도인들에게 권면한 것을 그들로 이루게 하시기를 위하여 기도하고 있습니다. 이 서신의 전체 교리 부분의 내용이 이 대목 속에 함축되어 있습니다. 사도가 여기서 간구하는 것은, 그들에게 제시했던 모든 중요한 가르침들의 은택과 열매를 하나님께서 그들의 마음에 적용하여 주시는 일입니다. 이 구절은 하나의 적합한 결론을 형성하고 있습니다. 왜냐하면 그 다음에 나오는 대목은 사실상 하나의 추신(追伸)이기 때문입니다.

이 본문을 직접 연관되는 문맥에 비추어 보면, 사도가 설교한 것을 실행했다는 사실에 대한 복된 실증입니다. 그가 자기 독자들에게 요구한 것을 그가 여기서 그들을 위해서 하고 있기 때문입니다. 18,19절에서 그는 히브리 사람들이 사도 '자신을 위하여' 기도해 줄 것을 요청하였습니다. 이제 그가 은혜의 보좌 앞에서 '그들을 위해' 간구하는 그의 모습을 발견합니다. 사도 중 가장 뛰어난 바울이 공적 봉사를 하도록 그리스도의 부르심을 받은 모든 사람들이 본받을 얼마나 복된 실례를 남겨 놓았습니까. 만일 사역자들이 자기 사람들의 기도를 원한다면, 하나님께서 그들에게 맡겨준 자들을 위해서 기도하는 일에 게으르지 않음을 보여주어야 합니다. 이것이야말로 사역자의 역할 중 진수가 되는 부분입니다. 그가 신실하게 말씀을 설교한다는 것만 가지고는 충분하지 않습니다. 그는 열렬하게 자주 하나님께 그의 말씀을 듣는 사람들에게 '말씀'의 복락을 달라고 간구해야 합니다. 거룩한 직무를 감당하도록 부르심을 받은 사람들이 정말 가슴깊이 사무엘 같이 백성들을 위하여 기도할 정도가 되면 얼마나 좋을까요! "나는 너희를 위하여 기도하기를 쉬는 죄를 여호와 앞에 결단코 범하지 아니하고 선하고 의로운 길을 너희에게 가르칠 것인즉."(삼상 12:23)

히브리서 13:20

"양들의 큰 목자이신 우리 주 예수를

영원한 언약의 피로 죽은 자 가운데서 이끌어 내신

평강의 하나님이."

우리가 살펴보는 이 두 구절은 하나의 사도적인 축도(祝禱, benediction), 또는 기도의 형태를 띠고 있습니다. 아주 두드러지고 적합한 방식으로 기도를 받으시는 대상이 잘 명시되어 있습니다. 그런 다음에 어떠한 제목을 가지고 간구하는지 간구 내용도 분명하게 나타나 있습니다. 이 대목에서 우리는 기도를 받는 대상에 대해서만 생각해 볼 것입니다. 사도의 기도를 받는 분을 여기서는 "평강의 하나님"이라고 묘사하고 있습니다. 그러면서 하나님의 하신 일 중에서 그리스도를 죽은 자 가운데서 살리심을 묘사하고 있습니다. 이것은 바꾸어서 영원하신 언약의 피로 말미암아 된 일로 말하고 있습니다. 길게 연속된 이 히브리서 강해를 계속 함께 따라온 이들은 다음과 같은 사실을 인식할 것입니다. 다시 말하면, 유대교보다 기독교가 얼마나 탁월한지를 장엄하게 강론한 사도의 진술들의 모든 내용들을 바로 세 주요한 제목 밑에 놓을 수 있다는 말입니다. "평강의 하나님," "부활하신 양들의 목자 예수 그리스도," "영원하신 언약의 피"가 바로 그것들입니다.

"평강의 하나님이." 성경에서 하나님께서 자신을 가리켜 말할 때 여러 가지 방식을 쓰고 있습니다. 또 다른 여러 칭호를 씁니다. 그런 다양한 방식은 아무렇게나 채용된 것이 아닙니다. 성령님의 무한하신 지혜의 소산입니다. 만일 우리가 그 각 칭호를 주의 깊게 살펴보는 데 실패한다면 많은 것을 손해 봅니다. 단순히 말씨의 다양성을 위해서 그렇게 하는 것이 아니라, 각 칭호마다 그 배경에 조화되도록 엄격하게 선별된 것입니다. 로마서 15:5에서는 "인내와 소망의 하나님"이라고 하였습니다. 왜냐하면 그 앞의 네 구절들의 주제와 맞추기 위해서였습니다. 로마서 16:27에서는 하나님을 가리켜 "지혜로우신 하나님"이라고 말합니다. 왜냐하면 하나님께서 측량할 수 없는 지혜로 감추어 놓은 비밀을 계시로 알게 하셨음을 그 문맥이 다루고 있기 때문입니다. "평강의 하나님"의 의미를 숙고하기 전에 먼저 지적할 것이 있습니다. 그 말은 다른 사도들의 서신들에서는 결코 나타나지 않고 오직 바울 서신에서만 나타나는 독특한 표현입니다. 이것은 또한 이 서신의 기자가 누구인지를 정확하게 알아맞힐 수 있는 표적입니다. 로마서 15:33, 16:20, 그리고 고린도후서 13:11, 빌립보서 4:9, 데살로니가전서 5:23, 데살로니가후서 3:16 등과 이곳 히브리서 본문 등 모두 일곱 차례나 그 "평강의 하나님"이란 표현이 발견됩니다.

"평강의 하나님." 하나님을 이렇게 부르는 것은 하나님을 백성들과의 관계에서 생각함을 드러냅니다. 사도는 하나님을 인류 전체와 가진 보편적인 관계의 차원에서 생각하고 있지 않습니다. 오직 하나님의 법정적(法廷的) 성격, 곧 '재판장'으로서의 하나님의 직무를 생각하고 그렇게 말한 것입니다. 그 복된 대목에서 두 언약이 서로 마주 놓여 있다는 것을 기억해야 할 것이며, '시온산'과 '시내산'을 서로 대조하고 있음을 기억해야 할 것입니다. 그러면서 사도는 "만민의 심판자이신 하나님…."(히 12:23)으로 칭하고 있습니다. 그것이 바로 복음의 전환점과 같은 특징입니다. 최고 재판장이신 하나님의 얼굴은 '기름 부으신 자(그리스도)'의 얼굴 안에서 그의 백성들을 바라볼 때는 인자한 미소를 띱니다. 하나님께서 창조의 아침에 우리의 연대적 머리인 아담 안에서 우리를 부르실 때에는 매우 만족해하시는 얼굴로 부르셨습니다. "하나님이 지으신 그 모든 것을 보시니 보시기에 심히 좋았더라."(창 1:31) 그러나 안타깝습니다! 죄가 들어왔고, 창조주 하나님과 피조물 사이에 간격이 생겨 서로 멀어지게 되었으며, '상호 적대감'을 갖게 되었습니다. 왜냐하면 거룩하신 하나님께서는 죄와 평화롭게 함께 지낼 수는 없기 때문입니다.

하나님께서는 태초로부터 사람에 대해서 창조주로서 은전을 베푸시는 이로서의 관계보다 '다른' 관계들을 견지하셨음을 분명하게 인식할 필요가 있습니다. 아담과 그 안에서 모든 인류는 율법 아래 놓였고, 그러므로 신적 통치에 복종하게 되었습니다. 이 결과 하나님께서는 인간의 '주(主)'가 되셨으며, 인간의 왕과 재판장이 되신 것입니다. 인간이 하나님의 권위에 충성스럽게 복종하고, 그 임금님의 율법에 순종하는 한해서는 하나님의 은총을 누렸을 것입니다. 그러나 인간이 죄를 범할 때 모든 것은 달라졌습니다. 죄는 사람을 더럽게 하고, 그의 본성 전체를 부패시켰습니다. 그 뿐만 아니라, 죄는 하나님의 율법의 저주 아래로 인간을 끌어들였고, 하나님의 진노를 받게 하였습니다. 그런 후에 타락한 사람은 자기가 거스른 재판장과 상관해야 했습니다. 제일 먼저 일어났던 모반(謀叛)으로 인하여 이 일은 아주 분명해졌습니다. 왜냐하면 우리는 창세기 3장에서 다음과 같은 말씀을 읽기 때문입니다. "여호와 하나님이 에덴동산에서 그를 내보내어 그의 근원이 된 땅을 갈게 하시니라 이같이 하나님이 그 사람을 쫓아내시고 에덴동산 동쪽에 그룹들과 두루 도는 불 칼을 두어 생명나무의 길을 지키게 하시니라."(창 3:23,24)

오늘날 이 진리의 엄숙한 국면이 얼마나 적게 설교되고 있는지요. 죄는 우리의 본성을 망가뜨렸을 뿐만 아니라, 하나님을 멀리 떠나게 만들었습니다. "하나님의 생명에서 떠나 있도다."라고 기록된 바와 같습니다(엡 4:18). 사람이 창조될 때 하나님의 형상을 갖고 있었는데, 죄로 인하여 그것이 상실되었습니다. 그 뿐만 아니라, 하나님께서 은총을 누리도록 에덴동산에 두셨는데 그 하나님의 총애를 상실해 버리고 말았습니다. 타락의 결과 속에는 하나님과 사람 사이의 '상호 적대감'이 존재하고 있습니다. 죄는 그 둘 사이를 갈라 냅니다. 영적으로나 법정적(法廷的)으로 그 전에 하나님과 더불어 가졌던 모든 조화와 일치가 완전히 깨져버렸습니다. "육신의 생각은 하나님과 원수가 되나니."(롬 8:7) "하나님의 진노가 불의로 진리를 막는 사람들의 모든 경건하지 않음과 불의에 대하여 하늘로부터 나타나나니."(롬 1:18) 하나님께서 사실은 죄 아래 있는 사람이 하나님을 거슬러 적대감을 가지고 있다는 성경의 가르침만큼 분명한 것이 없습니다.

타락한 사람이 관계해야 하는 분은 격노한 임금이시요, 마음이 상한 재판장이십니다. 타락한 피조물을 향한 그 분의 '법정적' 태도에 관해서 그 분의 말씀은 우리에게 분명하게 말해 주고 있습니다. "오만한 자들이 주의 목전에 서지 못하리이다 주는 모든 행악자를 미워하시며."(시 5:5) "하나님은 의로우신 재판장이심이여 매일 분노하시는 하나님이시로다."(시 7:11) "그들이 반역하여 주의 성령을 근심하게 하였으므로 그가 돌이켜 그들의 대적이 되사 친히 그들을 치셨더니."(사 63:10) 다름 아닌 우리의 복되신 구속주께서 다음과 같이 말씀하신 것은 바로 그 이유 때문이었습니다. "몸은 죽여도 영혼은 능히 죽이지 못하는 자들을 두려워하지 말고 오직 몸과 영혼을 능히 지옥에 멸하실 수 있는 이를 두려워하라."(마 10:28) 이것을 하나님의 절대 능력이나 전능성의 입장에서만 이해하지 말아야 합니다. 도리어 하나님의 '법정적인 권세'나 또는 '의로운 권위'의 입장에서 주로 이해해야 합니다. 왜냐하면 우리가 하나님께 대하여 죄수(罪囚)요 하나님 보시기에 역겨운 존재로 판단되기 때문입니다. 어째서 오늘날 강단에서 이와 유사한 대목에 대해서 침묵해야 합니까?

하나님의 거룩은 죄를 대항하여 불타고 있으며, 하나님의 공의가 만족을 요구하며 큰소리치고 있습니다. 그리고 그분은 무한하게 자비로우신 분이 아닙니까? 그분의 이름은 복되고, 정말 그러하신 분입니다. 그럼에도 불구하고 그 분의 긍휼이 그분의 다른 완전성을 무시하고 독주하여 무효하게 만들지 않습니다. 우리의 왕 노릇은 "의로 말미암은 왕 노릇"입니다. "이는 죄가 사망 안에서 왕 노릇 한 것 같이 은혜도 또한 의로 말미암아 왕 노릇 하여 우리 주 예수 그리스도로 말미암아 영생에 이르게 하려 함이라."(롬 5:21) 은혜가 그 의(義)를 희생시키고 왕 노릇 하지 않습니다. 그러므로 하나님께서 당신의 백성들을 향하여 긍휼의 의도를 가지고 계셨을 때에도 그 백성들은 아담 안에서 타락한 상태로 있어 선택받지 않는 사람들과 본질상 다르지 않았습니다. 하나님께서는 당신의 거룩과 모순되지 않는 방식으로 긍휼을 베푸시는 방안을 지혜로 강구해 내셨습니다. 다시 말하면, 그의 율법이 높여지고, 그의 공의가 만족함을 입는 방식을 강구해 내셨다는 말입니다. 이 장엄한 궁리는 영원한 언약의 차원에서 계시되었습니다. 그 언약은 창세전에 하나님과 중보자 사이에 맺은 언약이었습니다. 그러나 그 언약은 선택한 사람들이라도 아담 안에서 죄를 입고 타락하는 것을 염두에 둔 언약이었습니다. 그리스도께서는 생겨진 틈을 회복하기 위해서 하나님과 당신의 백성들 사이에서 완전한 화해를 이루실 책임을 지셨고, 하나님의 명백한 영광을 거스른 죄의 모든 폐해를 완전하게 보상하겠다고 나서신 것입니다.

일신론자들(Unitarians)인 가공할 소시너스파 사람들(Socinians)이 주장하는 이단을 받아들이는 많은 사람들은 그 화해가 '쌍방적'임을 인정하지 않을 것입니다. 그러나 하나님께서는 백성들이 당신께 진실로 화해한 것 같이 하나님께서도 그 백성들에게 화해하시게 되었습니다. 우리가 위에서 말한 것처럼, 성경은 사람 편에서 하나님을 향하여 가진 적대감에 대해서만 말하지 않습니다. 하나님 편에서 사람을 향하여 진노하심에 대해서도 말합니다. 그리고 성경은 죄를 쳐서 말할 뿐 아니라 죄인들을 쳐서도 말하고 있습니다. 단순하게 선택받지 않은 이들에 대해서만 말하지 않고 선택받은 사람들에 대하여도 함께 말합니다. 왜냐하면 우리는 "본질상 다른 이들과 같이 진노의 자녀들"이기 때문입니다(엡 2:3). (그러합니다. 부패에 덧붙여서 '진노'가 부연되어 있습니다.) 죄는 하나님과 백성들 사이에 법정적(法廷的) 불화가 오게 하였습니다. 그래서 쌍방이 서로에 대하여 혐의감(嫌疑感)을 가지게 되었습니다. 백성들은 가해자요, 하나님은 피해자이십니다. 그래서 쌍방의 완전한 화해를 이루기 위해서는 백성들에 대한 하나님의 법정적인 진노를 벗겨야 합니다. 그것을 위해서 그리스도께서는 친히 하나님께 화목제물이 되셨으며, 그들에게 마땅한 진노를 친히 담당하셨습니다. 그처럼 보편적으로 거듭 되풀이 되는 속죄의 중심적인 진리는 구약의 모형 속에서 거듭 반복적으로 묘사되어 있습니다. 예를 들어서 이스라엘이 금송아지와 관련된 심각한 죄를 범하였을 때 여호와께서는 모세에게 말씀하셨습니다. "그런즉 내가 하는 대로 두라 내가 그들에게 진노하여 그들을 진멸하고 너로 큰 나라가 되게 하리라."(출 32:10) 그러나 그 다음에 즉시 나타난 일의 추이는 하나님의 의로운 분노와 죄를 지은 그 백성들 사이의 모형적인 중보자가 서서 그 역할을 감당하는 참으로 복된 모습을 보여줍니다. 그래서 그가 그 백성들을 향한 하나님의 진노를 벗겨 준 셈입니다(출 32:11-14). 다시 민수기 16장에 고라와 그 일당의 반역에 대한 기록이 있습니다. "여호와께서 모세에게 말씀하여 이르시되 너희는 이 회중에게서 떠나라 내가 순식간에 그들을 멸하려 하노라 하시매 그 두 사람이 엎드리니라."(민 16:44,45) 모세는 아론에게 그 문제에 대해서 이렇게 말했습니다. "너는 향로를 가져다가 제단의 불을 그것에 담고 그 위에 향을 피워 가지고 급히 회중에게로 가서 그들을 위하여 속죄하라 여호와께서 진노하셨으므로 염병이 시작되었음이니라."(46절) 아론이 그렇게 하였습니다. 우리는 이렇게 읽습니다. "이에 백성을 위하여 속죄하고 죽은 자와 산 자 사이에 섰을 때에 염병이 그치니라."(47,48절)

이상에서 예로 든 것보다도 더 명백한 것은 있을 수 없습니다. 그밖에도 많은 다른 예를 들 수 있습니다. 족장들이나 모세의 여러 경륜을 통해서 우리는 하나님의 의로운 분노를 가라앉힐 특별한 목적으로 제사가 드려진 사실을 알고 있습니다. 그 법정적인 불쾌함을 가라앉히고 백성들을 향하신 하나님의 진노를 거두기 위해서 제사를 드린 여러 경우를 알고 있습니다. 그 효력은 '화해'라는 말로 명백하게 표현되어 있습니다(레 16:22 ; 대하 29:24 ; 단 9:24). 정말 분명하게 이스라엘 사람들은 하나님을 거스른 자기들의 대적에 대한 책임을 벗기 위해서 제사를 드리지 않았습니다. 구약의 여러 제사들이 그리스도의 봉헌을 예표적으로 그려주고 있습니다. 그러니 그것을 반대로 돌려 말할 때, 구약의 제사들은 그리스도의 사역(事役)의 위대한 목적을 확증합니다. 곧, 우리를 향하신 하나님의 진노가 비켜 가게 하기보다는 죄인들을 하나님께 화해시키는 것이 그리스도의 사역의 위대한 목적입니다. 신약의 증거는 동일하게 명백하고 분명합니다. 그러니 우리는 그 증거를 거슬러 항거하거나 따지는 대신 그 증거에 머리를 숙여야 합니다.

그리스도에 대하여 무어라 하였습니까? "이 예수를 하나님이 그의 피로써 믿음으로 말미암는 화목제물로 세우셨으니 이는 하나님께서 길이 참으시는 중에 전에 지은 죄를 간과하심으로 자기의 의로우심을 나타내려 하심이니."(롬 3:25) '하나님의 사랑이나 은혜를 나타내려 하심이라.'고 말하지 않았습니다. "하나님께서 자기의 의로우심을 나타내려 하심이라."고 하였습니다. 자, 여기 '화목제물'은 손상된 공의(公義)를 만족시킴으로써 분노를 가라앉히고 유화(宥和)시키는 것을 뜻하는 것입니다. 이 구절의 의도는 결단코 '화목제물'의 헬라어가 히브리서 9:5에서 '속죄소(시은소, mercyseat)'로 번역된다는 사실로 말미암아 약화되지 않습니다. 왜냐하면 '속죄소'는 '피를 뿌리는 곳'이었기 때문입니다. 모형적인 중보자가 백성의 죄를 향한 하나님의 공의의 요구를 만족하기 위하여 속죄제물을 바친 곳이 바로 그곳이었습니다. 사실상 '속죄소'라는 말의 히브리어는 '덮개(covering)'라는 뜻입니다. 그런데 그곳을 속죄소로 부르는 두 가지 이유가 있습니다. 첫째로, 그것이 법궤를 덮어 정죄(定罪)하는 율법을 보이지 않게 가리는 역할을 하였습니다. 그 속죄소 아래에는 돌판 둘이 있었습니다. 두 번째로, 그 속죄소에 뿌려지는 피가 손상된 공의(公義)가 요구하는 보응으로 서 있습니다. 그러니 그리스도의 피가 공의의 눈에 이스라엘의 범죄가 보이지 않게 덮어주는 역할을 합니다. 그래서 속죄소가 대속(代贖)의 중보로 말미암아 마땅히 받을 보응을 다른 데로 돌리는 것을 아주 합당하게 묘사해 줍니다.

"곧 우리가 원수 되었을 때에 그의 아들의 죽으심으로 말미암아 하나님과 화목하게 되었은즉 화목하게 된 자로서는 더욱 그의 살아나심으로 말미암아 구원을 받을 것이니라."(롬 5:10) 그렇습니다. 우리가 죄로 말미암아 '하나님의 원수 되었을 때에,' 하나님의 의로우신 판단 아래 불쾌한 존재로 있었을 때에 하나님의 아들이신 예수께서 죽으셨습니다. '화목되다'는 말은 통치하시는 하나님의 불쾌한 대상으로 율법의 저주를 받고 있던 우리의 지위를 전제하는 말입니다. 그러나 우리는 '하나님과 화목하게' 되었습니다. 다른 말로 하여, 우리가 하나님의 은총을 회복하였다는 말입니다. 우리에게 그런 회복이 주어진 것은 우리 마음의 적대감을 제압하시는 성령님의 역사(役事)로 말미암지 않습니다. 오직 '하나님의 아들의 죽으심, 곧 화목제물'로 말미암은 것입니다. 이 로마서 5:10이 '하나님의 분노가 우리로부터 제거되고 하나님의 은총을 우리가 다시 얻게 되었다.'는 사실을 가리키고 있음이 로마서 5:9에서 분명하게 확인됩니다. "그러면 이제 우리가 그의 피로 말미암아 의롭다 하심을 받았으니 더욱 그로 말미암아 진노하심에서 구원을 받을 것이니." "그의 피로 말미암아 의롭다 하심을 얻었다."는 것은 우리가 의롭다 하심을 받게 된 이유를 가리킵니다. 또한 그리스도께서 피를 흘리신 것은 우리가 "하나님의 진노하심에서 구원을 받게 하려 하심"이었습니다. 하나님께서는 우리를 향하여 진노를 푸시고 평화로운 자세를 취하십니다. 왜냐하면 하나님의 진노가 우리의 보증자요 대속주이신 하나님의 아들에게 온전하게 다 부어졌기 때문입니다.

"또 십자가로 이 둘을 한 몸으로 하나님과 화목하게 하려 하심이라 원수 된 것을 십자가로 소멸하시고."(엡 2:16) 이 구절의 주어(主語)는 중보자로서 성육신하신 하나님의 아들을 가리킵니다. "화목하게 하려 하심이라." 다른 말로 하여, 하나님의 '법정적인 총애를 회복하려 하심이라.' 여기서 "이 둘"은 유대인들과 이방인들 중에서 택하심을 받은 이들을 가리킵니다. 그리고 화목의 대상이신 '하나님'은 세상을 도덕적으로 지배하시는 온 세상의 재판장이신 하나님을 가리킵니다. "한 몸으로"란 그리스도의 인성(人性), "그의 육체(육신의 몸)"(골 1:22)를 가리킵니다. 여기서 "한 몸"이라 함은 그리스도 속죄의 '대표적 성격'을 강조합니다.

그리스도께서는 자기 모든 백성들의 책임과 의무(liability)를 다 담당하셨습니다. 로마서 5:17-19에서와 같이 그분은 많은 사람들을 위하여 행동하신 분입니다. "원수된 것을 십자가로 소멸하시고."(엡 2:16) 하나님의 거룩한 분노, 하나님의 율법의 적의(敵意)를 소멸하셨다는 말입니다. 에베소서 2:16의 "원수된 것"은 유대인들과 이방인들 사이에 존재하는 적대감을 가리켜 말한다 할 수가 없습니다. 왜냐하면 에베소서 2:14,15에서 이미 그 문제를 다루었기 때문입니다. 2:16에서 "원수된 것"은 의인화(擬人化)한 표현으로 로마서 8:3에서와 같이 '죄'를 나타냅니다. 그래서 에베소서 2:16은 하나님의 백성들의 모든 죄가 그리스도께 전가되었고, 하나님의 공의가 그리스도로 말미암아 만족하게 되어 하나님의 '적의(敵意)'가 그쳤음을 뜻합니다. 그래서 우리는 이제 하나님의 총애를 다시 받게 되었습니다. 여기서 그리스도께서 죽으신 것이 하나님께서 백성들을 향해 연민의 감정을 갖게 하려 함이었다는 식으로 주장하고 있다고 여기면 안 됩니다. 결코 그렇지 않습니다. 아버지께서 친히 화해(和解)를 주도하신 분이십니다. "곧 하나님께서 그리스도 안에 계시사 세상을 자기와 화목하게 하시며 그들의 죄를 그들에게 돌리지 아니하시고 화목하게 하는 말씀을 우리에게 부탁하셨느니라."(고후 5:19) 하나님께서 우리와 화해를 이루기 위하여 의도하신 은혜로운 '방편'은 그 자신의 사랑 가운데서 나온 것입니다. 그러나 그리스도의 속죄(贖罪)는 우리 사이의 간격을 제거하는 의로운 도구였습니다. 여기서 우리가 생각해야 하는 것은 전적으로 '법정적'입니다. 하나님께서 재판장으로 그 직무를 감당하시는 모습을 연상해야 합니다. 그것은 우리의 창조주로서나 우리의 아버지로서 하나님께 대한 우리의 관계를 거론하기보다는 우리의 임금으로서의 하나님께 대한 우리의 관계를 염두에 둔 것입니다. 그리스도께서 완성하신 그 화목은 하나님 '자신' 속에 어떠한 변화도 일으키지 않았습니다. 다만 하나님의 통치의 행정 속에서만 '변화'를 가져왔습니다. 하나님의 율법이 이제는 전에 정죄를 선포하던 자들을 인정하는 쪽으로 작용합니다. 화목(和睦)이란 범법자가 '하나님의 법정적인 은총'을 회복하게 되었음을 뜻하는 것인데, 죄가 가져온 간격(間隔)을 그리스도께서 메우심으로 말미암아 그런 일이 가능했던 것입니다. 그리스도를 내어 주사 우리 위해 죽게 하신 것은 하나님의 기이한 사랑이었습니다. 우리의 죄가 가져온 법적인 장애물을 제거하도록 한 것이 바로 그리스도의 속죄(贖罪)였습니다. 우리의 죄는 우리를 향해서 흘러나가는 하나님의 사랑을 막았습니다. 그런데 그리스도의 속죄가 하나님의 공의를 영예롭게 한 방식으로 죄가 세워 놓았던 법적인 장애들을 제거하신 것입니다.

"평강의 하나님이." 이제 하나님과 그 백성들 간의 큰 싸움은 끝났습니다. 그 백성들의 죄가 가져온 무서운 간격도 메워졌습니다. 평강(平康)의 임금이 율법의 송사를 잠재웠고, 하나님의 얼굴 앞에서 우리의 죄를 다른 데로 옮기셨습니다. 평강이 이루어졌습니다. 그 평강은 어떤 것을 희생한 평강이 아닙니다. 의를 아무것도 아닌 것처럼 취급하여 얻은 평강도 아닙니다. 그 평강은 '영예로운' 평강입니다. 그러니 "평강의 하나님"은 무엇보다 먼저 만민을 판단하시는 재판장께서 화해하셨음을 뜻하는 어휘입니다. 둘째로, 하늘의 임금이 우리에게 화목하게 되셨습니다. 셋째로, 그 언약적인 약속들을 통해서 여호와께서 우리를 그 은총 안으로 다시 받아 주셨습니다. 공의로우신 하나님의 마음이 상하실 때에는 하나님으로부터 어떠한 은혜의 선물도 받을 수가 없었습니다. 그리스도께서 그 택한 백성들에 대한 하나님의 진노를 벗겨주신 것처럼 분명하게, 때가 되니 성령님을 그 백성들의 마음에 보내시어 하나님을 향한 '백성들의 적대감'을 멸하십니다. 이것이 바로 그리스도께서 하나님의 진노를 대신 담당하신 일의 추이(推移)입니다. 다음에 우리가 생각할 요점은 위에서 말한 모든 것을 더욱 힘 있고 더욱 밝게 깨닫게 해 주리라고 믿습니다.

"양들의 큰 목자이신 우리 주 예수를 영원한 언약의 피로 죽은 자 가운데서 이끌어 내신 평강의 하나님이." 여기서는 하나님께서 우리를 향하여 화해하셨다는 장엄한 '증거'를 보여주고 있습니다. 하나님께서 그리스도를 죽은 자 가운데서 살리심으로 노가 풀리신 것을 보여주신 것이고, 우리의 구속(救贖)을 위해서 드려진 속량물(贖良物)을 받으셨음을 나타내신 것입니다. 바로 이 본문에서 그리스도를 살리신 분이 하나님 아버지라고 말하고 있음을 우리는 주목해야 합니다. 그분을 성품상 '평강의 하나님'으로 묘사되었습니다. 그 점을 우리가 주목해야 합니다. 우리는 그 두 요점을 나누어 생각해 볼 것입니다. 성삼위(聖三位)의 신격(神格)의 여러 작용들 속에서도 지켜지는 '순서'가 있습니다. 부활은 신적 능력의 역사였습니다. 그리고 그 신적 능력은 성부와 성자와 성령 모두에게 속한 것입니다. 성부와 성자와 성령께서 하나이시며 동일한 하나님으로서 '하나의 일'에 함께 일하십니다. 그럼에도 불구하고 그 성삼위 각 위(位)께서 고유한 방식으로 함께 역사하십니다. 여기 본문에서는 그 성삼위의 모든 작용을 아버지께서 하신 것으로 돌리고 있습니다. 아버지는 모든 역사(役事)의 원천이요 모든 은혜의 머리십니다. 모든 것을 당신 자신으로부터 행하시지만 아들이신 예수님과 성령님으로 '말미암아' 행하십니다.

우리를 구속하신 그 장엄한 비밀 속에서 하나님 아버지께서는 최고의 재판장 역할을 하셨습니다. 그래서 "그런즉 이스라엘 온 집은 확실히 알지니 너희가 십자가에 못 박은 이 예수를 하나님이 주와 그리스도가 되게 하셨느니라."(행 2:36. 10:36은 참조) 우리 본문에서도 그러합니다. 그리스도를 살리신 것이 하나의 신적 능력의 행사라고 여기기보다는 당연한 공의의 행사로 지적되고 있습니다. 여기서 강조되는 것은 '하나님께서 법정적 권위를 행사하신' 일입니다. 사용된 특별한 어휘를 보면 분명합니다. 만일 우리가 부주의하여 그 어휘가 각각 차이나게 사용되었음을 유념하지 못하면 손해를 볼 것입니다.

"우리 주 예수를 영원한 언약의 피로 죽은 자 가운데서 이끌어 내신 평강의 하나님이." "다시 이끌어 내신"이라는 표현의 요점은 사도행전 16:35,37,39에 비추어 보면 확인될 수 있습니다. 사도들이 부당하게 옥에 갇혔습니다. 후에 그 감옥의 간수가 와서 상관들의 명령이라고 하면서 옥에서 나가라고 말하였습니다. 그 때 그들은 거부하면서 '공식적' 석방을 요청했습니다. 그런데 거기서 이런 표현이 있다. "그들이… 와서 우리를 권하여 나갔다."는 표현이 있습니다. 또 요한복음 19:4,13에 비추어 여기 히브리서 본문의 "이끌어 내다(데리고 가다)"는 표현의 진정한 의도를 알게 될 것입니다.

그리스도께서 사망의 상태에 있었을 때, 그는 사실상 신적(神的) 보응의 포로로 감옥에 갇혀 있었습니다. 그러나 그가 다시 살리심을 받을 때, 그분은 옥에서 풀려났습니다. 그래서 "다시 이끌어 내셨다."는 말이 아주 적절한 표현입니다. 그리스도께서 친히 자신을 살리실 능력을 갖고 계셨습니다. 그러나 중보의 보증자로서의 직무적인 성격 속에서 필요한 '권위'를 행사하지 않으셨습니다. '평강의 하나님'께서 천사를 보내시어 무덤에서 돌을 옮기게 하셨습니다. 그런데 천사를 보내신 것은 그리스도 안에 능력이 모자라 다른 어떤 능력을 더하려 하심이 아닙니다. 마치 재판장이 만족한 마음을 가지고 간수를 보내어 감옥 문을 열게 하시는 것과 같습니다. 하나님께서는 모든 만민을 판단하시는 재판장으로서 친히 우리 범죄함을 인하여 그리스도를 '내어주셨습니다.' 그리고 우리로 하여금 의롭다 하심을 받게 하시려고 그리스도를 다시 살리신 분도 하나님이십니다. "예수는 우리가 범죄한 것 때문에 내줌이 되고 또한 우리를 의롭다 하시기 위하여 살아나셨느니라."(롬 4:25) 이것은 참으로 복된 일입니다. 그 점은 무덤에서마저 아들이 그 아버지께 완전하게 복종하셨음을 증거합니다. 그 아들이 자기의 힘을 사용하여 감옥을 부수지 않으셨습니다. 하나님께서 '영예롭게'(존귀하게) 죽은 자 가운데서 그를 이끌어 내실 때까지 기다리셨습니다.

"양들의 큰 목자이신 우리 주 예수를 영원한 언약의 피로 죽은 자 가운데서 이끌어 내신 평강의 하나님이." 이제 평강의 하나님께서 그리스도를 죽은 자 가운데서 다시 이끌어 내실 때, 그리스도께서 어떤 직무를 갖고 계셨는지를 주목해 봅시다. **"큰 목자이신."** 여기서 정관사가 아니라 지시대명사를 사용하여 '저 큰 목자(that great shepherd)'라고 하였습니다. 왜냐하면 바울은 구약과 친숙한 사람들에게 편지를 쓰고 있었기 때문입니다. '저 큰 목자'라는 말은 이사야 40:11과 에스겔 34:23과 같은 대목에서 '약속된' 분을 뜻합니다. "그는 목자같이 양 무리를 먹이시며 어린 양을 그 팔로 모아 품에 안으시며 젖 먹이는 암컷들은 온순히 인도하시리로다."(사 40:11) "내가 한 목자를 그들의 위에 세워 먹이게 하리니 그는 내 종 다윗이라 그가 그들을 먹이고 그들의 목자가 될지라."(겔 34:23) 처음부터 그분은 교회의 믿음과 소망의 대상이었습니다. 하나님께서는 우리의 복되신 구속주의 손에 당신의 양들을 맡기셔서 그로 말미암아 의롭다함을 받고 거룩함을 입게 하셨습니다. 목자는 양떼의 주가 아니라 그 양떼를 책임지고 돌보도록 맡은 '종'임을 신중하게 인정해야 합니다. "세상 중에서 내게 주신 사람들에게 내가 아버지의 이름을 나타내었나이다 그들은 아버지의 것이었는데 내게 주셨으며."(요 17:6)라고 그리스도께서 말씀하신 바와 같습니다.

그리스도께서는 "양의 목자"시지 '이리의 목자'는 아니십니다(눅 10:3). 또는 '염소의 목자'도 아니십니다(마 25장). 왜냐하면 그분은 그들을 구원하라고 하나님께 책임 맡은 적이 없기 때문입니다. 성경의 거의 모든 지면에서 '특정한 구속(particular redemption)'의 기본 진리를 만나지 않는 곳이 없습니다. 그래서 우리로 딴전을 부리지 못하게 하셨습니다. 신약성경에는 그리스도를 이 제한적 성격으로 본 주요한 세 대목이 있습니다. 그는 '죽음'에 있어서도 '선한 목자'이십니다(요 10:11). 그리고 '부활'에 있어서도 '큰 목자'시며 '영광'에 있어서도 '대목자장'이십니다(벧전 5:4). 양의 '큰 목자'는 그의 인격의 탁월성을 가리킵니다. '대목자장'은 그의 다스림을 받는 모든 목자들과 목회자들을 향한 그의 권위를 강조합니다. 목회자들은 바로 그 분에 의해서 그 권위를 받았습니다. 성령께서 모든 점에서 그리스도의 영광을 얼마나 질투 어리게 방어하셨습니까! 그는 '목자'이실 뿐만 아니라, '저 큰 목자'이십니다. 그가 대제사장이실뿐만 아니라 우리의 '큰 대제사장'이신 것과 같습니다(히 4:14). 단순히 임금이 아니라 '왕 중 왕'이신 것과도 같습니다.

"영원한 언약의 피." 이는 분명히 스가랴 9:11의 말씀을 넌지시 가리키고 있습니다. "또 너로 말할진대 네 언약의 피로 말미암아 내가 네 갇힌 자들을 물 없는 구덩이에서 놓았나니." 여기서 말하는 구덩이는 무덤을 뜻합니다.

그리스도에 대해서 말하는 것이 교회에도 적용되는 경우가 잦습니다. 교회에 대해서 말하는 것이 여기서는 그리스도께 적용되었습니다. 왜냐하면 그들은 '다 함께 한 몸'에서 나왔기 때문입니다. 만일 영원한 언약의 피로 말미암아 그분이 죽은 자 가운데 다시 이끌어 내심을 받았다면, 우리는 더욱 더 그러할 것입니다. 하나님께서 "저 큰 양의 목자를 죽은 자 가운데서 다시 이끌어 내셨다."고 말하는 것은 그가 하나의 개인 자격으로 다시 살리심을 받은 것이 아닙니다. 도리어 자기 백성들의 공적인 대표자로서 살리심을 받으셨다는 뜻입니다. "영원한 언약의 피"는 공로적인 원인이었습니다. "오직 자기 피로 영원한 속죄를 이루사 단번에 성소에 들어가셨느니라."(히 9:12) 우리는 "예수의 피를 힘입어 성소에 들어갈 담력을" 얻었습니다(히 10:19). 그렇듯이 목자와 그 양들이 무덤에서 구원받는 것은 그 목자의 속죄하는 피의 무한한 가치에 따른 것입니다. 그리스도께서 (그의 백성들도 함께) 율법의 선고로 말미암아 죽는 데로 이끌려갔듯이, 율법의 행정관으로 말미암아 그 죽은 자 가운데서 그가 다시 살리심을 받으셨습니다. 이 일은 창세전에 그 율법의 행정관과 그리스도가 맺은 조약에 따른 것입니다. 이것이 바로 이 구절에서 하나님을 평강의 하나님이라고 부른 이유를 부가적으로 더해 줍니다. 하나님을 '평강의 하나님'이라고 부른 것은 그가 중보자와 맺은 언약 때문입니다. 그것에 관해서 우리는 "이 둘 사이에 '평화' 의 의논이 있으리라."는 말씀을 듣습니다(슥 6:13). "산들이 떠나며 언덕들은 옮겨질지라도 나의 자비는 네게서 떠나지 아니하며 나의 화평의 언약은 흔들리지 아니하리라 너를 긍휼히 여기시는 여호와께서 말씀하셨느니라."(사 54:10) 오래 전 주석가들이 이 구절 중 "나의 화평의 언약은 흔들리지 아니 하리라."는 표현의 해석이 둘로 갈라져 있습니다. 하나님과 중보자 사이의 영원한 조약을 가리키는 것인지, 아니면 새 언약(마 26:28)을 가리키는 것인지에 대하여 양편으로 갈라졌습니다. 우리는 개인적으로 '둘 다'를 포함하고 있다고 믿습니다. '새 언약'[1]은 복음 안에서 선포되었습니다. 그 복음 안에서 그리스도께서 이룩하신 평강에 우리가 개인적으로 참여하는 조건이 알려져 있습니다. 곧 회개와 믿음과 순종이 그것입니다. '새 언약'은 그리스도의 피로 말미암아 인증되었습니다. 그 복락이 영원하기 때문에 그 언약은 '영원한 언약'입니다.

---

1) 그 '새 언약'에 관해서는 언약에 관한 강론에서 후에 더 많은 것을 말할 수 있기를 바란다.

124강

사도의 기도 II

13:20 양들의 큰 목자이신 우리 주 예수를 영원한 언약의 피로 죽은 자 가운데서 이끌어 내신
평강의 하나님이 13:21 모든 선한 일에 너희를 온전하게 하사 자기 뜻을 행하게 하시고 그 앞
에 즐거운 것을 예수 그리스도로 말미암아 우리 가운데서 이루시기를 원하노라 영광이 그에
게 세세무궁토록 있을지어다 아멘

비록 이 말씀이 기도의 형태를 띠고 있지만, 히브리서 전체 교리를 간단명료하게 요약하고 있습니다. "영원한 언약의 피"는 '염소와 송아지의 피'와 대조하여 표현되며, 죽은 자 가운데서 다시 살리심을 받은 "양의 큰 목자"는 모세와 여호수아와 다윗과 같은 인물과 대조되어 있습니다. 그들은 오래 전에 죽었습니다. 한편 "평강의 하나님"은 '여호와께서 시내산에 불 속에서 강림하셨던 일'에 대하여 하나의 두드러진 대조점을 부각시키는 표현입니다. 이제 우리는 이러한 것들을 다시 간단하게 살펴봅시다. 그러나 이번에는 그 순서를 바꾸어 생각해 봅니다.

"영원한 언약의 피로." 우리는 이 소절이 삼중적인 의미를 가지고 있다고 생각합니다. 그것은 문법적으로나 교리적으로나 그 소절 앞의 '각' 소절들과 연관됩니다.

첫째, 그가 죄인들을 위해서 흘리신 피로 말미암아 '양의 큰 목자'가 되신 것입니다. 그가 기름부음 받으심으로 말미암아 그 이전에도 '양의 큰 목자'셨습니다. 그러나 양들을 위해 실제 탄원의 기도를 드림으로써 그렇게 '양의 큰 목자'가 되셨습니다. 이제 그는 '자기 피로 양을 사시어' 자기의 소유가 되게 하신 것입니다.

둘째로, 하나님께서 그리스도를 무덤 가운데서 이끌어 내신 것은 속죄하는 피로 말미암았습니다. 또는 피 때문이었습니다. 하나님의 공의를 온전하게 만족시키신 그리스도께서 그 갇히신 데서 석방될 충분한 권한을 갖게 된 것입니다.

셋째로, 하나님께서 이제부터 그 백성들에게 "평강의 하나님"이 되신 것은 화해하는 그리스도의 피의 효력으로 말미암습니다. 이제 백성들의 죄가 하나님과 백성들 사이에 불러왔던 그 전체 불화는 완전하게 가라앉혀졌습니다. 그리스도께서 영원하신 언약의 모든 조건들을 완성시키느라 그 보배피를 흘리셨습니다. 아니면 그가 창세전에 아버지와 맺으신 그 '영원한 약조'의 조목들을 다 이루시기 위해서 보배피를 흘리신 것입니다.

"양들의 큰 목자이신 우리 주 예수를 영원한 언약의 피로 죽은 자 가운데서 이끌어 내신 평강의 하나님이." 이 대목에 대한 존 오웬(John Owen)의 주석을 요약하여 인용합니다.

"우리를 구속하신 전체 일을 마음대로 주관하시는 하나님의 주권적인 권위 때문에 그리스도를 죽은 자 가운데서 살리신 분은 바로 그 성부 하나님이시라고 자주 지적이 되고 있다. 그래서 그 구속의 일을 하나님 아버지께서 행하신 것으로 어디에서나 말해지고 있다. 그리스도께서 자신을 스스로 살리셨다거나 그가 죽으셨을 때 다시 생명을 취하셨다고 말할 때는 그리스도의 신격의 즉각적인 효력을 염두에 둔 표현이다. 그러나 여기에서는 그리스도의 인성을 살리신 신적 능력의 행위보다는 더 많은 것을 의도하고 있다. 여기에 사용된 말은 특이하며, 어떤 상태에서의 회복을 의미하는 것이다. 곧, 도덕적 권위의 행위를 의도한 것이다. 양의 큰 목자이신 그리스도께서 율법의 선고로 말미암아 사망의 상태로 끌려 들어가셨고, 이제는 평강의 하나님께서 거기서 그리스도를 다시 회복하시어 이제는 완전히 평화가 이루어진 것을 증거한 것이다. 그리스도가 부활하신 것만으로는 우리를 구원하지 못하였을 것이다. 하나님의 능력에 의해서 다시 살리심을 받았다 할지라도 역시 우리를 구원하지 못하는 것과 같다. 그러나 그리스도를 영원하신 언약의 피로써 죽은 자 가운데서 이끌어 내신 것은 교회가 완전히 구속받은 것에 대한 확증이다."

"평강의 하나님이." 하나님께서는 처음부터 '평강의 하나님'이십니다. 언약 자체로부터 이러한 칭호를 취하셨기 때문입니다(사 54:10). 이제 두 번째 의미에서도 '평강의 하나님'이십니다. 왜냐하면 최고의 재판장으로서 만족함을 얻으셨기 때문이요, 그분의 율법이 우리의 보증자로 말미암아 완전한 만족을 얻었기 때문입니다. 세 번째 의미에서도 그분은 평강의 하나님이십니다. 다시 말하면 결과적으로 하나님께서 우리에 대하여 화해하셨기 때문입니다. 하나님께서 그리스도의 인격과 순종과 영혼의 수고를 받으셨기 때문에 이제 그 그리스도 안에서 당신의 모든 백성들과 화해하신 것입니다. 하나님과 그 백성들이 이제 화평한 관계이기에, 백성들의 모든 불의를 값없이 용서하시고 백성들에게 필요한 모든 복락을 부여하십니다. 하나님께서 우리에게서 모든 형벌과 악을 제거하시고, 우리에게 의롭다 하심을 받은 자의 특권과 선을 주실 때(성령께서 우리 속에서 죄의 왕 노릇하는 세력을 깨뜨려 부수려 하신 것처럼), "평강의 하나님"으로서 그런 일들을 하시는 것입니다. 그렇습니다. 그분은 최고의 재판장으로서 당신의 통치의 원리들에 따라서 그리 행동하신 것입니다. 그 통치의 원리들은 영원한 언약 안에서 제정된 것들입니다. 그 원리들이 바로 그리스도의 공로와 그 그리스도 안에 우리가 참여하는 일로 말미암아 실행된 것입니다.

"평강의 하나님이." 백성들의 마음과 양심 속에 때때로 느껴지는 그 평온함을 주시기 때문에 하나님을 가리켜 "평강의 하나님"이라고 부르기도 합니다. 지상에 있는 백성들 사이에 정도껏 이룩되는 화합(concord)을 사랑하시는 분이기 때문에 '평강의 하나님'으로 부릅니다. 존 오웬(John Owen)은 사도가 바로 여기서 그 칭호를 쓴 이유를 하나 더 제시하고 있습니다.

"사도는 여기서도 히브리 그리스인들의 현재 상태를 특별하게 염두에 두고 있다. 그들이 율법에 대한 여러 다양한 교리들과 구실들, 율법의 여러 제도들을 지키는 것에 관하여도 마음이 혼란스럽고 답답하여 마음의 평안을 잃고 있었음에 틀림없다. 그러므로 그 사람들로 하여금 분별력을 갖게 하는 진리를 전달해 주는 사도의 의무를 이행한 다음에 이제는 평강의 하나님께 기도하고 있다. 그렇게 함으로써 사도는 이 서신 전체를 마무리하면서 스스로를 거기에 적응시키고 있다. 평강을 주시는 오직 유일하신 하나님께서는 기뻐하시는 곳에서 그 평강을 창출하신다. 사도가 가르친 것들을 통하여 사람들의 마음에 안식과 평강을 베푸시기를 위하여 하나님께 기도하고 있는 것이다."

"영원한 언약의 피." 하나님께서 그처럼 완벽하게 분노를 푸셨으니 이제는 새 언약이 확보된 효력을 가지게 되었습니다. 그 '새 언약'이 기독교 언약입니다. 여기서는 그것을 "영원한 언약"이라고 부르고 있습니다. 그 이유를 몇 가지로 생각해 봅니다. 첫째로, 그 언약은 결코 취소되지 않고 계속 불변하는 것입니다. 그래서 부르심을 받은 사람들은 그 언약으로 말미암아 영원한 기업을 무를 상속자들이 되었습니다. “이로 말미암아 그는 새 언약의 중보자시니 이는 첫 언약 때에 범한 죄에서 속량하려고 죽으사 부르심을 입은 자로 하여금 영원한 기업의 약속을 얻게 하려 하심이라.”(히 9:15) 둘째로, 그리스도의 속죄의 피가 이 언약의 기초이며 그 효력이 결코 무효화 될 수 없습니다. 그래서 그 언약은 그 언약의 목적을 확보하기에 충분한 효력을 갖게 된 것입니다. 다시 말하면, 그 ‘새 언약’은 회개하고 하나님과 화해한 죄인들의 영원한 구원을 목표로 삼았던 것입니다. 이 ‘새 언약’은 역시 “평강의 언약”으로 불립니다. “내가 그들과 화평의 언약을 세워서.”(겔 37:26). 셋째로, 바로 그 언약 속에서 이 평강과 화해가 반포되었고 우리에게 제시되었기 때문에 그 언약은 “영원한 언약”입니다. “만유의 주 되신 예수 그리스도로 말미암아 화평의 복음을 전하사 이스라엘 자손들에게 보내신 말씀.”(행 10:36. 엡 2:17 참조) 이 언약 속에 하나님과 우리 사이의 다음과 같은 내용의 ‘평화 조약’이 천명되어 있습니다. 곧, ‘하나님께서는 회개와 믿음과 새로운 순종의 조건들에 입각하여 죄 있는 사람들에게 죄사함과 영생을 주신다.’고 맹세하셨습니다.

가장 중요한 실제적인 질문은, 우리가 어떻게 이 신적 평강과 화해에 참여하게 되는지의 문제입니다. 세 가지 답변이 주어질 수 있습니다. 삼중적인 답변이 주어질 수 있습니다. 작정(ordination)과, 탄원(impetration)과, 적용(application)에 의해서라고 말입니다. 첫째로, 아버지의 영원한 경륜과 작정에 의해서 된 일을 살펴봅니다. 하나님께서는 그 언약에 참여하게 되는 사람에 관해서 우연으로 그런 일이 일어나게 내버려두지 않으셨습니다. 그래서 하나님의 선택한 백성들을 가리켜 ‘평화의 아들들(sons of peace)’이라고 칭합니다(눅 10:6). 둘째로, 아들의 탄원, 또는 아들께서 값을 지불하심으로 말미암습니다. "그의 십자가의 피로 화평을 이루사 만물 곧 땅에 있는 것들이나 하늘에 있는 것들이 그로 말미암아 자기와 화목하게 되기를 기뻐하심이라."(골 1:20) 셋째로, 성령님의 적용으로 말미암습니다. 성령께서 하나님께 대한 우리의 적대감을 다스리시고, 우리의 완고한 의지를 꺾으시며 우리의 굳은 마음을 부드럽게 하시며, '자기 의'를 내세우는 우리 마음을 제압하시며, 우리를 하나님 앞에 먼지 가운데로 이끌어 들이시어 자기가 범죄자임을 스스로 인정하며 하나님의 긍휼을 간절하게 바라게 하십니다. 이러한 신적 평강이 우리에게 실제로 전달되는 것은 우리가 회심할 때입니다. 하나님의 진노가 우리에게서 옮겨지는 것도 바로 그때입니다. "아들을 믿는 자에게는 영생이 있고 아들에게 순종하지 아니하는 자는 영생을 보지 못하고 도리어 하나님의 진노가 그 위에 머물러 있느니라."(요 3:36). 이미 하나님과 화해한 우리에게는 날마다 더 많은 은혜가 주어집니다.

"평강의 하나님이." 여기서 하나님을 "평강의 하나님"이라고 부른 최종적인 이유가 이제 제시될 수 있습니다. 우리에게 기도와 관련하여 가치 있는 서론을 제공한다는 점입니다. 이 특별한 하나님의 칭호가 나타나는 대목의 나머지 부분에서 그 하나님께 '간구'를 올린다고 하는 것을 주목하는 것은 매우 두드러진 일입니다. 독자는 이 대목을 로마서 15:33 ; 16:20 ; 고린도후서 3:11 ; 빌립보서 4:9 ; 데살로니가전서 5:23 ; 데살로니가후서 3:16과 대조하고 참조함으로써 스스로 이 점을 확증할 수 있을 것입니다. 그래서 은혜의 보좌 앞에 나아가 우리가 아뢸 때에 우리를 '격려할 목적'으로 그 칭호가 사용된 것입니다. 하나님께서 그의 진노를 거두시고 우리를 향해서 오직 은혜로운 생각만 하심을 인식하는 것보다도 우리에게 더 깊은 확신을 주는 것이 없을 것입니다. 하나님을 예수 그리스도로 말미암아 우리와 "화해하신" 분으로 바라보는 것보다 자기의 심령을 더 많이 고취시키는 것이 없을 것입니다. "그러므로 우리가 믿음으로 의롭다 하심을 얻었은즉 우리 주 예수 그리스도로 말미암아 하나님으로 더불어 화평을 누리자 또한 그로 말미암아 우리가 믿음으로 서 있는 이 은혜에 들어감을 얻었으며 하나님의 영광을 바라고 즐거워하느니라."(롬 5:1,2)

히브리서 13:21

"모든 선한 일에 너희를 온전하게 하사 자기 뜻을 행하게 하시고
그 앞에 즐거운 것을 예수 그리스도로 말미암아
우리 가운데서 이루시기를 원하노라
영광이 그에게 세세무궁토록 있을지어다 아멘."

"모든 선한 일에 너희를 온전하게 하사 자기 뜻을 행하게 하시고 그 앞에 즐거운 것을 예수 그리스도로 말미암아 우리 속에 이루시기를 원하노라." 이 문장의 응집력을 거론하기 전에 이 문장이 포함하고 있는 크고 실질적인 교훈을 지적해 보기로 합니다. 목사가 강단 준비를 아무리 부지런히 행하고, 그 메시지를 아무리 신실하게 전한다 할지라도 그 의무를 그것으로 다하는 것은 아닙니다. 그는 밀실로 들어가 설교를 듣는 자들에게 바로 그 설교를 적용시켜 달라고 하나님께 간구해야 하며, 그 설교를 그들의 마음에 써 주십사고, 또한 그 설교가 그들에게 영향을 주어서 지속적인 선을 이루게 해 주십사고 구해야 합니다. 위대한 사도가 바로 그 일을 행하였습니다. 사도는 이 서신 전체에서 히브리인들에게 많은 선한 일들을 권면하였습니다. 이제는 사도는 하나님께서 저희로 하여금 '모든 선한 일을 능히 해낼 수 있는 힘을 주십사.'고 기도합니다. 회중 속에 있는 사람에게도 역시 이 점은 마찬가집니다. 설교자가 외치는 말씀을 경외심어리고 주의 깊게 듣는 것만으로는 충분치 못합니다. 우리는 역시 '들은 것이 우리에게 복이 되게 해 주십사.'고 하나님께 간구해야 합니다. 그처럼 많이 듣는데도 유익이 없는 것은 바로 이 점에서 실패하기 때문입니다.

비록 사도의 기도가 짧기는 하지만 매우 포괄적인 기도입니다. 그 기도는 신적 은혜가 우리에게 전달되는 '방식'을 알게 합니다. 그것의 장엄한 '기초'는 하나님 자신이십니다. 그분은 평강의 하나님이시기 때문입니다. 다시 말하면, 하나님의 영원한 뜻에 따라서 불쌍한 죄인들에게 은혜와 평강을 베푸실 것을 의도하셨고, 그의 선하심과 지혜로우심과 공의로우심과 거룩하심에 합당하게 그 일을 정하셨습니다. 또 하나님의 은혜가 전달되는 '채널'(통로)을 그리스도께서 죽으시고 부활하심에 합당한 방식으로 정하셨습니다. 하나님께서는 우리에게 알게 하시되, 친히 자신을 은혜를 주시는 주체이시며 우리가 누리는 모든 영적인 복락의 근거가 되는 공덕을 보증하시는 분이심을 알게 하십니다. 이 신적 은혜의 '성질'은 특별히 우리의 성화(聖化)나 온전케 됨과 관련이 있습니다. 그 점이 이 기도의 두 간구 제목을 통해서 표현되었습니다. 다시 말하면, 사도는 항상 견지하고 있어야 할 장엄한 목표와 그 목표에 도달하는 방편이 무엇임을 이 기도 속에서 천명하였습니다.

사도가 은혜의 보좌를 향하는 엄숙한 방식에 대해서 좀 상세하게 다루었으니, 이제는 그의 기도의 '요점'을 숙고해 보기로 합니다. 여기서 히브리인들을 위해서 두 가지 요점을 구합니다.

"모든 선한 일에 너희를 온전하게 하사 하나님의 뜻을 행하게 하시고." 이는 우리로 하여금 이 간구의 의미를 탐구하도록 요구합니다. 그리고 그 간구의 범주를 숙고하게 하며, 그 범주를 어떻게 적용할까를 생각하게 합니다.

여러 저자들이 "온전하게 하사"라는 말에 대한 다양한 정의를 내렸습니다. 물론 그 여러 다양한 견해들이 궁극적으로는 다 한 가지를 말하기는 하지만 그러합니다. 토마스 스콧(Thomas Scott)는, "그들 영혼의 모든 무질서를 고치고 하나님을 거룩하게 섬기는 모든 분야에 온전히 합당하게 하사"로 해석하였습니다. 매튜 헨리(Matthew Henry)는 보다 더 상세하게 말하였습니다. "온전한 순결, 깨끗한 생각, 정결한 마음, 살아있는 정서, 정기적으로 새로워지는 의지, 그리고 그들이 부르심을 받은 모든 선한 일을 위하여 합당한 능력" 등을 다 통틀어 하는 말로 이해하였습니다.

존 오웬(John Owen)은 그것을 "너희로 합당하게 적합하게 능하게 하사(make you meet, fit and able)"로 번역하였습니다. 그런 다음에 그는 덧붙여 말하였습니다. "여기서 의도하는 것은 절대적인 완전을 뜻하는 것은 아니고, 또한 그 말씀이 그러한 것을 지시하지 않는다. 오히려 생각의 여러 기능들이 적합한 질서를 갖추어 준비되어 그들이 합당하게 행할 수 있게 되게 하여 주시기를 간구하는 내용이다." "온전하게 하다"는 말의 헬라어는 KJV 역본 로마서 9:22에서는 '(적합하게) 준비된(fitted)'이라는 말로 번역되었고, 히브리서 11:2에서는 '조성된(framed)'으로 번역되었으며, 10:5에서는 '예비된(prepared)'으로 번역되었습니다. 각 경우 마다 하나님의 솜씨(Divine workmanship)가 산출한 것이 드러나 보입니다. 우리가 살펴보는 본문의 경우에서는 신자의 '점진적 성화(聖化)'와 관련한 성령님의 은혜로운 역사를 말합니다. 개인적으로 필자는 토마스 스콧(Thomas Scott)의 위에서 인용한 대로의 견해를 가장 좋게 받아들입니다. 그리고 그 해석이 가장 예리하고 명료합니다.

선택한 사람들 속에서 역사(役事)하는 신적 은혜의 작용은 성령께서 각성시키는 작용으로 거듭나게 하실 때에 시작이 됩니다. 이 은혜의 역사는 지상에서 믿음 생활의 전 과정에 걸쳐 지속됩니다. 은혜의 온전케 함은 이 세상에서 다 끝나지 않습니다(빌 3:12,13). 그러나 은혜 안에서 우리가 지금 현재 도달하는 위치보다 '더 나아가는 것'을 부지런히 추구해야 합니다(벧후 1:5-7). 은혜로 말미암아 영적인 진전이 아무리 크게 이루어졌다 할지라도 우리는 그것으로 만족하고 가만있지는 말아야 합니다. 우리는 여전히 여러 다른 의무들을 수행하기 위한 힘을 갖춰야 하며 여러 시련들을 위한 준비를 해야 합니다. 어린아이는 자라서 결국 어른이 하는 모든 일을 할 수 있기에 합당할 정도로 나아갑니다. 그러나 성인의 상태에 도달한 뒤에도 더 많은 진전이 필요합니다. 영적으로도 그러한 것입니다. 하나님께서는 우리에게서 모든 육체의 정욕을 죽이라고 요구하십니다. 또한 우리로부터 보편적이고 치우치지 않는 순종을 요구하십니다. 그러므로 이 기도야말로 우리의 궁핍에 얼마나 완전하게 들어맞는지를 지각할 수 있습니다.

"모든 선한 일에 너희를 온전하게 하사." 우리는 이 대목을 통해서 이 간구의 '범주(範疇)'를 생각해 봅시다. 가우지(Gouge)가 지적한 바와 같이, "모든 선한 일"이라는 포괄적인 표현 속에, 하나님을 향한 '거룩의 모든 열매들'과 사람들을 향한 '의(義)의 모든 열매들'이 함축되어 있습니다. 그 점에 어떠한 이의도 제기할 수 없습니다. 하나님께서는 "마음을 다하여 하나님을 사랑하라."고 요구하십니다. 그래서 '너희의 전체 영과 혼과 몸이 거룩하여라.'고 요구하십니다. 그리하여 우리가 '범사에 그리스도에게까지 자라나기까지 그리하라.'는 것입니다. 많은 사람들은 어떤 좋은 일을 할 것입니다. 그러나 다른 일에는 부족한 부분이 있습니다. 통상적으로 가장 필요한 일상의 일들의 경우에 말입니다. 그들은 그들에게 가장 최소로 요구되는 의무들만을 골라 합니다. 자기 자신을 가장 적게 죽여도 그 일을 할 수 있습니다. 그러나 하나님의 계시된 뜻에 우리가 온전히 복종하기까지는 마음의 진정한 평안을 결코 누리지 못할 것입니다. "내가 주의 모든 계명에 주의할 때는 부끄럽지 아니하리이다."(시 119:6) 그러니 '모든 선한 일에 합당하게 해 주십사.'고 매일 기도를 드려야 합니다. 특별히 가장 어렵고 가장 정확을 기하는 일들을 온전히 행할 수 있기 위하여 기도해야 합니다.

"(평강의 하나님이) 자기 뜻을 행하게 하시고." 여기서 "선한 일"이 무엇을 의미하는지에 대한 성경적 정의를 만납니다. 그것은 하나님께서 교훈하신 뜻을 온전히 이행하는 것입니다. 믿음이 있다고 하는 그리스도인들이 스스로도 잘했다 여기고 다른 동료들에게서도 갈채를 받으면서 하는 많은 일들이 우리가 상관하시는 그분이 보실 때는 "선한 일"이 아닌 경우들이 있습니다. "예수께서 이르시되 너희는 사람 앞에서 스스로 옳다 하는 자들이나 너희 마음을 하나님께서 아시나니 사람 중에 높임을 받는 그것은 하나님 앞에 미움을 받는 것이니라."(눅 16:15) 옛 유대인들은 하나님의 계명에다가 자기들의 유전(遺傳, tradition)을 더하였고, 금식이나 여러 절기들을 지키는 제도들을 세웠습니다. 그 일에 대하여 주 하나님께서는 "누가 너희에게 요구하였느냐?"(사 1:12)고 물으셨습니다. 우리는 오늘날 미혹당한 로마 가톨릭 사람들 중에서 같은 원리가 작용하고 있음을 발견합니다. 그들은 몸을 괴롭게 하는 고행을 하고 있으며 우상숭배적인 헌신과, 어려운 순례여행과, 노동자들에게 아주 작은 임금을 주는 것 등 잘못된 원리를 따르고 있습니다. 많은 프로테스탄트들도 자기들이 정한 바를 따라서 여러 가지의 권리를 스스로 포기하고 미신적인 행사들에 묶여 있기도 합니다. 우리에게 요구되는 것은 종교적인 여러 충동들에 관심을 기울이거나 교회의 관행에 따르는 것이 아닙니다. 오직 주님의 뜻을 행하는 것입니다.

우리의 의무를 결정해 주는 '원칙'은 '하나님의 계시된 뜻'입니다. 사람의

'일'은 이성적인 존재로서 행하는 작용들입니다. 만일 그의 행동이 하나님의 율법에 합당한 것이면 선한 것입니다. 만일 그렇지 못하면 악합니다. 그러므로 사람이 하나님의 뜻을 행하지 않고는 선한 그리스도인이 될 수 없습니다. 만일 그런 어떤 행동이나 실제를 삼가는 것이 하나님의 뜻이라면, 감히 우리가 그것을 행할 수 없습니다(렘 35:6 ; 행 4:19). 반면에 그러한 일을 행하는 것이 하나님의 계시된 뜻이라면 감히 그것을 생략해서는 안 됩니다. 그것이 자기의 성향이나 자기의 육신적인 이해관계를 어떻게 거스른다 할지라도 반드시 그 일을 해야 합니다. "이러므로 사람이 선을 행할 줄 알고도 행치 아니하면 죄니라."(약 4:17) 우리가 하나님의 뜻을 철저하게 이해하는 것만으로는 충분하지 못합니다. 그것을 행해야 합니다. 우리가 그 하나님의 뜻을 행하면 행할수록 우리는 그 뜻을 더 잘 이해하게 될 것입니다. "사람이 하나님의 뜻을 행하려 하면 이 교훈이 하나님께로부터 왔는지 내가 스스로 말함인지 알리라."(요 7:17)

"모든 선한 일에 너희를 온전하게 하사 자기 뜻을 행하게 하시고." 이 말씀들을 통해서 여러 가지 요점들을 함축하고 있음에 틀림없습니다.

첫째로, 우리는 불완전하고 모든 선을 행하기에 합당한 자격을 갖추지 못했다는 사실입니다. 그렇습니다. 우리가 거듭난 뒤에도 우리는 여전히 하나님의 뜻에 복종하도록 준비된 상태에 들어간 것이 아닙니다. 우리가 하나님으로부터 생명과 빛과 자유를 얻었음에도 불구하고 우리는 여전히 하나님이 보시기에 기뻐하시는 일을 행할 능력을 갖추지 못했습니다. 이것은 참으로 우리를 겸비하게 하는 진리입니다. 그러나 그것은 진리임에 틀림없습니다. 그리스도인들 자신들이 자기 의무를 이행할 수 없습니다. 비록 하나님의 사랑이 자기 마음속에서 흘러넘치고, 거룩의 원리나 새로운 '성품'이 그들에게 전달되었다 할지라도 그것만 가지고는 충분하지 못합니다. 아직도 그들은 하나님의 뜻을 아는 데 매우 더디고, 그 속에는 하나님의 뜻과 정반대되는 것이 들어있습니다. 그래서 하나님의 뜻을 거스르는 방향으로 나가게 만드는 성향이 있습니다. 성경은 이 엄숙한 사실을 우리에게 강조하는 데 결코 서슴지 않습니다. 그리고 하나님 앞에서 우리 자신을 낮추기 위해서 그 진리를 거듭 되풀이해서 말합니다.

둘째로, 그럼에도 불구하고 우리의 영적인 불능을 핑계 삼아 그것 때문에 우리 자신을 불쌍히 여겨서는 안 됩니다. 오히려 하나님께 우리 자신이 죄인됨을 아뢰어야 합니다.

셋째로, 하나님 외에 그 어느 누구도 우리로 하여금 하나님의 뜻을 행하기에 합당하게 만들지 못한다는 점입니다. '하나님께서 우리로 하여금 하나님의 뜻을 행할 능력을 주옵소서.'라고 기도하는 것은 우리의 의무이자 특권입니다. 우리는 부지런히 하나님께 구하여야 합니다. 하나님의 성령님으로 우리의 속사람을 능하게 하시어 우리의 마음으로 하여금 그 하나님의 증거로 향하게 하시고 욕심으로 행하지 말게 해 주십사고 부지런히 구해야 합니다. 우리가 은혜 가운데서 자라나도록 우리 영혼에 단비를 내려 주십사고 간구해야 합니다. 왜냐하면 신자 속에 있는 새로운 성품은 온전히 하나님께 달려 있기 때문입니다. "우리가 무슨 일이든지 우리에게서 난 것 같이 생각하여 스스로 만족할 것이 아니니 우리의 만족은 오직 하나님께로서 나느니라."(고후 3:5) 만일 우리가 선한 생각이나 선한 뜻을 품기 위해서 하나님의 은혜가 필요하다면, 선한 것을 결심하고 이행하기 위해서는 하나님의 능력은 더욱더 필요합니다. 그러므로 사도는 히브리 그리스도인에게 거룩하게 하는 은혜가 공급되기를 위해서 기도합니다. 그럼으로써 그들이 그들에게 요구되는 마땅한 순종의 도리로 하나님 뜻에 반응할 수 있게 해 주십사고 구한 것입니다.

"그 앞에 즐거운 것을 예수 그리스도로 말미암아 우리 가운데서 이루시기

를 원하노라." 이는 방금 말한 것을 더 명료하게 확대시켜 설명한 것이면서도, 하나님께서 우리로 하여금 모든 선한 일에 온전하게 하시는 방식을 제시하고 있습니다. 앞의 간구는 사도의 기도의 장엄한 '목표'를 표현한 것입니다. 그 간구는 사도의 편지를 받는 독자들의 점진적인 성화(聖化)를 위한 것이었습니다. 여기서는 그들 속에 그 목적이 이루어지는 '방편'을 표현하고 있습니다. 이것은 도덕적인 설득이나 교훈만으로 이룩될 수 있는 것이 아닙니다. 신적 능력의 실제적이고 효과적인 역사가 속에서 일어남으로 말미암아 되는 것입니다. 우리가 본성적으로 어찌나 부패해 있는지요. 우리가 지금 그리스도인들이지만 여전히 어찌나 연약한지 '하나님의 뜻이 이것이라.'고 외면적으로 알려주는 것만을 가지고는 충분하지 못합니다. 하나님께서 우리의 정서를 깨우치시고 우리의 의지에 활력을 불어 넣으셔야만, 우리가 하나님께서 합당히 여기시는 것을 행할 수 있습니다. "너희가 나를 떠나서는 '아무 것도' 할 수 없음이라."(요 15:5)

"그 앞에 즐거운 것을 예수 그리스도로 말미암아 우리 가운데서 이루시기를 원하노라." 이 간구는 거듭난 사람들의 심령 속에서 역사하시는 성령님의 은혜로운 작용을 가리킵니다. 구원받지 못한 사람과 구원받은 사람 사이의 결정적이고 복된 대조가 이 간구 속에 표현되고 있습니다. 구원받지 못한 상태에서 우리가 어떤 사람이었던지 사도는 이렇게 말하였습니다. "그 때에 너희는 그 가운데서 행하여 이 세상 풍속을 따르고 공중의 권세 잡은 자를 따랐으니 곧 지금 불순종의 아들들 가운데 역사하는 영이라."(엡 2:2) 반면에 구원받은 사람에 대해서는 "너희 안에서 행하시는 이는 하나님이시니 자기의 기쁘신 뜻을 위하여 너희로 소원을 두고 행하게 하시나니."(빌 2:13)라고 말합니다. 첫째로, 하나님께서는 우리 속에 선한 것을 소원하는 의지를 심어주십니다. 그런 다음에 그것을 실제적으로 행할 그의 능력을 부여하시는 것입니다. 이 세상의 삶 속에서 선한 것을 소원하는 의지와 그것을 행할 능력이 항상 동등하게 주어지는 것은 아닙니다. 사도가 "원함은 내게 있으나 선을 행하는 것은 없노라."(롬 7:18)고 말할 때 바로 그 구분을 분명하게 드러내 줍니다. 그럴지라도 그 '소원,' 또는 그 선한 뜻이 하나님의 은혜로 말미암아 그 속에 이루어졌습니다.

우리가 이 두 진리를 분명하게 인식하고 정직하게 인정해야 합니다. '그리스도인인 우리 자신의 영적 무능력'과, 우리 속에서 역사하는 '은혜의 효력'을 정당하게 인정해야 합니다. 그럴 때만이 우리는 하나님께 합당한 영광을 바르게 하나님께 돌릴 수 있습니다. 우리로부터 나온 것이나, 또는 우리가 행한 어떤 선(善)이든지 그 영광은 오직 하나님께만 돌려져야 합니다. "내가 나 된 것은 하나님의 은혜로 된 것이니 내게 주신 그의 은혜가 헛되지 아니하여 내가 모든 사도보다 더 많이 수고하였으나 내가 한 것이 아니요 오직 나와 함께 하신 하나님의 은혜로라."(고전 15:10) 우리는 하나님께서 우리 속에 두신 새로운 성품이 하나님께로부터 온 것임을 인정해야 합니다. 그 뿐만 아니라 '날마다' 새 성품을 새롭게 하는 일에 있어서도 전적으로 하나님만 의지해야 합니다(고후 4:16). 그 백성들 속에 영적인 힘을 불어넣고 거룩한 소원을 주며, 또한 경건한 열심을 일으키시는 분이 하나님이십니다. "네가 나로 말미암아 열매를 얻으리라."(호 14:8) 이것은 인식하면 할수록 우리의 거만한 마음은 참으로 더욱 겸비해질 것입니다.

"그 앞에 즐거운 것을 예수 그리스도로 말미암아 우리 가운데서 이루시기를 원하노라." 두 문장이 함께 연결되어 있어[1] '마음'으로 하나님을 따르지 않으면 '생활' 속에서 하나님의 뜻을 준행하는 일은 없다는 매우 중요한 교훈

---

1) KJV 역본은 "Make you perfect in every good work to do His will, working in you that which is well-pleasing in His sight." - 역자 주

을 말합니다. 여기서 우리는 개혁을 위한 인간의 노력과 하나님의 방식 사이의 근본적인 차이를 발견합니다. 사람들은 자기 동료의 눈에 보이는 것에 관심을 가집니다. 곧, 외적인 것에 관심을 가진다는 말입니다. "화 있을진저 외식하는 서기관들과 바리새인들이여 잔과 대접의 겉은 깨끗이 하되 그 안에는 탐욕과 방탕으로 가득하게 하는도다… 화 있을진저 외식하는 서기관들과 바리새인들이여 회칠한 무덤 같으니 겉으로는 아름답게 보이나 그 안에는 죽은 사람의 뼈와 모든 더러운 것이 가득하도다."(마 23:25,27) 마음 중심을 보시는 하나님께는 그것이 통하지 않습니다. 하나님께서는 속에서부터 일하시어 우리의 마음에 효과적인 자극을 주시고, 의지의 힘을 주시어 순종 생활에 합당하도록 우리를 붙잡아 주십니다. 하나님께서는 선택한 백성들 속에서 그 은혜의 역사를 마치기까지 바로 그 일을 계속 하십니다.

다음 소절로 넘어가기 전에 우리가 신중하게 지적해야 할 것이 있습니다. 하나님께서 우리에게 요구하시는 것을 우리가 이해하고 사랑하고 믿고 행하는 것이 성령님의 은혜로운 역사로 말미암았음을 인정해야 합니다. 그럼에도 불구하고 평안히 침대에 누워있는 것이 정당하다는 뜻은 아닙니다. 아니 그 정반대입니다. 우리가 하나님께서 은혜 안에서 자라고 실제적인 성화(聖化)를 위해서 지정해 주신 '은혜의 모든 방편들을 사용할' 책임이 있는 것입니다. "너희 안에서 행하시는 이는 하나님이시니 자기의 기쁘신 뜻을 위하여 너희로 소원을 두고 행하게 하시나니."(빌 2:13) 이 말씀을 인용하기를 가장 좋아하는 사람들은 통상적으로 그 앞에 나오는 권면의 말씀, "항상 복종하여 두렵고 떨림으로 너희 구원을 이루라."(빌 2:12)는 말씀을 가장 더디게 강조하는 자들입니다. 베드로후서 1:5-7에서 우리의 믿음에 성령님의 다른 은혜들을 더하기 위해서 모든 열심을 내야한다고 말하고 있습니다. "그러므로 너희가 더욱 힘써 너희 믿음에 덕을, 덕에 지식을, 지식에 절제를, 절제에 인내를, 인내에 경건을, 경건에 형제 우애를, 형제 우애에 사랑을 더하라." 그러니 우리의 육신적인 안일함과 게으름을 떨쳐 내야 합니다. 방편들을 사용합시다. 그러면 하나님께서 우리의 애씀에 복을 주실 것입니다. "모든 성경은 하나님의 감동으로 된 것으로 교훈과 책망과 바르게 함과 의로 교육하기에 유익하니."(딤후 3:16,17)

"그 앞에 즐거운 것을…" 첫째로, 하나님께서는 우리가 매일같이 행하는 모든 일을 다 보고 계시다는 의식을 가지고 살기를 애써야 합니다. 그 어느 것도 하나님의 눈을 피할 수 없습니다. 하나님께서는 당신의 율법을 어기는 자들도 보시고, 그것을 지키는 자들도 보십니다. "여호와의 눈은 어디서든지 악인과 선인을 감찰하시느니라."(잠 15:3) 하나님께서 우리의 모든 행동을 다 감찰하신다는 것을 깨닫는 것은 우리로 하여금 얼마나 외경스러운 겸비함을 갖게 하는지요. "종신토록 주의 앞에서 성결과 의로 두려움이 없이 섬기게 하리라 하셨도다."(눅 1:75) 둘째로, 하나님을 기쁘시게 하는 것을 우리의 큰 목적과 목표로 삼읍시다. 그것이 바로 견실한 경건입니다. 다른 것은 다 건전하지 못한 경건입니다. 사람을 기쁘게 하는 것이 가식자들의 종교입니다. 그러나 하나님을 기쁘시게 하는 것이 순전한 영성(靈性)입니다. 사도는 거듭해서 이것을 바른 목적으로 설정하고 있습니다. "사람들을 기쁘게 하는 것이 아니고 하나님을 기쁘시게 하는 것," 바로 그것을 사도는 바른 목적으로 세우고 있습니다. "주께 합당히 행하여 범사에 기쁘시게 하고."(골 1:10)

셋째로, 우리의 모든 행사가 다 하나님께 기쁨을 드리게 '조정되어 있는지' 확인합시다. 이를 위해서는 하나님의 말씀의 원칙으로 우리의 행동을 항상 재보아야 합니다. 하나님의 뜻에 부합한 것만이 하나님의 보시기에 합당한 것입니다. 그러나 더욱 더, 우리가 행하는 것의 본질이 옳다고 해서 그것만 가지고 충분한 것은 아닙니다. 그것이 바른 원리, 곧 하나님을 사랑하고 그리스도를 믿는 원리에서 나오는 것이어야 합니다. "'믿음'이 없이는 하나님을 가쁘시게 못하나니."(히 11:6) 그러나 그 믿음은 "사랑으로 역사하는 믿음"이어야 합니다(갈 5:6). 억지 믿음이 아니라 감사하는 마음의 표현으로 나오는 믿음이어야 합니다.

끝으로, 이런 일을 하는 사람의 자세에 대하여 말하자면, 우리의 선한 행실은 정말 진지함과 근신함을 겸비해야 합니다. "그러므로 우리가 흔들리지 않는 나라를 받았은즉 은혜를 받자 이로 말미암아 경건함과 두려움으로 하나님을 기쁘시게 섬길지니 또는 감사하자."(히 12:28) 그것이 바로 엄위하신 하나님 앞에서 종이 취할 마땅한 자세입니다. 하나님께서는 그러한 일과 그러한 선한 일들을 행하는 자들 속에서 정말 기쁨을 취하심을 기억하십시다. 정말 그러한 자들에게 주어지는 상급이 얼마나 놀랍습니까! "믿음으로 아벨은 가인보다 더 나은 제사를 하나님께 드림으로 의로운 자라 하시는 증거를 얻었으니 하나님이 그 예물에 대하여 증언하심이라 그가 죽었으나 그 믿음으로써 지금도 말하느니라."(히 11:4)

125강

신적인 권고의 말씀들

13:21 모든 선한 일에 너희를 온전하게 하사 자기 뜻을 행하게 하시고 그 앞에 즐거운 것을 예
수 그리스도로 말미암아 우리 가운데서 이루시기를 원하노라 영광이 그에게 세세무궁토록
있을지어다 아멘 13:22 형제들아 내가 너희를 권하노니 권면의 말을 용납하라 내가 간단히 너
희에게 썼느니라

우리가 22절의 본문을 거론하기 전에

먼저 21절의 마지막 부분에 대해서 몇 가지 요점을 지적해 보기로 합니다. 지난 강론에서 지면이 부족하기 때문에 그것을 다 말하지 못하였습니다. 우리가 지난 강론에서 명백하게 보여주려 했던 중심적인 요점은 무엇이었습니까? 신자가 중생할 때 새로운 성품과 은혜의 원리를 받는다 해도(옛 저자들은 흔히 그 은혜의 원리나 새로운 성품을 '은혜의 습관'이라고 말하기도 했다), 그것만으로는 충분하지 못하여 실제로 선한 일을 실행하려면 능력을 받아야 한다는 것입니다. 태초에 하나님께서는 모든 순종에 필요한 장치를 아담에게 주셨습니다. 그러나 그리스도인에게는 그렇지 않습니다. 중생할 때 하나님께서는 이제 이만하면 우리가 되었다고 생각할 만큼 충분한 은혜를 주시지는 않으셨습니다. 결코 아닙니다. 오히려 하나님께서는 우리를 위해서 은혜의 '모든 충만함'이 "그리스도 안에서" 흘러나가도록 하셨습니다. "우리가 다 그의 충만한 데서 받으니 은혜 위에 은혜러라."(요 1:16) 그래서 그 지체된 신자들이 머리 되신 그리스도를 온전하게 의지하게 하신 것입니다. 우리가 앞으로 알게 되겠지만, 새로운 은혜가 우리에게 공급되는 것은 바로 그 그리스도로부터입니다.

"그 앞에 즐거운 것을 예수 그리스도로 말미암아 우리 속에 이루시기를 원하노라."(21절) "예수 그리스도로 말미암아"라는 말은 두 가지를 가리킵니다. 하나는 우리 속에서 역사하시는 하나님의 일이고, 또 다른 하나는 우리의 행사를 하나님께서 받으심입니다.

첫째로, 20절과 21절을 전체로 하나로 본다면 거기서 사도가 주장하는 것이 무엇임을 분명하게 압니다. 곧, 주 예수 그리스도로 인하여, 그로 말미암지 않고는 '평강의 하나님'께서 우리에게 어떤 은혜도 전달해 주지 않으신다는 사실을 알게 된다는 말입니다. 그리스도의 중보와 중보기도가 아니면 그런 일이 우리에게 있지 않습니다. 구속주께서 우리의 생각과 마음속에서 그에게 합당한 자리를 차지하고 계시게 하려면 이 점은 매우 중요하고 분명한 요점입니다. 구속받은 자들이 거듭날 때부터 영화롭게 되는 날까지 그 속에서 역사하시는 성령님의 은혜로운 모든 작용들은 구주(救主)의 중보에 따라 진행됩니다. 우리를 위한 그리스도의 중보 기도의 응답 형태로 그 은혜가 주어지는 것입니다. 거기서 우리는 하나님의 감탄할 만한 지혜를 발견합니다. 하나님께서는 성삼위의 '각 위'가 그 백성들의 평가에 있어서 존귀해지도록 일들을 그 지혜로 궁리해 내신 것입니다. 성부께서는 모든 은혜의 원천이시니 그 은혜가 바로 성부에게서 기원합니다. 성자께서는 중보적인 직무로 말미암아 모든 은혜가 우리에게 흘러나오는 통로입니다. 그리고 성령께서는 그 은혜를 실제적으로 우리에게 전달하시고 부여하십니다.

둘째로, 우리가 판단하기로 "주 예수 그리스도로 말미암아"라는 말은 보다 더 즉각적으로 "그 앞에 즐거운 것으로"라는 소절과 연결됩니다. 그것은 평강의 하나님께서 우리로 온전케 하시는 그 "선한 일"을 가리키는 말입니다. 하나님의 은혜로 말미암아 우리 속에서 행해진 마땅한 의무들 중에서 가장 선한 것이라 할지라도 하나님께서는 그것들을 '우리 자신의 것'으로 단순하게 받아들이지 않으십니다. 다만 그리스도의 공로에 입각해서 받아들이시는 것입니다. 그 이유를 말하자면, 신적 은혜가 불완전한 매개를 통해서 나오면 우리가 아무리 잘한 일이라 할지라도 거기에는 죄가 섞여 있습니다. 빛이 밝고 힘이 있지만, 깨끗하지 못한 유리를 통과하면 그 빛은 희미해지는 것과 같습니다. 그러니 우리가 우리의 죄를 용서받고 우리의 인격이 거룩하게 되는 문제에 있어서 중보자 되시는 그리스도를 의지해야 합니다. 뿐만 아니라 우리의 불완전한 예배와 봉사가 하나님 앞에 '가납'되기 위해서 역시 그 중보자를 의지해야 합니다. "너희도 산돌같이 신령한 집으로 세워지고 '예수 그리스도'로 말미암아 하나님이 기쁘게 받으실 신령한 제사를 드릴 거룩한 제사장이 될지니라."(벧전 2:5) 이 말씀은 우리가 여기서 강조하고 있는 바로 그 진리의 국면을 진술하고 있습니다.

"영광이 그에게 세세무궁토록 있을지어다 아멘." 여기서 사도는 그의 관례대로 간구에 찬미를 덧붙입니다. 이는 우리를 가르치기 위해서 기록한 것입니다. 우리 주께서 그 제자들에게 보여주신 기도의 본 가운데도 바로 같은 원리가 드러납니다. 주께서 우리에게 가르쳐 주신 그 일곱 가지 간구 뒤에 "나라와 권세와 영광이 아버지께 영원히 있사옵나이다 아멘."(마 6:13)으로 결론지으라고 가르쳐 주셨습니다. 우리가 다루는 본문에 나오는 이 찬미가 모든 기도를 들으시는 평강의 하나님께 향한 것인지, 아니면 바로 앞에 나오는 예수 그리스도께 향한 것인지 분명치 않습니다. 필자 개인적으로는 '평강의 하나님과 예수 그리스도'를 향하여 함께 찬미를 드리고 있다고 믿습니다. '평강의 하나님과 예수 그리스도'는 찬미를 받으시기에 동등한 자격을 가지고 계시며, 우리로부터 동등하게 인정받아야 합니다. 빌립보서 4:20에서 성부께 특별한 찬미를 드립니다. 요한계시록 1:5,6에서는 중보자께 찬미를 드리며, 계시록 5:13에서는 성부와 성자에게 동등하게 찬미를 드리고 있습니다.

히브리서 13:22

"형제들아 내가 너희를 권하노니 권면의 말을 용납하라 내가 간단히 너희에게 썼느니라."

우리는 이 구절을 간단하게 강해할 것이며, 그런 다음에 그 중심적인 주제에 대해서 몇 가지 요점을 지적할 것입니다. 이 구절의 처음 접속사가 잘못 번역될 수 있습니다. 그 접속사는 대조를 뜻하는 접속사이지 연결을 뜻하는 접속사가 아니기 때문입니다. 그러므로 개정역(R.V)에서 But(그러나)라고 번역한 것이 잘한 것입니다.[1] 앞 구절에서 사도는 당신 보기에 좋은 것을 그 백성들 속에서 행하시는 '하나님'에 대해서 말했습니다. 여기서는 '백성들의 책임' 문제를 거론하면서 백성들 편에서 있는 힘을 다해 애를 쓰라고 권하고 있습니다. 여기서 우리는 다시 한 번 바울이 진리의 '균형'을 얼마나 완벽하게 유지하는가를 깨달을 수 있습니다. 하나님의 역사(役事)에 우리의 노력을 덧붙여야 합니다. 우리 속에서 당신이 기뻐하시는 선한 뜻을 행할 소원을 갖게 하시고 행하게 하시는 분은 하나님이십니다. 그럼에도 불구하고 사도가 "두렵고 떨림으로 우리의 구원을 이루라."고 권면하고 있는 바와 같습니다(빌 2:12,13).

---

1) 우리말 개정개역이나 개역한글에는 빠져 있으나 KJV의 역문을 소개하면 이러하다. And I beseech you, brethren, suffer the word of exhortation(또한 형제들아 내가 너희에게 권하노니 권면의 말을 용납하라) - 역자 주

"형제들아 내가 너희를 권하노니 권면의 말을 용납하라." 여기서 "권면의 말"은 우리가 판단하기로는 이 서신의 내용 전체를 가리킵니다. "권면"이라는 말의 헬라어는 아주 포괄적인 말로써, 그 의미와 범주 속에 지시(direction), 권고(admonition), 격려(incitement), 위로(comfort)가 내포되어 있습니다. 그래서 그 말이 보통 '위안(consolation)' 또는 '권면(exhortation)'으로 자주 번역됩니다. 분명히 그 말은 사도가 그의 서신 전체를 요약하기 위해서 채용된 매우 합당한 말입니다. 왜냐하면 이 서신의 내용은 처음부터 끝까지 배도의 강력한 유혹에 맞서서 복음신앙과 그 신앙고백을 견고하게 지키라고 매우 강력하고 인상 깊게 고무(鼓舞)하는 것들이기 때문입니다. 존 오웬(John Owen)이 이에 대하여 이렇게 말하였습니다. "권면(exhortation)의 말씀은 복음의 진리와 교리를 신자들의 덕을 위해 적용시키는 것을 뜻하는 것이다. 권면의 방식이나 위안의 방식 둘 중 어느 것을 택한다 할지라도 권면과 위안 모두가 다 포함되기 마련이다."(가장 훌륭한 주석가들 모두가 그렇게 말하고 있다.) 그러나 우리는 사도가 그 히브리 그리스도인들에게 한 권면들을 주목하라고 종용하면서 보이는 재치(tactfulness)와 온화함(gentleness)을 유념해 봅시다.

첫째, 먼저 사도는 **"내가 너희를 '권하노니'"**라고 말합니다. 이 어투에 대해서 존 브라운(John Brown)은 말하기를, "사도 편에서 친절하게 의도한 바를 그들이 친절하게 받아들이도록 간절하게 요청하는 형태이다." 바울은 어떤 높은 지위를 의지하여 그들에게 명령을 내리지 않고 있습니다. 물론 자기의 사도적인 권위를 힘입어 그렇게 할 수도 있었을 것입니다. 그러나 그들의 수준으로 자신을 놓고 부드럽게 종용하였습니다. 사피어(A. Saphir)는 지적하였습니다. "이 권면이 진리의 밝은 분위기 속에서 나온 것 같이, 진정한 애정의 분위기 속에서 나온 것이기도 하다."

둘째로, 존 오웬(John Owen)이 말하는 대로, 사도는 덧붙여 **"형제들아 내**

가 너희를 권하노니."라고 말합니다. "그것은 (1) 본질과 은혜에 있어서 자기가 그들과 가까운 관계에 있음을 지시하며, (2) 그들에 대한 그의 사랑을 나타내며, (3) 그들이 직면한 문제에 대하여 사도가 공통의 이해관계를 가지고 있음을 지시한다. 이 모든 것은 바로 이 권면을 바르게 접근해 나가는 데 합당한 이해다."(John Owen) 우리는 거기에다가 하나를 덧붙일 수 있습니다. 이 권면은 바울의 칭찬할 만한 겸손과 마음의 온유함을 확증하는 것입니다.

셋째로, 그는 덧붙이기를 **"내가 너희를 권하노니 권면의 말을 '용납하라.'"**고 말합니다. 물론 이 말은 이 서신에서 사도가 그들의 부패한 성향과 선입견을 보고 '대적하여' 말한 것들을 함축합니다. 이는 역시 사도가 히브리인들을 위해서 가지고 있는 우려를 다시 한 번 드러내 주고 있습니다. 그는 그들에게 몇 가지 지적하여 경고하였고, 매우 매서운 권면들을 한 바 있습니다. 사도는 그들이 그러한 권고와 경고를 듣고도 나태함이나 본성적인 반감 때문에 유익을 전혀 얻지 못할까보아 깊이 염려하고 있습니다. 존 칼빈(John Calvin)의 말을 들어 보십시오. "아마 그는 이 때문에 '권면'이라는 말을 사용하고 있을 것이다. 비록 사람들이 본성적으로 배우고 싶어 하지만, 이미 아는 것이나 들은 것을 상기시켜 다시 한 번 생각나게 하는 것보다는 무언가 새 것을 듣기 더 좋아한다. 그밖에도 그들 자신이 나태함에 빠져서 자기들이 질책을 받았다거나 아니면 마음에 상처를 받았다고 나쁜 생각을 가질 수도 있다."

여기서 우리는 다시 한 번 사도가 모든 말씀 사역자들에게 남긴 복된 '본'을 발견합니다. 설교자는 자기 설교를 듣는 사람들의 마음을 자극하여 그들의 선을 이루기 위해서 설교할 때 매우 세심한 주의를 기울여야 합니다. "인자야 내가 너를 이스라엘 족속의 파수꾼으로 세웠으니 너는 내 입의 말을 듣고 나를 대신하여 그들을 깨우치라 가령 내가 악인에게 말하기를 너는 꼭 죽으리라 할 때에 네가 깨우치지 아니하거나 말로 악인에게 일러서 그의 악한 길을 떠나 생명을 구원하게 하지 아니하면 그 악인은 그의 죄악 중에서 죽으려니와 내가 그의 피 값을 네 손에서 찾을 것이고."(겔 3:17,18). '권면'의 말씀을 이해하거나 그 말씀에 마땅한 반응을 보이는 면에서처럼 더딘 모습을 보이는 경우가 없습니다. 말씀을 늘 듣는 이들(심지어 성도들마저)도 권면의 말씀을 달게 받고 반응하는 일보다 더 싫어하는 것이 없습니다. 이 권면은 이 히브리서 전체에 걸쳐 나타난 사도의 요지였습니다. 하나님께서 '실제적' 목적을 위해서 우리에게 그 말씀을 주셨습니다. 하나님의 선택한 백성들의 믿음은, 믿음과 '경건함에' 속한 진리를 아는 지식입니다. "나 바울이 사도 된 것은 하나님이 택하신 자들의 믿음과 경건함에 속한 진리의 지식과 영생의 소망을 인함이라."(딛 1:1,2) 성경을 우리에게 주신 것은 우리에게 모든 선한 일을 위해 필요한 것을 구비하려 하심이요, 모든 의무를 행하도록 배우고 모든 시험을 물리치게 하려 하심이었습니다. 어떠한 교리도 우리의 '행위'에 영향을 주지 못한다면, 그 교리에 대한 이해가 바르지 못한 것입니다. 그러나 하나님의 교훈과 부합되게 나아가면서 은혜를 구하되, 충성과 지혜와 겸손과 민감함 등 사도가 확증하고 상세하게 설명했던 덕행과 함께 그 일을 해낼 수 있게 하는 은혜를 구해야 합니다.

"**내가 간단히 너희에게 썼느니라.**" 어떤 이들은 이 소절을 보고 당황해 합니다. 왜냐하면 사도 바울 서신 거의 모두가 이보다 훨씬 더 짧기 때문입니다. 그래서 그들은 이 22절의 이 마지막 장만을 가리킬 뿐이라는 세련되지 못한 이론을 만들어 주장하였습니다. 앤더슨 경(Sir Robert Anderson)은 이상하게도 그것을 '일종의 봉합엽서(covering letter)'라고 칭하기도 하였습니다. 그러나 사도는 여기서 이 절대적 의미에서 서신의 길이가 짧다는 것이 아닙니다. 이 서신이 다루고 있는 주제가 엄청나고 고전적인 것에 비하면 그 길이가 짧다는 식의 '비율적'인 표현을 하고 있는 것입니다. 그가 거론한 많은 제목들의 중요성과 포괄성에 비추어 간단하게 다룬 셈이라는 말입니다. '새 언약'이나 그리스도의 직무와 사역, 유대교보다 기독교가 우월하다는 문제, 믿음의 생활, 또한 그리스도인이 감당해야 하는 여러 의무들에 관해서 하나의 짧은 개요밖에는 말하지 아니한 셈입니다.

바로 이 구절에서 언급하고 있는 원리적인 주제는 '신적(神的) 권면들'입니다. 그것이야말로 가장 실제적인 중요성과 가치를 지닌 문제인데, 안타깝게도 오늘날 그 주제가 서글프게 무시되고 있습니다. 칼빈(John Calvin) 시대의 사람들은 '아는 것을 되새겨 주거나 이미 들은 것을 상기시켜 주는 것보다 무언가 새 것을 듣고 싶어' 하였습니다. 그러나 현 세대는 하나님께서 말씀 속에 지시해 놓은 의(義)의 길들을 무섭게 무시하는 경향이 있습니다. 그리고 하나님께서 우리더러 행하라고 하는 그 의무들 중 많은 부분을 '자주' 듣기를 싫어합니다. 거의 모든 강단들이 그 점에 대해서 크게 침묵을 지키고 있으며, 육신적인 사람들에게 더 맞는 주제들과 제목들로 그 자리를 메우고 있습니다. 어리석게도 양심을 탐사하고 개혁을 촉구하는 것은 피하고 있습니다. 이제 '권면'은 의무를 수행하는 것을 강권하는 것이고, 신적 교훈에 순종하라고 격려하고 있었습니다. 이 주제를 펼쳐 나감에 있어서 시편 119편에 제시된 순서를 따르는 것보다 더 나은 방식이 없다고 우리는 생각합니다.

시편 119편에 제시된 영적 실천의 순서

시편 119편에서는 먼저 하나님의 요청에 응하는 자들의 '복락'을 표현합니다. "행위가 온전하여 여호와의 율법을 따라 행하는 자들은 복이 있음이여 여호와의 증거들을 지키고 전심으로 여호와를 구하는 자는 복이 있도다."(1,2절) 시편 기자가 처음에 그런 식으로 시작하는 이유는 참된 복이 무엇인지를 바르게 이해하는 것이 중요하기 때문입니다. 모든 사람들은 행복해지고 싶어 합니다. "여러 사람의 말이 우리에게 선을 보일 자 누구뇨 하오니."(시 4:6) 세상은 계속해서 '선(善), 우리에게 선을 보이라.'고 울부짖고 있습니다. 그것은 만족함을 추구하는 본성의 간절한 갈망을 나타냅니다.

안타깝게도 죄가 우리에게 총명을 어둡게 하여 본성적으로 우리는 진정한 복이 어디서 발견되며, 그 복을 어떻게 얻는지를 알지 못합니다. 사탄이 어찌나 철저하게 사람들을 속였던지 사람들은 '행복이 거룩의 열매임'을 알지 못하며, 양심은 하나님의 인정받을 일이 무엇임을 증거한다는 것도 모릅니다. 결과적으로 하나님의 은혜가 간섭하기까지 모든 사람들은 부(富)와 명예와 쾌락 속에서 행복을 추구합니다. 그래서 그들은 그것을 추구하면서도 결국 행복을 피해 멀리 달아납니다. 그들이 기쁨을 의도했으나 비참을 선택합니다. "주께서 내 마음에 두신 기쁨은 그들의 곡식과 새 포도주의 풍성할 때보다 더하니이다."(시 4:7) 그렇습니다. "그들의 곡식과 새 포도주의 풍성할 때보다 더한 기쁨"이 있습니다. 그들은 그 곡식과 새 포도주를 소유하고, 또한 그것들을 자기들의 몫과 분깃으로 선택하였습니다. 그러나 다윗은 거룩의 높은 길을 걸음으로 말미암아 하나님께서 그 마음속에 기쁨을 주신다는 걸 발견했습니다. 그 기쁨은 세상의 쾌락과 도저히 비교가 되지 않을 정도의 기쁨입니다.

시편 119편의 처음 두 절에서 참된 행복의 비밀이 계시되었는데, 그 두 절 사이에 나타난 사상의 중요한 차이는 이러합니다. 1절에서는 하나님의 사람의 외면적인 행동을 묘사하였고, 2절에서는 그 사람으로 하여금 행동하도록 한 내면적인 원리를 표현합니다. 다시 말하면 마음으로 주를 찾은 것이 바로 그것입니다. 바로 그 마음에서 마태복음 15:19에서 그리스도께서 열거하시는 모든 악이 나옵니다. "마음에서 나오는 것은 악한 생각과 살인과 간음과 음란과 도둑질과 거짓 증언과 비방이니." 그렇듯이 바로 그 마음에서 갈라디아서 5:22,23에서 묘사한 모든 은혜도 나옵니다. "오직 성령의 열매는 사랑과 희락과 화평과 오래 참음과 자비와 양선과 충성과 온유와 절제니 이같은 것을 금지할 법이 없느니라." 그 이유 때문에 "무릇 지킬 만한 것보다 '더욱 네 마음을 지키라.'"(잠 4:23)고 명하신 것입니다. 이는 매우 엄숙하고 탐사적인 말씀입니다. 왜냐하면 "사람은 외모를 보거니와 나 여호와는 중심을 보느니라."(삼상 16:7)고 말씀하시기 때문입니다. 그러므로 우리의 외적인 행동에 하나님을 기쁘시게 하려면 먼저 믿음과 사랑의 역사가 있어야 합니다.

시편 119편 기자는 1-3절에서 주의 율법대로 행하는 사람들의 복됨을 묘사하고 확언한 다음에, 4절에서는 우리로 하여금 하나님께서 "주의 복들을 명하사 우리로 근실히 지키게 하셨다."는 사실을 상기시켜 줍니다. 가장 우선적으로 기자는 하나님의 계명을 지키기에 매우 매력적인 상급을 우리 앞에 제시합니다. 그런 다음에 하나님께서 우리에게 의로운 요구를 하시고 계심을 상기시켜 줍니다. 우리는 하나님의 피조물과 백성이요, 하나님은 우리의 조물주와 통치자로서 우리에 대하여 절대적인 권위를 갖고 계십니다. 하나님의 뜻은 그 말씀 속에서 분명하게 드러나 있습니다. 그리고 우리는 그 말씀을 최선을 다해 주목하며 존중할 마땅한 책임을 지고 있습니다. 그 어느 것으로도 하나님과의 관계를 뒤로 미루지 못할 것입니다. 하나님께서는 우리가 있는 힘을 다해 주의하며 정확하게 당신을 섬길 것을 요구하십니다. 그래서 하나님의 율법대로 행할 것인지 아닌지의 여부를 우리 임의대로 맡겨놓지 않으셨습니다. 절대적인 필연성을 부과하고 계십니다.

"내 길을 굳게 정하사 주의 율례를 지키게 하소서."(5절) 시편 기자는 하나님의 권위 의식으로 두려워하고 있으며, 하나님께서 당신의 피조물에게 명령하실 정당한 권한이 있음을 인정하며, 하나님의 요구가 의롭다는 것을 인정합니다. 그러면서 기자는 자신의 연약과 전적인 부족을 느끼며, 자기의 마땅한 의무를 감당할 능력을 주시는 하나님의 은혜의 필요성을 깊이 인식합니다. 이것은 중생한 영혼의 여러 표지들 가운데 하나입니다. 중생한 사람은 먼저 비췸을 받고, 그 다음에 죄가 무엇인지를 알고 그 죄를 미워합니다. 마땅한 의무의 길이 무엇인지를 아는 지식이 그에게 전달되고, 그 다음에 그 의무의 길로 행할 능력이 없음을 깨닫게 됩니다. 그렇게 하여 거룩한 소원과 간절한 마음으로 그 거룩을 추구하기 시작합니다. 오, 내가 주의 율례대로 행하고 주의 훈계를 지키려고 애를 썼다면 얼마나 좋았을까! 그는 과거에 자기 자신의 길을 따랐기 때문에 하나님의 권위에 별로 관심을 기울이지 않았다는 사실을 인식합니다. 그러나 이제 그는 그러한 자기의 본질이 근본적으로 변화되기를 갈망합니다.

하나님의 뜻에 따라 살려는 이 간절한 열망은 새로운 본성(new nature)의 호흡입니다. 이 새 본성은 중생할 때 주어진 것입니다. 마음의 변화는 언제나 새로운 소원과 새로운 기쁨을 통해서 확증됩니다. "육신을 따르는 자는 육신의 일을, 영을 좇는 자는 영의 일을 생각하나니."(롬 8:5) 하나님의 사랑이 마음에 부은바 될 때 '우리의 사랑'도 하나님을 향하여 흘러 나갑니다. 하나님의 사랑이 우리가 잘되기를 바라는 마음 씀이라면, 하나님을 향한 우리의 사랑도 하나님의 영광을 위한 마음 씀입니다. 하나님을 사랑하는 것은 하나님께 복종하고 싶은 간절한 마음을 통해서 입증됩니다. "하나님을 사랑하는 것은 이것이니 우리가 '그의 계명들을 지키는 것이라.'"(요일 5:3) 신자가 신적 교훈의 지혜와 선함과 정결함과 거룩함을 더 분명하게 분별하면 할수록, 그 교훈에 복종하고 싶은 열망을 더욱 더 가지게 되는 것입니다. "내 길을 굳게 정하사 주의 율례를 지키게 하소서." 이것이 자기를 이끌어 주는 은혜를 간절히 갈망하는 마음의 자세입니다.

중간에 있는 몇 구절을 뛰어 넘어 능하게 하시는 '하나님의 은혜를 바라는'

시편 119편 기자의 기도로 나아가 봅니다. "찬송을 받으실 주 여호와여 주의 율례들을 내게 가르치소서."(12절) 신적 교훈과 관련하여 하나님의 백성들이 지킬 의무 가운데 하나는 그 교훈들을 듣고 그 교훈들을 지키기 위해서 기도하는 것입니다. 이것은 '새 언약'과 일치합니다. '새 언약'에서 교훈과 약속이 함께 손을 잡고 갑니다. 하나님께서 우리에게 요구하시는 바로 그것을 하나님께 구할 수 있습니다. 이에 대하여 토마스 맨튼(Thomas Manton)은 다음과 같이 주석하였습니다.

"하나님께서 우리의 힘으로 할 수 없는 그것을 어째서 요구하시는가? 그 이유들을 알아보자. (1) 당신의 권세를 지키려 하심이다. (2) 우리의 불능을 우리로 깨닫게 하려 하심이다. 시련을 받을 때 그러한 우리 자신의 불능을 발견하게 된다. 은혜 없이 우리는 그의 일을 할 수 없다. (3) 피조물로 하여금 자기가 하나님께 복종할 의향이 있음을 표현할 수 있게 하시려고 그리 요구하시는 것이다. (4) 우리가 은혜를 바라고 하나님의 발밑에 엎드리게 하시려 함이다."

기도는 우리의 소원의 표현입니다. 만일 우리가 하나님께 진정으로 순종하고 싶다면, 우리는 능하게 하시는 하나님의 은혜를 간절히 구할 것입니다. 구해야 할 첫 번째 요점은, 하나님께서 우리에게 그의 율례를 '가르쳐 주십사' 하는 것입니다. 그것은 외면적인 방편과 내면적인 은혜 둘 다를 마음에 두고 하는 기도입니다. 말씀의 문자(文子)와 그 말씀의 설교는 무시하지 말아야 합니다. 왜냐하면 그것은 하나님께서 지정하신 하나의 규례이기 때문입니다. 그러나 우리가 진실로 유익을 얻으려면 바로 그 일에 '하나님의 복 주심'이 병행되어야 합니다. 주 예수께서 그 제자들을 가르치셨을 때, 먼저 성경을 그들에게 풀어 주셨습니다. 그런 다음에 그들의 총명(聰明)을 열어 주셨습니다(눅 24:27,45). 성령님의 내면적인 가르침은 총명에 빛을 비추시는 것을 내용으로 합니다. 그 일로 인하여 우리의 정서에 불을 붙이고, 의지에 활력을 줍니다. 왜냐하면 신적 교훈은 언제나 주님의 이끌어 주심을 동반하기 때문입니다(요 6:44,45).

성령께서 내면적으로 그러한 가르침을 주시는 일이 절대로 필요한 것은 무엇 때문입니까? 우리의 '완고함과 선입견' 때문입니다. 거듭나지 아니한 사람에게 무엇이 어리석어 보입니까? 잠시 세상에 더 사는 것을 추구하는 것보다 영원한 삶을 택하는 것, 보는 것으로 하지 아니하고 믿음으로 행하는 것, 자신을 부인하고 매일 십자가를 지는 것이 자연인에게는 아주 어리석어 보입니다. 우리 자신을 하나님께 온전히 복종시킨다는 것은, 우리의 욕심의 노도(怒濤)하는 물결을 거슬러 올라가는 것을 의미하는 것입니다. 옛 본성은 우리가 하나님께로부터 새로운 본성을 얻을 때에도 한참 동안 우리에게 남아 있습니다. 그래서 우리는 악한 습관에 빠져 있었습니다. 그러므로 우리의 옛 본성의 성향에 반대되게 행동하는 것은 손을 자르거나 오른 눈을 뽑는 것과 유사한 일입니다. 더구나 거룩의 첩경을 향해서 발걸음을 떼어 놓고 나아가려고 시도하는 걸음마다에서 사탄은 강력하게 반대합니다. 그래서 우리가 우리의 의무를 감당하기 위해서 하나님께로부터 능력을 힘입을 필요가 있습니다. 그 점은 너무나 실질적이고 긴박하고 절대적인 요점입니다. 하나님이 아니면 그 어느 누구도 우리 속에서 하나님의 선하신 뜻을 마음에 소원하고 행하게 우리 속에서 역사할 수 없습니다.

시편 119편 기자가 15절에서 무어라 선언하였습니까? "내가 주의 법도들을 작은 소리로 읊조리며 주의 길들에 주의하며." 만일 우리 편에서 믿음 있는 노력이 경주되지 아니하면 그 기도는 소용없습니다. 여기에 다윗이 자기의 책임을 감당하려는 결연한 자세와 의도가 나타나 있습니다. 자기가 하나님의 교훈을 자기의 마음에 부단한 생각의 주제로 삼지 않으면, 하나님의 거룩한 길을 마땅한 존중심으로 높일 수 없습니다. "그 마음의 생각이 어떠하면 그 위인도 그러하고."(잠 23:7) 만일 우리의 마음이 부단히 거룩한 것을 생각하고 있다면, 우리의 행실 속에서 그러한 향취가 나타날 것입니다. 그러나 하나님을 두려워하고 그 말씀을 즐거워하는 것이 마음속에 먼저 확립되어야 합니다. 왜냐하면 우리의 생각은 우리의 정서(情緖, affections) 뒤를 따라가기 때문입니다. 마음이 전혀 흥미 없어 하는 것을 생각하는 것이 지루합니다. 거룩한 의무를 감당할 때 어려운 점은 그 의무 자체들 속에 있는 것이 아니라 우리의 정서가 뒤로 물러가려는 데 있습니다.

"내가 주의 법도를 작은 소리로 읊조리며(묵상하며) 주의 도에 주의하며."(시 119:15) 여기 기자가 말하는 일의 '순서'를 주목할 필요가 있습니다. '묵상'이 순종하는 '행동'보다 먼저 옵니다. 묵상(默想)은 공상(空想)보다 더한 무엇입니다. 하나님을 기쁘시게 하는 행동에 이르는 하나의 지정된 방편인 것입니다. "이 율법책을 네 입에서 떠나지 말게 하며 주야로 그것을 묵상하여 그 안에 기록된 대로 다 지켜 행하라 그리하면 네 길이 평탄하게 될 것이며 네가 형통하리라."(수 1:8) 묵상은 호기심어린 개념들이나 교묘한 생각들로 마음을 채우려는 목적을 위해서 하는 것이 아닙니다. 실제적인 용도로 쓰기 위한 것입니다. 사랑하는 독자 여러분, 이 점을 유념해야 합니다. 시편 기자가 '내가 당신의 약속을 묵상하리이다.'라고 말하지 않았습니다. 도리어 "내가 주의 법도를 묵상하리이다."라고 말했습니다. 어째서 우리가 주의 법도를 묵상하는 것이 그렇게 중요한 것인가요? 보다 영구하게 기억 속에 못

박아 놓기 위해서이며, 마음에 더 깊게 새기기 위해서이며, 우리의 삶의 여러 의무들에 그 법도를 다양하게 적용시키는 법을 더 잘 알기 위해서입니다.

"내가 주의 법도들을 작은 소리로 읊조리며." 다윗에게 있어서 이것은 그저 지나치는 공상(空想)이 아니었습니다. 결코 지켜진 적이 없는 새해의 결심을 하는 식이 아니었습니다. "내가 주의 율례를 작은 소리로 읊조리이다(묵상하리이다)."(48절) 다시 78절에서 "주의 법도들을 작은 소리로 읊조리리이다." 라고 거듭 결연한 자세를 보입니다. 이와 같은 부산하고 격렬한 시대에 '묵상'은 '상실된 예술이라.'는 말이 자주 들립니다. 그렇습니다. 바로 이점이야말로 하나님의 계명에 순종하는 일이 실제적으로 그렇게 드문 중요한 이유 중에 하나가 아닙니까? 하나님께서는 "나의 백성은 깨닫지 못하는도다."(사 1:3)라고 옛 백성들에 대한 불만을 나타내셨습니다. 한 귀로 듣고 다른 귀로 흘려버린다는 말입니다. "아무나 천국 말씀을 듣고 '깨닫지 못할 때는' 악한 자가 와서 그 마음에 뿌려진 것을 빼앗나니 이는 곧 길가에 뿌려진 자요."(마 13:19) 말씀을 기도하는 심정으로 숙고하고 거듭해서 그것을 생각하지 않으면 어떻게 이해할 수 있습니까? "이 말을 너희 귀에 '담아 두라.'"(눅 9:44) 진지한 반추(反芻)와 부단한 숙고(熟考)의 방편을 통해서 그것을 마음에 담아 두라는 것입니다.

"나로 하여금 주의 계명들의 길로 행하게 하소서 내가 이를 즐거워함이니이다."(35절) 여기서 다윗이 '강권하는 은혜'를 위해서 기도하는 모습을 발견합니다. 비록 그가 중생한 사람이었고 주의 법도를 기뻐하는 사람이었지만, 아직 자기 속에는 다른 길을 추구하는 것이 많다는 사실을 뼈아프게 인식하고 있었습니다. '육체'가 '영'을 대항하여 욕심을 부리니 다윗은 자기가 하고 싶은 일을 할 수 없는 사실을 알았습니다. 참으로 그러합니다. 하나님의 은혜는 중생한 사람의 영혼 속에 선한 것을 향하는 성향과 경향성을 넣어 주셨습니다. 그러나 선한 그것을 '이루기' 위해서 능력을 얻으려면 먼저 날마다 새로운 은혜의 공급이 필요합니다. 바로 이 은혜를 하나님께 구해야 합니다. 어째서 그러합니까? 그 능력이 오직 하나님께만 속해 있음을 알고, 우리가 자신을 낮추기 위해서입니다. 만일 하나님께서 일 년 동안에 필요한 비를 하루 만에 몽땅 다 내려 보내 주신다면, 하나님의 섭리의 행사를 주목하는 일이 결코 없을 것입니다. 만일 하나님께서 우리를 새로 나게 하실 때에 우리의 나머지 삶에 필요한 모든 은혜를 충족하게 다 허락하신다면, 금방 기도 없는 상태로 빠져들 것입니다.

우리가 '반드시' 하나님의 계명의 길로 가도록 지음 받아야 함을 인식하게 인도함을 받는 것은 우리의 오만을 꺾어버리는 일입니다. 금명간 각 신자마다 선후(先後)의 차이는 있을지라도 그 실상을 체험합니다. 경건한 소원들과 거룩한 결심들만으로는 실제적인 순종을 산출하지 못합니다. 하나님의 기뻐하시는 '뜻을 소원하게' 하실 뿐만 아니라 그것을 행할 수 있도록 하나님께서 우리 속에서 역사하셔야 합니다. 베드로가 '다른 모든 사람들은 그리스도를 부인한다 할지라도 나는 부인하지 않을 것이라.'고 선언할 때, 그 결심은 대단하였습니다. 그러나 시련의 시간 속에서 정말 자기가 물처럼 연약함을 베드로는 발견하였습니다. 히스기야에 대하여 우리가 듣는 바는 이러합니다. "그러나 바벨론 방백들이 히스기야에게 사신을 보내어 그 땅에서 나타난 이적을 물을 때에 하나님이 히스기야를 떠나시고 그의 심중에 있는 것을 다 알고자 하사 시험하셨더라."(대하 32:31) 때때로 하나님께서는 당신의 모든 백성들에게 그렇게 하셔서 하나님 없이는 아무 것도 할 수 없음을 그들로 알게 하십니다. 이러한 발견을 하게 될 때 그 영혼은 "나로 하여금 주의 계명들의 길로 행하게 하소서 내가 이를 즐거워 함이니이다."라고 기도한 것이 얼마나 적합한 것인가를 느끼게 됩니다.

“내 마음을 주의 증거들에게 향하게 하시고 탐욕으로 향하지 말게 하소서.”(36절) 이 말씀 속에 간구가 표현되어 있을 뿐만 아니라 하나의 신앙고백이 함축되어 있습니다. 다윗은 자기 마음의 본성적인 성향이 하나님을 떠나 세상적인 것을 향함을 인식하고 있었습니다. 그는 ‘내 마음의 성향이 하나님과 그 교훈을 향하여 돌아서게 해 주소서.’라고 기도하고 있습니다. “내 마음을 주의 증거들에게 향하게 하소서.”라 기도한 것은, 그 마음의 ‘정서’가 하나님의 말씀을 향하여 불타올라 결국 ‘의지’도 그 정서를 따라 함께 나가게 해 주시기를 간구함입니다. 우리가 매력적인 호기심을 가지는 사물(事物)을 향한 사랑 속에 죄의 권세가 작용하고 있듯이, 경건한 의무들에 대한 우리의 사랑 속에 그 경건한 의무들을 행하고 싶은 성향이 들어 있는 것입니다. 하나님께서 에스겔에게 이렇게 말씀하셨습니다. “또 내 영을 너희 속에 두어 너희로 내 율례를 행하게 하리니 너희가 내 규례를 지켜 행할지라.”(겔 36:27) 그 말씀은, 하나님께서 총명을 밝히시고 그 정서에 불을 붙이시어 그 쪽으로 향할 의지(意志)를 갖게 하시겠다는 뜻입니다. 그러나 그런 기도에 더하여 ‘우리 편’에서도 부지런한 노력이 더해져야 함을 다시 말씀드립니다. 왜냐하면 하나님께서는 게으르고 부주의한 사람들의 간구를 주목하지 않으실 것이기 때문입니다. 그래서 우리가 다윗의 기도 내용을 매우 유념해야 합니다. 다윗이 하나님께 “내 마음을 주의 증거로 향하게 하소서.”라고 간구하였을 뿐만 아니라, “내가 율례를 영원히 행하려고 내 마음을 기울였나이다.”(112절)고 선언하였습니다. 우리 마음을 하나님의 율법에 기울이는 것은 우리에게 부여된 마땅한 의무입니다.

그러나 우리가 그렇게 할 수 있는 것은 하나님께서 능하게 하시는 은혜를 베푸셨기 때문입니다. 그럼에도 불구하고 하나님께서는 우리를 어떤 도구나 어떤 물체 덩어리로 다루지 않으십니다. 이성적인 존재로 다루십니다. 우리 앞에 동기와 여러 필요한 이끄는 원리를 제시하시고 그에 마땅한 반응을 보일 책임을 갖게 하시는 방식으로 다루십니다. 하나님께서는 방편을 지정하셨으니, 그 방편을 사용하는 것은 우리의 책임입니다. 하나님께서 복락을 부여하셨지만, 그 복락을 바르게 사용하는 것은 우리의 책임입니다. 하나님께서 우리에게 주신 분량대로 '장사할 책임'이 우리에게 있는 것입니다. 다윗은 이 일을 했습니다. 참으로 그러합니다. 그것은 모두 은혜에 속합니다. 다윗은 그 점을 아는 데 둘째가라면 서러울 사람이었습니다. 그럼에도 불구하고 그가 은혜와 협력하였다는 사실은 그대로 사실로 엄연히 존재합니다. 하나님께서 자기 속에서 이루신 것을 밖으로 이루어나가는 일이 있었던 것입니다. 그런 일이 있기까지는 모든 것이 허사입니다.

이 강론을 위한 지면이 다 찼습니다. 어떤 회의적인 비평가가, '히브리서 13:22와 위에서 말한 모든 것이 무슨 관계가 있느냐?'고 질문을 던질지도 모릅니다. 정말 우리는 많은 방면에서 그 질문에 대한 답을 할 수 있습니다. 우리가 '어떻게' "권면의 말을 용납하는가?" 시편 119편은 그 질문에 대한 상세한 답을 제시합니다! 그 권면에 부합하게 하면 참으로 복됨을 우리 자신에게 자주 상기시켜야 합니다. 그리고 사도가 하나님께서 주신 권위로 그 권면을 했음을 부단하게 생각해야하며, 그 권면과 정반대 방향으로 나가려는 성향을 가진 우리 자신의 부패성과 연약을 인정하고 그것 때문에 울어야 합니다. 능하게 하시는 하나님의 은혜를 위해서 간절하게 기도해야 합니다. 또 매일 그것에 대해서 묵상하십시오. 하나님의 계명의 길로 행하게 하십사고 하나님께 간구하십시오. 그리고 우리에게 주시기로 허락된 은혜를 부지런히 활용합시다.

126강

영적인 자유

13:23 우리 형제 디모데가 놓인 것을 너희가 알라 그가 속히 오면 내가 그와 함께 가서 너희를
보리라

이 본문으로 시선을 돌리기 전에 먼저 지난 강론에서 관심을 기울였던 구절에 대한 관찰을 마무리 지어야겠습니다. 그것이 실천적으로 중요하고 가치 있기에 아무리 높게 평가하거나 강조한다 해도 지나칠 수 없습니다.

"권면의 말을 용납하라." 이 표현은 사도 바울이 이 히브리서에서 말한 전체 내용을 다 함축합니다. 왜냐하면 이 편지는 처음부터 끝까지 간절한 당부의 성질을 띠고 있었기 때문입니다. 곧, 이제 쇠잔해진 유대교의 체계를 떠나서 기독교를 신앙하는 자리에서 굳게 서서 복음적인 여러 의무들을 견고하게 감당해야 함을 당부한 것입니다. 사도가 한 이 마지막 말은, 이 편지를 받는 독자들이 그 메시지를 명심하라는 말입니다. 그것이 그들의 전통이나 감성이나 선입관과 아무리 근본적인 갈등을 한다 할지라도, 그들의 영원한 복락은 정말 모든 면에서 인정받을 만한 가치가 있는 것을 받아들이는 여부에 달려 있습니다. 그들을 향해 애정 어린 호소를 하고 있습니다. 그들의 본성적인 반감 때문에 이 히브리서 편지에 기록되어 있는 바, 그 말할 수 없는 보배로운 것을 놓치거나 상실하지 말라고 호소하고 있습니다.

그러나 "권면의 말"이란 표현은 훨씬 더 넓은 의미에서 우리에게도 적용됩니다. 그 '권면의 말'은 하나님의 말씀 전체를 생각하며 적용한다 해도 무리가 없습니다. 왜냐하면 하나의 본질적인 차원에서 생각한다면 성경은 끊임없는 권면이기 때문입니다. 로마서 9:9에서와 같이, 우리는 성경에서 '약속의 말씀'에 대하여 읽습니다. "약속의 말씀은 이것이니 명년 이 때에 내가 이르리니 사라에게 아들이 있으리라 하심이라." 베드로후서 1:19에서는 보다 더 확실한 "예언의 말씀"에 대해서 읽습니다. "또 우리에게는 더 확실한 예언이 있어 어두운 데를 비추는 등불과 같으니 날이 새어 샛별이 너희 마음에 떠오르기까지 너희가 이것을 주의하는 것이 옳으니라." 그렇듯이 여기서는 성경을 "권면의 말씀"으로 지칭합니다. 각 경우에서 '강조점'이 다를 뿐입니다. 히브리 그리스도인들에게 있어서 그 '권면의 말씀'에 마땅하게 반응한다는 것은, 먼저 무엇인가를 '포기하고 다른 것을 견고하게 잡는 것'을 의미하였습니다. 우리에게도 역시 마찬가집니다. 사도는 히브리인들에게 촉구하였습니다. 그리스도를 모독하는 유대인의 진영을 떠나서 하나님께서 그 아들 안에서 보여 주신 계시를 믿음으로 행하라고 말입니다. 반면에 우리도 '세상과 그 허탄한 것을 버리고, 죄의 쾌락이나 우리의 육신의 욕심에 빠져 있는 것을 버리고, 영생에 이르는 오직 유일한 길인 거룩의 첩경을 밟으라.'는 촉구의 말씀을 듣습니다. 하나님의 권면에 복종하는 것은 임박한 진노를 피하기 위해서는 절대로 필요합니다.

우리는 지난 강론에서 '권면의 말을 용납하는 방식'을 보여 주려고 애를 썼습니다. 그 '권면의 말씀'에 마땅하게 반응하는 방식도 제시하려고 애를 썼습니다. 특별히 시편 119편에 나타난 바, 그 주제에 대한 말씀을 활용함으로써 그 일을 시도했었습니다. 왜냐하면 성경의 다른 어느 곳에서보다 시편 119편에서 하나님의 사람이 하나님의 법에 맡겨 자신을 조정하는 방식을 더 많이 배울 수 있기 때문입니다. 우리는 간단히 일곱 가지 요점으로 나누어 보았습니다. '권면의 말씀을 용납할 당위성,' '마음속에 그 권면의 말씀이 마땅히 차지해야 하는 위치,' '그 말씀에 살 필요성,' '권면의 말씀에 순종하는 일의 복됨,' '그 복락을 자기 자신에게 상기시킬 필요성' 등의 문제를 시편 119편 1-3절에 비추어 살펴보았습니다. 또한 그 '권면의 말씀'의 신적 권위를 부단히 마음으로 생각하는 일(4절), 능하게 하시는 은혜를 얻기 위하여 끊임없이 기도할 필요성(12,27절), 자주 그것에 대해서 묵상하는 일(15,48,78절), 그 계명의 길로 행하게 해 주십사고 하나님께 간구하는 일(35절), 우리 마음을 그 하나님의 계명으로 향하도록 인도해 주십사고 기도하는 일(36절), 하나님께서 우리에게 주신 은혜를 부지런히 활용해야 그러한 일에 합당하게 행할 수 있음을 지적한 바 있습니다(112절).

우리는 은혜를 활용하는 문제에 대하여 몇 마디만 덧붙이고자 합니다. "내가 주의 율례를 영원히 행하려고 내 마음을 기울였나이다."(112절) 피조물로서 다윗이 자랑하고 있습니까? 거의 확실히 그렇지는 않습니다. 바울이 "내가 선한 싸움을 싸우고 달려갈 길을 마치고 믿음을 지켰다."고 선언할 때 자랑하고 있었던 것이 아니었듯이, 다윗도 자랑하고 있었던 것이 아닙니다. 하나님께서 우리 속에서 행하신 것을 우리에게 돌리는 것이 성경에서는 비상한 일이 아닙니다. 우리가 하나님의 일을 추구해 나갈 때 하나님의 은혜에 보조적인 섬김의 자세로 애쓰는 것 때문에 그렇게 표현하는 경우가 있습니다. 성령께서 영혼에 끼친 인상에 대하여 그 영혼은 반응을 나타냅니다. 하나님께서 우리에게 호흡을 주시지만, 우리가 숨을 쉽니다. 하나님께서 음식을 공급하여 주시지만 우리가 그것을 준비하여 먹습니다. 하나님께서 우리 앞에 여러 동기들을 세워 놓지만 그 동기들에 대해서 우리가 반응해야 합니다. 하나님께서 은혜를 나누어 주시지만 우리는 그 은혜를 활용해야 합니다. 이것이 바로 더 많이 얻는 방식입니다. "그러므로 너희가 어떻게 들을까 스스로 삼가라 누구든지 있는 자는 받겠고 없는 자는 그 있는 줄로 아는 것까지도 빼앗기리라 하시니라."(눅 8:18)[1] "이제 너희는 마음과 뜻을 바쳐서 너희 하나님 여호와를 구하라."(대상 22:19)는 권면의 말씀을 주목하는 것이 우리에게 마땅한 바입니다. 바울이 빌립보서 3:12에서 말한 것과 같습니다. "내가 이미 얻었다 함도 아니요 온전히 이루었다 함도 아니라 오직 내가 그리스도 예수께 잡힌바 된 그것을 잡으려고 달려가노라."

더구나, 주님께서는 그걸 해결하게 어떤 '도움과 지원'을 해 주시기도 합니다. 우리는 그것을 활용할 특권을 가지고 있습니다. 예를 들어서, 시편 기자는 이렇게 말합니다. "나는 주를 경외하는 모든 자와 주의 법도를 지키는 자들의 친구라."(시 119:63) 우리는 우리와 함께 하는 무리들에 의해서 크게 영향을 받고 감동을 받습니다. "노를 품는 자와 사귀지 말며 울분한 자와 동행하지 말지니."(잠 22:24) 만일 우리가 하나님의 법도를 멸시하는 자들과 교제한다면, 하나님의 법도를 사랑하고 복종하기를 기대하지 말아야 합니다. 그러나 경건한 영혼들과 교제하면 우리 자신의 경건에 자극을 받게 될 것입니다. "지혜로운 자와 동행하면 지혜를 얻고 미련한 자와 사귀면 해를 받느니라."(잠 13:20)

여기서 또 역시 우리의 책임이 주어집니다. 왜냐하면 우리의 동료를 선택하는 데 우리는 자유롭기 때문입니다. 하나님의 섭리가 허락하는 한 하나님

---

1) 이 본문의 NIV 역문을 참조하면 필자의 진술을 이해하는데 도움이 될 것이다. Therefore consider carefully how you listen. Whoever has will be given more; whoever does not have, even what he thinks he has will be taken from him(그러므로 너희가 들은 것을 유념하여 숙고하라. 누구든지 가진 자는 더 받겠고, 누구든지 가지지 않는 자는 자기가 가지고 있는 줄로 생각하는 것 마저 빼앗기게 되리라.) - 역자 주

의 계명에 복종하는 양심을 가진 자들과 친해지려고 노력하는 것이 우리의 의무입니다. 그들과 경건한 대화를 나누면 우리 자신의 마음속에서 은혜의 불꽃이 일어납니다. "기름과 향이 사람의 마음을 즐겁게 하나니 친구의 충성된 권고가 이와 같이 아름다우니라."(잠 27:9) 시편 119편에는 하나님의 계명에 순종하는 주제와 관련하여 주목할 또 다른 요점이 있습니다. 그것은 다름 아닌 하나님의 징계로부터 유익을 얻는 문제입니다. 우리가 겪어야 하는 여러 시련을 통해서 우리를 거룩하게 해 주십사고 하나님께 기도해야 합니다. "고난당하기 전에는 내가 그릇 행하였더니 이제는 주의 말씀을 지키나이다."(시 119:67) 세상적으로 부요한 시절에 영적으로 침체되기가 가장 쉽고, 보편적으로 우리가 다시 영적인 상태를 회복하려면 먼저 고통의 깊은 물을 통과해야 합니다. 방황하는 양떼를 찾기 위해서는 '모험'이라는 개를 풀어 사용합니다. 환난이 우리의 정욕을 가라앉히고 우리의 마음을 세상에서 떼어내며 자신의 연약을 인식하게 하여 즉시로 하나님께로 돌아갈 마음을 먹게 하시는 하나님의 도구가 됩니다. 그럴 경우 그 환난이 겉으로는 불행해 보이지만 진정한 복이 되는 것입니다. 그래서 시편 기자는 선언하였습니다. "고난당한 것이 내게 유익이라 이로 인하여 내가 주의 율례를 배우게 되었나이다."(시 119:71) 그러니 "내 아들아 주의 징계하심을 경히 여기지 말며 그에게 꾸지람을 받을 때에 낙심하지 말라."(히 12:5)

이 주제를 끝내기 전에 필자가 독자들에게 상기시켜줄 것이 있습니다. 히브리서 13:22의 '권면'으로 번역된 헬라어가 히브리서 6:18에서는 '안위'로 번역되어 있습니다. 왜냐하면 그 낱말이 간청과 유도적인 설득을 의미하는 경우도 있지만 새롭게 하고 소생시켜 준다는 의미도 갖고 있기 때문입니다. 같은 말이 '권면'과 '위로'로 사용되는 것을 전혀 이해하기 어려운 이도 있을 것입니다. 그러나 이 두 가지 요점은 보편적으로 사람들이 인식하는 것보다 훨씬 더 가까운 본질을 가지고 있습니다. 이 이중적인 뜻을 가진 낱말을 성령께서 채용하신 이유는 중요한 실천적 교훈을 설명하기 위해서였습니다. '권면의 말씀'을 멸시하면 우리 자신의 '위로'를 포기하는 셈입니다. 뒤로 물러가 침륜에 빠졌던 그리스도인이 그 사실을 간증할 수 있을 것입니다. 하나님의 법도에 순종하는 것은 그 자체가 상급입니다. 양심이 평안해지고 생각이 안온해지며, 마음에 만족을 얻으며, 하나님의 칭찬을 기대하고 확신하게 되는 상급입니다. '신적 위로'는 바로 그 '권면의 말씀'에 주목함으로써 얻어지는 것입니다.

히브리서 13:23

"우리 형제 디모데가 놓인 것을 너희가 알라
그가 속히 오면 내가 그와 함께 가서 너희를 보리라."

우리의 통상적인 관례대로 하면 먼저 이 구절과 문맥이 어떠한 '연관'을 가지느냐고 물어야 합니다. 언뜻 보면 그 둘 사이에 어떤 연관도 없어 보입니다. 그러나 더 자세히 연구해 보면 그렇지 않음을 발견할 것입니다. 이 책을 읽는 어떤 독자들은 우리가 터무니 없는 상상을 하고 있다고 생각할지 모릅니다. 그러나 필자가 보기에 디모데가 옥에서 "놓인 것(풀려난 것)"을 가리키는 이 역사적인 언질이 22절과 연관이 있습니다. 곧 22절이 내포하고 있는 하나님의 부르심에 마땅한 반응을 보이도록 '실증적으로 격려하고 있는 것' 같이 보인다는 말입니다. 우리는 그것을 이렇게 지적합니다. 권면의 말씀을 지키지 않고 대신 자신들의 부패한 성향대로 임의로 하는 이들은 모든 이들 가운데서 가장 노예적인 상태에 있는 사람들이라고 말입니다. 그들이 죄와 사탄의 속박에 매여 있는 자들입니다. 그러나 하나님의 계명과 법도에 복종하는 자들이 참된 영적 '자유'에 들어갑니다.

자신을 기쁘게 하는 동안만 자유롭다고 생각하며, 어떤 다른 이의 권위 아래 들어가는 것을 자기 자유가 차단당하고 매이는 것으로 생각하는 것이야말로 거듭나지 않은 이들이 빠지는 가장 큰 속임수 중 하나입니다. 그러나 그것은 빛과 어두움의 위치를 바꾸는 셈입니다. 그 이유를 말씀드리지요. 우리 마음으로 그리스도를 대적하여 "우리가 그 맨 것을 끊고 그 결박을 벗어 버리자."(시 2:3)고 말하는 한, 우리는 우리의 정욕에 꼼짝없이 지배당하고 있는 것이기 때문입니다. 우리의 악한 마음의 성향과 정욕을 따라가는 것에 비례하여 죄와 사탄의 노예가 됩니다. 무법하게 행하는 것은 자유가 아니라 방종입니다. 그 방종은 모든 것 중에서 가장 나쁜 속박입니다. "그들에게 자유를 준다 하여도 자신들은 멸망의 종들이니 누구든지 진 자는 이긴 자의 종이 됨이라."(벧후 2:19)

안타깝게도 오늘날 이 주제에 대해서 무지와 기만이 광범하게 흩어져 흘러넘치고 있습니다. 육신적인 자유는 도덕적인 패륜에 불과합니다. 이것을 보다 더 명확하게 하기 위하여 다음과 같은 사실을 지적해 봅니다.

첫째로, 사람의 진정한 자유를 가장 침해하는 것은 참된 행복을 구사하지 못하는 무능함에 처하게 만들어 버리는 것입니다. 육체의 감각에 속한 것들이 영에 속한 것들을 몰아내고, 시간에 속한 염려들로 영원한 유익을 추방하게 하고, 사탄으로 우리의 삶 속에서 하나님께만 속해야 할 자리를 차지하게 한다면, 우리는 우리 자신의 받은 긍휼을 포기하는 셈입니다. 그리고 가장 잔인한 상전 아래 자신을 들어가게 만드는 셈입니다.

둘째로, 영혼을 어지럽히고 이성의 굴레를 벗겨버리는 것은 틀림없는 영적인 속박입니다. 어느 나라에 비열한 자들이 존귀한 자들을 지배하는 경우, 그것은 그 나라가 무너졌다는 표증입니다. 우리의 총명이나 양심보다도 우리의 육체적인 정욕이 의지를 장악할 때, 그것은 우리가 영적인 속박에 처해 있다는 분명한 증거입니다.

다시 이렇게 생각해 봅시다. 죄의 큰 능력과 포학을 생각하십시오. 죄는 여러 형태와 여러 방식으로 나타나서 회심하지 않은 사람들에게 전적인 지배권을 가집니다. 그래서 그들이 자신들을 통제하고 자기 행동들을 조정할 모든 힘을 빼앗아 버립니다. 그래서 그들은 "각색 정욕과 행락에 '종노릇 한' 자들"입니다(딛 3:3). 술취하거나 마약에 중독된 사람들의 경우에 그 점은 매우 분명하게 나타납니다. 그들은 자신들을 가둘 철책을 만들었고, 그 철책을 부수기에 그들의 힘이 얼마나 미약한지요! 그러나 쾌락에 종노릇하고 세상을 추구하는 것은 그렇게 뚜렷하게 나타나 보이지는 않아도 정말 사실 그대로입니다.

죄는 가장 세련된 형태를 취하고 있을 때에도 자기 수하에 있는 자들에게 상전 노릇을 합니다. 그러면서 그 정서를 마음대로 운영하지 못하게 하며, 그들의 의지는 더 더욱 어찌하지 못하게 만들어 버립니다. 그래서 그들은 자기들 자신이 허망하다고 믿는 것을 포기할 능력을 전혀 상실하게 되고, 자기들이 옳다고 여기는 것을 따라갈 힘이 전혀 없게 됩니다. "구스인이 그의 피부를, 표범이 그의 반점을 변하게 할 수 있느냐 할 수 있을진대 악에 익숙한 너희도 선을 행할 수 있으리라."(렘 13:23) 그러므로 그들 중 많은 사람들은, "그러나 그들이 말하기를 이는 헛되니 우리는 우리의 계획대로 행하며 우리는 각기 악한 마음이 완악한 대로 행하리라 하느니라."(렘 18:12)라고 말합니다.

그러나 정반대로 참된 자유는 하나님의 길에서 얻게 되어 있습니다. 영적인 자유란 죄로부터의 자유를 말하는 것이지 죄를 짓는 자유가 아닙니다. 하나님을 섬기는 자유이지 자아를 섬기는 자유가 아닙니다. 그 자유는 또한 우리를 그리스도의 씌운 멍에를 메게 하는 자유이지 그 멍에를 멸시하는 자유가 아닙니다. 참된 자유는 우리가 기뻐하는 대로 행하게 하는 자유가 아니라, 우리가 마땅히 해야 할 것을 하게 하는 자유입니다. "주는 영이시니 주의 영이 계신 곳에는 자유가 있느니라."(고후 3:17) 그 정반대로 사탄이 통치하는 곳에는 사로잡힘이 있습니다. "그들로 깨어 마귀의 올무에서 벗어나 하나님께 사로잡힌 바 되어 그 뜻을 따르게 하실까 함이라."(딤후 2:26) 시편 기자는 "내가 주의 법도를 구하였사오니 자유롭게 행보할 것이오며."(시 119:45)라고 말하였습니다. 그렇습니다. 우리가 하나님의 법도대로 행하는 한 우리의 부패의 족쇄로부터 우리가 자유로움을 입습니다. 마음을 이끌어 하나님의 규례를 사랑하도록 만들고 마음을 안돈시키는 것은 그 은혜의 이적입니다. 스펄전(C. H. Spurgeon) 목사는 설교로 외쳤습니다.

"거룩한 길은 노예를 위해 만들어 놓은 길이 아니라 왕의 첩경이요 자유민이 걸어갈 길입니다. 다시 말하면, 그 길은 애굽의 종노릇에서 벗어나 안식의 가나안 땅을 향하여 기쁘게 순행하는 자들의 길입니다."

참된 자유

첫째로, 하나님의 법도의 길은 그 자체가 자유입니다. 그러므로 하나님의 율법을 가리켜 "자유하게 하는 온전한 율법이라."(약 1:25)고 말하였습니다. 율법이 신자의 생활법칙이라고 주장하면 영혼을 속박하게 된다고 핑계 대는 사람들은 얼마나 심각한 실수를 하고 있습니까. 하나님의 은혜가 율법의 속박에서 벗어나게 하였다 할 때, 그 율법의 속박은 '행위언약'으로서의 율법을 말하는 것입니다. 그러므로 그 '율법의 정죄와 그 저주'에서 벗어났다는 말이지 '율법의 교훈적 권위'에서 벗어났다는 말은 아닙니다. 그러나 "너희가 그 것을 먹는 날에는 너희 눈이 밝아 하나님과 같이 되어 선악을 알 줄을 하나님이 아심이니라."(창 3:5)라는 사탄의 말을 들음으로 독약을 마신 이후에 사람은 자신을 지배하게 되었고, 자기 행동의 주(主)가 되었습니다. 그러나 성경은 하나님께서 이 세상에 있는 악인들에게 내리는 가장 무서운 심판이 무엇임을 분명하게 말합니다. 그것은 제어하시는 장치를 철회하고 그들이 원하는 대로 내버려 두시는 것입니다. "그러므로 내가 그의 마음을 완악한 대로 버려 두어 그의 임의대로 행하게 하였도다."(시 81:12) "이 때문에 하나님께서 그들을 부끄러운 욕심에 내버려 두셨으니 곧 그들의 여자들도 순리대로 쓸 것을 바꾸어 역리로 쓰며 그와 같이 남자들도 순리대로 여자 쓰기를 버리고 서로 향하여 음욕이 불 일듯 하매 남자가 남자와 더불어 부끄러운 일을 행하여 그들의 그릇됨에 상당한 보응을 그들 자신이 받았느니라 또한 그들이 마음에 하나님 두기를 싫어하매 하나님께서 그들을 그 상실한 마음대로 내버려 두사 합당하지 못한 일을 하게 하셨으니 곧 모든 불의, 추악, 탐욕, 악의가 가득한 자요 시기, 살인, 분쟁, 사기, 악독이 가득한 자요 수군수군하는 자요."(롬 1:26-29)

참된 자유는 하나님의 길에서 발견됩니다. 왜냐하면 우리는 그 하나님의 길에서 참된 행복에 이르는 방향을 지시받기 때문입니다. 죄의 길은 육신적인 사람들에게 넓고 쉽습니다. 그러나 그 길은 영적인 사람들에게는 좁고 고통스럽습니다. "사악한 자의 길은 험하니라."(잠 13:15) 반면에 거룩의 길은 육체적인 사람들에게는 좁고 협착합니다. 그러나 그것이 생명과 평안의 길이니 영적인 사람에게는 넓고 쉬운 길입니다. 지혜의 모든 길들은 '즐거움의 길'입니다. 의무의 멍에 아래서 살아가는 사람은 가장 자유로운 생명을 누리며, 하나님을 기쁘시게 하는 양심을 가진 사람은 바로 가장 자유로운 삶을 사는 사람입니다. 왜냐하면 우리로 하여금 자유하게 하는 것은 진리이기 때문입니다(요 8:32). 우리의 순종이 더 온전하면 온전할수록 도덕적 노예의 족쇄로부터 우리가 더 철저하게 해방 받습니다. 죄의 사슬에서 풀려난 사람들은 하나님과 동행하는 자들뿐입니다.

둘째로, 자유는 하나님의 길에서 행하기 위해서 주어지는 것입니다. 이제까지 옥에 갇혀 있던 영혼이 거듭날 때 그리스도로 말미암아 자유함을 얻습니다(눅 4:18 ; 요 8:36). "이는 그리스도 예수 안에 있는 생명의 성령의 법이 죄와 사망의 법에서 너를 해방하였음이라."(롬 8:2) 회심은 상전들을 바꾸는 것입니다. "하나님께 감사하리로다 너희가 본래 죄의 종이더니 너희에게 전하여 준 바 교훈의 본을 마음으로 순종하여 죄로부터 해방되어 의에게 종이 되었느니라."(롬 6:17,18) 구속은 애굽의 잔인한 상전으로부터 건짐을 받아서 그리스도의 주 되심 아래로 들어가는 것입니다. 하나님을 사랑하고 두려워하며 섬기며 하나님을 기쁘시게 하는 일에 있어서 영혼의 가장 높은 기능들이 가장 고상하고 가장 정기적인 방식으로 작용하게 됩니다. 영혼은 시간과 감각에 속한 일들보다 높이 들려지며, 하늘에 속한 영원한 것들에 사로잡힘을 받아 고양됩니다(지난 몇 문단에 속한 몇 가지 요점들은 시편 119:45에 대한 Thomas Manton의 설교에서 인용해 낸 것이다).

우리는 독자가 이제 히브리서 13:23의 보다 더 깊은 영적인 의미와, 바로 앞에 나온 22절 사이의 '관계'를 깨닫게 되었을 것이라고 믿습니다. 디모데가 육신적으로 풀려난 일을 넌지시 말하는 것이 "권면의 말을 용납하라."고 촉구한 바로 뒤에 나온 사실은, 신적 명령에 합당하게 행함으로 말미암아 오는 영적 자유에 대한 '하나의 실례'로 간주되어야 합니다. 우리가 하나님의 법도에 복종하는 데 비례하여 '영혼의 진정한 자유'를 누리는 정도가 달라집니다. 만일 보다 더 평범한 어느 독자들에게 이렇게 말하는 것이 너무 환상적으로 보인다면, 다른 독자들은 그 점에 대한 자기들의 분별력을 행사하는 것을 기꺼운 자세로 보일 것입니다.

"우리 형제 디모데가 놓인 것을 너희가 알라 그가 속히 오면 내가 그와 함께 가서 너희를 보리라." 이에 대하여 존 오웬(John Owen)이 한 말을 인용하고자 합니다.

"사도 바울의 서신들을 통하여 디모데가 누구며 그 디모데와 바울의 관계가 어떠한지 익히 알려졌다. 바울이 디모데를 얼마나 사랑하였고, 그를 어떻게 채용하여 그를 높였는지 다 아는 바이다. 바울 자신의 여러 서신들 서두에 디모데를 거명하면서 함께 인사의 말을 하였다. 또한 디모데가 가진 전도인의 직무를 존중히 여기면서 얼마나 간절하게 염려하는 자세로 디모데에게 편지를 썼는지를 바울의 서신들 속에서 드러났다. 이 디모데는 바울의 모든 전도여행 중에서 항상 따라 다니는 동반자였고, 여러 수고와 고난 중에서 같이 하였으며, 아들이 아비를 섬기듯 하였다. 바울이 교회를 위해서 어떤 특별한 일을 생각하고 그를 파송할 때를 제외하고는 항상 그러하였다. 바울이 유대에 있을 때 바울과 같이 하였기 때문에 히브리 그리스도인들에게 디모데는 잘 알려져 있었다. 그의 고매한 인격과 가치 있는 사역 때문에 그러하였다."

"우리 형제 디모데가 놓인 것을 너희가 알라." 디모데는 '하나님께 보배롭다.'는 뜻입니다. 그의 아버지는 헬라인이었고 그의 어머니는 유대 여자였습니다. 그 아버지에 대해서는 알려진 것이 없습니다. 다만 그의 어머니가 참된 신자였다는 것은 디모데후서 1:5가 증거합니다. "네 속에 거짓이 없는 믿음이 있음을 생각함이라 이 믿음은 먼저 네 외조모 로이스와 네 어머니 유니게 속에 있더니 네 속에도 있는 줄을 확신하노라." 여기서 "거짓이 없는 믿음"이라는 표현은 그 믿음의 순전성과 실체를 증거합니다. 정당한 이유 없이 자기들을 신자들로 내세우는 다른 사람들의 텅 빈 신앙고백과 대조되는 믿음을 뜻합니다. 이상의 참고사항을 의지하여 많은 사람들은 디모데가 어린 시절에 경건한 훈련을 받았다고 결론짓습니다. "네가 어려서부터 성경을 알았나니 성경은 능히 너로 하여금 그리스도 예수 안에 있는 믿음으로 말미암아 구원에 이르는 지혜가 있게 하느니라."(딤후 3:15) 분명히 그 가정은 루스드라에서 거주하고 있었습니다.

사도 바울이 루스드라를 처음 방문한 것이 사도행전 14장에 기록되어 있습니다. 그와 바나바는 "거기서 복음을 전하니라."(7절) 거기서 하나님께서는 바울을 통해 모태에서 나올 때부터 앉은뱅이로 걸어 본 적이 없는 장애인을 치료하는 놀라운 이적을 행하였습니다(10절). 거기에 사는 이교도들은 깊은 인상을 받아서 사도들을 신(神)들처럼 여기는 일을 하지 않을 수 없었습니다. 그러나 바로 뒤에 유대인들이 안디옥과 이고니온에서 와서 사람들을 꼬드겨 바울을 돌로 치게 합니다. 인간의 본성이란 얼마나 쉽게 변합니까. 필자가 생각하기로는, 바울이 실제 돌에 맞아 죽을 지경이 되었지만 하나님께서 다시 살리셨다고 믿습니다. 그 다음 대목이 그 사건을 가리키는 것 같습니다. "형제들아 우리가 아시아에서 당한 환난을 너희가 모르기를 원하지 아니하노니 힘에 겹도록 심한 고난을 당하여 살 소망까지 끊어지고 우리는 우리 자신이 사형 선고를 받은 줄 알았으니 이는 우리로 자기를 의지하지 말고 오직 죽은 자를 다시 살리시는 하나님만 의지하게 하심이라 그가 이같이 큰 사망에서 우리를 건지셨고 또 건지실 것이며 이 후에도 건지시기를 그에게

바라노라."(고후 1:8-10)

젊은 디모데가 회심한 것은 바로 바울이 그 루스드라를 처음 방문할 때였습니다. 디모데전서 1:2에서 바울이 디모데를 가리켜 "믿음 안에서 참 아들이라."고 말하는 사실로 미루어 보아 그 점이 분명해 집니다. 디모데후서 3:10,11에서는 "안디옥과 이고니온과 루스드라에서" 그의 영적 아버지인 바울 자신에게 닥친 환난과 핍박을 그가 온전히 알고 있음을 상기시켜 줍니다. "믿음 안에서 참 아들"이라는 표현은 바울이 목회사역을 통해서 복음으로 그를 낳았다는 뜻입니다(고전 4:17). 루스드라 사람들이 바울의 몸을 끌어다가 성 밖에 내쳤습니다(행 14:19). 그러나 그는 일어나서 그리로 다시 돌아왔습니다. 다음 날 그는 더베로 떠납니다. 그러나 거기서 복음을 전한 뒤 다시 루스드라로 돌아와서 "제자들의 마음을 굳게 하여 이 믿음에 거하라 권하고 우리가 하나님 나라에 들어가려면 많은 환난을 겪어야 할 것이라."(22절)고 하였습니다.

위에서 지적된 사안은 다음과 같은 사실을 설명해 줍니다. 곧, 바울이 3,4년 후에 루스드라를 다시 방문했을 때 디모데는 이미 '제자'로 알려져 있었다는 사실입니다(행 16:1). 사도행전 16:2는 사도가 없는 동안 그가 어떻게 처신했는지를 보여 줍니다. 그 기간 동안 그는 루스드라에서 뿐만 아니라 이고니온에까지 경건하기로 유명해져 있었습니다. 그는 그 두 성의 여러 교회들에게 잘 알려진 존재가 되어 있었고 '칭찬받는' 사람이었습니다. 아마 마침 조력자를 필요로 하고 있던 바울에게 바로 그 디모데에 대한 좋은 소문이 매력을 끌었을 것입니다. 바나바와 마가는 그 기간 동안 바울을 버려두었습니다(행 15:39). 디모데의 "형제들"이 디모데를 추천한 일이 바울로 하여금 디모데를 선택하여 더 넓은 사역을 하게 하였습니다. 그러나 그 길에도 한 가지 문제가 있었습니다. 디모데는 이방 사람이었고, 유대 그리스도인들은 아직도 무할례로 있었던 그를 받아들이려 하지 않았습니다. 그런 상태에서 디모데를 교사(敎師)의 지위에 세우면 다른 이들로 선입견을 갖게 할 수 있었습니다. 그래서 바울은 그들이 주저하는 것을 감안하여 젊은 제자에게 할례를 행하였습니다.

어머니 유니게가 그 아들을 포기함으로 어떤 대가가 주어졌는지에 대하여는 우리가 듣는 바가 없습니다. 그러나 하나님께서 그 일을 주목하고 계셨습니다. "나의 유리함을 주께서 계수하셨사오니 나의 눈물을 주의 병에 담으소서 이것이 주의 책에 기록되지 아니하였나이까."(시 56:8) 그때로부터 디모데는 바울의 전도 역사(歷史)에 있어서 뛰어난 인물이 되었고, 바울의 동반자로 언제나 함께 수고하는 자가 되었습니다. 바울의 서신들 중 둘은 디모데에게 전해진 것이고, 다른 여섯 통의 서신 속에서는 발신자로 디모데가 함께 거명됩니다. 고린도후서 1:1에, "하나님의 뜻으로 말미암아 그리스도 예수의 사도 된 바울과 형제 디모데는 고린도에 있는 하나님의 교회와 또 온 아가야에 있는 모든 성도에게."라고 되어 있습니다. 디모데는 바울의 두 번째 선교여행 기간에 그 사도 바울과 함께 있어 예루살렘에도 함께 갔고, 처음에 옥에 갇힐 때도 함께 갇혔습니다. 고린도전서 4:17에서 바울이 디모데는 "주 안에서 신실한 자"라는 사실을 확언하고 있음을 발견합니다. 빌립보서 2:19-22는 육체의 정욕을 이기는 성령의 은혜로운 권능에 대한 사랑스러운 그림을 우리에게 선물합니다. 또 그리스도의 사랑이 이기적이지 못하게 사람을 강권하는 모습을 보여 줍니다. 사도는 로마에서 옥에 갇혔고, 거기에 있었던 디모데는 그에게 매우 친밀하게 있었습니다. 그러나 슬픔과 그 고통 속에서 바울이 그 사랑하는 동역자와 함께 있고 싶었지만, 빌립보 성도들의 영적 싸움을 위해서 그가 위안이 되었습니다. 그래서 다른 사람을 보낼 수 없었던 바울은 디모데를 권유하여 그들을 방문하도록 했습니다.

바울이 디모데를 자신과 같은 생각을 가진 사람으로 언급함으로써 그가 어떤 능력의 소유자였는지를 통찰하게 만듭니다. 디모데는 '믿음 안에서 바울의 아들'이었습니다. 그러나 그 뿐 아니라 그는 복음을 위하여 수고함에 있어서 바울의 동반자였습니다. "디모데의 연단을 너희가 아나니 자식이 아버지에게 함같이 나와 함께 복음을 위하여 수고하였느니라."(빌 2:22) 젊은 신자들은 보통 자기들이 가장 친밀하게 협력한 사람들을 닮게 마련입니다. 경건한 지도자들의 본을 따라가면서 젊은 사람들이 자라나는 것을 보는 일은 참 복이 있습니다. "또 너희는 많은 환난 가운데서 성령의 기쁨으로 말씀을 받아 우리와 주를 본받은 자가 되었으니."(살전 1:6) 지도자들이 젊은 그리스도인들이 자기들을 보고 실족하지 않게 살아가는 것이 얼마나 엄숙하게 중요한 일입니까. 바울이 디모데에게 한 '개인적인 권면들'(디모데에게 보낸 서신들에 나오는)에 비추어 보면, 디모데가 예민하고 소극적이고 소심한 성격의 소유자였음이 드러납니다. 디모데후서 1:6의 말씀(딤전 4:12,14,16을 참조할 것)은 그가 낙담하여 포기할 준비를 하고 있었음을 암시하는 것 같습니다. "하나님이 우리에게 주신 것은 두려워하는 마음이 아니요 오직 능력과 사랑과 절제하는 마음이니."(딤후 1:7) "너는 내가 우리 주를 증언함과 또는 주를 위하여 갇힌 자 된 나를 부끄러워하지 말고."(8절) 이 말은 그에게 "믿음의 선한 싸움을 싸우라."고 권면할 필요가 있었음을 지시합니다(딤전 6:12). 그리고 "네가 예수 그리스도의 좋은 군사로 나와 함께 고난을 받으라."(딤후 2:3 ; 4:5 참조)는 권고를 필요로 하는 사람이었습니다. 그가 유약한 성격을 가진 사람이었다는 것은 디모데전서 5:23에서도 명백해집니다. 그러나 그는 바울에게 있어서 "사랑하는 아들"이었습니다(딤후 1:2). 바울이 옥에 갇힌 것을 생각하고 디모데가 흘린 '눈물'(딤후 1:2)은 그가 감정의 사람이었음을 보여 줍니다.

"우리 형제 디모데가 놓인 것을 너희가 알라 그가 속히 오면 내가 저와 함

께 가서 너희를 보리라." 이 말씀은 바울이 히브리서의 기자라는 사실을 예기치 않게 더 확증해 줍니다. 왜냐하면 바울이 전도여행을 할 때 함께 있었던 사람이 디모데라는 것을 이 구절을 통해서 명백히 알 수 있기 때문입니다. 디모데가 바울 말고 다른 어떤 사역자와 함께 일했다는 암시가 그 어느 곳에서도 주어져 있지 않습니다. 사도행전이나 다른 어떤 곳에서 디모데가 실제 투옥(投獄)된 사실이 기록되어 있지 않습니다. 다만 '그가 붙잡혔다가 이제 놓임을 받았다.'는 사실을 이 구절을 통해서 명백히 알 수 있을 뿐입니다. 신실한 목회자들의 투옥은 그들에게 있어서 하나의 명예입니다. 그러나 그들이 풀려나는 것은 성도들에게 있어서 기뻐할 일입니다. 그래서 사도는 히브리 그리스도인들에게 바로 좋은 소식을 알게 하였던 것입니다. 그들이 디모데를 얼마나 높이 존중하고 있는가를 알기 때문입니다. 그가 아직은 바울에게로 돌아오지는 않았습니다. 그러니 로마 외에 다른 어떤 곳에서 갇혀 있었음에 틀림없습니다. 그러나 만일 하나님께서 그를 이리로 인도하시면, 그 두 사람이 만나서 함께 유대에 있는 교회들을 방문할 목적을 가졌던 것입니다. 이 바울의 희망이 실현되었는지의 여부는 알려진 바가 없습니다.

127강

결말

13:24 너희를 인도하는 자들과 및 모든 성도들에게 문안하라 이달리아에서 온 자들도 너희에
게 문안하느니라 13:25 은혜가 너희 모든 사람에게 있을지어다

우리가 사는 이 세상의 모든 일은 머지않아 끝을 맞게 됩니다. 이는 악인들에게는 정말 가공스러운 전망이 아닐 수 없습니다. 왜냐하면 영원토록 어둠의 흑암 이외에는 그들을 기다리는 것이 없기 때문입니다. 그러나 이 요점은 의인들에게는 복된 소망입니다. 왜냐하면 그때 그들은 죄와 고난과 영원히 결별하며, 오직 영원한 영광과 복락이 그들 앞에 펼쳐질 것이기 때문입니다. 사랑하는 독자들이여, '시간'이라는 손이 이제 그대의 지상 생애 역사(歷史)의 '마지막 페이지의 마지막 진술'을 기록하고 있다면 그 영광과 영원한 복락이 어떻게 '그대'와 함께 있을 것입니까? 사도가 고별인사를 하게 되었을 때 고통스런 후회를 체험하였습니까? 그의 서신을 읽었던 독자들도 그렇게 했습니까? 확실히 알 수는 없습니다. 그러나 이 강해서 필자인 저로서는 이제 마지막 두 구절에 이르게 되니 섭섭한 느낌이 듭니다. 이 연속 강해를 계속 읽어 나온 독자들 가운데 적지 않은 사람들이 같은 심정일 거라고 우리는 확신합니다. 10년 이상 우리는 이 히브리서를 함께 두루 살펴보았고,

이제 그 결말에 이르게 되었습니다.

본 강해자가 그와 같은 크기의 일을 다시 시도할 수 있을지 매우 의심스럽습니다. 그렇다 해도 본 강해자는 이 히브리서 강해보다 더 중요하고 영광스러운 주제를 위해서 일하는 일은 결코 없을 것입니다. 신약성경에서 이 서신보다 더 중요한 책이 없으며, 또 이와 동등한 중요성을 가진 책들도 많지 않습니다. 그 이유를 말씀드리면 이러합니다. 첫째로, 이 서신은 구약을 해석하는 확실한 가이드를 제공합니다. 성령께서 사도를 감동시키시어 이 서신을 통하여 구약의 주도적인 모형들을 풀어내게 했습니다. 둘째로, 이 서신은 중보자의 직무와 사역에 대하여 생생하게 묘사하고 설명해 줍니다. 그리고 그 중보자 외에 영혼과 하나님 사이에서 중보를 할 다른 모든 중보적 일들이 무가치하며 불필요함을 역설합니다. 셋째로, 이 서신은 교황주의의 오류와 허상을 가장 결정적으로 파헤쳐 줍니다. 넷째로, 이 서신은 어째서 유대교가 폐해졌는지를 확실하게 밝혀 주며, 어떻게 해서 그 유대교가 다시 회복될 수 없는지를 분명하게 못 박아 줍니다.

이 서신이 정말 중요하다는 것은 이 서신의 특징을 통해서 드러납니다. 이 서신에 이 서신을 기록한 기자의 이름이 겉으로는 밝혀져 있지 않습니다. 그러나 그 기자가 누구인지 자신을 숨기지는 않았다는 것을 주목해야 합니다. 왜냐하면 13:18-24에서 특별히 기자는 이 서신을 기록한 자신이 누구인지를 히브리 그리스도인들에게 명백히 하였기 때문입니다. 그는 자신의 입장과 자신의 처지를 분명하게 밝히되, 자신이 그들에게 잘 알려진 존재로 밝히고 있습니다. 바울이 다른 그의 서신들과는 달리 어째서 이 서신에는 자기의 이름을 앞에 밝혀 놓고 있지 않는지 그 이유는 이러합니다. 다른 그의 모든 서신들 속에서 그는 사도적인 권위로 교회들을 다루었고, 그가 그리스도로부터 개인적으로 받은 복음의 계시에 대해서 다루었습니다. 그러나 히브리인들을 다룸에 있어서는 자기의 기초를 성경의 권위에서 찾고 있습니다. 그들 히브리인들은 성경을 인정하였습니다. 그래서 그는 자기의 모든 논증과 권면을 그 성경에 맞추어 나갔던 것입니다.

이 히브리서 전체를 옛 유대인들이 복음을 대항하여 펼친 논증들에 대한 반박 정도로만 생각하는 사람들이 있습니다. 그들은 큰 실수를 범하고 있습니다. 사도가 여기서 거론하는 요점은 '각 세대'에 참으로 사활을 좌우하는 중요한 사안입니다. 인간 본성은 변하지 않습니다. 진리를 반대하는 원수들이 내건 반론도 본질적으로 어느 시대나 마찬가지입니다. 어둠을 제거시키기 위한 가장 좋은 방편이 빛 속에 있게 하는 것이고, 사탄의 독소를 가장 효과적으로 해소시키는 방안도 말씀의 순전한 것입니다. 우리가 진리 안에서 견고하게 설 때만이 궤변론자들의 오류를 막아낼 수 있습니다. 이 서신에서 사도는 기독교의 '근본적 원리들'을 다루고 있습니다. 그 원리들에 대한 건전한 이해에 도달하기 위해서 어떤 노력도 아끼지 말아야 합니다. 믿음의 기초들은 언제나 공격을 당하고 있고, 그리스도의 사역자들이 믿음의 장엄한 진실 속에 그 사람들을 견고히 해 주는 것보다 더 나은 봉사가 있을 수 없습니다.

이 서신에서 성령께서 의도하신 주요한 요점은 그리스도께서 오시기 전과 오신 후에 각각 그 '영원한 언약'이 '어떻게 운영되었는지 그 큰 차이'를 나타낸 것입니다. 다음의 대조점들을 주목할 수 있습니다.

(1) 하나님께서 사용하신 방편들 사이에 차이가 있습니다. 그리스도께서 오시기 전에는 '선지자들'을 사용하셨습니다. 그리스도께서 오신 일에 그 자신의 아들을 방편으로 세우셨습니다(1:1,2).

(2) 제사장과 대제사장 사이의 차이입니다(7:11-17).

(3) '옛 언약의 보증'과 '새 언약의 보증' 사이의 차이입니다(7:21,22).

(4) '율법'과 '맹세' 사이의 차이입니다(7:28).

(5) '옛 중보자'와 '새 언약의 중보자' 사이의 차이입니다(8:6 ; 9:15).

(6) 그리스도께서 오시기 전에 선지자들을 통해 하신 하나님의 여러 약속들과, 그리스도 오신 후에 하신 약속들 사이의 차이입니다(8:6).

(7) '짐승의 피'와 '그리스도의 피' 사이의 차이입니다(9:12-14).

(8) '여러 제사들'과 '단번의 제사' 사이의 차이입니다(9:26).

(9) '옛적 짐승의 피를 뿌린 것'과 '그리스도의 피를 뿌린 것' 사이의 차이입니다(9:13-14).

(10) '옛 장막'과 '하늘에 있는 손으로 짓지 아니한 장막' 사이의 차이입니다(9:8,24).

(11) '그림자'와 '실체' 사이의 차이입니다(10:1. 골 2:17은 참조)

(12) '옛 본향'과 '새로운 본향' 사이의 차이입니다(11:9,16).

이러한 모든 대조 속에서 옛 구약과 신약 사이에 그 영원한 언약이 "어떻게 운용되었는지" 그 차이가 드러납니다.

구약 체계와 신약 체계 사이의 두드러진 대조는 무엇입니까? 구약은 있다가 차츰 사라져 가는 것에 불과했고, 신약은 계속 존재한다는 것입니다. 유대교는 예비적인 것이요, 잠시적인 경륜에 불과하였습니다. 반면에 기독교는 영구하고 영원한 차원에 속한 것입니다. 이 서신의 첫 문장에서 그 점이 시사된바 있습니다. "옛적에 선지자들을 통하여 여러 부분과 여러 모양으로 우리 조상들에게 말씀하신 하나님이." 이제 '최종 단계'에 이른 것입니다! 이제는 그 뒤에 다른 어떤 세대가 오지 않습니다(고전 10:11 ; 벧전 4:7 ; 요일 2:19). 이것과 병행하여 신약에서 여기 히브리서에서 다루어지는 것의 영구성과 최종성에 대하여 얼마나 자주 강조하는지 주목할 수 있습니다. "온전하게 되었은즉 자기에게 순종하는 모든 자에게 영원한 구원의 근원이 되시고."(5:9). "영원한 심판."(6:2) "그러므로 자기를 힘입어 하나님께 나아가는 자들을 온전히 구원하실 수 있으니 이는 그가 항상 살아 계셔서 그들을 위하여 간구하심이라."(7:25) "영원한 구속"(9:12), "영원한 성령"(9:14), "영원한 기업"(9:15), "영원한 언약"(13:20) 등에 대해서 읽습니다.

히브리서 13:24

"너희를 인도하는 자들과 및 모든 성도들에게 문안하라
이달리야에서 온 자들도 너희에게 문안하느니라."

사도가 자기의 서신을 따뜻한 인사로 마치는 것이 관례였습니다. 그것은 단순히 어떠한 예절이나 그들을 유쾌하게 하려고 한 것이 아니었습니다. 그 당시 그리스도인들이 주님과 그 주님의 구속을 받은 모든 자들에게 향한 사랑이 강하고 열렬하였습니다. "형제 사랑에 관하여는 너희에게 쓸 것이 없음은 너희들 자신이 하나님의 가르치심을 받아 서로 사랑함이라."(살전 4:9) 오늘 그리스도인들의 모습과는 얼마나 근본적으로 다릅니까! 그러나 정도에 있어서만 그렇지 본질에 있어서는 차이가 없습니다. 왜냐하면 하나님의 사랑이 마음에 흘러넘치는 곳에는 언제나 영혼의 정서들이 필연적으로 하나님의 백성들을 향하여 흘러가기 마련이기 때문입니다. "우리가 형제를 사랑함으로 사망에서 옮겨 생명으로 들어간 줄을 알거니와."(요일 3:14) 1세기에서와 같이 오늘날에도 그 말씀은 진리입니다.

"너희를 인도하는 자들과." 이는 사도가 유대에 있는 교회들의 목회자들과 직원들에게 선한 뜻을 가지고 있음을 확증해 줍니다. 물론 그들에게 합당한 존귀를 돌려야 한다는 입장에서 뿐만 아니라, 그러한 마음의 자세를 가지고 있었던 것입니다. 그리스도의 종들 사이에 서로 사랑하는 마음을 진정으로 찾아야 하고 사랑스럽게 유지해야 합니다. 바로 이 중요한 문제에 있어서 사도가 너그러운 마음을 가지고 있다는 것은 신약성경에서 거듭해서 드러납니다. 칼빈(John Calvin)은 교회의 지도자들에게 특별한 인사를 하게 된 이유를 이렇게 이해하였습니다. "그가 그 인도자들에게 화해한다는 영예로운 표지요, 그들을 신사답게 인도하여 사도의 교훈에 찬동하도록 하기 위함이라." 바로 그 사도의 교훈은 그들이 어렸을 때 훈련받았던 것과는 아주 근본적으로 반대가 되었기 때문입니다. 이 구절에서 "인도하는 자들"은 물론 7,11절에서 언급된 자들과 같은 이들입니다.

"모든 성도들에게." 여기 제시된 교훈은, 그리스도의 종들이 치우쳐서는 절대로 안되고, 하나님의 사랑하는 사람들 중에 가장 높은 자에게나 가장 낮은 자에게 동등한 존중심을 나타내야 합니다. 우리는 로마 가톨릭 교회가 크게 장려한 저 구미(口味)를 잃게 만드는 절충주의(ecleticism)[1] 정신을 정죄합니다. 복음은 선두에 선 사람들만을 위해서 따로 떼어놓은 비밀 같은 것은 전혀 갖고 있지 않습니다. 그 복음 전체는 '모든' 신자들의 공동 소유입니다. 주석가 벵겔(Bengel)은 이에 대하여 이렇게 주석하였습니다.

---

1) '절충주의'란 다른 사상이나 견해로부터 일치하지 않는 점을 무시하고 서로 타협할 수 있는 것만을 취하여 결합하는 태도를 말한다. 여기서 필자는 로마 가톨릭 교회가 성경에만 의존하지 않고 이방종교사상 중에서 우호적으로 보이는 요소들을 가미하여 자기들의 교회제도와 교리체계를 구축하여 시행하는 것을 가리켜 말하고 있음에 분명하다. 특히 신약의 서신들에서 '성도(saint)'라 번역되는 헬라어 '하기오스'를 그리스도를 믿는 모든 신자들을 지칭하는 것으로 여기지 않고, '소위 다른 신자의 본이 될 정도의 높은 신덕의 경지에 이른 족적을 생애 속에서 남긴 자들'을 가리키는 말로 이해하도록 교회 법규를 제정하였다. 그래서 '성인(聖人, Saint)'의 칭호를 부여하기 위한 규칙을 만들고, 교황청에 그 칭호를 부여할 권위를 부여하는 기관을 두어 운용한다. 이 '성인(성자)' 제도는 이방종교에서 추구하는 '이상적 인간상,' 특히 불교가 추구하는 인간상, 곧 불도의 극치에 이른 사람을 '부처'라 지칭하며 추앙하는 것과 아주 흡사하다. 로마 가톨릭의 성화(聖化)는 그리스도 안에서 베푸신 은혜를 힘입고 성령님의 감화로 하나님의 부르심에 따라 죄를 이기고 예수 그리스도를 본받아 거룩해져 가는 것으로 이해하지 않는다. 이 '성인(聖人)들'의 본을 따라서 덕을 쌓음으로 그리스도를 닮아가는 것으로 성화를 이해한다. 그래서 예수님과 신자들 사이에 다른 모범적인 중보적 매개자를 두는 셈이다. 그래서 로마 교회는 '성인들'의 이름을 부르며 대신 복을 빌어 줄 것을 기도한다. 로마 가톨릭은 성경의 복음만으로 만족하지 않고 이방종교의 요소들 중에서 좋게 여겨지는 요소를 가미하여, 사도가 전한 복음과는 전혀 '다른 복음'으로 사람들의 본성적인 종교성에 강한 호소력을 가지고 있다. 그 파급 효과가 매우 커서 세계 최대의 교세를 자랑하고 있다. 그러나 세력이 진리 여부를 결정하는 열쇠가 아니라 하나님의 말씀인 성경이 진리의 표준이다. 모든 교훈과 교리들과 주장들의 진리성 여부는 바로 이 성경이 한다. - 역자 주

“온전한 사람들을 위한 단단한 식물을 내포하고 있는 이 히브리서는 온 회중에게 다 같이 주어진 것이다. 만약 성경의 어떤 부분이 일반 사람들로부터 가려 있다면 바로 히브리서가 아닐까 하는 상상을 해 본다. 선지자들의 글만 아니라 사도들의 글들도 공적인 예배 장소에서 읽혀졌다. 모든 각 자가 그 필요에 따라서 성경을 읽을 필요성이 지금 얼마나 더욱 더 가중되는가.”

신자들을 여기서 ‘성도들’이라고 지칭합니다. 또는 ‘구별된 자들’이라고 합니다. 신약성경에서 신자들을 가리키는 가장 보편적인 별명이 바로 이 ‘성도들’입니다. 신자들은 네 가지 국면에서 성도들입니다. 첫째로, 창세전에 하나님 아버지께서 그들을 주권적으로 선택하시어 다른 무리들과 구별시켜 빼내심으로 말미암아 총애의 대상들이 되었습니다. 둘째로, 아들이신 우리 주 예수님의 구속(救贖)으로 말미암아 성도들이 되었습니다. 그 구속을 통해서 성자께서는 ‘자기에게 친 백성으로’ 사셨습니다. 그렇게 하시어 성자께서는 자기 양들과 다른 염소들로 구분하셨습니다. 셋째로, 성령께서 거듭나게 하심으로 말미암아 ‘성도들’이 되었습니다. 성령께서 그 거듭남을 통해서 그들 속에 생명의 새로움을 넣어 살리셨습니다. 그래서 나면서부터 가진 본성적인 상태에 그냥 머물러 있는 자들과 전혀 다르게 만드셨습니다. 그들 거듭나지 아니한 사람들은 여전히 죄악과 허물 가운데 죽어 있습니다. 넷째로, 그들 자신의 헌신에 의해서 거룩함을 입은 사람들이 된 것입니다. 그 헌신을 통해서 그들은 자신들을 주께 복종시키고, 자신들을 드려 주님을 섬깁니다. 그들이 성도라는 것은 그들의 생활을 통해서도 ‘입증’ 됩니다. 하나님의 사랑과 하나님의 두려움과 하나님의 뜻에 자신들을 드리는 것입니다. 지역교회의 정당한 지체들만이 그러한 자들이고, 하나님의 교회의 참된 지체들만이 그러한 자들입니다.

"모든 성도들에게 문안하라." 그들은 사도를 통해서 히브리 그리스도인들의 집단 속에 들어온 것입니다. 그들은 사도가 히브리인들에게 편지를 보낼 의향을 가지고 있음을 알고 자기들을 써 주기를 바랐습니다.

"이달랴에서 온 자들도 너희에게 문안하느니라." 그들 이방인들 가운데 모든 사람이 다 그런 것은 아니겠지만, 그 이방인들 중에 이달리아에서 온 사람들이 많았을 것임에 틀림없습니다. 이것은 매우 의미 있는 국면입니다. 곧 23절에서 바울은 '디모데'를 그들에게 보낼 것을 언급하였습니다. 디모데의 아버지는 '이방인'이었습니다! 그러나 보다 더 결정적인 것은 이것입니다. 다시 말하면 그것은 "중간에 막힌 담"이 이미 허물어졌다는 힌트 이상입니다. 분명히 '이달리아'는 '유대교의 영문 밖'이었습니다. 예루살렘은 더 이상 하나님의 지상적 증거의 중심지가 아니었습니다.

"이달리야에서 온 자들도 너희에게 문안하느니라." 이는 매우 복된 말씀으로 영이 육체를 이김을 보여줍니다. 이에 대하여 존 칼빈(John Calvin)이 주석한 바를 들어 보십시오.

"기독교가 선입견을 얼마나 멋지게 녹였는가! 로마 사람들과 유대인들, 이달리아 사람들과 히브리인들은 서로 간에 경쟁하고 미워하는 관례 하에 있었다. 그러나 이제는 그리스도 예수 안에서 로마인도 유대인도 이달리아인도 히브리인도 없다. 모두가 다 그리스도 안에서 하나이다. 여러 나라에 속한 그리스도인들이 서로 간에 존중심을 가지고 있음을 증거하는 모든 적당한 기회를 사용해야 한다. 그것은 서로 힘을 주고 위로하고 조화롭게 더 가까이 밀착하기 위해서 필요하다. 사랑을 바르게 표현하는 것들이 쌍방의 사랑을 증가시킨다."

히브리서 13:25

"은혜가 너희 모든 사람에게 있을지어다."

이 서신은 사도 바울이 손수 쓴 서명으로 끝을 맺습니다. 그는 보통 대필자를 채용하였습니다(롬 16:22). 그러나 '이 문장'은 자기 손으로 직접 썼습니다. 이 특별한 사도적인 축도는 그 자신의 독특한 표지입니다. "나 바울은 친필로 문안하노니 이는 편지마다 표시로서 이렇게 쓰노라 우리 주 예수 그리스도의 은혜가 너희 무리에게 있을지어다."(살후 3:17,18) 만일 독자가 이 사도의 다른 열 세 서신마다 그 마지막 절을 주목해 보면, 본질적으로 같은 표지가 각 서신에 주어져 있음을 발견하게 될 것입니다. 이 점은 보다 더 두드러진 요점입니다. 왜냐하면 야고보나 베드로나 요한이나 유다 그 어느 누구도 그 표지를 사용하지 않았기 때문입니다. **"은혜가 너희 모든 사람에게 있을지어다."**

이 마지막 글은 바울이 이 서신의 기자였음을 결정적으로 증거해 줍니다. **"은혜가 너희 모든 사람에게 있을지어다."** 이는 하나님의 백성들을 위해서 하나님께 드릴 수 있는 가장 포괄적인 간구입니다. 그것이 개인적인 성도를 위한 것이든, 아니면 집단적인 무리들을 위한 것이든 말입니다. 왜냐하면 이 축도는 하나님의 값없이 베풀어 주시는 은혜의 복락의 모든 방식을 다 함축하고 있기 때문입니다. 하나님의 은혜는 생명과 경건에 속한 모든 것들을 포괄하고 포함하고 있습니다. 은혜로 말미암아 우리가 구원을 받았고(엡 2:8), 은혜 안에서 우리가 서 있고(롬 5:2), 은혜로 말미암아 우리가 보전함을 입습니다. "하나님의 은총이 너희에게 있을지어다." "그의 능력이 너희 속에서 역사하사 거룩의 열매를 맺게 하시기를 원하노라." 바로 이 마지막 축도는 그런 내용을 담고 있습니다. 그래서 서신이 기도로 끝을 맺은 것입니다!

매튜 헨리(Matthew Henry)의 말을 들어 봅시다.

"하나님의 백성들이 말로나 글을 통해서 서로 대화를 하고 있을 때 기도로 헤어지면서 영광의 세계에서 다시 함께 만날 수 있기 위하여 하나님의 은혜로운 임재가 계속되기를 서로 바라는 것이 아름답다."

"은혜가 너희 모든 사람에게 있을지어다." 이 축도는 그들이 실제로 그 은혜에 참여하고 있음을 지시했습니다.

이제 우리의 복된 임무가 마쳐지고 있습니다. 우리는 자신들의 제한성과 연약성을 매우 깊게 의식하고 있습니다. 우리는 가련한 노력을 하나님께 드리면서 그리스도의 공로가 우리의 부족함을 메워 주시기를 간구합니다. 또한 하나님께서 자신을 기쁘시게 하는 것에 복을 주십사고 간구할 뿐입니다. 이 강론에 우리와 늘 함께 했던 사람들이 본 강해서의 필자와 함께 이렇게 질문을 던져 보기를 바랍니다.

'이 어려우나 복된 서신의 내용을 우리가 지금 더 낫게 이해하는가? 유대교를 훨씬 상회하는 저 장엄한 새로운 체계를 더 깊게 이해하였는가? 그리스도께서 우리 영혼에 정말 진실하고 보배로운 분이신가? 우리는 이 서신이 되풀이해서 가르치는 교리가 거룩하게 하는 효과들을 가지고 있음을 더 깊이 인식하는가? 우리는 지금 히브리서의 무게 있는 권면들에 더욱 부지런히 주목하며 지켜나가고 있는가? 우리의 영혼은 배도(背道)에 대한 히브리서의 엄숙

한 경고로 보다 더 깊은 인상을 받았는가?'

하나님의 은혜가 우리 모두와 함께 하기를 진심로 바라나이다. 아멘

추신.

이 히브리서의 연속 강해 내용은 육지와 바다에서 기록되었습니다. 처음에 호주에서 시작이 되었고, 세 대양(大洋)을 건너 돌아오는 배안에서도 그 일은 계속되었습니다. 영국에서도 그 일은 이어졌으며, 미국의 체류 기간 중에도 상당히 많은 부분을 썼습니다. 그리고 스코틀랜드를 거쳐 잉글랜드에서 이 강해서가 완성된 것입니다.

은혜의 방식 *The Method of Grace in Gospel Redemption*

존 플라벨 지음 | 서문강 옮김 | 신국변형 양장 648면

이 책은 존 플라벨의 저작들 중에 가장 유명하고 가장 많이 읽혀진 책으로 19세기 프린스톤 신학대의 거장 아취벌드 알렉산더(Archibald Alexander)가 회심하는 데 이 책이 결정적 역할을 하였다. 목양적인 저자의 영적 지각과 충정으로 성도들의 마음속을 들여다보며, 그들의 마음을 움직여 구원하시는 하나님의 방식으로 데리고 가서 죄의 각성과 구원의 은혜와 그 확신에 이르게 한다.

영의 생각, 육신의 생각 *On Spiritual Mindedness*

존 오웬 지음 | 서문강 옮김 | 신국변형 양장 360면

원제(原題)는 On Spiritual Mindedness로서 로마서 8장 6절의 "육신의 생각은 사망이요 영의 생각은 생명과 평안이니라."를 기초 본문으로 저자가 당시 목양하던 회중들에게 진정한 '영적 생각의 방식'을 연속 강론한 것이다. 저자는 '마음의 생각과 그 방식'이 구원받은 이후 그리스도인의 성화(聖化) 생활을 지로하는 결정적 방향타(方向舵)임을 역설한다. 이 책을 다 읽고 나서 독자마다 성령께서 마태로 하여금 예수님의 산상설교를 마무리하게 하던 그 진술의 능력을 반드시 음미하게 될 것이다.

고린도전서 13장 사랑 *Charity and Its Fruits*

조나단 에드워즈 지음 | 서문강 옮김 | 신국변형 양장 456면

조나단 에드워즈는 자신의 정체성을 진정한 설교자로서 헌신하는 데서 보여주었는데, 본서가 바로 그에 대한 가장 좋은 예증일 것이다. 성령님께 사로잡힌 사도 바울이 고린도전서 13장에 진술해 놓은 '사랑'의 진면모를 그가 가진 모든 신적 은사와 은혜의 촉수로 더듬어내어 자기 회중들에게 연속 강론한 것을 묶어 이 책을 펴냈다. 이 책은 한번만 읽으면 단맛이 다 빠지는 종류의 책이 아니고 여러 차례 반복하여 읽을수록 그 영적 진미를 더 느끼게 하며, 하나님의 복음의 은혜의 풍성함에 겨워 더욱 더 만족을 주기에 충분하다.

사망의 잠 깨워 거듭나게 하는 말씀 *Sermons in the Natural man*

윌리엄 쉐드 지음 | 서문강 옮김 | 신국변형 양장 336면

"사람이 거듭나지 아니하면 하나님 나라를 볼 수 없느니라…물과 성령으로 나지 아니하면 들어갈 수 없느니라"(요 3:3)고 하신 말씀은 예수 그리스도를 믿음으로 말미암아 구원에 이르는 복음의 이치에 눈을 뜨는 일은 거듭난 사람에게만 가능하다는 의미이다. 아직 거듭나지 못한 상태에 있는 자연인들은 영적으로 죽은 자들로서 깊은 사망의 잠을 자는 자들이다. 교회를 다니거나 교회 밖에 있거나 자연인의 상태에 있으면 그 이치를 모른 채 사망의 잠에 빠져 있게 된다.

하나님의 열심을 품은 간절목회 *An Earnest Ministry*

존 에인절 제임스 지음 | 서문강 옮김 | 신국변형 양장 392면

이 책은 분명 '진정한 목회'를 지로하는 불후의 고전(古典)이다. 저자는 "하나님의 열심을 품어 사람들을 정결한 처녀로 그리스도께 중매하려 하던"(고후 11:2) 모든 사도들이 견지하던 사역의 본질과 실천을 '간절한 열심'(earnestness)이라는 개념 속에 응집시키고 있다. 그것을 분석하고 종합하고 적용하여 모든 사역자들에게 도전하고 격려한다. 실로 이 책은 리처드 백스터의 '참 목자상'(Reformed Pastor), 찰스 브릿지스(Charles Bridges)의 '참된 목회'(Chriatian Ministry)와 함께 나란히 '목회학'의 3대 고전이라 불려지기에 충분하다.

구원을 열망하는 자들을 위하여 *The Anxious Inquirer*

존 에인절 제임스 지음 | 서문강 옮김 | 신국변형 양장 256면

영국에서 19세기 후엽 첫 출간 당시 50만부가 팔린 고전으로, 영적 각성을 받아 자신의 죄인됨과 구원에 대한 '절박한 근심'을 하는 이들을 위한 책이다. 빌립보 감옥의 간수가 바울과 실라에게 "선생들아 내가 어떻게 하여야 구원을 얻으리이까?"(행 16:30)라고 간절하게 물은 것과 같은 단계에 있는 이들을 가리켜 'Anxious Inquirer'(염려하여 묻는 자)라고 하는데, 이 책은 이 상태에 있는 이들을 구원으로 인도하시는 하나님의 성령님

고통 속에 감추인 은혜의 경륜 *The Crook in the Lot*

토마스 보스톤 지음 | 서문강 옮김 | 신국변형 양장 328면

"하나님께서 행하시는 일을 보라 하나님께서 굽게 하신 것을 누가 능히 곧게 하겠느냐?"(전 7:13)를 주제로 지상 성도들의 단골 메뉴인 '고통'의 문제를 하나님의 은혜와 그 능하신 손 아래서 어떻게 접근해야 하는지를 가르치고 있다. 하나님께서는 지상의 자녀들 각자에게 분정(分定)된 몫을 주시되, 그 속에 반드시 '굽은 것'을 넣어 주시어 그로 인해 '고통'을 느끼게 하신다. 그리하시는 하나님의 목적은 그들로 '고통 자체'가 아니라 그것을 방편 삼아 사랑하시는 자녀를 향해 그리스도 안에서 예정하신 그 하늘에 속한 신령한 '은혜의 경륜'을 이루고자 하심이다.

요한계시록 그 궁극적 승리의 보장

서문강 지음 | 신국변형 양장 320면

이 책은 '요한계시록 바르게 깊이 읽기'를 선도할 개혁주의적 강해서다. 저자는 1:3의 말씀, "이 예언의 말씀을 읽는 자와 듣는 자와 그 가운데에 기록한 것을 지키는 자는 복이 있나니 때가 가까움이라." 하신 것에 착안하여, 성경의 다른 65권의 책들과 같이 동등하게 묵상하고 강론되어 섭취할 영적 양식임을 확신한다. 또한 현대의 그리스도인들은 요한계시록을 처음 받은 초대교회 성도들보다 그리스도의 재림에 더 가까이 서있으니, 요한계시록의 메시지야말로 그 어느 때 보다 절박하게 필요함을 저자는 역설한다.

믿음의 깊은 샘 히브리서 시리즈(전 6권 완간)

아더 W. 핑크 지음 | 서문강 옮김 | 신국변형 양장

오늘을 사는 우리에게 로마서가 믿음의 본질을 창조주 하나님과 인간의 관계에 기초하여 접근하게 한다면, 히브리서는 그리스도를 믿는 자들로 하여금 그 믿음의 절대성을 확신하게 하며, 믿기 이전의 상태로 회귀하게 하려는 사탄의 간계를 물리치고 믿음의 경주를 완주하게 하는 능력과 위로의 깊은 샘을 제공한다.

사도가 자랑한 복음의 진수 로마서 상,하

서문 강 지음 | 신국변형 반양장 상권 442면, 하권 393면

이 책은 단순한 주석을 뛰어넘어 로마서 전문(全文)을 관통하여 흐르는 복음의 은혜와 능력을 목양적인 간절함으로 강해하고 설파하고 있다. 전체 52강을 상, 하 두권으로 나누어 구성하였다. 이 책을 통해 독자는 '사도가 전한 참된 복음의 진수에 이르러 구원의 기쁨과 확신과 소망을 뿜어내는 샘'을 갖게 될 것이다.

청교도신앙사

믿음의 깊은 샘 히브리서 6

영 원 토 록 동 일 하 신 그 리 스 도

초판 1쇄 펴낸날 2015년 10월 10일
2쇄 펴낸날 2025년 12월 20일

지은이 아더 핑크
옮긴이 서문 강
펴낸이 전수빈
펴낸곳 청교도신앙사

주소 서울시 은평구 녹번로 3길 2(녹번동 98-3)]
전화 02-354-6985(Fax겸용)
전자우편 smkline@naver.com
등록 제8-75(2010.7.7)

디자인 백현아
출력,인쇄 예원프린팅

파본이나 잘못된 책은 구입처에서 바꾸어 드립니다.

ISBN 978-89-87472-36-2 94230
978-89-87472-30-0(세트)

책값은 뒤표지에 있습니다.